中国中小企业2014蓝皮书

——经济转型与中小企业发展

The Blue Book of Small and Medium Enterprises in China

The Economic Transition and Development of Medium and Small Enterprises

主　编　李子彬　刘迎秋
副主编　李鲁阳　刘剑雄　董　涛

中国发展出版社
CHINA DEVELOPMENT PRESS

图书在版编目（CIP）数据

中国中小企业2014蓝皮书——经济转型与中小企业发展/李子彬，刘迎秋主编．—北京：中国发展出版社，2014．10
ISBN 978-7-5177-0258-0

Ⅰ．①中… Ⅱ．①李… ②刘… Ⅲ．①中小企业—企业发展—研究—中国—2014 Ⅳ．①F279．243

中国版本图书馆CIP数据核字（2014）第234281号

书　　名：中国中小企业2014蓝皮书——经济转型与中小企业发展
主　　编：李子彬　刘迎秋
出版发行：中国发展出版社
（北京市西城区百万庄大街16号8层　100037）
标准书号：ISBN 978-7-5177-0258-0
经 销 者：各地新华书店
印 刷 者：三河市东方印刷有限公司
开　　本：889mm×1194mm　1/16
印　　张：18．75
字　　数：300千字
版　　次：2014年10月第1版
印　　次：2014年10月第1次印刷
定　　价：80．00元

联系电话：（010）68990630　68990692
购书热线：（010）68990682　68990686
网络订购：http：//zgfzcbs．tmall．com//
网购电话：（010）88333349　68990639
本社网址：http：//www．develpress．com．cn
电子邮件：bianjibu16@vip．sohu．com

蓝皮书编委会

编委会名单

序　言

今年上半年，我国经济增长总体平稳，主要经济指标处于年度预期目标范围内，经济运行仍处在合理区间。上半年，GDP增长7.4%，较上年同期回落0.2个百分点；就业形势稳定，城镇新增就业人员737万人；物价水平稳定，居民消费价格上涨2.3%，同比回落0.1个百分点。中小微企业长期向好趋势的基本面没有改变，中小企业自身经营信心大体平稳。

但是经济增长下行压力比较大。一是产能过剩行业增速放缓，粗钢、玻璃、水泥、有色金属、造船等产能过剩行业产量下降，是导致工业生产增速放缓的主要因素。二是固定资产投资减速，上半年，固定资产投资增长17.3%，比一季度回落0.3个百分点。主要原因是面临资金约束和企业对市场预期下降。三是小微企业发展面临五大困难。人工、土地、房租、物流成本增长快速。市场需求不足，截至6月末，规模以上中小工业企业产成品存货同比增长16.48%，增速比上年同期提高9.28个百分点。融资难、融资贵仍然突出，财务成本居高不下。税费负担重，税费减负政策门槛高，落实不到位，政策效应未能充分显现。创新转型升级难，缺少技术、资金、人才、管理等要素支撑。四是多种因素交织，导致财政金融风险上升。产能过剩行业大规模兼并、重组或破产，影子银行和民间借贷规模还在扩大，地方政府债务的快速增加，房地产泡沫等四项主要因素，造成财政、金融潜在风险快速增大。

2013年下半年，国务院颁布了稳增长促改革调结构惠民生的十九项60条政策措施，大多数中小微企业对此给予了积极评价。这一系列政策措施中，进一步支持中小企业特别是小微企业健康发展的比重比较大，充分体现了党中央、国务院对小微企业的高度关注。各地各部门也先后出台了不少相关的政策措施。有些地方，将考核结果纳入领导干部考核的重要内容。这些政策措施增强了企业克服困难、继续发展的信心。问卷调查显示，92%的小微企业反映，企业发展的政策环境有所改善。

但是，贯彻落实中也存在一些问题。主要是一些政策扶持力度过小，或者缺乏相应的操作细则，致使一些政策无法落实。比如，年应纳税所得额的起征点从6万元改为10万元，没有多少企业能享受到这项政策。陕西省小微企业145.5万户，享受到该项政策的仅2536户，减免税额967万元。国务院2012年规定，三年内一律停止向小微企业征收行政费。调查表明，只有23%的企业“不存在”和“减少”，77%的企业“没有减少”和“增加”。国家建立的中小企业专项资金156亿，比五年前2.5亿元是大大地增加了，但是相对于全国1530万户企业，仍然太少，而且这些专项资金使用的有效性也是大打折扣。国务院文件中提出，符合条件的小额贷款公司可以改制为村镇银行，但是到目前为止，没有一户小额贷款公司改制成村镇银行。原因是银监会规定，成立村镇银行要符合条件的大中型银行作为主发起人，小额贷款公司的老板没有意愿和动力。

总之，随着政府职能的转变，市场发挥配置资源的决定性作用逐步增强，企业发展环境一定会越来越好。目前，需要国务院各部门、各地方政府进一步转变观念，提高认识，加大力度，制定操作细则，加快进度。

笔者认为，保持定力，举措得当，今年能够实现GDP增长7.5%的目标。具体措施有五。

第一，加大优质投资，保持投资率20%左右。上半年，消费、投资、出口三大经济增长动力指标都略低于去年。上半年社会消费品零售总额名义增长12.1%，扣除物价指数的因素，实际增长10.8%，而2013年上述指标分别为12.7%和11.4%。上半年投资增速低于去年同期增速2.8个百分点。同期，出口增长0.9%，低于去年的10.4%。许多专家、学者都提出，我国经济增长应以消费拉动为主，不依靠投资和外贸出口为主。这种观点在理论上无疑是正确的，全社会对上述观点都有共识。但是真正做到这样，尚需几年的努力。解决实际问题，要立足国情，实事求是，切不可停留在书生议论的水平。扩大消费，一是需要老百姓有钱，二是老百姓没有后顾之忧，敢花钱。我国经济社会发展中确实存在消费与积累的比例失调问题，城乡居民收入占国民收入的比重逐年下降，劳动报酬占国民收入的比重，从20年前的50%左右，逐年下降至现在的30%多一点。但是，我们能够在一两年之内就把一次分配的比重提高到50%多吗？居民消费增长慢的另一个重要原因是我国目前的社会保障体系不够健全，社会养老保险和社会医疗保险的水平还不够高，老百姓有钱不敢花，留着“防老”。但是，提高社会保障水平，建立起覆盖全国、符合中国国情的社会保障体系需要多年努力，不是一两年就可以完成的。让老百姓手里有更多的钱，又没有后顾之忧，敢花钱，这不是一两年就能实现的。扩大外贸出口拉动GDP增长也面临相似的问题。全球经济仍将保持周期性温和复苏态势，特别是美国经济复苏较快，国际需求会缓慢增长。但是扩大外贸出口仍然面临多种问题。国务院出台了扩大出口的政策措施，6月份出口增长7.2%，全年的外贸出口有望达到7.5%左右，这对拉动GDP的增长也是有限的。所以，完成GDP全年增长7.5%左右，适度增加有效投资是关键因素。只要不投资建楼堂馆所，不投资到产能过剩产业，而是投资到农村水利设施建设、城镇社会保障房建设、西部地区交通、高速铁路、工业技术改造等方面，一方面可以拉动今年的GDP，另一方面也为我国长远的经济社会发展打下良好基础。

第二，十分小心谨慎地处理好房地产泡沫，既不要助长泡沫增长，又不要使这个泡沫一下子破裂。十几年以来，我国房地产业存在两大问题。一是各级政府没有认真解决好中低收入者的安居住房工程。各级政府对以廉租房为主的社会保障住房建设关注得不够，投入的财力、土地资源太少。以致让大批农村进城务工人员、党政机关年轻的公务员没房子住。近一两年，有些地方加大了社会保障房建设力度，但是政府以恩赐者的心态，没有用心规划、建设，以至于个别城市建设的几十万、上百万平方米的“保障房”，没人去住。因为各地城市交通拥堵，上下班时间更是堵车堵得不得了。上百万平方米的保障房建在一个地方，而上班人员的工作地点分散在城市四面八方，上下班要走两个来小时，所以农民工们无法住在这样的保障房内。二是开发商的暴利、地方政府的土地财政加上商业银行的合力推动，造成各地商业住宅泡沫迅速膨胀。据调查，中国400个巨富中，有165个房地产商。40个特级富豪中，有19个房地产商。10个超级富豪中，有5个房地产商。北京、上海等城市2009年的土地收入超过1000亿，近两年甚至超过了2000亿，土地财政是房地产泡沫的有力推手。商业银行愿意贷款给房地产商，这十几年房地产价格年年升高，贷款给房地产商没风险，利息高，单笔额度大，省事。所以，创造5%GDP的商业住宅行业占用了15%左右的信贷资源。正是这两大方面的原因，造成“有人没房住”、“有房没人住”两种现象并存。据调查，全国各地空置的商品住宅5000万套，可容纳1.5亿人居住。大量的房屋空置，是金融业潜在的巨大风险，是中国经济的一大隐患之一。

第三，保持定力，坚决化解钢铁、水泥、石化、玻璃等过剩产能。特别是对能耗超标、污染严重的落后过剩产能要坚决关停。唯有如此，才能做到调结构、促升级，才能实现创新驱动。

第四，加快完善资本市场体系建设，加快商业银行体制、机制改革，加快小银行等小型金融机构建设，恢复金融业的供血功能。从去年局部地区发生的“钱荒”，到今年发生的几起“信托违约事件”，都凸显出巨大总量下的资金饥渴症。

第五，大力发展战略性新兴产业和先进制造业。充分发挥集中力量办大事的体制优势，加大资金和政策支持，组织企业、科研机构、高等院校联合攻关，攻克一批关键核心技术，不断提升自主创新能力，努力占据战略制高点，在新一轮科技革命和全球产业变革大势中抢占先机。

笔者认为，全面深化改革和调整经济结构，今明两年是关键。

十八届三中全会做出全面深化改革的决定，总目标是发展和完善中国特色社会主义制度，推进国家治理体系和治理能力现代化。重点是经济体制改革，核心问题是处理好市场和政府的关系，使市场在资源配置中起决定性作用和更好发挥政府的作用，提出了路线图和时间表。这是继十一届三中全会之后，开启了中国新一轮改革开放高潮。推进全面深化改革会涉及各个社会阶层利益的调整，涉及多年积累的矛盾和问题，情况十分复杂，任务十分艰巨。如何开好头，起好步，今明两年是关键。

实现经济社会持续健康发展，一方面，要消化过剩的落后产能，加强生态环境治理，逐步化解财政和金融领域的风险隐患；另一方面，又要稳增长，调整优化经济结构，提高经济质量和效益，保障和改善民生。情况错综复杂，中央面临很多两难决策的问题，任务特别繁重。要妥善处理好方方面面的问题，在党的十八届三中全会精神指引下，沉着应对、积极作为，充分发挥政府和市场两个方面的积极作用。促进企业在创新和经济转型过程中加快发展，实现国民经济平衡持续健康发展，今明两年是关键。

贪污、受贿、买官卖官、贿选等腐败现象蔓延，人民意见很大。从严治党，坚决地防止和惩治腐败，建设清明的吏制和清廉的政治，是保证党和国家长治久安的根本之策。如何既打苍蝇，又打老虎，体现出在法律面前人人平等，给老百姓一个信心，今明两年是关键。中共中央决定开除徐才厚的党籍，对其违法问题提交检察机关处理。中共中央决定对周永康严重违纪问题立案审查。表现出这一届党中央惩治腐败、从严治党的决心和魄力，人民群众欢欣鼓舞。

中国经济发展尚处在有利的战略机遇期内。中国经过三十年快速发展，综合国力大大增强。如今经济发展进入中高速增长阶段，处在结构调整、产业升级的关键时期和全面深化改革的攻坚阶段。只要全国人民紧密团结在党中央周围，全面贯彻落实十八届三中全会提出的全面深化体制改革的各项任务，就一定能够实现中华民族伟大复兴的中国梦。

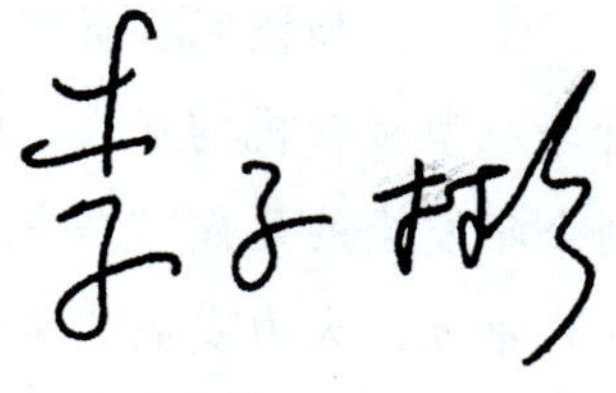

2014年8月22日

目　录

绪　论

把握机遇，转型升级

- 何谓“转型升级”
- 三次机遇和三次转型升级：经验与启示
- 抓住新机遇，迎接新挑战，实现新发展

党的十八届三中全会通过的《中共中央关于全面深化改革若干重大问题的决定》明确指出，“全面深化改革，必须立足于我国长期处于社会主义初级阶段这个最大实际”①。推动经济发展同样要立足于“这个最大实际”。否则，就很难落实党的十八大报告强调指出的，要牢牢把握发展实体经济这一坚实基础，“推动战略性新兴产业、先进制造业健康发展，加快传统产业转型升级”②。特别是在“中国经济已经到了只有转型升级才能持续发展的关键阶段”③，加快传统产业转型升级尤其具有重要意义。

众所周知，受国际金融与债务危机不断深化和发达国家经济持续衰退影响，我国GDP自2011年第四季度降至8.9%以来，直至2014年第二季度，一直处于持续下降状态（分别为8.1%、7.6%、7.4%、7.9%、7.7%、7.5%、7.8%、7.7%、7.4%、7.5%），同期投资、消费、外贸增长率以及财政收入也都处于下降通道，一些企业，特别是中小微企业生产经营困难甚至破产倒闭。受外需持续下降、国内生产成本持续上升和需求不足的影响，我国经济运行中出现了历史上少有的产能过剩与资源供给不足同时并存、CPI稳定在2%以上与PPI持续负增长互为镜像、人民币对外升值与对内贬值相反相成、潜在经济增长率持续下降与实际经济增长率以更快速率下降遥相呼应等带有矛盾特征的新现象。

这些带有错综复杂矛盾特征的新现象及其大量出现表明，传统的经济发展方式和经济技术基础已经不能适应我国经济进一步发展的要求，高消耗、高排放、低劳动成本、低技术含量、低附加价值的生产方式和发展模式已经和正在受到挑战，国民经济结构大调整、大转型迫在眉睫，产品生产结构、工艺技术结构、产业组织结构、商品市场结构大升级、大跨越势在必行。在这样一个大背景下，如何按照《决定》要求，“坚持发展仍是解决我国所有问题的关键这个重大战略判断”④，通过认真总结历史经验，正确把握战略机遇，在大力推进转型升级、积极探索改革创新的过程中谋求企业实现更好更大发展，已经历史地摆在了广大企业包括中小微企业面前。

---

① 参见新华社：《中共中央关于全面深化改革若干重大问题的决定》，2013年11月18日《人民日报》。

② 参见胡锦涛：《坚定不移沿着中国特色社会主义道路前进，为全面建成小康社会而奋斗——在中国共产党第十八次代表大会上的报告》，2012年11月18日《人民日报》。

③ 参见李克强：《以改革创新驱动中国经济长期持续健康发展——在第七届夏季达沃斯论坛上的致辞》，2013年9月12日《人民日报》。

④ 引自《中共中央关于全面深化改革若干重大问题的决定》，2013年11月18日《人民日报》。

一 何谓“转型升级”

“转型升级”，是近几年学术界、思想界、实业界、政府部门和非政府部门使用频率最高、新闻媒介出现次数最多的一个概念之一。到目前为止，不仅经济领域在讲“转型升级”，其他很多领域也在讲“转型升级”；不仅政府部门在讲“转型升级”，甚至居民小区的物业管理部门也在讲“转型升级”。于是，我们要认真地问一下，何谓“转型升级”？

“转型升级”这个概念最早出现于党的十七届五中全会通过的《中共中央关于制定国民经济和社会发展第十二个五年规划的建议》中（以下简称《建议》）。《建议》从“优化对外贸易结构”的角度，明确提出了通过继续稳定和拓展外需、保持现有出口竞争优势、加快培育具有核心竞争力的新优势以及延长加工贸易国内增值链、推进市场多元化、大力发展服务贸易等，“促进出口结构转型升级”①。在此之前，党和国家的正式文献多用“转变发展方式”或“产业升级”。例如，1997 年 9 月 12 日党的十五大报告在明确提出“转变经济增长方式，改变高投入、低产出，高消耗、低效益的状况”的同时，还明确提出了鼓励经济特区、上海浦东新区“在体制创新、产业升级、扩大开放等方面继续走在前面”的要求②；2002 年 11 月 8 日，党的十六大报告没有使用“转型升级”概念，而是从大力实施科教兴国战略和可持续发展战略、走新型工业化道路角度，突出强调“推进产业结构优化升级”，“用高新技术和先进适用技术改造传统产业，大力振兴装备制造业”，以“形成以高新技术产业为先导、基础产业和制造业为支撑、服务业全面发展的产业格局”③。2007 年 10 月 15 日，党的十七大报告在继续强调“产业结构优化升级”的同时，进一步突出强调了“加快转变经济发展方式”问题④，但仍未使用“转型升级”这个概念。真正从产业发展的角度把“转型”与“升级”合二为一统称“转型升级”并直接加以使用，是十一届全国人大四次会议 2011 年 3 月 14 日表决通过的《中华人民共和国国民经济和社会发展第十二个五年规划纲要》（以下简称《纲要》）。《纲要》专设“第三篇 转型升级，提高产

---

① 参见新华社：《中共中央关于制定国民经济和社会发展第十二个五年规划的建议》，2010 年 10 月 28 日《人民日报》。

② 参见江泽民：《高举邓小平理论伟大旗帜，把建设中国特色社会主义事业全面推向二十一世纪——在中国共产党第十五次全国代表大会上的报告》，人民出版社 1997 年版，第 25、第 32 页。

③ 参见江泽民：《全面建设小康社会，开创中国特色社会主义事业新局面》，人民出版社 2002 年版，第 21 页。

④ 参见胡锦涛：《高举中国特色社会主义伟大旗帜为夺取全面建设小康社会新胜利而奋斗——在中国共产党第十七次全国代表大会上的报告》，2007 年 10 月 25 日《人民日报》。

业核心竞争力”，以5000字的篇幅全面阐述了“坚持走中国特色新型工业化道路，适应市场需求变化，根据科技进步新趋势，发挥我国产业在全球经济中的比较优势，发展结构优化、技术先进、清洁安全、附加值高、吸纳就业能力强的现代产业体系”等一系列有关转型升级、提高产业竞争力问题，包括“改造提升制造业”、“培育发展战略性新兴产业”、“推动能源生产和利用方式变革”、“构建综合交通运输体系”、“全面提高信息化水平”、“推进海洋经济发展”、“加快发展生产性服务业”、“大力发展生活性服务业”等①。然而，到此为止，转型升级的产业指向并不十分明确。真正将其确指出来，则是党的十八大。2012年11月18日，党的十八大报告把“推进经济结构战略性调整”作为“加快转变经济发展方式的主攻方向”，不仅强调指出了实行更加有利于实体经济发展的政策措施、强化需求导向、推动战略性新兴产业、先进制造业健康发展等问题，而且首次明确提出了“加快传统产业转型升级”② 问题，即确定了转型升级的重点和具体指向是传统产业，而非其他产业。新兴产业不需要经常性的或者说普遍性的转型升级。新兴产业的首要选择是发展。只有传统产业才需要着重实现转型升级。这就克服了过去一个时期以来人们在理解和认识上普遍存在的概念含糊与范围不明等缺陷。

当前，很多讲话、论文、甚至政府文件都把“转型”与“升级”两个名词放一起，将两者当作一回事加以传播和使用，给人一种印象，似乎二者就是一回事。

然而，“转型”其实是不同于“升级”的两个概念、两种现象、两个过程。在概念上，“转型”侧重于表达和反映生产方式的变化，“升级”则更重于表明生产技术的改进。从发生过程角度看，“转型”表现为生产方式、组织方式、管理体制机制等方面的重大变革或改变。“转型”的过程，说到底就是特定的生产方式、经营方式、组织方式，从一种形态转向另外一种形态。“升级”则并非如此。“升级”通常是指企业或者部门生产经营管理技术结构和水平的变化、改进与提升，其过程是一个企业或者一个部门生产经营管理技术和水平超出原来基础，并由此踏上另一个更高技术台阶的过程。这就是说，“转型”和“升级”是两个不同的概念，不能将二者混在一起，甚至视其为一件事情。

从汉语语言学角度看，把“转型”和“升级”两个概念放在一起，实际上是缺少了两词中间的一个虚词“和”。按汉语习惯，两个实词中间缺少一个虚词，只要大家清楚其内涵，并不影响其使用。但是，在英语中，这个虚词却往往是不能丢的。例如，“转型”的英文表达词是Transformation，“升级”则是Upgrading。如果要表达“转型”“升级”，中间就必须有一个不能或缺的连接词“and”。也曾有人试图找到一种不需要中间连接词的英文单词，例如用Economic Escalation来表示经济的转型升级。但经查询发现，这个词并不适合用于此处。Escalation仅指特权升级或权位提升之意（比如，一个军旅人士从排长提升为连长等，或一位封建诸侯从侯爵上封为公爵等），并无经济形态改变之义。因此，这个词

---

① 参见《中华人民共和国国民经济和社会发展第十二个五年规划纲要》，2011年3月17日《人民日报》。

② 参见胡锦涛：《坚定不移沿着中国特色社会主义道路前进 为全面建成小康社会而奋斗——在中国共产党第十八次代表大会上的报告》，2012年11月18日《人民日报》。

组并不适合用于表达生产方式的改变与提升。

实际上，在我国政府有关文件中，“转型”、“升级”这两个词也曾被严格区分过。比如，国务院于2011年12月30日批准的《工业转型升级规划（2011—2015年）》就曾对“转型升级”做出过明确的涵义区分：“转型就是要通过转变工业发展方式，加快实现由传统工业化向新型工业化道路转变；升级就是要通过全面优化技术结构、组织结构、布局结构和行业结构，促进工业结构整体优化提升①。”在具体实践过程中，把“转型”与“升级”两个概念放在一起，只是一种简便化的说法，而不是一个能够清晰表达其范畴内涵的经济范畴。一方面，要看到，“转型”和“升级”是两个不同的概念、两种不同的过程。“转型”是一个慢的变量，“升级”是一个快的变量。“转型”不经常发生，“升级”则可以经常出现。比如，一个企业可以经常对技术进行改进，以实现企业生产技术的“升级”。但是，企业生产方式却不可经常“转型”，必须有一个不断的技术累积、不断的管理累积、不断制度累积，然后才能发生方式的改变。另一方面，“转型”和“升级”又是互相联系的。“转型”是“升级”的前提，“升级”的累积又会导致新的“转型”。“转型”、“升级”具有互动关系，二者互为前提、互相推动。如果对其不做科学区分，盲目混同使用，甚至把二者直接当成一个内涵完全相同的东西，在实践中难免带来两种可能的后果，或是妨碍企业或产业生产技术的有效升级，或是妨碍企业或产业生产方式的成功转型。这需要引起我们的高度重视，必须避免。

当前中国经济发展到了一个新的关键阶段。搞好了，经济社会发展会再上一个大台阶。搞不好，人均收入达到7000美元左右后继续上升遇到困难，甚至掉入“中等收入陷阱”。例如，早在20世纪初，阿根廷的人均GDP就排在全球的前10位。但到了21世纪初，由于拉美金融危机的冲击，它的人均收入从8000多美元迅速下降，最低降到了人均3700多美元，即掉进了人们常说的所谓“中等收入陷阱”。从人均8000多美元掉到3000多美元，影响的不是少数人的生活和福祉，而是整个国家、全社会国民的生活状况和福祉。这种教训十分深刻，必须汲取。

我国要汲取拉美国家经济掉入“中等收入陷阱”的教训，首要的一条，就是要在进一步深化改革的过程中，在积极鼓励和大力发展新兴产业的同时，着力推进传统产业的转型升级。强调和着力推进传统产业转型升级，就是要清醒地看到，当前我国经济发展不仅已经遇到了严重的资源约束（即高消耗、高污染、低附加、低技术已经与我国资源供给能力不足形成尖锐矛盾），而且遇到了明显的市场约束（即国内市场需求平淡，国外市场需求疲弱），还遇到了较多的体制机制约束。这三大约束及其不断深度化，迫切要求我国经济发展方式实现转型，生产技术和产业结构迫切需要进行升级。否则，不仅经济领域的矛盾和问题不断加深会衍生出其他社会矛盾和问题，而且反过来又会进一步伤害我国经济应有的持续健康较快发展。因此，必须“在稳增长的同时，推动发展从主要依靠要素投入向更

① 参见中国政府网：《国务院关于印发〈工业转型升级规划（2011—2015年）〉的通知》（国发〔2011〕47号），载于http：//www. gov. cn/zwgk/2012 -01/18/content_ 2047619. htm。

多依靠创新驱动转变，从主要依靠传统比较优势向更多发挥综合竞争优势转换，从国际产业分工中低端向中高端提升，从城乡区域不平衡向均衡协调迈进”①，必须着力推进和实现传统产业的转型升级，必须把实现我国经济科学、高效、低消耗、高附加发展作为一项重要战略选择来安排。

二 三次机遇和三次转型升级：经验与启示

从1978年党的十一届三中全会提出并着手实施改革开放到2010年的32年间，我国经济发展曾经历过三次重要机遇。与此相适应，我国产业发生过三次大升级、经济发生过三次大转型、企业发生过三次大发展。

1. 第一次重要机遇和第一次产业大升级、经济大转型、企业大发展（1985～1991年）

这既是一次源于改革开放推动的转型升级，又是一次与日本经济实现起飞（1955～1973年）后产业迫切需要重组、重化工业结构迫切需要转型所提供机遇相吻合的转型升级。

1978年，党的十一届三中全会吹响的改革和开放号角给我国经济发展指明了前进的方向，全党工作重心从“无产阶级专政下的继续革命”和“阶级斗争”转向经济建设。在这一时期，党中央、国务院先后出台了一系列推进改革开放的大政方针与政策。

对内，农村探索和推行带有明显“包产到户”特征的“联产承包责任制”，城镇不仅启动扩大国有企业自主权试点并推向全国，还积极鼓励发展个体经济和乡镇企业。1984年10月20日，党的十二届三中全会通过并着手实施《中共中央关于经济体制改革的决定》，标志着我国经济体制改革进入全面展开的新阶段。

对外，先是鼓励和支持海外产品进口，接着是设立深圳、珠海、汕头、厦门等四个经济特区，进而扩大开放14个沿海城市以及整个海南岛，在继续鼓励和支持海外优质产品进入中国的同时，大力吸引和鼓励海外资金、海外技术进入中国。1979年颁布实施《中外合资经营企业法》后，又陆续颁布实施了一系列旨在鼓励“三来一补”（即来设备、原料、

① 参见李克强：《政府工作报告——2014年3月5日在第十二届全国人民代表大会第二次会议上》，2014年3月14日《人民日报》。

样品和补偿贸易)、倡导“两头在外、大进大出”的政策措施。

经过几年的实践探索，改革与开放迅速成为推动我国经济社会快速发展的“两个轮子”。在这“两个轮子”的推动下，20世纪70年代中后期出现的国民经济持续衰退局面得到扭转，社会生产力获得较快恢复和较大发展，产业结构得到一次大调整，内生性发展能力开始形成。因此，可以说1978年开始的改革开放是我国经济第一次大转型、产业第一次大升级、企业第一次大发展的难得机遇。

另一个难得机遇源于日本。日本经济实现起飞后，其经济技术和产业结构均迫切需要做出调整，其中一个重要方面，就是技术含量虽高但在日本其附加价值已经相对较低，迫切需要通过外移，延长其价值增值时间，扩大其价值增值空间。日本产业技术外移倾向恰与我国迫切需要改变“重工业过重、轻工业过轻”的要求相啮合，从而给我国产业结构调整和经济技术升级带来了一个新的难得机遇。例如，新日铁就是从那个时候起与我国宝钢开始合作建设，日本的许多电风扇、电冰箱、洗衣机、电视机等生产线也是在那个时候转移至我国的。

上述两大历史性机遇给我国经济结构和产业发展注入了新的活力，给我国产业结构发展带来了第一次大升级，使我国经济结构出现了第一次大转型，我国的个体经济和乡镇企业也因此得到了第一次大发展。在这次大升级、大转型、大发展过程中，我国一般制造业技术得到大普及，轻纺和日用品工业产出技术迅速改进、规模迅速扩大、质量迅速提升，工业结构开始出现“轻型化”趋势，国民经济结构开始出现第一次大转型。工业增加值从1984年的2789亿元增加为1992年的10284.5亿元，按不变价格计算增长了1.55倍，年均增长12.4%，高于改革开放后前6年年均增长（6.3%）6.1个百点。同期国有工业总产值增长1.96倍，集体工业萎缩，城乡个体工业总产值大增127倍，其他工业总产值增长27.8倍；外贸进出口增长2.1倍，年均增长15.1%，高于改革开放后前6年年均增长（10.6%）近4个百分点。如果没有1989~1990年增长率的连续下降（分别为5.1%和3.4%），结果会更好。虽然这一时期的国民经济还主要表现为数量扩张，但是，产品的技术内涵、产业的结构形态、经济的组织构造等均发生了重大变化，国民经济增长速度也得到大幅度提升。1992年邓小平南方谈话曾给予高度评价和充分肯定的“经济发展比较快的是84年至88年”恰处此间。

2. 第二次重要机遇和第二次产业大升级、经济大转型、企业大发展（1992~2001年）

这既是一次源于邓小平“南方谈话”和党的十四大确立“建立社会主义市场经济体制”改革新目标提供的机遇，又是一次源于亚洲“四小龙”实现起飞后其产业技术结构迫切需要调整、经济组织方式迫切需要转型带来的机遇。

在邓小平同志发表“南方谈话”之前，他曾于1991年1月28日至2月18日在上海视察。在视察过程中，他针对改革、开放、计划、市场以及所有权和所有制关系调整等问题发表一系列振奋人心的谈话①。但是，当他的讲话精神“通过一个奇特的新名字皇甫平”在《解放日报》上以评论文章形式（如《做改革开放的“带头羊”》、《改革开放要有新思路》、《扩大开放的意识要更强一些》等）传向全国后，却受到了北方几个重要学术刊物连篇累牍署名文章的批判。这是与当时的北方清除精神污染正处于热火朝天的形势相一致的。例如，皇甫平的评论文章说资本主义有计划、社会主义有市场，计划和市场都是手段。这个手段我们要用，用好了经济就能发展。北方的批判者则发表文章针锋相对地说，计划是社会主义的本质特征，市场是资本主义的特有产物，等等②。

检验一种理论或政策主张是否科学正确的标准归根结底是实践，在经济领域，首先是经济实践。上述一系列批判带来的结果或者说基本后果，是导致我国经济增长速度出现连续下降。到1991年底，经济增长率已经降至4.1%，成为我国改革开放以来的历史最低点。对此，“人民的儿子”邓小平当然不能接受。在纪录片《我是人民的儿子》中就有这么一段记录，即在邓小平访问日本期间，他站在高速列车车窗看着日本国民富裕的生活，自言自语地讲的一句话：“慢了不行啊！”然而，当时我国的经济发展水平确实在继续下降。

在这样一种背景下，1992年1月18日至2月21日邓小平偕家人南下，先后赴武昌、深圳、珠海和上海等地视察。在此期间，他沿途发表了一系列重要谈话，史称“南方谈话”③。他的南行走的是中线，第一站是武昌。在武昌火车站站台上，他与时任湖北省委书记关广富和省长郭树言直白地谈到了“谁反对‘改革开放’，就让谁下台”④问题。到广州后，他再次重复1991年的上海谈话精神，强调发展才是硬道理，强调计划和市场都是手段，资本主义有计划、社会主义有市场。然而，他的这些讲话是那些教条的马克思主义者所不能接受的。因为，按照马克思主义的经典理论，计划是共产主义社会（社会主义是它的低级阶段）的一个重要特征。在资本主义社会，企业内部是有计划的，但整个社会经济运行却是无政府状态的⑤。有鉴于此，对于出现在北方接踵而至的各种批判并无须大惊小怪。但现实生活反复告诉我们，在现代市场经济条件下，不仅资本主义的企业内部是有计划的，而且这些企业的外部也常常是有计划的。否则，如何理解涉及100多个产业部门的美国航天工程能够获得发射和飞行成功？至于美国的社会福利计划、社会救助安排，实际上也同样体现着一种社会性的、带有长远规划特性的现代文明成果与时代发展精神。正因如此，邓小平才大声疾呼“资本主义有计划，社会主义有市场”。也正因邓小平谈话充分反映了客观存在的现实和经济运行的内在规律，才得到了全国人民的普遍认同、热烈响应

---

① 参见马立诚，凌志军著：《交锋：当代中国三次思想解放实录》，今日中国出版社1998年版，第166~168页。

② 更详细的介绍可进一步参见《交锋：当代中国三次思想解放实录》一书第168~193页。

③ 多数老百姓称小平的“南方谈话”为“南巡讲话”，坊间也有“南方谈话”实际上是所谓“第二次北伐”等说法。总之，国民对小平的这个讲话给予了极高的评价。

④ 参见本报记者：《“谁反对改革开放，就让谁下台”——美国学者傅高义笔下的邓小平南方谈话前后》，2012年12月13日《衡阳晚报》。

⑤ 这方面的经典论述可参阅马克思的《资本论》（第一卷）和《哥达纲领批判》、恩格斯的《反杜林论》、列宁的《国家与革命》以及斯大林的《苏联社会主义经济问题》等。

和积极拥戴，邓小平南行被视为给我国改革开放带来了“第二个春天”。当年那首歌曲《春天的故事》一经唱出便受到全国人民的热烈欢迎，原因之一就是它充分表达了曾经长期受到压抑的国民改革开放心声的大释放。邓小平南方谈话告诉我们，“右可以葬送社会主义，‘左’也可以葬送社会主义。中国要警惕右，但主要是防止‘左’”，“发展才是硬道理”，“如果不是那几年（1984～1988 年——引者注）跳跃一下，整个经济上了一个台阶，后来三年治理整顿不可能顺利进行。”① 邓小平南方谈话后召开的党的十四大明确提出了“建立社会主义市场经济体制”目标，为邓小平南方谈话提供了制度性保障。邓小平的南方谈话和党的十四大，不仅带来了对外大开放、对内大改革，而且带来了国民经济的大发展。此间虽出现了诸如开放的步子走得过快、开发区建设搞得过多、经济结构出现失衡等问题，但它更多地释放了能够促进我国经济大发展的正能量，为我国又一次大转型、大升级、大发展提供了新的机遇。

从外部角度看，亚洲四小龙经济实现起飞后，迫切需要实现经济转型、产业升级和国民经济调整的要求，恰与我国经济结构迫切需要进一步转型升级的要求相啮合。韩国、中国香港、新加坡、中国台湾分别于 1963 年到 1988 年、1966 年到 1988 年、1965 年到 1984 年、1964 年到 1987 年实现经济起飞。四小龙经济实现起飞以后，同样出现了产业结构大调整的要求。此间，虽然我国经济获得了很大发展，但大多产出仍然处于产业链低端，市场仍然存在明显短缺。在这种情况下，四小龙内部相对收益（比较劳动生产率）较低的产业和部门外移倾向，便顺利得到了我国各类企业和部门的承接。外部发展的机遇就这样产生出来并在我国顺利落地。

思想的大解放、改革的大深化、开放的大拓展恰与四小龙产业大外移倾向相啮合，不仅带来了知识分子、大学教授和广大干部的“下海潮”，而且带来了我国国民经济生活的一系列重大变化：原来的草根经济开始向儒商经济转变，原来低文化水平人群推动的创业行为开始被更多的受过良好高等教育群体的创业行为所代替，原来的低技术、低附加值、小规模的产业选择开始向中高技术、中上附加值和中大规模的产业选择转变。与此相对应，一是工业生产技术进一步得到大幅度提升。工业产值从原来的几千亿元、几万亿元扩展为十几万亿元。二是曾经选择戴着红帽子经营的企业开始摘帽，民营企业不再羞羞答答地搞创业、图赚钱、谋发展。三是我国经济也在此间告别了短缺，进入“过剩经济”时代。曾经被广泛使用的各种票据诸如粮票、油票、肉票、工业券等一系列“凭票、凭本”供应的商品一概成为过去，原来穿鞋、穿衣打补丁的现象不仅不复存在而且已由大量“做旧”现象所代替。根据有关统计，到 2001 年底，全国规模以上工业企业增加值已经增至 43580.6 亿元，按不变价格计算，比十年前增长了 1.88 倍，年均增长 12.5%。

① 参见邓小平：《在武昌、深圳、珠海、上海等地的谈话要点》，《邓小平文选》第三卷，人民出版社 1993 年版，第 375～377 页。

3. 第三次重要机遇和第三产业大升级、经济大转型、企业大发展（2001～2010年）

这是一次源于党的十六大明确做出必须长期坚持“两个毫不动摇”的政治定位恰与我国加入WTO和美国“去工业化”倾向等相啮合的历史机遇。

一方面，“两个毫不动摇”的政治定位，再次纠正了“左”的干扰，导引出了一场新的国有经济布局进一步优化、民营经济发展潜力进一步释放的产业大升级、经济大转型和企业大发展。在这10年间，我国经济年均增长率达10.6%，民营经济从“三分天下有其一”发展成为GDP超过50%、税费达到40%以上、就业超过75%的水平，实现了国民经济的持续健康快速发展。经济发展的一系列成果不仅成功否定了“左”的干扰，而且表明了“两个毫不动摇”政治定位产生了巨大的生产力优化提升效应。

另一方面，我国加入WTO恰与美国“去工业化”浪潮有机啮合。此间，由美国过度鼓励“金融创新”而衍生的“去工业化”浪潮，给我国不断加速的工业化进程提供了新的机遇。持续十多年的有关我国加入WTO“利与弊”的争论至此告一段落。我国广泛存在的人口红利和“拿来主义”技术改进路线，恰与上述“去工业化”浪潮逆向相“啮合”。这种“啮合”不仅带来了我国人口红利的大释放，而且带来了产业技术的大升级、产业结构的大调整，出现了高技术产业和装备制造业大发展的新局面。“中国制造”规模迅速扩大、质量明显提升、价格大幅度降低，得到了国际市场的顺利接盘。曾经的“谁来养活中国”疑问被“世界离不开中国”的现实所代替。遍及全球的“中国制造”已经成为“物美价廉”的代名词。经过这一轮调整，我国制造的200多种工业产品产量雄居世界第一，制造业增加值占比从3.15%迅速上升为19.8%，我国在全球的工业大国地位基本确立。与此相反，美国制造业增加值占世界的比重则从1990年的22.59%和2000年的24.1%降至2010年的18.2%。2010年我国GDP（近5万亿美元）超过日本，2013年我国GDP超过7万亿美元，接近美国的一半。虽然此间我国产业构造和发展方式仍然存在物质消耗比重较高、生产方式仍然粗放、多数产出仍然处于产业中低端、大部分产品附加价值仍然较低等问题，但纺织和生活用品工业技术大升级、重化工业大发展、装备制造业接近全球领先等成就表明，与改革开放前相比，我国的产业技术总体发展水平已经不可同日而语，经济技术基础和产业结构发展均跨上了一个新的大台阶。

综上所述，改革开放以来至2010年，我国发生的三次产业大升级、经济大转型、企业大发展经验过程至少可以告诉我们两点：一是每一次产业大升级、经济大转型、企业大发展都与体制的进一步变革、经济的进一步开放、企业的活力进一步增加高度相关。没有不断深化的改革开放、没有长期坚持“两个毫不动摇”的政治定位、没有市场经济的深入发展、没有全面融入世界（如加入WTO），投资就没有方向，发展就没有目标，就不可能实现我国产业的大升级、经济的大转型、企业的大发展，我国经济社会也不可能取得令全球瞩目的辉煌成就。二是实现转型升级的机遇既来自国内也来自海外且稍纵即逝。能不能及时发现、抓住和用好机遇，是广大企业特别是中小微企业以及全社会能不能发展和能否通过不断创新实现更大更好发展的关键。

三　抓住新机遇，迎接新挑战，实现新发展

1. 机遇与挑战

综观国际国内大势，我国发展仍处于可以大有作为的重要战略机遇期。

一是党的十八大特别是十八届三中全会做出的全面深化改革的《决定》为进一步深化改革扩大开放、促进各类企业特别是中小微企业实现更大发展提供了重要政治保障。十八届三中全会做出的全面深化改革决定，道出了我们的多年期盼。其总体指导思想和 330 多项改革任务，清晰深刻、振聋发聩。其中，首次明确经济体制改革的“核心问题是处理好政府和市场的关系，使市场在资源配置中起决定性作用和更好地发挥政府作用”这样一个基本定位；第一次把改革开放定义为“是党和人民事业大踏步赶上时代的重要法宝”[①]。明确提出市场在资源配置中起“决定作用”，是对经济发展规律的深刻理解和科学把握，是对党的十五大首次明确肯定的“市场在资源配置中的基础性作用”的一个重大发展。明确提出改革开放是党和人民事业大踏步赶上时代的“重要法宝”，是对社会发展规律的深刻理解和科学把握，是对毛泽东主席曾经概括总结的中国革命取得胜利的三大法宝（统一战线、武装斗争、党的建设）的一个新的站在时代前沿的重大发展。没有改革开放，不仅不可能使党和国家工作的重点转移到经济建设上来，也不可能使我国的经济体制完善起来，更不可能使我国广大人民的生活富裕起来。没有改革开放，不仅不可能使我国国民经济总量于 2010 年超过日本成为全球第二，也不可能使我国国民经济活动总量在 2020 年前后超过美国成为全球第一，更不可能实现在新中国建国 100 周年的时候人均国民经济活动总量以及整个国民素质和社会文明均超过美国。因此，改革开放是“是党和人民事业大踏步赶上时代的重要法宝”。正如习近平总书记在 2013 年 11 月 14 日中共十四届三中全会上所做《关于〈中共中央关于全面深化改革若干重大问题的决定〉的说明》所指出的：“改革开放是决定当代中国命运的关键一招，也是决定实现‘两个一百年’奋斗目标、实现中华民族伟大复兴的关键一招，实践发展永无止境，解放思想永无止境，改革开放也永无止境，停

---

① 参见新华社：《中共中央关于全面深化改革若干重大问题的决定》，2013 年 11 月 18 日《人民日报》。

顿和倒退没有出路，改革开放只有进行时、没有完成时。”[①] “35年来，我们党靠什么来振奋民心、统一思想、凝聚力量？靠什么来激发全体人民的创造精神和创造活力？靠什么来实现我国经济社会快速发展、在与资本主义竞争中赢得比较优势？靠的就是改革开放。”[②]改革开放是法宝，拿起这个法宝可以照妖，可以辟邪，可以实现我们经济社会和企业的更大发展。

进一步全面深化改革的《决定》从体制、机制和政策实践等多个层面为企业，特别是中小微企业发展提供了难得的机遇。例如，《决定》明确提出“积极发展混合所有制”，通过“制定负面清单”打破玻璃门、弹簧门和旋转门，“允许具备条件的民间资本依法发起设立中小型银行等金融机构”和“发展普惠金融”，“健全多层次资本市场体系，推进股票发行注册制改革，多渠道推动股权融资”和“推进农民住房财产权抵押、担保、转让，探索农民增加财产性收入渠道”，“放宽投资准入”和“扩大企业及个人对外投资”，“鼓励非公有制文化企业发展”和“引导优势民营企业进入军品科研生产和维修领域”，等等。

二是美国等发达国家要搞再工业化对我国传统产业转型升级既是挑战又是机遇。2007年美国发生次贷危机和2008年欧美爆发国际金融危机后，欧美发达国家特别是美国才发现金融创新虽然有助于美国向全球收取“贡赋”，但过度创新最终同样会殃及自己。“玩空手道”可以得益于一时，却很难持久于一世。因为，实体产业的空心化最终会使国民经济失去应有的物质力量支撑。正是在这样一个背景下，美国总统奥巴马才重提美国的再工业化。问题是，在当前IT技术大普及背景下，美国的再工业化要走什么路线？技术发展的客观现实引导奥巴马想到了以3D打印为代表的高科技产业及其发展。但是，高科技产业的发展需要更多的人才参与和物质投入。美元不断贬值表明美国经济在不断衰退，美国吸引全球高技能人才和创新精英的潜在能力及其现实可能性必然不断下降。美国政府要引导和支持传统产业“高调”回归（比如吸引苹果回归美国本土），但美国的一般劳动力成本难于担当这一重任。在这种客观存在面前，美国等发达国家要把产业发展的重点放在高科技领域，它就必须让出更多的传统产业由后发新兴工业国家担当。与之相反，随着人民币的不断崛起，中国吸引全球技术创新能人和创新精英的潜在能力及其现实可能性都在持续上升。这一点，对我国传统产业向中高端迈进来的内在要求说，显然是机会。

三是全球经济结构大调整、治理结构大校正的过程，对我国传统产业转型升级和企业大发展同样是难得的机遇。所谓全球经济结构大调整，主要表现为以美国为代表的富国成为债务国、我国等发展中国家反成债权国引起的全球经济大失衡及其引发的大调整。作为债权国，我国有4万多亿美元的外汇储备，其中大部分又采取了美国国债或欧元债的存在方式。由于这种债权实际上是建立在债务国的主权货币基础上的，因此，主权货币的币值及其价格的变动，最终决定着债权国的实际利益。近10多年来，美元持续贬值30%多，

---

① 参见习近平：《关于〈中共中央关于全面深化改革若干重大问题的决定〉的说明》，《中共中央关于全面深化改革若干重大问题的决定》辅导读本，人民出版社2013年版，第63页。

② 参见同上书，第85页。

等于实际侵蚀了我国持有的美元债权。美国这些国家越是主动贬值，我国失去的债权就越多。其逻辑演变的最终结果必然是：在它们那一极是质量越来越高的物质财富的持续积累，在我国这一极则是价值越来越低的法定的货币符号即虚拟财富的持续积累。两种不同形式和不同性质的“财富”的积累，最终还是要表现为两类实体的经济结构的失衡。对这种失衡不加理睬，失去的必然是我国的基本利益，而要避免失去更多基本利益，就要及时收回拥有的债权（其初级形态的扩大企业的外汇支配权和处置权、减少出口、增加进口等）。这种要求，在经济实践中表现为全球经济结构的大调整，在治理实践中则表现为全球治理结构的大调整。改变美国一国说了算的全球治理格局和美国经济全球独大的发展格局，不仅对发展中国家是机遇，对我国企业特别是广大中小微企业来说，同样是机遇。

四是现代科学技术正在孕育的一系列新突破，对我国传统产业转型升级和企业大发展更是重要发展机遇。这里有一个例子很具典型意义。原本光的速度是每秒30万公里，并且呈直线运动，但是，随着光纤的出现，光却实现了“弯道行驶”。不仅如此，哈佛大学研究人员还于1999年首次让光速降至每秒17米，并在2001年设法让光停了下来。尽管停留的时间很短，仅仅几分之一秒，但是其开创意义是巨大的。受其启发，美国佐治亚理工学院研究人员2013年初实现了让光停留16秒的历史记录。到2013年7月，德国研究人员则通过利用晶体介质进一步将这个时间延长至60秒。其重要意义在于60秒的光存储一旦达到量子存储要求，就有可能构建全球化的量子网络①。这个例子告诉我们，如果人类不仅能够做到使光停留60秒，还能做到使其停留6个小时、60个小时、6天、6个月，如此等等，然后再将其释放，其后果将如何？据预测，到那时，量子计算机将代替电子计算机且其智力接近于人的大脑。如若如此，我们就有理由猜想，到那时，水很可能会被作为燃料广泛使用。因为，到目前为止，人类面临的困难并不是电分解水（H_2O），而是无法做到快速分解和压缩分解后的H_2和O_2，一旦量子计算机出现，这个难题就可望得到解决。

毫无疑问，机遇与挑战常常是并存的。当前阶段我国传统产业转型升级和企业大发展同样面临着一系列严峻挑战。

一是经济增长换挡条件下宏观经济持续紧缩带来的挑战。经济增长换挡带来的挑战，首先波及的是传统产业特别是传统制造业中的中小微企业。因为，经济增长率的下降带来的一个直接结果是处于传统产业中的各类企业的市场需求大幅度收缩，并由此产生了搞实体经济难赚钱效应。在这一效应影响下，很多手里有钱的个人和企业开始出现脱离实业倾向。这种倾向恰与我国现行商业银行运行机制相吻合。主要表现为商业银行更愿意把钱贷给大型企业，特别是国有企业，以较低的成本获取较高的回报。而那些以较低融资成本拿到较多贷款企业实际上并无更多更高附加价值的实体投资需求，于是其中很多企业便把“多余”的资金转投于各类信托公司或小贷公司。这些信托公司或小贷公司再以15%，甚至25%的利率将其资金转贷给那些急需资金又无法从商业银行顺利得到贷款的中小微企

① 赵广立，马佳：《德国研究人员让光停留整整60秒》，2013年8月9日《中国科学报》。

业。在全国工业平均利润率不足5%的背景下，中小微企业面临着怎样的形势是显而易见的。在这种背景下，宏观经济相对紧缩，便会进一步加剧中小微企业的融资难度。这是现阶段我国企业，特别是中小微企业转型升级和实现发展面临的一个最大挑战。

二是全球经济衰退虽然给我国进口带来了难得机遇，但同时也对我国出口形成了严峻挑战。例如，国际市场上的原材料和各种工业制成品价格在持续下降，但国外企业和居民户的生产和消费需求也在持续下降。受其影响，我国进出口总值增长率已经从2010年的34.7%下降为2013年的7.6%，到2014年7月底才从累计同比负增长恢复至2%的水平。2014年1~7月出口总额同比增长3%，进口总额同比增长1%①。按目前情况看，完成年初制定的7%的增长目标，估计仍然存在较大难度。这对我国企业，特别是出口企业转型升级和发展显然构成严峻挑战。

三是当前我国企业，特别是中小微企业发展还面临着其他很多不可忽视的问题和挑战。比如，完善税收制度会对各类中小微企业的发展带来挑战，纠正民营企业两本账行为、强化公司规制也会带来新的挑战，贯彻落实《劳动合同法》和保护劳动者权益同样会给企业发展带来一定挑战，技术替代劳动需要有更大资本支持也是各类中小微企业发展面临的挑战，环境保护、绿色发展、友好发展等都会对各类企业未来发展，特别是对中小微企业未来发展带来严峻挑战。

总之，机遇与挑战并存，企业必须审时度势、抓住一切可能的发展机遇，积极应对各种可能的挑战，积极推进转型升级，努力谋求实现更大发展。

2. 选择与发展

抓住机遇、迎接挑战，不在于放弃传统产业，而在于知难而上、转型升级、创新发展。

一是不要盲目厌弃或忽视传统产业，要舍得在传统产业技术改造上投大资。如前所述，转型升级原本指的就是传统产业。人类生产与生活的客观规律和大量实践均表明，没有夕阳的传统产业，只有夕阳的产业传统。因为，人类的生存和发展，无论过去、现在还是将来，都永远离不开与衣食住行有关的“传统产业”。这就是说，传统产业无夕阳。但是，传统产业的技术会落后，产业的传统也会老化，因此，创新产业技术、改革产业传统就是一种必须。要学会用“改革就是否定无效率的理念”来引领经济转型，要学会用“创新就是把不可能变为现实的思想”来指导包括产品工艺改造在内的经济转型和产业升级。只要我们有了这一条，传统的“穿”，比如鞋、袜子、内衣、外罩、羊绒衫等，都可以实现革命性升级；传统的“吃”，比如米、面、肉、菜、茶等，也都可以由此变得更加科学、更加可口、更加有益健康；传统的“用”，如炒菜、蒸饭、烧水的锅具等，可以通过新的系统性技术革命而使其变得质量更好、性能更强、效率更高；同样道理，传统的生活设备，比如传统的马桶会因此而成为清洁健康生活的新宠，传统的电梯同样可以通过创新实

① 参见中华人民共和国统计局：《中国经济景气月报》，2012年第1期第45页和2014年第8期第51页。

现新的更大发展①。总之，只要我们能够给产业传统赋予新的科学内涵，能够在传统产业技术改造上投大资，传统产业就一定会有新生，处于传统产业的各类企业就能够实现更大发展。

二是不要盲目追求多元化，要肯于在专、精、特、新、好上花大价钱。专业化是个好东西。不要一说到“转型升级”，就想着“转产”、“改行”、“跨部门”、“多领域”和“多元化”。转型升级的第一要领是“专一”。只有做到“术业有专攻”，升级才会有目标，转型才会有成效，产品才会有市场，竞争才会有实力。专业化的基础是分工。分工可直接创造生产力。专业化的必然产物是高、精、特、新、好。大的专业化典型有美国的波音飞机制造，小的专业化典型有瑞士的手表制造业和微软公司的软件研发与制造。在我国，靠专业化实现大发展的案例同样不胜枚举。总之，只要肯于在本企业、本地区所具有的专业优势上花大价钱深度开发，传统产业优势就可以大有可为、大而无比。

三是不要盲目否定家族制，要善于在家族制与现代企业制度有机结合上下大功夫。全球大多数企业都带有家族印记。美国福特公司就是一个典型的现代化的家族企业。但福特公司为什么能发展成为超级跨国公司？现代企业制度便是其主要支撑。一个企业要成为具有强大生命力和市场竞争力的百年老店，就一定要善于在企业制度现代化上下大功夫。要通过建立现代企业制度，借“脑”以获取更多智慧，借“手”以实现更大劳动能力，借“制度”以实现更高企业效率。

四是不要盲目引进高新尖端技术，特别是洋品牌，要善于在选用有效实用先进技术和创造自主品牌上付更大代价。超出实际需要的任何高新尖技术，引进了也不会形成实际生产力。在我国，很多企业确曾有过借引进洋品牌实现短期发展的实践，但长远来看并靠不住。目前，我国经济发展已经到技术需要选择、品牌需要自主、竞争能力需要内生的阶段。一个企业要成为常青藤，就一定要善于在实用先进技术的引进、自主品牌的创造和内生能力的培植上花大本钱、付大代价。

最后，产业升级、经济转型还必须有政府改革的进一步深化和外部环境的进一步优化做支撑，包括政府提供优质公共服务和推进产业集群以及区域经济专业化等。

总之，当前我国经济社会发展正处于“比历史上任何时期都更接近中华民族伟大复兴的目标”② 的重要战略机遇期。我们要进一步总结历史经验，正确把握战略机遇，积极推进转型升级，努力实现创新发展。

执笔：刘迎秋（中国社会科学院民营经济研究中心主任，研究员，博士生导师）

---

① 例如，杭州西子集团研发永磁同步无齿轮电梯拽引机实现了 7m/s 的突破，既打破外国的垄断，又创造了新的居民生活享受。

② 习近平：《承前启后，继往开来，继续朝着中华民族伟大复兴目标奋勇前进——在参观《复兴之路》展览时的讲话（2012 年 11 月 29 日）》，2012 年 11 月 30 日《人民日报》。

第 1 章

2013 年中小企业发展概况

- 中小企业实有户数情况
- 中小企业行业分布情况
- 中小企业地区分布情况
- 中小企业景气指数变化情况

2013 年以来，世界经济复苏存在不稳定、不确定因素，一些国家宏观政策调整带来变数，新兴经济体又面临新的困难和挑战。全球经济格局深度调整，国际竞争更趋激烈①。面对错综复杂的国内外形势，党中央、国务院坚持稳中求进的工作总基调，国民经济运行总体平稳，就业和物价保持稳定，经济增速处于合理可控区间，符合宏观调控预期。初步核算，2013 年国内生产总值 568845 亿元，按可比价格计算，同比增长 7.7%。分季度看，一季度同比增长 7.7%，二季度增长 7.5%，三季度增长 7.8%，四季度增长 7.7%。分产业看，第一产业增加值 56957 亿元，增长 4.0%；第二产业增加值 249684 亿元，增长 7.8%；第三产业增加值 262204 亿元，增长 8.3%。第一、第二产业增速分别较上年下滑 0.5 个、0.1 个百分点，第三产业则回升 0.2 个百分点，成为稳定经济的主要因素。第三产业增长较快，也使得三产比重达到 46.1%，历史性的首次超过了第二产业（43.9%），这意味着我国产业结构逐步改善。不过值得注意的是，从具体产业来看，2013 年，三产增速的回升主要是受房地产增速回升的带动，因此，结构优化中也存在一些值得警惕的因素。2013 年，居民消费价格总水平（CPI）上涨 2.6%，与上年持平。物价上涨压力随着经济增速回落得到有效缓解。进出口总额增长 7.6%，比上年上升 1.4 个百分点；出口增长 7.9%，与上年同期持平；进口增长 7.3%，加快 3 个百分点。城镇新增就业 1310 万人，完成全年任务的 145%。全国规模以上工业增加值同比增长按可比价格计算比上年增长 9.7%，增速比上年回落 0.3 个百分点。规模以上工业企业实现利润同比增长 12.2%，比上年上升 6.9 个百分点。

2013 年，国内外经济发展速度放缓的时期，我国的中小企业整体规模稳步增长，转型升级进程加快，但是结构性矛盾仍然存在，局部性困难突出，尤其是部分行业小微型企业面临形势严峻。一方面，在复杂多变的国内外宏观经济形势下，劳动密集型、加工贸易型和处于初创期的中小企业特别是小微型企业生产经营难度加大。另一方面，传统的粗放增长方式在原材料、用工、能源等成本持续上升的局面下难以为继，强大的市场倒逼机制将推动中小企业加快转型升级步伐。尤其值得关注的是，由于自身素质与竞争能力的差异，中小企业群体处于转型期和分化期。规模以上企业在新增企业数量、在职人员数量、营业收入增长率、利润增长率等方面表现均优于国内平均水平，而规模以下的小型微型企业境况堪忧。截至 2013 年 12 月份，小型企业制造业采购经理人指数（PMI）已经连续 5 个月下滑，连续 21 个月指标处于 50% 以下。面对困难局面，我国政府出台了多项扶持中小企业尤其是小微企业发展的政策，特别是 2013 年 10 月国务院第 28 次常务会议部署推进注册资本登记制度改革后，新登记市场主体加速增长，受到了广大中小企业的欢迎。在各项政策的扶持下，作为市场主体的各类企业特别是中小企业克

① 国家统计局：“2013 年国民经济发展稳中向好”。

服重重困难，积极应对市场因素变化，不断提高管理水平，努力增加经营效益，保持了平稳较快发展。

1.1 中小企业实有户数情况

我国中小企业实有户数①包括全国实有企业户数和全国实有个体工商户户数。

1.1.1 全国实有企业数量变化情况

截至2013年底，全国实有企业1527.84万户（含分支机构，下同），比上年底增长11.80%（见图1.1）。内资企业（不含私营）实有229.38万户，比上年底减少7.44万户，降低3.14%；注册资本（金）45.20万亿元，增长14.11%。私营企业1253.86万户，增长15.49%；注册资本（金）39.31万亿元，增长26.40%。外商投资企业44.60万户，增长1.23%；注册资本（金）2.03万亿美元，增长7.98%②。

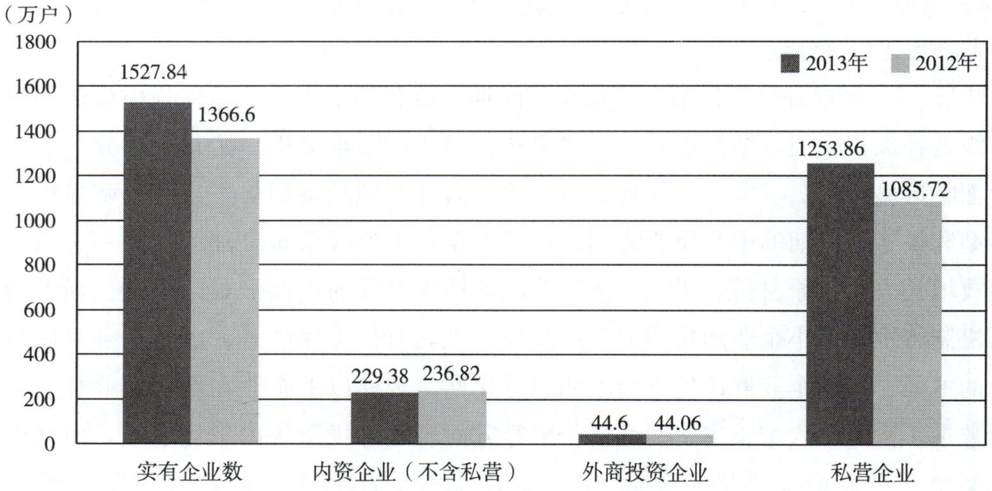

图1.1 2013年我国中小企业户数发展情况

资料来源：国家工商行政管理总局《工商行政管理统计汇编》2013年第18页。

① 目前尚不存在中小企业户数统计，由于99%数量的企业为中小企业，因此，这里用总企业户数加上个体工商户户数作为一个替代指标，通过该指标的变化趋势反映中小企业户数变动情况。

② 国家工商总局：统计资料，2013。

2013年，全国新登记注册企业250.27万户，比上年同期增长27.62%，注册资本（金）9.57万亿元，比上年同期增加47%。其中，内资企业（不含私营）登记注册13.92万户，增长4.58%；私营企业登记注册232.73万户，增长29.99%；外商投资企业登记注册3.63万户，减少2.94%。

（1）内资企业（不含私营）

截至2013年底，全国内资企业实有229.38万户，比上年减少7.44万户，下降3.14%。但注册资本达到45.20万亿元，同比增长14.11%，占全国企业注册资本总额的近一半（46.70%），内资（非私营）企业呈现出总量减少，规模上升的良性发展趋势。内资企业中国有企业实有36.40万户，比上年底减少3.10万户，下降7.85%；集体企业48.08万户，比上年底减少5.59万户，下降10.42%；公司（含有限责任公司和股份有限公司）129.06万户，比上年底增加4.80万户，增长3.87%；其他企业15.84万户，比上年底增加9.71万户，上升158.40%，主要原因是2012年其他企业不包括股份合作公司，而2013年其他企业包括股份合作企业。各企业类型所占比重见图1.2。

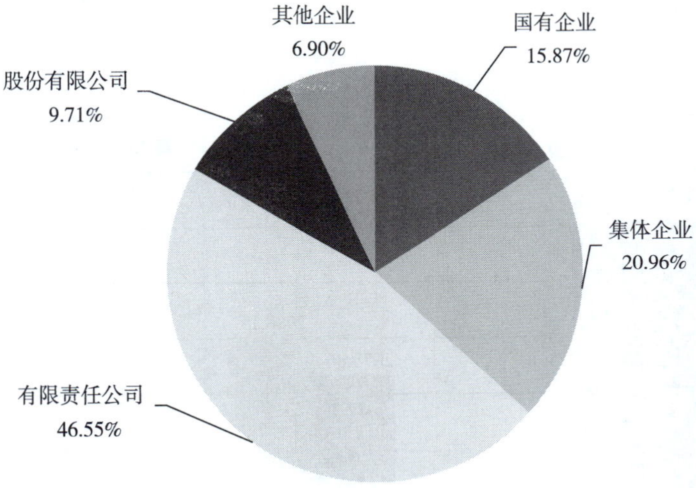

图1.2　2013年内资企业中各类型企业占比

资料来源：国家工商行政管理总局《工商行政管理统计汇编》2013第22页。

（2）私营企业

截至2013年底，全国内资企业私营企业实有1253.86万户，比上年增加168.15万户，同比增长15.49%。数量占比由2012年底的79.40%增长到2013年底的82.1%。其中独资企业实有194.42万户，比上年底增加34.42万户，增长21.51%；合伙企业16.66万户，比上年底增加1.41万户，增长9.25%；有限责任公司1038.08万户，比上年底增加131.53万户，增长14.51%；股份有限公司4.71万户，比上年底增加0.79万户，增长20.15%。

（3）外资企业

2013年全国外商投资企业实有户数延续了2011年的增长态势。截至2013年底，外商投资企业44.60万户，上升1.23%。其中分支机构15.34万户，同比上升3.23%；公司法人28.69万户，下降0.93%。本年新登记外商投资企业3.63万户，下降2.94%。外商投资企业实有投资总额3.52万亿美元，比上年底增长7.98%。总注册资本（金）2.03万亿美元，增长7.98%；其中外方认缴出资额1.61万亿美元，增长9.05%，外方认缴出资额占注册资本的79.27%。外商投资企业发展态势趋稳趋缓，但利用外资质量进一步提升，2013年注册资本12.36万亿元，同比增长7.8%，我国仍然是世界第二大外资流入地，利用外资正从高速增长期进入成熟稳定期。

1.1.2 全国实有个体工商户发展情况

伴随注册资本登记制度改革在全国范围实施，改革效果得到显著体现，新登记个体工商户增长较快，实有户数、资金数额均保持快速增长趋势。全国个体工商户实有4436.29万户，比上年底增长9.29%，资金数额2.43万亿元，增长23.12%。个体工商户当年新注册853.02万户，比上年同期增长16.39%，资金数额0.71万亿元，比上年同期增长33.96%（见图1.3）。

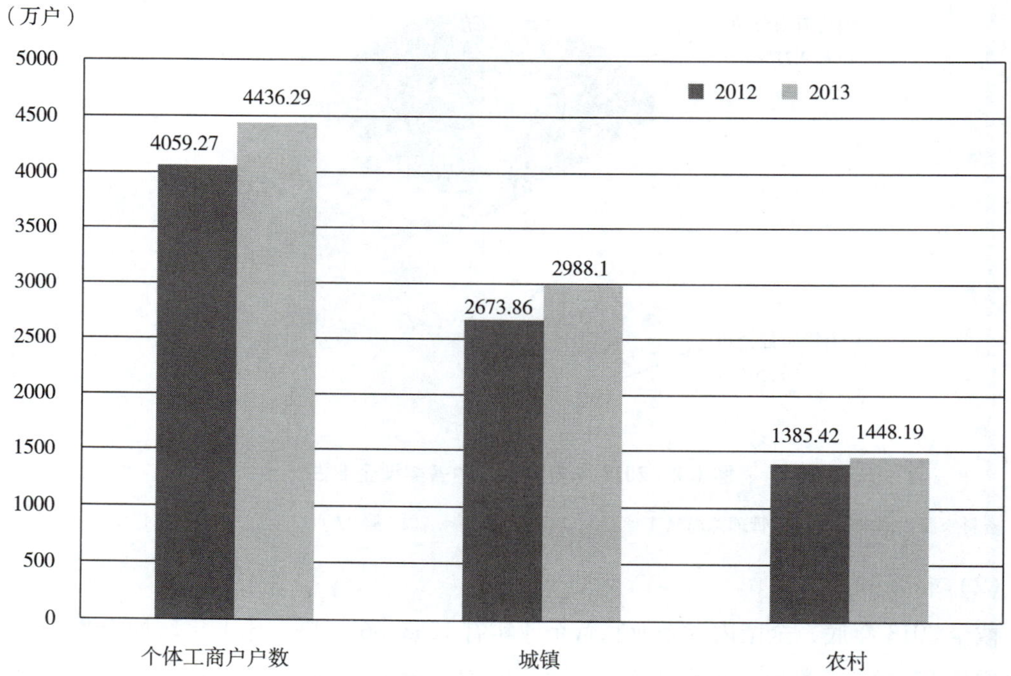

图1.3 2013年个体工商户户数情况

资料来源：国家工商行政管理总局《工商行政管理统计汇编2013》第48页。

1.2 中小企业行业分布情况

市场主体在第一、第三产业所占比重继续扩大。截至2013年底，企业在第一产业实有44.38万户，比上年同期增长17.23%，占企业总数的2.91%，比上年同期扩大0.14个百分点；第二产业382万户，增长7.23%，占25.00%，比上年同期减少1.07个百分点；第三产业1101.46万户，增长13.26%，占72.09%，比上年同期扩大0.93个百分点，比2011年底提高了1.6个百分点。其中批发和零售业企业数量达到542.85万户，占全国企业总量的35.50%。第三产业注册资本64.73万亿元，同比增长20.8%，在全国企业注册资本总额中占比达到66.8%，比2012年底提高1.6个百分点，比2011年底提高2.7个百分点。其中金融企业注册资本达到9.22万亿元，同比增长39.0%，资本集聚速度较快。

战略性新兴产业企业总量持续增长。战略性新兴企业总量从2010年末的233.22万户增长至2013年末的296.6万户，年均增长率8.34%。2013年新登记企业46.71万户，较2012年增长26.64%。

截至2013年12月底，全国实有现代服务业企业409.65万户，同比增长13.9%，比服务业同比增长率高出0.9个百分点。企业实有注册资本57.58万亿元，同比增长43.3%，比服务业同比增长率高出13个百分点。卫生类新设企业达到5998户，比2012年增加了2931户，同比增速达到95.6%。2013年房地产企业发展呈现大幅回暖，新登记企业数量7.95万户，同比增速达到43.0%，注册资本8854.65万元，同比增速达到61.4%。

文化及相关产业数量比重逐年上升，企业规模偏小。截至2013年12月底，全国文化产业市场主体共279.62万户，其中内外资企业133.45万户，占内外资企业总数（1527.84万户）的8.73%，较2012年同期增长14.81%，高出全国企业增长率3.01个百分点；2013年全国文化及相关产业新设企业有33.55%分布在文化创意设计。文化产品生产的辅助生产增长幅度最高，为43.2%。

现代制造业企业数量和资本在制造业中的占比略有下降。截至2013年12月底，全国现代制造业实有企业32.60万户，同比增长5.3%，注册资本5.14万亿元，同比增长3.9%，数量和资本同比增速均低于制造业整体水平。电子类和交通类发展加快，新设企业数量分别比2012年同期增加了1683户和1679户，同比增长率分别为44.7%和35.9%。

1.2.1 内资企业的行业分布

从内资企业行业实有户数看，批发和零售业依然位居首位，为75.46万户，其次是制造业25.85万户，再次为金融业27.14万户。内资企业行业中企业实有数量最少的三个行业分别是卫生和社会工作，金属制品、机械和设备修理业和开采辅助活动，这三个行业的企业数量分别为0.40万户、0.21万户和0.09万户。

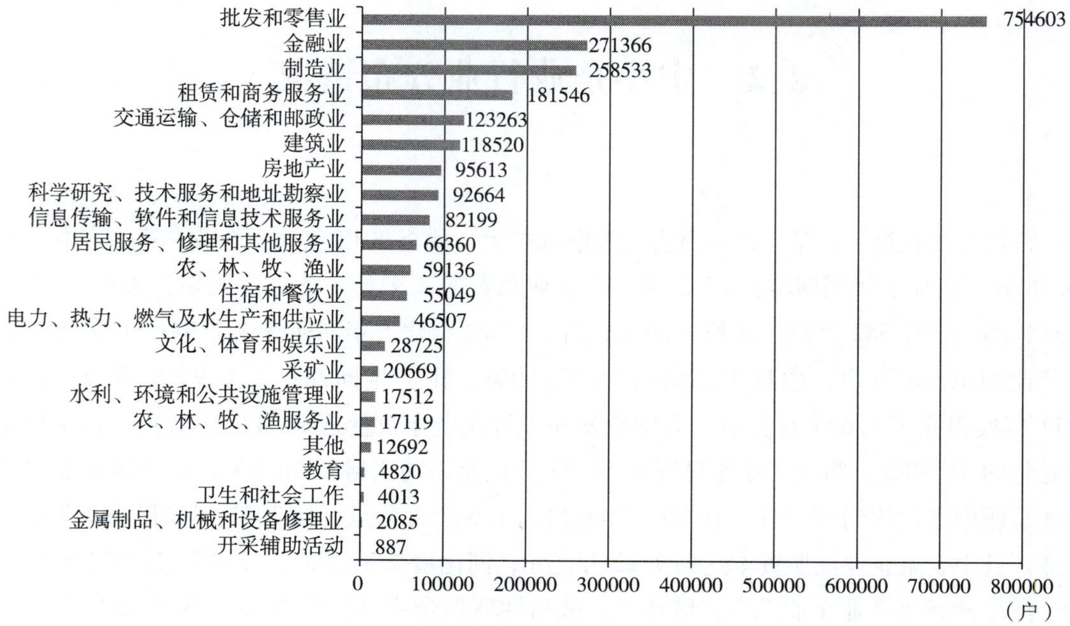

图1.4 2013年我国内资企业实有户户数行业分布

资料来源：国家工商行政管理总局《工商行政管理统计汇编2013》第22页。

1.2.2 外资企业行业分布

从外商投资企业的行业来看，以金融业为代表的现代服务业稳定快速增长。金融业实有户数达到8639户（含分支机构，下同），比上年底增长21.56%，增速比上年提高12.2个百分点。外商投资企业投资第三产业较多，租赁和商务服务业以及信息传输、计算机服务和软件业分别达到4.06万户和4.34万户。企业数量最多的制造业有所下降，从2010年底的18.76万户下降到2011年底的18.1万户，2012年底17.48万户，2013年继续回落到16.62万户。

1.2.3 私营企业的行业分布

私营企业实有户数达到1253.86万户，本期登记了232.73万户。数量排在前三位的是批发和零售业、制造业以及租赁和商务服务业，分别为458.27万户、240.34万户和140.65万户。随着垄断领域对民营企业逐步放开，水利、电力、卫生等私营企业数量有所上升，分别为5.15万户、4.82万户和1.57万户，分别比上年上升0.29万户、0.42万户、0.18万户。

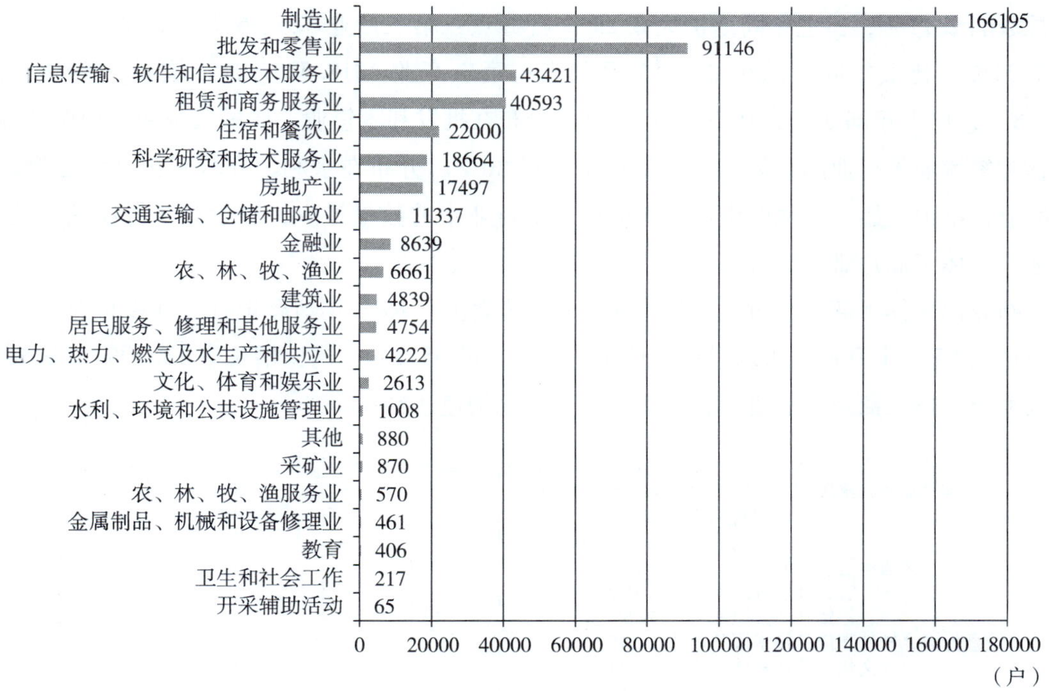

图 1.5　2013 年我国外资企业实有户数行业分布

资料来源：国家工商行政管理总局《工商行政管理统计汇编 2013》第 40 页。

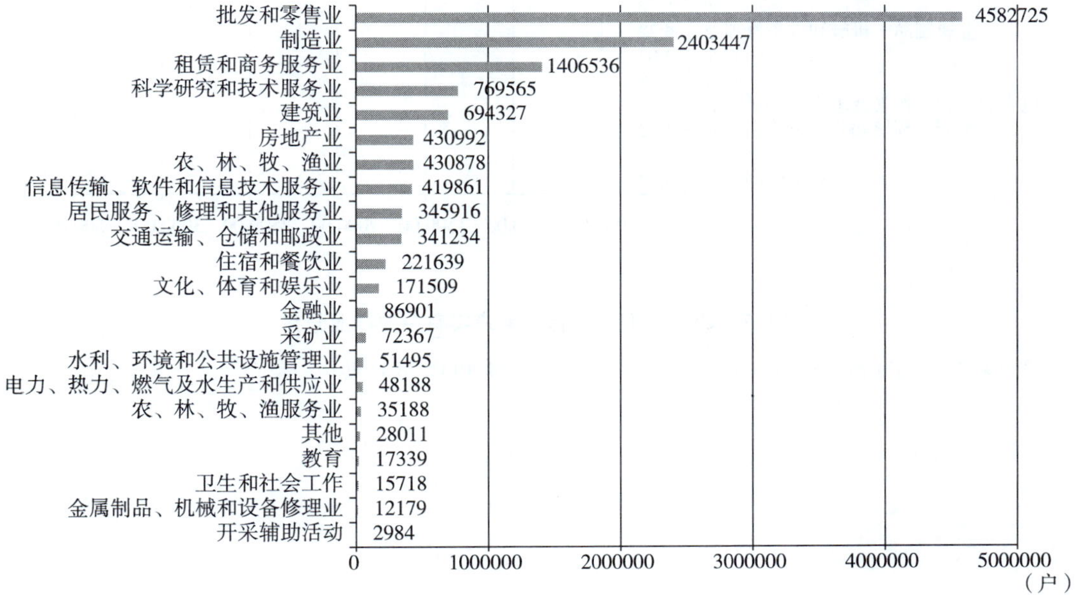

图 1.6　2013 年我国私营企业实有户数行业分布

资料来源：国家工商行政管理总局《工商行政管理统计汇编 2013》第 32 页。

1.2.4　个体工商户行业分布

全国个体工商户在第一产业实有 93.36 万户，比上年同期增长 22.44%，占个体工商户总数的2.11%，比上年同期扩大0.23个百分点；第二产业324.36万户，增长2.08%，占7.31%，比上年同期减少0.52个百分点；第三产业4018.57万户，增长9.64%，占90.58%，比上年同期扩大0.29个百分点，分布在批发和零售业、居民服务和其他服务业、住宿和餐饮业等行业的个体工商户的比重超过80%。分布在水利、环境和公共设施管理，金融业，电力、燃气及水的生产和供应业三个行业中的数量最少，由于这些行业垄断性比较强，个体工商户难以进入。

新登记个体工商户超过六成集中在批发和零售业。2013年新登记批发和零售业个体工商户达到559.11万户，占新登记个体工商户总量的65.5%，同比增长率18.30%。从事农林牧渔业个体工商户发展迅速，新登记数量同比增速达到65.8%。

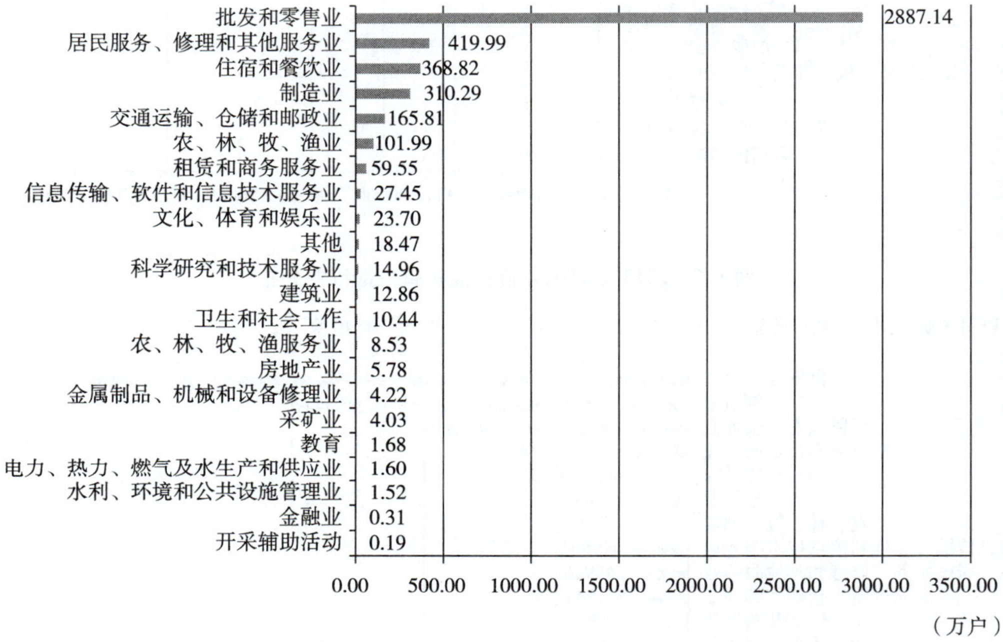

图1.7 2013年我国个体工商户实有户数行业分布

资料来源：国家工商行政管理总局《工商行政管理统计汇编2013》第48页。

1.3 中小企业地区分布情况

截至2013年底，东部地区实有企业962.2万户，比上年同期增长12.41%，占企业总数的62.98%，比上年同期扩大0.34个百分点；中部地区326.21万户，增长9.40%，占

21.35%，比上年同期减少0.46个百分点；西部地区239.43万户，增长12.68%，占15.67%，比上年同期扩大0.12个百分点。

东部地区实有个体工商户2081.48万户，比上年同期增长7.54%，占个体工商户总数的46.92%，比上年同期减少0.76个百分点；中部地区1413.59万户，增长10.54%，占31.86%，比上年同期扩大0.36个百分点；西部地区941.22万户，增长11.41%，占21.22%，比上年同期扩大0.40个百分点。

1.4　中小企业景气指数变化情况

为客观反映中小企业发展的景气情况，中国中小企业协会按季度编制发布了中小企业发展指数[①]（SMEDI），较好地反映了中小企业的景气状况。

1.4.1　第一季度中国中小企业发展指数

2013年一季度中国中小企业发展指数（SMEDI）为95.2，比2012年四季度上升4.4点。中国中小企业发展指数保持了上季度出现的止跌回升势头，且上升幅度有所加大，其中的分行业指数6升2降，分项指数有不同程度的上升，但与景气临界值100相比，仍处较低点位，不可过于乐观。

（1）分行业指数6升2降

多数分行业指数升幅较大，其中社会服务业指数位于景气临界值100以上。从企业对于未来发展的信心看，除房地产业外，其他7个分行业的企业对当前宏观经济形势、本行业总体运行状况基本看好，但交通运输邮政仓储业、房地产业、住宿餐饮业的企业对于本企业综合生产经营状况不够满意，相应指数分别下降4.4点、8.1点、3.4点。从资金状况看，除工业的融资指数下降1.1点、房地产业下降4.3点外，其他6个分行业的融资指数都是上升的；除交通运输邮政仓储业的流动资金指数下降4.4点，住宿餐饮业下降5.2点外，其他6个分行业的流动资金指数是上升的。从成本状况看，除交通运输邮政仓储业、社会服务业、住宿餐饮业成本指数下降，表明成本加大，其他5个分行业成本指数是上升的，其中建筑业和信息传输计算机服务软件业分别上升10.7点和14.5点。从盈亏状况看，只有房地产业和住宿餐饮业盈亏指数分别下降9.7点和1.2点，其他6个分行业盈亏指数

① 中国中小企业协会网站，http：//www.ca－sme.org/。

上升或大致持平，其中工业、建筑业和信息传输计算机服务软件业分别上升7.3点、13.8点和11.7点。值得注意的是工业、房地产业、住宿餐饮业和信息传输计算机服务软件业应收账款指数分别上升2.2点、12.9点、13.6点和15.9点，表明这些行业的企业相互拖欠有所发展。一季度建筑业指数为99.0，上升7.9点。交通运输邮政仓储业指数为89.7，上升0.1点。批发零售业指数为94.5，上升3.3点。社会服务业指数为102.7，上升5.0点。信息传输计算机服务软件业指数为93.3，上升7.7点。

①工业指数继续回升。一季度工业指数为93.6，上升5.4点。工业指数自上年四季度出现回暖，本季度上升势头持续。调查显示，企业生产量指数比上季度上升8.9点，订货量指数上升9.4点，其中国外订单量指数上升9.0点，产品销售量指数上升5.7点。值得关注的是，企业主要原材料及能源的购进价格指数下降11.0点，表明企业购进价格上升幅度较大。

②房地产业指数下降。一季度房地产业指数为98.4，从2012年四季度大幅上升10.4点，转为下降2.9点。调查显示，企业商品房预售面积指数下降13.3点，企业商品房平均销售价格指数下降12.9点。调查显示，63.3%的企业反馈商品房预售面积比上年同期增加或持平，比上季度减少8.5点；64.5%的企业反馈商品房销售面积比上年同期增加或持平，比上季度减少4.9点；86.3%的企业反馈商品房销售价格比上年同期增加或持平，比上季度增加2.4点。

③住宿餐饮业指数处于最低位。一季度住宿餐饮业指数为83.7，下降3.1点，成为唯一连续两个季度下滑的行业。调查显示，企业业务预定指数下降12.2点，企业收费（服务）价格指数比上季度下降16点，企业固定资产投资指数下降10.3点。

（2）分项指数有不同程度的上升

本季度位于景气临界值100以上的分项指数，由上季度的1个增加到4个，但有的分项指数的点位仍然很低。一季度企业宏观经济感受指数为106.8，上升7.0点，在分项指数中升幅最大。综合经营指数为102.9，上升3.9点。投入指数为102.3，上升3.0点。

①市场指数、成本指数、资金指数上升幅度有所加大。一季度市场指数为94.8，上升6点。调查显示，71%的企业生产总量比上年同期减少或持平，比上季度减少4个百分点；74%的企业产品订货量比上年同期减少或持平，比上季度减少2个百分点；76%的企业产品销售量比上年同期减少或持平，比上季度减少2个百分点；75%的企业产品平均销售价格比上年同期减少或持平，比上季度减少2个百分点；76%的企业产成品库存处于一般或不理想状态，比上季度减少5个百分点。

成本指数为94.9，上升3.0点，转跌为升，表明企业的成本有所下降。从调查细项看，反映生产成本比上年同期上升的企业为65%，比上季度下降5个百分点；反映企业员工平均薪酬比上年同期增加的企业为61%，比上季度下降2个百分点。

资金指数为97.0，上升3.5点。调查显示，58%的企业反馈流动资金指数比上年同期好转或持平，比上季度上升4.5点；79%的企业反馈应收账款指数比上年同期减少或持平，比上季度上升4.6点。

②效益指数继续低位回升。一季度效益指数为76.7，上升4.4点。调查显示，56%的企业反馈企业增盈、减亏或持平，比上季度增加4个百分点。效益指数在上年第三季度降至最低位，为69.8，尽管近两个季度连续上升，但所处点位仍然很低，表明企业效益状况有待大力改善。

③劳动力指数处于最高位。一季度劳动力指数为107.8，上升2.5点。在8个分项指数中，唯有劳动力指数始终处于景气临界值100以上。劳动力需求指数为113.3，上升5.9点；劳动力供应指数为102.3，下降0.8点，表明劳动力供不应求。普通劳动力需求指数为105.6，上升4.7点，供应指数为96.0，下降0.3点；技术工人需求指数为118.3，上升4.6点，供应指数为83.2，下降4.3点；大专以上毕业生需求指数为115.9，上升8.5点，供应指数为127.7，上升2.1点。表明普通劳动力和技术工人供不应求，大专以上毕业生供过于求。

（3）东、中、西部指数上升

一季度东、中、西部指数分别为93.2、97.6、101.8。与上季度相比，东部、中部和西部分别上升4.3点、4.5点和3.8点。从分行业指数看，东部7升1降，除房地产业外，其他分行业指数都是上升的。中部分行业指数4升4降，下降的行业为交通运输邮政仓储业、房地产业、批发零售业和住宿餐饮业。西部5升3降，下降的分行业为交通运输邮政仓储业、信息传输计算机服务软件业和住宿餐饮业。从分项指数看，东部和中部分项指数都是上升的，西部除了成本指数下降外，其他分项指数都是上升的。总的看，当季东部指数状况稍好，但西部指数点位最高，位于景气临界值100以上，东部指数点位最低。

1.4.2　第二季度中国中小企业发展指数

2013年二季度中国中小企业发展指数（SMEDI）为93.1，比一季度下降2.1点。中国中小企业发展指数连续两个季度回升之后，本季度虽有所下降，但仍高于上年四季度2.3点，其中分行业指数2升6降，分项指数3升5降。在国民经济总体平稳、错综复杂的形势下，中小企业的困难和问题更多一些，面临着较大的下行压力。

（1）分行业指数2升6降

多数分行业指数有所下降，仅社会服务业指数位于景气临界值100以上。二季度，交通运输邮政仓储业指数为86.5，比上季度下降3.2点。

从调查的情况看，8个分行业在3个方面具有较多的共性。一是企业对外部经济发展和运行状况不够满意，除房地产业和信息传输计算机服务软件业外，其他6个分行业的总体运行状况指数和综合生产经营指数基本都是下降的，其中工业总体运行状况指数和综合生产经营指数分别下降6.8点和4.1点，建筑业分别下降7.1点和9.4点，交通运输邮政仓储业分别下降6.3点和5.0点，批发零售业分别下降6.8点和9.8点，住宿餐饮业分别下降7.9点和8.0点。二是企业的订单状况不够理想，除交通运输邮政仓储业和信息传输计算机服务软件业外，其他6个分行业的订单指数均下降，其中工业企业的产品订货量指数下降5.6点、房地产业的商品房预售面积指数下降4.4点、建筑业新签订的工程合同指数下降7.1点、住宿餐饮业的业务预订指数下降7.9点、社会服务业的企业服务预订量指数下降8.3点、批发零售业的企业与供货商签订的购货合同指数下降9.5点。三是企业的应收账款增加较多，工业、交通运输邮政仓储业、房地产业、社会服务业和信息传输计算机服务软件业应收账款指数分别下降8.8点、11.3点、8.1点、5.9点和8.8点，表明这些行业的企业相互拖欠有所发展。

①工业指数下降。二季度工业指数为91.9，下降1.6点。工业指数在连续两个季度上升后，本季度下降。其中，生产量指数下降1.4点，产品销售量指数下降1.9点，产品平均销售价格指数下降8.0点。

②房地产业和信息传输计算机服务软件业指数上升。二季度房地产业指数为99.8，上升1.4点。其中，企业商品房销售面积指数上升4.9点，企业商品房平均销售价格指数上升5.4点。调查显示，65.6%的企业反馈商品房销售面积比上年同期增加或持平，比上季度增加1.1点；86.4%的企业反馈商品房销售价格比上年同期上涨或持平，与上季度基本持平。

二季度信息传输计算机服务软件业指数为97.4，上升4.1点，成为唯一连续两个季度上升的分行业，且是分行业指数中升幅最大的。其中，产品销售（服务）价格指数上升5.4点，产品订货指数上升5.5点，固定资产投资指数上升3.8点，效益指数上升7.2点，升幅最大。

③建筑业、批发零售业和住宿餐饮业指数降幅较大。二季度建筑业指数为93.5，下降5.4点，降幅最大。其中，建筑产品实物工程量指数下降8.2点，工程结算收入指数下降12.1点，新开工工程量指数下降12.6点。

二季度批发零售业指数为90.1，下降4.5点。其中，商品平均销售价格指数下降9.0点，出口量指数下降6.7点，盈利指数下降3.8点。

二季度住宿餐饮业指数为80.3，下降3.4点。住宿餐饮业指数位于8个分行业指数的最低点，是较长时间不景气的累积结果。其中，收费（服务）价格指数下降5.3点，客房入住率指数下降8.2点，营业收入指数下降8.7点。

（2）分项指数3升5降

本季度位于景气临界值100以上的分项指数是宏观经济感受指数和劳动力指数。

①宏观经济感受、综合经营和投入指数下降。二季度宏观经济感受指数为102.3，下降4.5点，与上季度大幅上升15.5点形成较大反差。综合经营指数为99.7，下降3.2点。投入指数为95.9，下降6.4点，扭转了前两个季度的上升势头。除建筑业和信息传输计算机服务软件业外，其他6个行业的固定资产投资指数均下降，其中工业、交通运输邮政仓储业、房地产业和社会服务业分别下降8.9点、6.3点、8.1点和8.0点。企业对于宏观经济以及本行业和本企业的经营状况不够满意，对于投入的积极性必将有所下降。

②市场指数止升转跌。二季度市场指数为91.1，下降3.7点，扭转了连续两个季度的

上升势头。调查显示，77%的企业生产总量比上年同期减少或持平，比上季度上升6个百分点；79%的企业产品订货量比上年同期减少或持平，比上季度上升5个百分点；77%的企业产品销售量比上年同期减少或持平，比上季度增加1个百分点；79%的企业产品平均销售价格比上年同期减少或持平，比上季度增加4个百分点；78%的企业产成品库存处于一般或不理想状态，比上季度增加2个百分点。

③成本、资金和效益指数上升。二季度成本指数为96.9，上升2.0点，连续两个季度上升，表明企业的成本压力有所缓解。从调查细项看，反映生产成本比上年同期上升的企业为58%，比上季度下降7个百分点；反映企业员工平均薪酬比上年同期增加的企业为58%，比上季度下降3个百分点；反映企业主要原材料及能源购进价格比上年同期增加的为42%，比上季度下降10个百分点。

二季度资金指数为97.3，上升0.3点，与上季度基本持平。从调查的细项看，其中的流动资金指数上升1.7点，融资指数上升5.3点。这在一定程度上与企业的资金需求不旺有关。

二季度效益指数为77.7，上升1.0点，已连续3个季度低位回升。尽管如此，效益指数仍处8个分项指数的最低位，远低于其他分项指数，这是较长时间不景气的累积结果。

④劳动力指数继续位于景气临界值100以上。二季度劳动力指数为106.1，下降1.7点。劳动力需求指数为108.7，下降4.6点；劳动力供应指数为103.5，上升1.2点。从大专及以上毕业生供求情况看，8个分行业需求指数均下降，除房地产业、批发零售业和信息传输计算机服务软件业外的其他分行业供应指数也在下降。从技术工人供求情况看，除建筑业和房地产业外的其他分行业需求指数均下降，除建筑业外的其他分行业供应指数均上升。从普通工人供求情况看，除建筑业、交通运输邮政仓储业和房地产业外的其他分行业需求指数均下降，除房地产业、社会服务业和信息传输计算机服务软件业外的其他分行业供应指数均下降。可以看出，相比供应，需求显得有些疲软。

(3) 东、中、西部指数下降

二季度东、中、西部指数分别为92.9、90.4、96.7，分别下降0.4点、7.2点和5.1点。从分行业指数看，东部的工业、交通运输邮政仓储业和房地产业上升，中部的房地产业、社会服务业和信息传输计算机服务软件业上升，西部的社会服务业和信息传输计算机服务软件业上升。从分项指数看，东部的成本指数、资金指数和效益指数上升，中部的所有分项指数均为下降，西部的成本指数上升。需要特别指出的是，东部指数趋稳的势头明显，中部和西部指数下降幅度较大，中部指数已低于东部指数，西部指数已降至景气临界值100以下。

1.4.3 第三季度中国中小企业发展指数

2013年三季度中国中小企业发展指数（SMEDI）为93.3，比上季度略升0.2点。中国中小企业发展指数上季度的下滑得到遏制，分行业指数和分项指数分别为5升3降，呈现总体平稳态势。在中小企业生产经营仍然存在较多困难和问题的形势下，实现并巩固企稳回升还需要作出努力。

（1）分行业指数5升3降

工业、建筑业、房地产业、批发零售业和住宿餐饮业指数为92.2、95.5、105.5、91.5和84.9，分别上升0.3点、2.0点、5.7点、1.4点和4.5点；交通运输邮政仓储业、社会服务业和信息传输计算机服务软件业指数为83.9、97.0和97.1，分别下降2.6点、3.6点和0.3点。房地产业指数2013年首次突破景气临界值100。

工业指数比较平稳。反映市场状况的国外订单指数上升1.3点，产品销售量指数上升1.5点，固定资产投资指数上升6.4点，科技创新投入指数上升5.7点。但是，融资指数下降5.5点；产成品库存有所增加，指数下降1.8点。

建筑业指数止跌回升。反映市场状况的新签订工程合同指数上升5.2点，新开工工程量指数上升7.2点，工程结算收入指数上升7.8点。但是，工程结算成本指数下降7.1点，建筑材料购进价格指数下降4.7点，加大了企业的成本；流动资金指数下降7.5点，融资指数下降7.2点，应收未收的到期工程款增加，指数下降8.6点；固定资产投资指数下降5.3点。

房地产业指数上升幅度最大。反映市场状况的指数升幅都比较大，例如，商品房预售面积指数上升16.0点，完成土地开发面积指数上升16.4点，房屋竣工面积指数上升19.2点，商品房平均销售价格指数上升10.7点；流动资金指数上升13.7点，融资指数上升7.7点。但是，固定资产投资指数和有关劳动力需求的指数并没有相应提高，前者下降4.8点，后者有所下降。

住宿餐饮业指数在连续3个季度下降后，本季度上升，且上升幅度较大。业务预订量指数上升10.4点，客房入住率指数上升10.7点，流动资金指数上升7.5点，固定资产投资上升7.8点。这种状况的出现，有一定的季节因素。

社会服务业的降幅本季度最大。企业服务（业务）预订量指数下降9.8点，企业营业成本指数下降6.2点，流动资金指数下降6.6点。可以看出，社会服务业企业的市场、成本和资金状况在滑坡。

交通运输邮政仓储业指数本季度最低。业务预订指数下降4.5点，业务成本指数下降5.7点，流动资金指数下降6.9点，融资指数下降4.8点。

（2）分项指数5升3降

宏观经济感受指数、综合经营指数、市场指数、劳动力指数、投入指数为103.3、101.6、91.2、107.2、99.4，分别上升1.0点、1.9点、0.1点、1.1点和3.5点；成本指数、资金指数、效益指数为93.3、95.7、76.4，分别下降3.5点、1.6点和1.3点。位于景气临界值以上的，新增加了综合经营指数，投入指数也接近景气临界值。

宏观经济感受指数在上季大幅下降4.5点后本季明显回升。除交通运输邮政仓储业和社会服务业分别下降5.0点和6.3点外，其他分行业都是上升的，特别是建筑业、房地产业、住宿餐饮业分别上升了9.3点、9.7点、9.2点。

综合经营指数止跌回升。除交通运输邮政仓储业和信息传输计算机服务软件业指数分别下降3.8点和1.0点外，其他分行业指数均上升，特别是建筑业、房地产业和住宿餐饮业分别上升6.0点、7.1点和7.7点。反映了被调查企业对于本企业总的生产经营情况比较看好。

成本指数减幅最大。8个分行业的成本指数均下降，特别是建筑业、批发零售、社会服务、信息传输计算机服务软件业和住宿餐饮业分别下降7.1点、6.6点、6.2点、6.7点和6.4点。

资金指数状况较差。除房地产业和社会服务业分别上升9.3点和1.7点外，其他分行业均下降，特别是建筑业、信息传输计算机服务软件业和交通运输邮政仓储业分别下降7.8点、4.5点和4.1点。

效益指数在最低位有所下降。本季度建筑业、房地产业和住宿餐饮业效益指数上升幅度较大，分别上升了3.8点、9.6点和4.9点，但对于改变效益指数总体状况的作用并不明显。

劳动力指数的供需状况因行业而异。劳动力供应不足的行业是交通运输邮政仓储业、社会服务业、信息传输计算机服务软件业和住宿餐饮业，劳动力需求不足的行业是房地产业、批发零售业，工业和建筑业主要是分别对技工和大专及以上毕业生需求不足。

三季度东、中、西部指数分别为93.3、95.6、91.4，东中部分别上升0.4点、5.3点，西部下降5.3点。从连续两个季度看，东部比较平稳，中部在大幅下降后又大幅上升，西部持续大幅下降，已低于东部和西部指数。

1.4.4　第四季度中国中小企业发展指数

2013年四季度中国中小企业发展指数（SMEDI）为95.7，比上季度上升2.4点，比上季度的上升幅度大一些，但仍处于景气临界值100以下。分行业指数和分项指数上升的面有所扩大，分别为6升2降，企业对于预期经济走势趋好的信心增强，对于指数的上升起到了一定的促进作用。

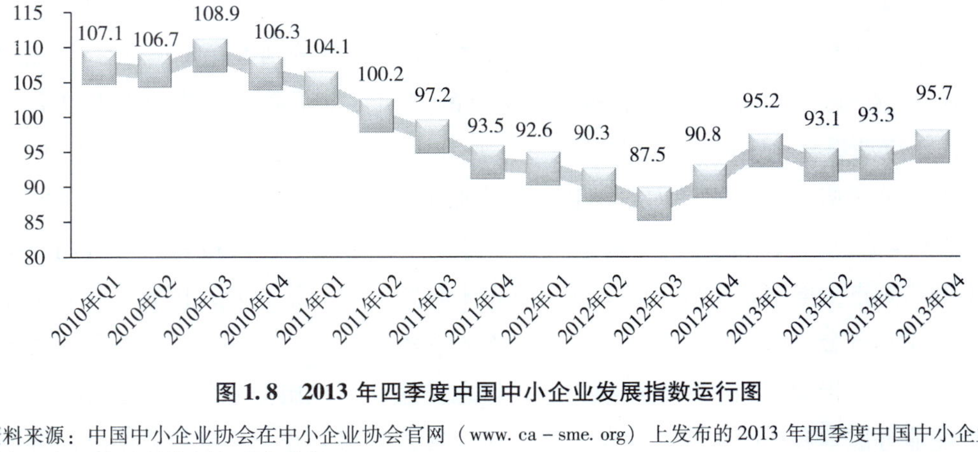

图1.8　2013年四季度中国中小企业发展指数运行图

资料来源：中国中小企业协会在中小企业协会官网（www.ca－sme.org）上发布的2013年四季度中国中小企业发展指数（2014年1月13日发布）。Q为季度。

（1）分行业指数6升2降

工业、建筑业、交通运输邮政仓储业、房地产业、批发零售业和社会服务业指数为94.8、99.3、87.8、107.7、95.1和99.3，分别上升2.5点、3.7点、3.9点、2.3点、3.6点和2.3点；信息传输计算机服务软件业和住宿餐饮业指数为94.2和81.9，均下降3.0点。房地产业指数连续2个季度在景气临界值100以上，建筑业和社会服务业指数已接近景气临界值。

在8个分行业中，对于宏观经济和行业总体运行的感受，多数分行业较好。工业、建筑业、交通运输邮政仓储业、房地产、社会服务业和信息传输计算机服务软件业宏观经济感受指数分别上升4.9点、5.3点、6.3点、3.2点、4.0点和1.5点，批发零售业和住宿餐饮业分别下降1.5点和4.8点；工业、建筑业、交通运输邮政仓储业、房地产业、批发零售业、社会服务业和信息传输计算机服务软件业的行业总体运行指数分别上升2.6点、3.6点、5.0点、4.7点、8.1点、6.1点和9.7点，住宿餐饮业下降9.5点。

在8个分行业中，对于市场的判断，工业、建筑业、交通运输邮政仓储业和社会服务业较好，其他分行业差一些，特别是住宿餐饮业更差。工业产品订单指数和产品平均销售价格指数分别上升5.9点和4.0点；建筑业的新签订工程合同指数和建筑产品实物工程量指数分别上升7.2点和8.5点；社会服务业的企业服务（业务）预订量指数和提供服务的业务量指数分别上升6.1点和7.1点；房地产业商品房预售面积指数、商品房销售面积指数和新开工面积指数分别上升8.1点、4.8点和6.5点，但房屋竣工面积指数、空置商品房面积指数均下降4.8点；批发零售业本企业与供货商签订的购货合同指数上升6.6点，但商品销售（量/额）指数下降1点，库存增加，指数下降2点；信息传输计算机服务软件业的产品订货指数和产品销售价格指数分别下降6.8点和8.2点；住宿餐饮业的业务预订指数、收费（服务）价格指数和客房入住率指数分别下降2.0点、4.8点和7.6点。

在8个分行业中，企业对于成本和资金的判断因行业而异，总体上成本和资金的状况要差一些。工业融资指数上升2.9点，但流动资金指数下降1.6点，企业生产成本上升，指数下降3.4点；建筑业融资指数上升8.2点，流动资金指数上升2.0点，但应收未收的到期工程款、工程结算成本和建筑材料购进价格上升，指数分别下降8.6点、3.7点和3.3点；交通运输邮政仓储业业务成本和应收未收的到期货款下降，指数分别上升2.5点和4.4点，但流动资金和融资指数分别下降3.1点和4.7点；房地产业融资指数上升8.4点，但竞拍的土地价格、员工的平均薪酬和应收未收的到期货款上升，指数分别下降7.3点、6.3点和6.4点；批发零售业流动资金指数上升1点，商品购进价格和经营费用下降，指数均上升4.6点，但融资指数下降1点，应收未收的到期货款上升，指数下降6.1点；社会服务业流动资金指数上升5.2点，但融资指数下降5.5点，企业营业成本和应收未收的到期货款上升，指数分别下降1点和2点；信息传输计算机服务软件业融资指数上升1.9点，企业业务成本和应收未收的到期货款下降，指数分别上升1.5点和2.4点，但流动资金指数下降7.4点；住宿餐饮业企业营业成本和应收未收的到期货款下降，指数分别上升

8.0点和4.9点，但融资指数下降8.6点，员工的平均薪酬上升，指数下降8.6点。

在8个分行业中，企业对于投资和效益的判断，除社会服务业、信息传输计算机服务软件业和住宿餐饮业外，其他分行业较好。工业、建筑业、交通运输邮政仓储业、房地产业、批发零售业固定资产投资指数分别上升2.2点、8.9点、5.6点、9.0点、4.6点，社会服务业、信息传输计算机服务软件业和住宿餐饮业分别下降2.0点、5.3点和1.5点；工业、建筑业、交通运输邮政仓储业、房地产业、批发零售业和社会服务业盈亏指数分别上升3.1点、3.0点、8.1点、4.8点、5.7点和0.1点，信息传输计算机服务软件业和住宿餐饮业分别下降4.4点和1.6点。

总的看，对于企业运行状况的综合判断，工业和建筑业较好，房地产业、交通运输邮政仓储业、批发零售业次之，住宿餐饮业较差。

（2）分项指数6升2降

宏观经济感受指数、综合经营指数、市场指数、劳动力指数、投入指数、效益指数为107.1、105.9、94.6、108.9、101.4、79.4，分别上升3.8点、4.3点、3.4点、1.7点、2.0点和3.0点；成本指数和资金指数为91.4、95.4，分别下降1.9点和0.3点。位于景气临界值以上的，新增加了投入指数，达到了3个。

宏观经济感受指数、综合经营指数和投入指数本季度继续上升，多数分行业的状况较好，有的上升幅度较大，如交通运输邮政仓储业分别上升5.6点、6.3点和5.6点，值得关注的是，住宿餐饮业分别下降7.1点、6.3点和1.5点，信息传输计算机服务软件业的综合经营指数下降7.4点，社会服务和信息传输计算机服务软件业的投入指数分别下降2.0点和5.3点。

市场指数中，除信息传输计算机服务软件业和住宿餐饮业指数分别下降5.4点和2.6点外，其他分行业指数均上升，其中工业、建筑业和社会服务业分别上升4.4点、5.9点和5.7点。调查显示，45%的企业国外订单比上年同期增加或持平，比上季度增加3个百分点；55%的企业产品订货量比上年同期增加或持平，比上季度增加2个百分点；54%的企业产品销售量比上年同期增加或持平，比上季度增加1个百分点。

成本指数减幅最大，工业、建筑业、房地产业和社会服务业分别下降3.4点、3.7点、6.8点和1.0点。资金指数状况较差，除工业、建筑业、房地产业略升之外，其他分行业指数均下降，交通运输邮政仓储业、批发零售业和信息传输计算机服务软件业分别下降1.1点、2.0点和1.0点。

投入指数继续上升。除社会服务业、信息传输计算机服务软件业、住宿餐饮业分别下降2.0点、5.3点和1.5点外，其他行业均上升，特别是建筑业、交通运输邮政仓储业、房地产和批发零售业上升幅度较大，分别为8.9点、5.6点、9.0点和4.6点。

效益指数本季度转降为升，而且上升的面较大，只有信息传输计算机服务软件业和住宿餐饮业下降，分别下降4.4点和1.6点，交通运输邮政仓储业、房地产业和批发零售业上升幅度分别达到了8.1点、4.8点和5.7点。调查显示，59%的企业反馈企业增盈、减亏或持平，比上季度增加7个百分点。但是，效益指数仍处低位。

劳动力需求指数为113.7，上升4.1点；劳动力供应指数为104.0，下降0.8点。其中，普通劳动力需求指数上升6.8点，供应指数下降0.7点；技术工人需求指数上升1.6点，供应指数下降3.2点。可以看出，无论是总量还是普通劳动力和技术工人，均呈现供不应求的状况。

本季度东、中、西部指数分别为95.4、99.6、93.2，分别上升2.1点、4.0点、1.8点。东部维持平稳缓升的走势，中部继续保持较大的上升幅度，西部止跌缓升。东部和西部与中部的差距有所加大。

执笔：董涛（中国中小企业协会研究室主任）

第 2 章

2013 年促进中小企业发展政策体系

- 综合性政策
- 金融政策
- 财税政策
- 其他政策

2013年，我国相继出台了多项扶持中小企业特别是小型、微型企业发展的政策，内容涵盖了中小企业经营管理的各个方面，使得支持中小企业加快发展的政策体系更加完善，有效推动了我国中小企业的蓬勃发展。

2.1 综合性政策

国家有关部门，从抓好现有政策贯彻落实、完善中小企业服务体系等方面支持小微企业发展。支持小微企业发展的政策取向主要包括五个方面①。

一是进一步抓好现有政策的贯彻落实。现在支持小微企业和民营经济的政策不少，要让企业感受到政策的实惠，关键在落实，在服务，在引导，在进一步营造良好的发展环境。应加强相关部门的沟通协调，形成工作合力，提高政策的针对性、导向性和可操作性，继续加大政策宣传和政策落实情况的跟踪，推动各项政策落到实处。

二是进一步完善中小企业服务体系。继续推进中小企业公共服务平台网络建设和国家中小企业公共服务示范平台培育，集聚服务资源，增强服务功能，健全服务机制，提高服务质量和水平。继续深入开展以“扶助小微，转型成长”为主题的“扶助小微企业专项行动”，为小微企业送服务、送政策、送温暖，为小微企业的创立和发展提供有效的支撑服务。

三是进一步支持小微企业创业创新发展。通过实施中小企业创新能力建设计划、创办小企业计划、知识产权战略、信息化推进工程，提高企业信息化应用水平和创新发展能力，把“专精特新”之路作为促进小微企业成长的重要途径，把集聚发展作为促进小微企业成长的着力点，推动小微企业加快转变发展方式，提高中小企业发展的质量和效益。

四是进一步改善对小微企业的融资服务。推动落实国务院关于加大金融支持实体经济特别是小微企业的各项政策，加快融资服务平台建设，开展融资培训咨询活动，鼓励和引导担保机构加强对小微企业的担保服务，切实缓解小微企业融资难。

五是进一步推动减轻企业负担工作。继续组织开展减负政策宣传活动，积极落实各项减负政策；继续清理整顿和规范各种不合规的涉企收费，建立企业负担调查评估体系，完

① 中国政府网站。

善省级互查和区域交流机制，切实减轻小微企业负担。

2.1.1　提升企业创新能力

《国家中长期科学和技术发展规划纲要（2006～2020年）》实施以来，以企业为主体、市场为导向、产学研相结合的技术创新体系建设取得积极进展，激励企业创新的政策措施逐步完善，企业研发投入的积极性不断提高，研发能力得到增强，重点产业领域取得一批创新成果，为产业升级和结构调整提供了有力支撑。但目前我国企业创新能力依然薄弱，许多领域缺乏具有自主知识产权的核心技术，企业尚未真正成为创新决策、研发投入、科研组织和成果应用的主体，制约企业创新的体制机制障碍仍然存在。为深入贯彻落实党的十八大精神和《中共中央 国务院关于深化科技体制改革加快国家创新体系建设的意见》（中发〔2012〕6号），全面提升企业创新能力，国务院办公厅发布《关于强化企业技术创新主体地位全面提升企业创新能力的意见》（国办发〔2013〕8号）。提出大力培育科技型中小企业，国家中小企业发展专项资金、中小企业技术改造资金等要大力支持中小企业技术创新和改造升级。扩大科技型中小企业技术创新基金规模，继续实施科技型中小企业创业投资引导基金、新兴产业创投计划、中小企业创新能力建设计划和中小企业信息化推进工程，强化火炬计划、星火计划、国家重点新产品计划对中小企业产品和技术创新的政策引导作用，引导和支持中小企业创新创业。综合采用买（卖）方信贷、知识产权和股权质押贷款、融资租赁、科技小额贷款、公司（企业）债券、集合信托、科技保险等方式，支持科技型企业开展技术创新融资。为小型微型科技企业创造公平竞争的市场环境，促进其健康发展。

2.1.2　促进中小企业“专精特新”发展

为贯彻《国务院关于进一步支持小型微型企业健康发展的意见》（国发〔2012〕14号），落实《“十二五”中小企业成长规划》提出的任务和要求，工业和信息化部对促进中小企业“专精特新”发展工作提出意见如下。

（1）重点任务

①增强企业技术创新能力。发挥中小企业创新主体作用，鼓励中小企业不断加大研发投入和技术改造投资力度。引导和支持有能力、有条件的中小企业自建或与大学、科研机构共建企业技术中心，提高自主创新、集成创新和引进消化吸收再创新能力，增强创新驱动发展的动力。积极营造创新环境，建立激励机制，吸引和培养专业技术和高技能人才，开展群众性“专精特新”建言献策活动。鼓励中小企业参加产业技术创新联盟，建立联合开发、优势互补、成果共享、风险共担的产学研用合作机制。

②实施中小企业知识产权战略。鼓励和支持中小企业贯彻实施《企业知识产权管理规范》国家标准，建立专利运用协同体系，提高创造知识产权、保护研发成果、运用专利技术、促进转化实施的能力。鼓励企业员工和工程技术人员发明创造，支持研发、设计和生

产具有自主知识产权的关键核心技术和产品。建立知识产权专业服务团队，开展专利申请、人才培训、预警分析、标准制定、维权诉讼等服务，提高专利质量和创新水平。培育和发展具有知识产权和竞争优势的中小企业。

③提高信息化应用水平。积极推动两化融合，鼓励电信运营商、信息化服务商搭建中小企业信息化服务平台，为中小企业提供电子商务、筹资融资、人才培训等信息化服务，推广适用的解决方案。支持中小企业通过服务外包、应用第三方专业服务等，提高研发设计、经营管理、生产过程、市场营销等信息化应用水平。支持中小企业在研发设计、生产制造、经营管理、市场开拓等主要业务环节有效应用信息技术，提高管理水平和经营效率。引导小微企业运用云计算、移动商务等新一代信息技术，促进信息技术集成应用和协同创新。开展信息化普及培训，提高中小企业应用安全可靠软件和信息技术的能力。

④提升产品质量和创建品牌。鼓励中小企业学习和应用先进的质量管理和生产控制方法，优化产品设计和生产流程，推进精益制造，提高产品质量和附加值。支持中小企业做强核心业务，争创知名品牌、驰名商标和著名商标，打造具有竞争力和影响力的精品和品牌。完善企业质量诚信体系，开展质量承诺活动，提高自律水平。加强对中小企业质量法律法规、检验检测、管理与控制、计量标准、品牌创建的指导和支持。

⑤提高经营管理水平。鼓励中小企业精细化管理，健全和规范管理制度，提升财务、成本、设备、现场、计量和人力资源管理水平，依法经营，诚实守信，节能环保，安全生产。采取智力引进和人才激励措施，吸引高素质管理和领军人才。建立企业管理咨询师和辅导师队伍，开展管理诊断和企业家培训，帮助中小企业经营管理者学习和运用现代管理知识，提高经营管理能力。引导中小企业履行社会责任，构建企业文化。

⑥促进产业协作配套。支持中小企业参与产业合作联盟和国家重大项目的实施，参与技术标准的制定，围绕大企业、大项目，采取专业分工、服务外包、订单生产等多种方式，与行业骨干企业建立长期稳定的合作关系，提高协作配套能力，促进企业集聚发展、可持续发展。鼓励大学、科研院所、大企业开放研发仪器设备等科技资源，组织开展促进产学研合作和项目对接活动，为中小企业开发、生产协作配套产品提供服务。

（2）推进措施

①加大财税金融扶持。发挥各级各类支持中小企业发展专项资金和基金的引导和扶持作用，加大对中小企业技术进步和技术改造的支持力度，重点支持“专精特新”技术和产品，培育“专精特新”中小企业。落实企业研发费用税前加计扣除、符合条件的固定资产加速折旧等支持中小企业创新发展的激励政策。拓宽支持中小企业技术创新的融资渠道，搭建融资服务平台，促进银行与“专精特新”企业的项目对接。鼓励银行业金融机构创新金融产品和服务，支持“专精特新”中小企业采取信用贷款、知识产权质押、仓单质押等多种方式融资。鼓励符合条件的“专精特新”中小企业上市融资、发行债券。

②建立和完善服务体系。创新工作思路，充分发挥市场配置资源的作用，促进服务资源与企业需求对接。鼓励中介机构、行业协会、大学和科研机构等各类社会服务资源，为

中小企业“专精特新”发展提供信息咨询、研发设计、管理提升、检验检测、技术转移、节能减排、人才培训、开拓市场、投资融资、设备共享等服务，开展宣传和培训活动。推动服务于区域特色优势产业的技术创新服务平台和产业共性技术研发基地建设，促进“专精特新”技术和产品的产业化。建立和完善中小企业公共服务平台网络，发挥中小企业公共服务示范平台的作用，提高专业服务水平和服务质量，加强对“专精特新”中小企业的培育和支持。

③组织市场开拓活动。支持“专精特新”中小企业参加中国国际中小企业博览会、APEC 中小企业技术交流暨展览会等国际性展会，重点展示中小企业“专精特新”产品和技术，帮助中小企业扩大影响力，开拓国内外市场。支持开展区域性“专精特新”中小企业展览展销活动，推进企业之间的交流与合作，提高中小企业的协作配套能力。加强政策信息、市场信息的咨询服务。鼓励“专精特新”中小企业积极利用互联网，开展电子商务和网上展示交易活动。

④加强培育和推进工作。各地中小企业主管部门要结合本地区经济发展、产业布局和中小企业发展的实际，积极开展促进中小企业“专精特新”发展工作，规范认定标准，完善推进措施，探索培育方式，细化工作目标，支持“专精特新”产品、技术的研发和产业化，培育和认定一批“专精特新”中小企业。通过引导更多中小企业走“专精特新”发展之路，进一步完善产业链，增强产业竞争力，促进区域经济社会协调发展。

⑤建立协同工作机制。各地中小企业主管部门要发挥牵头和组织协调作用，会同有关部门，集聚各方资源，落实扶持政策，建立协同配合、共同推动中小企业“专精特新”发展的工作机制。要在贯彻落实本意见的基础上，制定符合本地区中小企业“专精特新”发展实际的推进措施。要加强调查研究和运行监测，不断总结和交流工作经验，努力开创促进中小企业“专精特新”发展的新局面。

2.1.3　扶助小微企业专项行动

工业和信息化部 2013 年 3 月 8 日发布了《扶助小微企业专项行动实施方案》（以下简称《方案》），将支持 500 家以上担保（再担保）机构为小微企业提供担保服务。

《方案》称，为促进小微企业提高发展质量和效益，工业和信息化部决定将扶助小微企业发展作为 2013 年工业转型升级行动计划的一项重要内容，在全国范围组织开展扶助小微企业专项行动。

《方案》的主要目标是推动出台扶助小微企业发展的配套政策措施；培育一批“三型”小微企业；认定第三批 100 家国家中小企业公共服务示范平台；开通一批中小企业公共服务平台网络。同时，支持 500 家以上担保（再担保）机构为小微企业提供担保服务；完成 50 万名企业经营管理人员、1000 名领军人才培训，建立针对中小企业服务的管理咨询专家库，提升小微企业管理水平；积极帮助企业开拓市场，为超过 2000 家境内外企业提供展示交流服务；建设企业负担情况网上直报系统，推动减轻企业负担政策落实。

2.2 金融政策

针对中小企业经营环境日益趋紧、亟待扶持的局面，各级政府及时制定出台了相关政策措施，注重提高政策的针对性和有效性。2013年国家出台了多项对中小企业发展至关重要的金融政策。

2.2.1 金融支持小微企业发展

小微企业是国民经济发展的生力军，在稳定增长、扩大就业、促进创新、繁荣市场和满足人民群众需求等方面，发挥着极为重要的作用。加强小微企业金融服务，是金融支持实体经济和稳定就业、鼓励创业的重要内容，事关经济社会发展全局，具有十分重要的战略意义。为进一步做好小微企业金融服务工作，全力支持小微企业良性发展，国务院办公厅颁发《关于金融支持小微企业发展的实施意见》（以下简称《意见》）。《意见》提出八点要求。

①确保实现小微企业贷款增速和增量“两个不低于”的目标。继续坚持“两个不低于”的小微企业金融服务目标，在风险总体可控的前提下，确保小微企业贷款增速不低于各项贷款平均水平、增量不低于上年同期水平。在继续实施稳健的货币政策、合理保持全年货币信贷总量的前提下，优化信贷结构，腾挪信贷资源，在盘活存量中扩大小微企业融资增量，在新增信贷中增加小微企业贷款份额。充分发挥再贷款、再贴现和差别准备金动态调整机制的引导作用，对中小金融机构继续实施较低的存款准备金率。进一步细化“两个不低于”的考核措施，对银行业金融机构的小微企业贷款比例、贷款覆盖率、服务覆盖率和申贷获得率等指标，定期考核，按月通报。要求各银行业金融机构在商业可持续和有效控制风险的前提下，单列小微企业信贷计划，合理分解任务，优化绩效考核机制，并由主要负责人推动层层落实。

②加快丰富和创新小微企业金融服务方式。增强服务功能、转变服务方式、创新服务产品，是丰富和创新小微企业金融服务方式的重点内容。进一步引导金融机构增强支助小微的服务理念，动员更多营业网点参与小微企业金融服务，扩大业务范围，加大创新力度，增强服务功能；牢固树立以客户为中心的经营理念，针对不同类型、不同发展阶段小微企业的特点，不断开发特色产品，为小微企业提供量身定做的金融产品和服务。积极鼓励金融机构为小微企业全面提供开户、结算、理财、咨询等基础性、综合性金融服务；大

力发展产业链融资、商业圈融资和企业群融资，积极开展知识产权质押、应收账款质押、动产质押、股权质押、订单质押、仓单质押、保单质押等抵质押贷款业务；推动开办商业保理、金融租赁和定向信托等融资服务。鼓励保险（放心保）机构创新资金运用安排，通过投资企业股权、基金、债权、资产支持计划等多种形式，为小微企业发展提供资金支持。充分利用互联网等新技术、新工具，不断创新网络金融服务模式。

③着力强化对小微企业的增信服务和信息服务。加快建立"小微企业—信息和增信服务机构—商业银行"利益共享、风险共担新机制，是破解小微企业缺信息、缺信用导致融资难的关键举措。积极搭建小微企业综合信息共享平台，整合注册登记、生产经营、人才及技术、纳税缴费、劳动用工、用水用电、节能环保等信息资源。加快建立小微企业信用征集体系、评级发布制度和信息通报制度，引导银行业金融机构注重用好人才、技术等"软信息"，建立针对小微企业的信用评审机制。建立健全主要为小微企业服务的融资担保体系，由地方人民政府参股和控股部分担保公司，以省（区、市）为单位建立政府主导的再担保公司，创设小微企业信贷风险补偿基金。指导相关行业协会推进联合增信，加强本行业小微企业的合作互助。充分挖掘保险工具的增信作用，大力发展贷款保证保险和信用保险业务，稳步扩大出口信用保险对小微企业的服务范围。

④积极发展小型金融机构。积极发展小型金融机构，打通民间资本进入金融业的通道，建立广覆盖、差异化、高效率的小微企业金融服务机构体系，是增加小微企业金融服务有效供给、促进竞争的有效途径。进一步丰富小微企业金融服务机构种类，支持在小微企业集中的地区设立村镇银行、贷款公司等小型金融机构，推动尝试由民间资本发起设立自担风险的民营银行、金融租赁公司和消费金融公司等金融机构。引导地方金融机构坚持立足当地、服务小微的市场定位，向县域和乡镇等小微企业集中的地区延伸网点和业务，进一步做深、做实小微企业金融服务。鼓励大中型银行加快小微企业专营机构建设和向下延伸服务网点，提高小微企业金融服务的批量化、规模化、标准化水平。

⑤大力拓展小微企业直接融资渠道。加快发展多层次资本市场，是解决小微企业直接融资比例过低、渠道过窄的必由之路。进一步优化中小企业板、创业板市场的制度安排，完善发行、定价、并购重组等方面的政策和措施。适当放宽创业板市场对创新型、成长型企业的财务准入标准，尽快启动上市小微企业再融资。建立完善全国中小企业股份转让系统（以下称"新三板"），加大产品创新力度，增加适合小微企业的融资品种。进一步扩大中小企业私募债券试点，逐步扩大中小企业集合债券和小微企业增信集合债券发行规模，在创业板、"新三板"、公司债、私募债等市场建立服务小微企业的小额、快速、灵活的融资机制。在清理整顿各类交易场所基础上，将区域性股权市场纳入多层次资本市场体系，促进小微企业改制、挂牌、定向转让股份和融资，支持证券公司通过区域性股权市场为小微企业提供挂牌公司推荐、股权代理买卖等服务。进一步建立健全非上市公众公司监管制度，适时出台定向发行、并购重组等具体规定，支持小微企业股本融资、股份转让、资产重组等活动。探索发展并购投资基金，积极引导私募股权投资基金、创业投资企业投资于

小微企业，支持符合条件的创业投资企业、股权投资企业等发行企业债券，专项用于投资小微企业，促进创新型、创业型小微企业融资发展。

⑥切实降低小微企业融资成本。进一步清理规范各类不合理收费，是切实降低小微企业综合融资成本的必然要求。继续对小微企业免征管理类、登记类、证照类行政事业性收费。规范担保公司等中介机构的收费定价行为，通过财政补贴和风险补偿等方式合理降低费率。继续治理金融机构不合理收费和高收费行为，开展对金融机构落实收费政策情况的专项检查，对落实不到位的金融机构要严肃处理。

⑦加大对小微企业金融服务的政策支持力度。对小微企业金融服务予以政策倾斜，是做好小微企业金融服务、防范金融风险的必要条件。进一步完善和细化小微企业划型标准，引导各类金融机构和支持政策更好地聚焦小微企业。充分发挥支持性财税政策的引导作用，强化对小微企业金融服务的正向激励；在简化程序、扩大金融机构自主核销权等方面，对小微企业不良贷款核销给予支持。建立科技金融服务体系，进一步细化科技型小微企业标准，完善对各类科技成果的评价机制。在银行业金融机构的业务准入、风险资产权重、存贷比考核等方面实施差异化监管。继续支持符合条件的银行发行小微企业专项金融债，用所募集资金发放的小微企业贷款不纳入存贷比考核。逐步推进信贷资产证券化常规化发展，引导金融机构将盘活的资金主要用于小微企业贷款。鼓励银行业金融机构适度提高小微企业不良贷款容忍度，相应调整绩效考核机制。继续鼓励担保机构加大对小微企业的服务力度，推进完善有关扶持政策。积极争取将保险服务纳入小微企业产业引导政策，不断完善小微企业风险补偿机制。

⑧全面营造良好的小微金融发展环境。推进金融环境建设，营造良好的金融环境，是促进小微金融发展的重要基础。地方人民政府要在健全法制、改善公共服务、预警提示风险、完善抵质押登记、宣传普及金融知识等方面，抓紧研究制定支持小微企业金融服务的政策措施；切实落实融资性担保公司、小额贷款公司、典当行、投资（咨询）公司、股权投资企业等机构的监管和风险处置责任，加大对非法集资等非法金融活动的打击惩处力度；减少对金融机构正常经营活动的干预，帮助维护银行债权，打击逃废银行债务行为；化解金融风险，切实维护地方金融市场秩序。有关部门要研究采取有效措施，积极引导小微企业提高自身素质，改善经营管理，健全财务制度，增强信用意识。

2.2.2 通过加强融资服务支持小微企业发展

为贯彻《国务院办公厅关于金融支持经济结构调整和转型升级的指导意见》（国办发〔2013〕67号），落实全国小微企业金融服务经验交流电视电话会议精神和工作部署，拓宽小微企业（系指《中小企业划型标准规定》（工信部联企业〔2011〕300号）中的小型、微型企业）融资渠道，缓解小微企业融资困难，加大对小微企业的支持力度，国家发展改革委员会颁发《关于加强小微企业融资服务支持小微企业发展的指导意见》。《意见》作出如下规定。

①各省级、副省级创业投资企业备案管理部门（以下简称各省级备案管理部门）应依据《关于促进创业投资企业发展有关税收政策的通知》（财税〔2007〕31号），与属地财税部门建立顺畅的工作机制，确保符合条件的创业投资企业及时足额享受税收优惠政策。

②各省级备案管理部门应依据《国务院办公厅转发发展改革委等部门关于创业投资引导基金规范设立与运作指导意见的通知》（国办发〔2008〕116号），加快设立小微企业创业投资引导基金，吸引社会资本设立创业投资企业，主要投资于小微企业。已设立的创业投资引导基金应加快研究出台鼓励所投资创业投资企业支持小微企业的激励制度，可采取对参股创投企业设置投资小微企业的最低股比要求、支持参股创业投资企业加大对孵化器类企业投资，对投资小微企业的项目进行跟进投资等措施，支持小微企业发展。

③支持符合条件的创业投资企业、股权投资企业、产业投资基金发行企业债券，专项用于投资小微企业；支持符合条件的创业投资企业、股权投资企业、产业投资基金的股东或有限合伙人发行企业债券，扩大创业投资企业、股权投资企业、产业投资基金资本规模。

④继续加大国家新兴产业创投计划实施力度。按照“政府引导、规范管理、市场运作、鼓励创新”的原则，鼓励新兴产业创投计划参股创业投资企业进一步加大对战略性新兴产业和高技术产业领域小微企业的投资力度，在科技创新、战略规划、资源整合、市场融资、营销管理等方面，全面提升对创新型小微企业的增值服务水平，促进创新型小微企业加快发展。各省级备案管理部门要做好新兴产业创投计划参股创业投资企业的备案管理工作。

⑤各省级发展改革部门应会同有关部门抓紧制定鼓励财政出资的股权投资企业、产业投资基金支持小微企业的政策措施，完善国有股权投资企业、产业投资基金绩效考核制度。各省级备案管理部门应积极协调属地国资部门，完善国有创业投资企业绩效考核政策，鼓励其加大对小微企业的投资。

⑥鼓励各省级备案管理部门积极开展创业投资企业、股权投资企业与小微企业的项目对接活动，促进创业投资、股权投资资本的投资需求与小微企业融资需求的有机结合。

⑦进一步完善“统一组织，统一担保，捆绑发债，分别负债”的中小企业集合债券相关制度设计，简化审核程序，提高审核效率，逐步扩大中小企业集合债券发行规模。对于集合债券发行主体中募集资金规模小于1亿元的，可以全部用于补充公司营运资金。各地发展改革部门应根据本地实际，优先做好中小企业集合债券发行申请材料的转报工作，提高工作效率。

⑧扩大小微企业增信集合债券试点规模。贯彻国务院国发〔2012〕14号文件关于“搭建方便快捷的融资平台，支持符合条件的小企业上市融资、发行债券”的精神，在完善风险防范机制的基础上，继续支持符合条件的国有企业和地方政府投融资平台试点发行“小微企业增信集合债券”，募集资金在有效监管下，通过商业银行转贷管理，扩大支持小微企业的覆盖面。鼓励地方政府出台财政配套措施，采取政府风险缓释基金、债券贴息等方式支持“小微企业增信集合债券”，稳步扩大试点规模。

⑨鼓励发行企业债券募集资金投向有利于小微企业发展的领域。鼓励地方政府投融资平台公司发债用于经济技术开发区、高新技术开发区以及工业园区等各类园区内小企业创业基地、科技孵化器、标准厂房等的建设；用于完善产业集聚区技术、电子商务、物流、信息等服务平台建设；用于中小企业公共服务平台网络工程建设等，鼓励发债用于为小微企业提供设备融资租赁业务。支持中小型企业发行企业债券用于企业技术改造，包括开发和应用新技术、新工艺、新材料、新装备，提高自主创新能力、促进节能减排、提高产品和服务质量、改善安全生产与经营条件等。

⑩贯彻《关于坚决遏制产能严重过剩行业盲目扩张的通知》（发改产业〔2013〕892号）精神，支持创业投资企业、产业投资基金、企业债券满足产能过剩行业的小微企业转型转产、产品结构调整的融资需求。严格限制创业投资引导基金和财政出资的股权投资企业、产业投资基金间接或直接投向产能严重过剩行业新增产能项目、违规在建项目。

⑪清理规范涉及企业的基本银行服务费用，完善银行收费定价机制。加强对商业银行收费的监管，把规范银行收费行为作为清理治乱减负的重要内容，重点查处商业银行审核发放贷款过程中强制收费、捆绑收费、只收费不服务少服务行为，以及明令取消的项目继续收费、自立项目收费等行为。彻查违规行为，整肃经营环境，切实降低小微企业实际融资成本。

2.2.3　做好小微企业金融服务工作

银监会发布了《中国银监会关于进一步做好小微企业金融服务工作的指导意见》（以下简称《意见》）。《意见》共提出了15条具体措施。

《意见》要求，各银行业金融机构应在商业可持续和有效控制风险的前提下，单列年度小微企业信贷计划，充分发挥信贷资产流转、证券化对小微企业融资的支持作用，将盘活的资金主要用于小微企业贷款，力争实现“两个不低于”目标，即小微企业贷款增速不低于各项贷款平均增速，增量不低于上年同期。相关部门要对小微企业贷款增长情况按月监测、按季考核，确保各地区实现“两个不低于”目标。

《意见》提出，要继续强化对小微企业金融服务的正向激励。一是银行业金融机构须在全年实现“两个不低于”目标，且当年全行小微企业申贷获得率不低于上年水平的前提下，下一年度才能享受相关政策优惠。其中，获准发行专项金融债的银行业金融机构在计算“小型微型企业调整后存贷比”时，可将该债项对应的全部小微企业贷款在分子项中予以扣除。二是适度提高对小微企业不良贷款容忍度，对小微企业贷款不良率高出全辖各项贷款不良率2个百分点以内的银行业金融机构，该项指标不影响当年的监管评级。三是进一步推进服务网点和渠道建设，增加对小微企业的有效金融供给。

同时，《意见》鼓励银行业金融机构不断创新小微企业服务方式。一是为小微企业全面提供开户、结算、贷款、理财、咨询等基础性、综合性金融服务。二是大力发展产业链融资、商业圈融资和企业群融资。三是建立针对小微企业的信用评审机制，探索发放小微企业信用贷款。四是充分利用互联网等新技术、新工具，研究发展网络融资平台，不断创新网络金融服务模式等。同时，要求银行业金融机构建立科学合理的小微企业信贷风险定价机制，进一步规范小微企业金融服务收费。

2.2.4　加强全国中小企业股份转让系统有限责任公司的管理

为加强对全国中小企业股份转让系统有限责任公司（以下简称全国股份转让系统公司）的管理，明确其职权与责任，维护股票挂牌转让及相关活动的正常秩序，根据《公司法》、《证券法》等法律、行政法规，制定本办法。全国中小企业股份转让系统（以下简称全国股份转让系统）是经国务院批准设立的全国性证券交易场所。股票在全国股份转让系统挂牌的公司（以下简称挂牌公司）为非上市公众公司，股东人数可以超过200人，接受中国证券监督管理委员会（以下简称中国证监会）的统一监督管理。全国股份转让系统公司负责组织和监督挂牌公司的股票转让及相关活动，实行自律管理。全国股份转让系统公司应当坚持公益优先的原则，维护公开、公平、公正的市场环境，保证全国股份转让系统的正常运行，为全国股份转让系统各参与人提供优质、高效、低成本的金融服务。全国股份转让系统的股票挂牌转让及相关活动，必须遵守法律、行政法规和各项规章规定，禁止欺诈、内幕交易、操纵市场等违法违规行为。中国证监会依法对全国股份转让系统公司、全国股份转让系统的各项业务活动及各参与人实行统一监督管理，维护全国股份转让系统运行秩序，依法查处违法违规行为。

全国股份转让系统公司的职能包括：①建立、维护和完善股票转让相关技术系统和设施；②制定和修改全国股份转让系统业务规则；③接受并审查股票挂牌及其他相关业务申请，安排符合条件的公司股票挂牌；④组织、监督股票转让及相关活动；⑤对主办券商等全国股份转让系统参与人进行监管；⑥对挂牌公司及其他信息披露义务人进行监管；⑦管理和公布全国股份转让系统相关信息；⑧中国证监会批准的其他职能。

全国股份转让系统公司应当就股票挂牌、股票转让、主办券商管理、挂牌公司管理、投资者适当性管理等依法制定基本业务规则。全国股份转让系统公司制定与修改基本业务规则，应当经中国证监会批准。制定与修改其他业务规则，应当报中国证监会备案。全国股份转让系统挂牌新的证券品种或采用新的转让方式，应当报中国证监会批准。全国股份转让系统公司应当为组织公平的股票转让提供保障，公布股票转让即时行情。未经全国股份转让系统公司许可，任何单位和个人不得发布、使用或传播股票转让即时行情。全国股份转让系统公司收取的资金和费用应当符合有关主管部门的规定，并优先用于维护和完善相关技术系统和设施。全国股份转让系统公司应当制定专项财务管理规则，并报中国证监会备案。全国股份转让系统公司应当从其收取的费用中提取一定比例的金额设立风险基金。风险基金提取和使用的具体办法，由中国证监会另行制定。全国股份转让系统的登记结算业务由中国证券登记结算有限责任公司负责。全国股份转让系统公司应当与其签订业务协议，并报中国证监会备案。

2.3 财税政策

2013年，国家进一步完善结构性减税政策，在减税、减费、设立专项基金、政府采购、进出口等方面，新出台了一批支持中小企业的具体财税政策。

2.3.1 做好中小企业服务体系发展专项资金服务业务项目申报工作

为贯彻落实《国务院关于进一步支持小型微型企业健康发展的意见》（国发〔2012〕14号），加强和改进对中小企业特别是小型微型企业的公共服务，工业和信息化部发布《关于做好2013年中小企业服务体系发展专项资金服务业务项目申报工作的通知》，对2012年1月1日至12月31日，在工业和信息化部组织开展的中小企业服务年活动中，承担国家、省（自治区、直辖市）、地市、县级中小企业服务年咨询服务（包括政策咨询、创业辅导、管理咨询）、培训服务、信息服务（包括服务对接、中小企业运行监测）等重点服务业务项目的单位可以申报发展专项资金。服务业务项目采取以奖代补的支持方式。根据对服务内容、服务企业数量、服务绩效及服务收支情况的综合测评，对符合条件的项目予以定额奖励支持，最高奖励额不超过30万元。列入工业和信息化部中小企业服务年活动实施方案或委托开展的重点服务业务项目除外。

2.3.2 加强小额担保贷款财政贴息资金管理

《财政部、人力资源社会保障部、中国人民银行关于加强小额担保贷款财政贴息资金管理的通知》（财金〔2013〕84号）（以下简称《通知》）提出，进一步做好小额担保贷款工作，主要内容如下。

①准确把握《通知》精神实质，健全小额担保贷款发放自我约束机制。小额担保贷款政策实施以来，对促进创业带动就业发挥了重要作用。但近些年一些地方也出现了随意扩大政策扶持对象、片面追求放贷规模等问题，影响小额担保贷款政策的可持续性，亟须完善制度，加强管理。为此，《通知》进一步规范了小额担保贷款借款人范围和财政贴息对象，强化了贴息贷款审核发放和贷款担保基金管理要求，完善了财政贴息政策和资金来源。这是立足当前、着眼长远、确保小额担保贷款政策长期可持续的重要措施。各地要认真学习《通知》要求，准确把握精神实质，积极协调配合财政部门、人民银行分支机构完善小额担保贷款政策操作办法，健全贷款发放自我约束机制，保持政策连续性。要切实掌

握符合政策扶持条件的创业者和劳动密集型小企业底数，结合可用财政贴息资金，对当地今后一个时期的小额担保贷款工作做出科学合理规划，防止不切实际盲目下达放贷指标。

②严格把好资格、额度、期限审核关，着力提高贴息贷款利用效率。为有效发挥小额担保贷款政策促进创业带动就业作用，各地要指导各级小额担保贷款经办担保机构严格遵循小额贷款基本准则，瞄准小额担保贷款政策扶持对象，把有限资源真正用于确需帮扶的新创业者和带动就业多的劳动密集型小企业；严把政策受益人资格审查关，既要防止因片面追求放贷量而任意扩大政策受益人范围，又要防止因单纯追求还款率而人为缩小政策受益人范围，更要防止利用其他商业贷款套取财政贴息资金；严把贷款担保额度、期限审核关，根据项目实际需要合理确定贷款担保额度与担保期限，防止不负责任过度担保，努力提高贷款担保基金和贴息贷款利用效率；健全小额担保贷款操作流程，完善贷款项目贷前调查、联合会审等工作制度，防范“人情贷款”和权力寻租等道德风险。

③充实贷款担保基金和地方财政贴息资金，确保小额担保贷款政策落实。《通知》严格限定了贷款担保基金放大倍数，规定了地方财政贴息比例，各地应结合实际主动协调财政部门对小额担保贷款财政贴息资金和担保基金作出安排，确保政策落实，防止将贴息贷款利息负担转嫁给创业者。要主动协调人民银行分支机构建立健全小额担保贷款分项管理与统计制度，落实相关各方的工作责任，完善小额担保贷款统计数据三部门会商机制，及时准确掌握小额担保贷款发放、回收与贴息情况。要注重发挥当地妇联等组织和高校的积极作用，共同做好小额担保贷款工作。要进一步推进创业工作，将落实《通知》要求与完善本地促进创业带动就业的政策措施、加强创业服务结合起来，积极探索运用地方财政资金支持创业的新的有效途径。

2.3.3　做好科技型中小企业技术创新基金项目立项工作

根据《国务院办公厅转发〈科学技术部、财政部关于科技型中小企业技术创新基金的暂行规定〉的通知》、《科技型中小企业技术创新基金项目管理暂行办法》和《科技型中小企业技术创新基金财务管理暂行办法》的有关要求，经科技部科技型中小企业技术创新基金管理中心组织有关专家和单位进行评审、评估，科技部和财政部已完成了2013年度科技型中小企业技术创新基金立项项目的审定工作。科技部 财政部下放《关于2013年度科技型中小企业技术创新基金项目立项的通知》，提出科技型中小企业技术创新基金立项项目包括技术创新项目、公共技术服务机构补助项目和科技型中小企业创业投资引导基金项目，共计6425项，中央财政预算计划安排资金43.2117亿元，首次拨付资金额度为32.3482亿元。其中技术创新项目5332项，计划安排资金36.2117亿元，首次拨付资金额度为25.3482亿元；公共技术服务机构补助835项，计划安排资金5亿元；创业投资引导基金258项，计划安排资金2亿元。

2.3.4 暂免征收部分小微企业增值税和营业税政策

为进一步支持小微企业发展，《财政部 国家税务总局关于暂免征收部分小微企业增值税和营业税的通知》的主要内容是：一是《通知》中“月销售额不超过2万元”、“月营业额不超过2万元”，是指月销售额或营业额在2万元以下（含2万元，下同）。月销售额或营业额超过2万元的，应全额计算缴纳增值税或营业税。二是以1个季度为纳税期限的增值税小规模纳税人和营业税纳税人中，季度销售额或营业额不超过6万元（含6万元，下同）的企业或非企业性单位，可按照《通知》规定，暂免征收增值税或营业税。三是增值税小规模纳税人中的企业或非企业性单位，兼营营业税应税项目的，应当分别核算增值税应税项目的销售额和营业税应税项目的营业额，月销售额不超过2万元（按季纳税6万元）的暂免征收增值税，月营业额不超过2万元（按季纳税6万元）的，暂免征收营业税。四是增值税小规模纳税人中的企业或非企业性单位，月销售额不超过2万元（按季纳税6万元）的，当期因代开增值税专用发票（含货物运输业增值税专用发票）和普通发票已经缴纳的税款，在发票全部联次追回后可以向主管税务机关申请退还。

2.3.5 管理好地方特色产业中小企业发展资金

为促进中小企业特别是小型微型企业健康发展，进一步规范和完善地方特色产业中小企业发展资金管理，财政部对《地方特色产业中小企业发展资金管理暂行办法》进行了修改。本办法所称地方特色产业中小企业发展资金（以下简称特色产业资金）是指根据《国务院关于进一步促进中小企业发展的若干意见》（国发〔2009〕36号）、《国务院关于进一步支持小型微型企业健康发展的意见》（国发〔2012〕14号），由中央财政预算安排，专门用于支持地方特色产业集群（含聚集区，下同）内中小企业特别是小型微型企业技术进步、节能减排、协作配套、品牌建设，促进产业结构调整和优化的资金。本办法所称地方特色产业集群是指以地域和资源优势条件为基础，围绕特色产品的生产、销售、服务等而形成的市场化、规模化、集约化和链条化的生产经营群体。中型、小型、微型企业的划分标准，按照国家有关规定执行。特色产业资金的使用和管理应当遵循公开透明、定向使用、科学管理、加强监督的原则，确保资金使用规范、安全和高效，并向中西部地区倾斜。

2.3.6 规范代理记账行业发展，服务小微企业发展

财政部印发了《关于加强和改进基层会计管理工作的指导意见》（财会〔2013〕12号，以下简称《指导意见》），提出要规范代理记账行为，服务小微企业发展。财政部有关负责人表示，近年来，我国小微企业数量迅猛增长，代理记账业务需求日益扩大，会计代理记账行业作为中介服务型朝阳行业呈现快速发展的态势，在服务小微企业发展、加快就转变经济发展方式等发面发挥了重要作用。在快速发展的同时，代理记账行业也存在一些

突出问题，如代理记账机构规模普遍较小，发展良莠不齐，代理业务范围不宽；代理记账业务收费标准较低，许多代理记账机构处于微利经营状态；代理记账从业人员专业知识水平普遍较低，执业质量不高；存在大量未办理营业执照和代理记账机构许可证的地下代理记账机构和个人兼职会计，难以有效监管。对此，《指导意见》提出，规范代理记账行业发展。协调相关部门建立和优化代理记账机构的设立流程，加强审核力度，着重审查从业人员资格，防止出现从业人员挂名、兼职等现象。做好代理记账机构相关信息的变更、备案工作。定期公布取得代理记账许可证书和按时备案的代理记账机构名称等相关信息。联合有关部门加强对本地区代理记账机构的监督检查，健全代理记账机构退出机制，对未取得代理记账许可证书的中介机构或个人非法开展代理记账业务的，应严格查处并予以公告，督促其依法申请代理记账许可证书或加入代理记账机构开展业务。在政策层面，《指导意见》明确，将积极探索对代理记账机构的政策扶持。采取多种形式宣传代理记账工作，推动小规模企业、个体工商户及其他小型经济组织选择代理记账服务，积极引导代理记账机构面向乡镇开展服务。协调相关部门，对代理记账机构给予一定的政策扶持。针对代理记账机构从业人员开展以会计基础工作规范、小企业会计准则、代理记账机构管理等为主要内容的培训，提高代理记账机构服务质量。探索建立政府购买代理记账服务制度。除了规范基层会计服务市场以外，《指导意见》还针对规范基层单位会计工作、加强基层会计人员管理、规范农村集体财务会计管理工作、加强基层会计管理队伍建设等方面提出了具体意见。

2.4　其他政策

2.4.1　促进中小商贸流通企业发展

为贯彻落实党的十八届三中全会精神，切实发挥中小商贸流通企业公共服务平台作用，进一步促进中小商贸流通企业发展，商务部决定在2014年开展“中小商贸流通企业服务年”活动。服务内容包括以下几个方面。

①信息咨询服务。商务部将结合商贸流通业统计和市场监测体系建设，定期发布全国、各地区市场发展情况，及时收集整理各级政府、各部门关于中小企业、商贸流通行业的法规、规划、标准、政策等，通过各地服务平台向企业提供，为企业经营决策提供参考。各地要积极组织开展专家大讲堂活动，以印发手册、现场宣讲、在线解读等方式，开

展全方位的政策宣传。

②创业辅导服务。商务部将组织编写《小微商户创办实务》、《小微商户上网实务》、《小微商户融资实务》、《小微商户会计与税务实务》等培训课件，以远程在线、短期集中等方式提供企业学习。各地要开展创业辅导走基层活动，组织专家和服务机构为初创期及创办三年内的小微商户提供咨询和培训，建立政府引导、社会参与和企业自主相结合的培训机制，培育一批具有懂经营会管理的店长队伍。

③市场开拓服务。各地要选择一批展览展销、贸易洽谈、采购对接、购物促销等活动，建立“中小商贸流通企业市场开拓重点活动项目库”，优先组织中小商贸流通企业参加；结合特色商业街区、商贸功能区示范创建工作，指导联系点提升产业带动作用和服务能力。城市共同配送试点地区要结合试点工作安排，积极组织开展中小商贸流通企业联合采购、共同配送，降低企业经营成本。

④电子商务应用服务。各地要遴选一批专业服务机构，以网络访谈、热线咨询等方式，为企业发展网络销售、开展网络营销提供支持；开展中小商贸流通企业网上行活动，通过与重点电子商务平台企业建立合作关系，以举办网上商品大集、设立特色产品专区等形式，帮助企业发展网络销售业务；推广面向中小商贸流通企业共性需求的台账、收银、员工管理等通用软件，提高企业信息化水平。

⑤特许经营服务。商务部将指导有关行业协会按照《特许人经营体系成熟度与服务能力评定规范》，推出一批经营模式成熟、服务能力强、适合小微商户加盟的优秀特许经营品牌。各地要通过现场宣讲、印发手册、在线解读等方式，指导中小商贸流通企业加盟发展；设立专家队伍和咨询热线，对具有市场潜力和经营特色的中小商贸流通企业发展特许经营提供咨询和指导。

⑥企业融资服务。商务部将继续与相关银行建立合作机制，加快出台《担保存货第三方管理规范》国家标准，探索开展存货监管企业的资质评价。各地要支持行业商协会、市场商圈管理机构组织优质小微商贸流通企业，积极发展互助担保融资、动产仓单质押融资；要引导小微商贸流通企业与结算银行建立全面金融服务的长期合作关系，结合企业流动结算资金，发展小额信用循环融资。

⑦舆论宣传服务。各地要利用广播电视、报纸杂志、互联网等各类媒体，加大宣传力度，营造良好舆论氛围，提升全社会对中小商贸流通企业的认知，扩大服务年活动的社会影响。商务部将充分利用《中小商贸流通企业公共服务平台建设工作简报》，在《国际商报》等有关媒体开设专栏，宣传服务平台建设工作进展，及时反映企业发展情况；组织汇编和宣传百家创业、创新、转型升级的优秀企业典型案例，弘扬创业精神和企业家精神。

2.4.2 推动中小企业公共服务平台网络建设

为推动中小企业公共服务平台网络建设，实现预期目标，为中小企业提供找得着、用得起、有保障的服务。工业和信息化部下发《关于中小企业公共服务平台网络建设互联互通基本要求的通知》（以下简称《通知》），《通知》规定：

建设要求：平台网络是指由一个统筹全省服务资源的枢纽服务平台（以下简称省平台）与若干个贴近需求提供直接服务的"窗口"服务平台（以下简称窗口平台）通过互联互通、资源共享，共同构成的中小企业服务体系骨干架构和基础环境。

①省平台。建成全省统一的在线服务和呼叫服务系统、服务平台网络运营管理系统、共享数据资源中心和服务知识库等，共享数据要符合《中小企业公共服务平台网络共享数据指标目录（2013版）》，实现统一共享数据指标标准，统一共享数据指标标准的技术接口设计。②窗口平台。完成直接服务所需硬件设备、服务软件的购置与开发，服务场地及相关设施改造；完成与省平台互联互通的软硬件设施的建设；已通过平台网络开展服务活动。

功能要求：①平台网络系统。能够反映聚集的服务资源的基本信息和开展服务的情况。对企业在平台网络中提出的服务请求和得到的各种服务（线上和线下），包括服务申请、服务内容、服务情况和服务评价等信息在系统中都应有记录。②呼叫接转。具有统一的呼叫号码，呼叫系统与平台网络运营管理系统应该相互连接，呼叫服务应在平台网络系统中有记录。③窗口平台。窗口平台及所带动的服务资源可以通过平台网络了解企业的服务需求，响应企业的服务请求，服务流程和服务结果等信息都应在平台网络系统中有记录。窗口平台开展的线下服务也应在平台网络系统中有记录，能进行工作量的考核和服务满意度测评。④企业单点登录。企业（中小微企业，个体工商户、创业个人）实现在平台网络单点登录，用同一个用户名，既可以从省平台或者任意一个窗口平台登录，进入本省平台网络，找到全部的服务资源，获得相应的服务，不需要多次登录。

平台网络建设是一项系统工程，省级中小企业主管部门要加强对平台网络建设工作的组织指导、管理和检查。省级中小企业主管部门、省平台和各窗口平台要有专人负责此项工作，要建立联合工作机制，加强项目的跟踪管理与考核评估。

为推动中小企业公共服务平台网络建设，实现资源共享、互联互通，工业和信息化部组织专家对《中小企业公共服务平台网络共享数据指标标准（2012版）》进行了修改和完善。印发了《中小企业公共服务平台网络共享数据指标目录（2013版）》和《中小企业公共服务平台网络共享数据指标和接口设计细则（2013版）》，请在平台网络建设中遵照使用。

2.4.3　开拓中小企业人力资源

为贯彻落实《国务院办公厅关于做好2013年全国普通高等学校毕业生就业工作的通知》（国办发〔2013〕35号）提出的目标任务和政策措施，按照国务院就业工作部际联席会议《重点工作分工方案》的要求，工业和信息化部印发《关于开拓中小企业人力资源做好2013年高校毕业生就业工作的通知》，就做好2013年高校毕业生就业工作的相关事宜通知如下。

促进高校毕业生就业的主要任务：

①拓宽高校毕业生就业渠道，将吸纳高校毕业生就业作为中小企业工作的重要内容。充分发挥战略性新兴产业、先进制造业、高新技术产业、智力密集型产业、现代服务业、现代农业发展对高校毕业生就业的拉动作用，鼓励和引导中小企业结合转方式、调结构的进程，积极为高校毕业生开发就业岗位。

②配合相关部门加大对小微企业和劳动密集型中小企业的扶持力度，进一步落实社保补贴、培训补贴等扶持政策，鼓励其吸纳高校毕业生就业。

③大力宣传民营企业、非公有制经济组织对经济社会发展的重要意义和突出贡献，引导高校毕业生树立正确的就业观和择业观，到民营企业、非公有制经济组织就业。

④鼓励高校毕业生自主创业，配合有关部门对自主创业高校毕业生进一步放宽准入条件，降低注册门槛，落实好创业小额担保贷款及贴息、税费减免等扶持政策。

⑤积极推进小企业基地建设，为自主创业高校毕业生提供创业孵化场地和项目开发、开业指导、融资、跟踪扶持等“一条龙”创业服务。

⑥配合相关部门落实好少数民族高校毕业生就业。承担对口支援西藏、青海、新疆任务的地区要组织本地区中小企业积极面向受援地高校毕业生开展各类招聘活动，并将到本地求职的受援地高校毕业生纳入就业扶持政策范围，提供帮扶与指导。

⑦配合相关部门建立高校毕业生就业和重点产业人才供需对接机制，研究制定中小企业急需人才培养计划，努力实现人才培养、企业需求和就业的良性互动。

⑧做好2013年“全国中小企业网上百日招聘高校毕业生活动”的后续工作，要严格规范中小企业的招聘行为，保障高校毕业生的合法权益，认真做好跟踪服务。

执笔：董涛（中国中小企业协会研究室主任）

参考文献

[1] 国家统计局.2013年国民经济发展稳中向好，2014-1-20

第 3 章

经济转型：经济发展新阶段及其与中小企业发展的关系

- 引言和相关文献综述
- 高速增长阶段我国中小企业的发展历程
- 经济增长换挡期的来临与我国中小企业发展面临的困难
- 我国经济步入工业化中后期给中小企业发展带来的挑战
- 我国工业化中后期的中小企业发展

中国已步入工业化中后期发展阶段，鼓励中小企业发展的重大意义更加凸显。发展阶段的变化给中小企业带来了一系列新的挑战，也为中小企业提供了难得的发展机遇。这些机遇主要是：需求升级带来的发展机会，产业升级带来的发展机会，城市化健康发展带来的发展机会，老龄化带来的发展机会，技术进步带来的发展机会，利用“两个市场、两种资源”配置资源的发展机会，以及制度变迁带来的发展红利。

3.1 引言和相关文献综述

中小企业是一个国家或地区（非农）就业的主渠道，是创新的主力和国家税收的重要来源。中小企业在国民经济中占有重要地位。但在经济发展的不同历史时期，由于主导产业、支柱产业的变化，经济运行呈现不同特点，中小企业发展面临的机遇、挑战、所采取的发展战略乃至政府支持中小企业发展的政策框架也会有不同的表现形态。

经济发展阶段是经济发展理论研究的重要内容。相关研究可谓汗牛充栋。大家耳熟能详的，有李斯特的发展阶段论、罗斯托的经济起飞理论以及钱纳里关于工业化发展阶段的理论。李斯特把社会发展划分为“狩猎社会”、“畜牧社会”、“农业社会”、“农工业社会”和“农工商业社会”五个不同的发展阶段。罗斯托将经济发展划分为传统社会阶段、为起飞创造前提阶段、起飞阶段、走向成熟阶段、大众高消费阶段和追求生活质量阶段。钱纳利则归纳提出了工业化发展不同阶段的产业结构演变基本规律。就国内而言，伴随着国家多个五年发展计划（规划）的制定，国内学者对我国经济发展所处的阶段也开展了数轮研究，取得了丰硕的成果。近年来的代表性成果主要有：刘世锦等关于中国能否跨越“中等收入陷阱”的研究①，陈佳贵、黄群慧等关于中国工业化发展阶段的研究②，以及蔡昉关于“刘易斯转折点”的研究③等。但是，由于对民营经济、中小企业研究起步较晚，对发展阶段的研究多停留在对主导产业、支柱产业变迁的研究上，政策的焦点多放在如何加快产业升级上。对于经济发展阶段变化如何改变中小企业生存环境关注不够。对中小企业的研

① 参见刘世锦等：《陷阱还是高墙？中国经济面临的真实挑战和战略选择》，中信出版社2011年版。

② 参见陈佳贵，黄群慧，吕铁，李晓华等：《中国工业化进程报告：1995—2010》，社会科学文献出版社2012年版。

③ 参见蔡昉：《刘易斯转折点——中国经济发展新阶段》，社会科学文献出版社2008年版。

究，则长期把研究重点放在缓解“融资难”、“信息缺乏”，改善中小企业服务等普遍问题上，对于外部环境变化如何影响中小企业的微观选择关注不够。本研究力图把经济发展阶段变化与中小企业发展紧密联系起来，着重探讨经济发展阶段变化如何改变中小企业发展环境、如何影响中小企业的微观选择以及经济发展阶段变化对中小企业转型升级的影响。

3.2　高速增长阶段我国中小企业的发展历程

回顾改革开放以来经济发展的历程，我国中小企业的发展大体经历了如下三个阶段。

3.2.1　20世纪80年代的草创探索期

十一届三中全会之后，全党工作重心从“以阶级斗争为纲”向“以经济建设为中心”转移。为了调动地方发展经济的积极性，实行了“分灶吃饭”的财政体制。为了调动企业和职工的积极性，扩大了企业的经营自主权，乃至全面推行企业经营承包制。为了激发全社会经济活力，实行了价格“双轨制”，对计划外产品实行高价，鼓励超计划生产；同时，采取措施鼓励发展集体企业、乡镇企业。为了广泛借鉴、学习国际经验，实行了对外开放的政策，不断扩大外贸自主权。在发展战略上，则沿袭了国民经济调整的“八字方针”（调整、改革、整顿、提高），改变了片面追求工业（特别是重工业）产值增长的倾向，转向以提高经济效益为中心，注重农轻重协调发展，经济社会发展协调性显著增强。

一系列的政策调整激发了经济活力，迎来了80年代中期经济的快速发展。从1980～1988年，我国经济持续快速增长，年均增长10.4%。有几个年份甚至连续实现双位数增长。人均国内生产总值从463.3元增长到1365.5元，翻了一番还多。我国现代化“三步走”战略部署的第一步（国内生产总值较1980年翻一番），早在1987年就实现了。到1988年，更是实现了人均国内生产总值较1980年翻一番。连续的经济快速增长、“大胆地闯”、“大胆地试”的改革氛围，使全社会洋溢着乐观向上的情绪。

这一时期也是我国民营经济、中小企业的萌发、草创时期。允许自谋职业，使许多回城知青变成了个体户。个体户的发展，既缓解了城镇就业压力，又方便了居民生活。随着个体经营的发展，雇工现象出现了，由此引发了雇工多少才不算剥削的热烈讨论。一些规模较大的个体私营经济，为了政治上的安全和事业发展的需要，甚至采用“戴帽”的办法（即挂靠在企事业单位名下）。更重要的是，各类集体企业、乡镇企业如雨后春笋般发展起来，成为推动经济发展的重要力量。进入90年代中期，随着外部环境的变化，许多乡镇企业、集体企业经营面临困难，最终通过产权改革成为民营中小企业的重要来源。

3.2.2 20世纪90年代的迅速扩张期

以邓小平“南行讲话”为标志，我国改革开放进入新的阶段。党的十四大明确把建立社会主义市场经济体制确立为经济体制改革的目标，十四届三中全会又专题讨论建立社会主义市场经济体制问题，全会通过的《中共中央关于建立社会主义市场经济体制若干重大问题的决定》对社会主义市场经济体制做了系统阐述，并对企业、财税、金融、投资、市场监管、社会保障等作了全面规划。在此基础上，推出了分税制改革，规范了中央和地方收入分配关系；推出了工商税制改革，统一了国内企业的税率，创造了公平竞争环境；设立了政策性银行，把国有商业银行承担的商业性业务和政策性业务分离开来。随后，又适时推动了国有经济战略性改组，推动了国有企业的公司化改造。经过一系列的制度重建，我国初步建立起了市场经济体制。

从经济运行角度看，以邓小平“南行讲话”为标志，我国经济也步入了新一轮增长周期。新一轮经济增长以居民消费升级为龙头（冰箱、空调等耐用消费品为代表），随着轻工业发展严重滞后局面的改变，以及基础设施建设步伐的加快，重工业在国民经济中的主导地位再次得到确认。从事后角度看，有部分经济学家认为早在20世纪90年代中期，我国就步入了工业化中期发展阶段。

这一时期，也是非公有制经济和中小企业快速发展的关键时期。一方面，由于私营资本的合法性得到确认，许多“红顶”私营资本浮出水面。还有许多有头脑、有技术的人士主动“下海”、“创业”，他们通过抢抓市场机遇、改进技术、加强管理，不断拓展市场空间；另一方面，随着市场环境的变化，大量乡镇企业经营陷入困难，它们通过明晰产权，大都转制为私人企业；国有经济经过“抓大放小”，许多小型国有企业出售给承包者或企业员工，大型国有企业在提质增效的过程大量剥离非核心资产，也产生了大量的私营中小企业。从1992～2000年，我国私营企业从13.96万户发展到176.2万户，从业人员从231.8万人增长到2406万人，分别增长了11.6倍和9.38倍。同期，我国个体户从1533.9万户增加到2571.40万户，增长了68%；就业人员从2467.7万增长到5070.0万人，翻了一倍还多。

3.2.3 21世纪前十年的提质增效期

金融危机沉重打击了东南亚国家。中国经济也受到了严重拖累。为了应对东南亚金融危机的冲击，我国明显加快了国有企业公司化、国有银行商业化改革的步伐，通过“债转股”，既减轻了企业债务负担，也提高了银行资产质量。为了刺激内需，国家还采取一系列措施来鼓励发展中小企业，初步构建起了适应市场经济内在要求的中小企业政策体系新框架。为了加入世贸组织，我国政府废除了大量的法律法规。这不仅有利于国外企业在中国的投资和经营，也消除了非公有制经济面临的不公平待遇。

从国际环境看，我国也面临难得的发展机遇。东南亚金融危机毕竟是新兴经济体的金融危机，而互联网泡沫破灭的负面冲击也没有广泛蔓延开来。在21世纪初，主要发达经济体快速发展，市场需求旺盛，再加上自由贸易、全球化思潮风靡一时，发达国家的跨国公司为了强化核心竞争优势，纷纷把低附加值的生产活动“外包”出去。而我国抓住了这次产业转移的发展机遇。大量承接来自发达国家的产业转移、积极开展全球分工，使中国制造业取得了长足的发展。

这一时期也是中小企业和民营经济实力显著增强的时期。持续的经济高速增长、宽松的国际市场环境、快速的需求升级和产业升级、来自发达经济体的大规模产业转移，以及政府鼓励民营经济发展的基本政策取向，为中小企业和民营经济的发展创造了难得的发展机遇。许多企业抓住机遇，扩大生产规模，提升技术层次，加强企业管理，显著提升了企业的综合实力，实现了跨越式增长。它们有的参与大企业业务分包，成为大企业生产经营不可或缺的部分；有的在特殊领域深入耕耘，成为细分市场上的“隐形冠军”；有的以创新商业模式为顾客提供优质服务，改变了既有的产业格局；还有的则发展成为大型商业集团，成为民营经济的代表。据中华全国工商联联合会发布的中国民营经济500强排名，从2003～2012年，中国民营经济500强的入围门槛从营业收入6.08亿元提高到77.71亿元，最大民营企业营业收入也从403.3亿元（联想控股），增长到2327.2亿元（苏宁电器），分别提高了11.8倍和4.77倍。像苏宁、联想、华为、万科、娃哈哈、三一、海尔、美的等，都已经成了国民耳熟能详的名字。这些“曾经的”中小企业的快速发展，也从一个侧面反映了中小企业素质显著提高的客观现实。

3.3 经济增长换挡期的来临与我国中小企业发展面临的困难

改革开放以来，我国经济维持了持续高速增长局面。从1981～2010年三十年间，我国经济年均增长10.1%。其中，1981～1990年年均增长9.35%，1991～2000年间年均增长10.45%，2001～2010年间年均增长10.49%。如果从经济增长周期的观点看，前三十年约经历了三个中周期；并且其时间段和上述时间段大体吻合。按照从波谷到波谷的划分方法，经济增长的低估年份分别为1981年（5.2%）、1990年（3.8%）、1999年（7.6%）和2009年（9.2%）。持续的高速增长，极大地改变了我国的经济、社会面貌。从1980～2010年，人均国内生产总值从463.25元增长到30015元，扣除物价上涨因素，增长了12

倍；城镇居民消费水平从 489 元增长到 16546 元，扣除物价上涨因素，增长了 5.79 倍；农村居民家庭消费水平则从 178 元增长到 4700 元，扣除物价上涨因素，增长了 4.98 倍。2010 年，我国国内生产总值达到 39.79 万亿元，按现价美元折算，超过日本，成为世界第二大经济体。经过三十年的发展，到 2010 年，我国城镇居民普及了洗衣机、电冰箱、空调，每百户居民家庭拥有移动电话 188.9 部、固定电话 80.9 部，拥有淋浴热水器 84.8 台、电子计算机 71.2 台；农村每百户居民家庭拥有移动电话 136.5 部、彩电 111.8 台，拥有洗衣机 57.3 台，电冰箱 45.2 台，摩托车 59.0 台。从 1980 ~ 2010 年，反映居民消费水平的恩格尔系数，城镇居民家庭从 56.9% 下降到 35.7%，农村居民家庭从 61.8% 下降到 41.1%。根据联合国粮农组织提出的标准，恩格尔系数在 59% 以上为贫困，50% ~ 59% 为温饱，40% ~ 50% 为小康，30% ~ 40% 为富裕。以此标准计算，我国城市居民已整体进入富裕阶段，农村居民则整体实现了小康。

持续的快速发展、巨大的发展成就足以使人们相信：我国快速增长的局面能够持续下去。事实上，自 2010 年以来，我国经济增长已呈现持续放缓态势。从 2011 ~ 2013 年，我国经济增长分别为 9.3%、7.7% 和 7.7%，已连续三年低于 10%。2014 年，我国经济增长的预期目标约为 7.5%，较前两年进一步下调。不仅如此，越来越大的增长基数、大面积的产能过剩、房地产和基础设施领域金融风险的积累，资源环境压力不断加大等问题相互交织，使越来越多的人相信，要维持过去的高速增长已不可能了。我国已步入由高速经济增长向中高速增长转型的“换挡期”。

当前，我国维持经济高速增长面临的困难，主要表现在以下五个方面。

3.3.1 “刘易斯拐点”与人口红利

大量的农村富余劳动力持续不断地转移到城市，为我国经济社会发展提供了充足的劳动力供应。但进入 21 世纪以后，这种局面有所改变，先是珠三角地区出现“用工荒”，后来又蔓延到“长三角地区”乃至全国。目前，农村青壮年劳动力已基本转移出去。留在农村的，多是年龄偏大、劳动技能差、社会负担重的人员。动员上述人员向非农产业转移，难度非常大。劳动力供求格局的改变，带来了劳动力成本的持续快速提高。2000 年，城镇单位就业人员平均工资为 9333 元，城镇集体单位工作人员为 6241 元，到 2010 年则分别达到 36539 元和 24010 元，增长了 2.91 倍和 2.85 倍。目前，东部地区劳动密集型产业大量向中西部地区转移，除了使生产更加贴近产品市场之外，最重要的考虑就是压低劳动力成本、保障劳动力供给。此外，计划生育政策的实施也加剧了劳动力年龄结构的变化。据预测，2010 ~ 2015 年是我国劳动力供给的峰值时期。此后，我国将出现劳动总人口下降的局面。人口抚养比更是在 2013 年即停止下降，这也意味着“人口红利”的消失。

3.3.2 资源、环境约束

伴随着经济的持续快速发展，对能源、资源的消耗也越来越多。从 2000 ~ 2010 年，我国煤炭消费量从10.07亿吨标准煤增长到22.09亿吨标准煤。原油消费从2.12亿吨增长到4.28亿吨，天然气产量从245亿立方米增长到1069亿立方米。工业生产在耗费大量资源能源的同时，也导致废弃物增加。近年来，虽然国家和企业在治理环境方面投入了大量的资金，遏制了氮氧化合物、二氧化硫、化学需氧量（COD）排放持续增长的局面，但由于连续排放污染物的累积效应，再加上新型污染源不断出现，我国环境事件仍处在高发、频发状态。如土壤重金属污染、地下水沉降和污染问题、化肥农药污染问题、过量违规使用抗生素问题、大气污染等问题，无时不在刺激着社会公众的神经。

能源消费的快速增长，使中国取代美国成为全球最大的温室气体排放国。这给中国带来了巨大的节能减排压力。并且，燃烧化石能源排放大量细微颗粒物，导致我国雾霾天气频发。仅2013年1月，全国就出现4次较大范围雾霾过程，涉及30个省区市，多个城市PM2.5指数“爆表”。和环境事件相对应的，则是社会公众环保意识的增强。有时甚至出现了对环境污染过分敏感的现象。PX，即对二甲苯，是一种重要的化工原料，常用于生产塑料、聚酯纤维和薄膜。它无色透明，具有芬芳气味，对人类健康危害有限。按国际标准看，PX并不是高致癌物品或致毒物品。但由于种种原因，公众对PX项目始终存在较强的安全疑虑。近年来，在厦门、大连、宁波、茂名等地，我国先后爆发了多起针对PX项目的游行示威活动。公众的反应已成为企业开展项目投资必须考虑的重要因素。

3.3.3　持续积累的经济风险

当前，我国出现了大规模的产能过剩。产能过剩的出现，有经济发展周期的原因，也有发展模式的原因和经济政策的原因。近十年来，各地“招商引资”竞争愈演愈烈。各地政府为了加快地方经济发展，纷纷以税收优惠、廉价土地供应乃至提供资源配套等措施吸引企业到本地投资。这种刺激投资的政策导向与企业的内在发展动力结合在一起，强化了企业“做大做强”的冲动，使企业投资活动更加激进，加剧了产能过剩局面。目前我国不仅传统产业出现了严重的产能过剩，就是被视作有可能成为下一轮经济增长点的“战略性新兴产业”，如太阳能发电、风力发电、新能源汽车等，也出现了严重的产能过剩问题。

房地产是经济风险集中的又一领域。过去十年来，我国房价持续快速上涨，房地产成为“全民热议”的焦点问题。虽然政府出台了严格的限贷政策来防范房地产风险，但在土地财政机制没有改变、土地出让价格节节攀高的背景下，房地产业一直被看作是高收益的投资项目，因而能够通过信托、民间借贷等方式融到足够的项目资金。即便如此，银行资金也没有完全和房地产业相脱离。通过资金池、信托等渠道，银行资金避开金融监管变相流入房地产业；另外，在房屋出售以后，房地产企业实现资金回笼，而银行贷款则成为个人购房最主要的资金来源。目前，随着房地产市场调控走向深入，市场情绪已发生变化，房地产价格呈见顶迹象。在三线、四线城市，甚至出现了房价下跌、个别企业领导“跑路”的现象。可以预计，随着房地产市场调整走向深入，相关金融风险将会进一步释放出来。

地方政府债务风险快速积累。大规模的、超前的基础设施建设，是我国经济快速发展的重要推动力。而地方政府从事基础设施投资的资金来源，有很大一部分来自土地出让金和平台贷款。因此，伴随着各地面貌的快速改善，政府债务也在快速积累。据国家审计署统计，截至2013年6月底，我国省、市、县三级政府负有偿还责任的债务余额为10.58万亿元。如果以2010年为基数，年均增长19.97%。在政府债务中，政府承诺以土地出让收入偿还的债务余额为3.48万亿元（2012年底数据），占地方政府债务余额的将近4成（37.2%）。但随着土地出让金价格达到一定的高度、对拆迁户补偿标准的提高，地方政府能够从土地经营中获得的净收益增速放缓。相应地，能够从银行、资本市场上融入资金的空间受到压缩。不仅如此，由于政府债务的期限安排不合理，长期投资项目多以中期借款方式融入资金，导致政府债务存在严重的期限不匹配问题，显著增加了地方债务风险。据统计，2013年下半年，地方政府到期债务24949亿元，2014年再到期23826亿元，两项合计占其负有直接偿还债务总额的44.8%。

3.3.4 收入分配差距过大与社会不平衡矛盾

近年来，为缓解经济社会发展不平衡、推动科学发展，政府投入了大量的人力物力，也取得了显著的进展。具体如：建立起了覆盖13亿人口的、全世界规模最大的新型养老、医疗体系，教育投入占GDP的比重达到4%，科技投入占GDP比重接近2%，增加对低收入群体的救助，把农村“五保户”纳入财政保障范围等。在肯定成绩的同时，我们也要看到，上述成绩只是初步的。我们的社会保障水平还很低。在新农保为例，农村老人在丧失劳动能力之后（年满60周岁），每月能领取的基础养老金只有55元，折合每天1斤多粮食而已。

基尼系数，是国际上用来综合考察居民收入分配差距的重要指标。一般认为，一个国家居民收入的基尼系数介于0.3～0.4之间，表示其收入分配相对合理；介于0.4～0.5之间，表示该国收入差距较大；如果基尼系数大于0.5，则表示其收入分配差距悬殊。我国居民收入的基尼系数于2000年开始超过0.4，2008年甚至一度达到0.491的高水平。近年来，由于经济结构发生变化，也由于工资性收入持续快速上涨，我国居民收入分配差距持续拉大的局面开始扭转，居民收入基尼系数呈逐步下降态势，2009年为0.490，2010年为0.481，到2013年，更是进一步下降到0.473。即便如此，和国际公认的判断标准相比，我国收入差距仍然明显偏高。在缓解收入差距、推动发展成果共享方面，我国还有很长的路要走。

完善收入分配，推动发展成果共享，需要充分发挥政府“第二次分配”的作用。近年来，我国社会保障建设迈出大的步伐，与政府显著增加相关财政投入密切相关。如表3.1所示，自2007～2012年，在教育科技、社会保障、医疗卫生、环境保护等领域，我国政府财政投入的增长都明显超过财政支出的增速，更明显高于财政收入的增长幅度。

需要指出的是，随着增长阶段的转化，我国财政收入超常规增长局面已经结束。我国财政收入将回归到常态化增长阶段，即和名义GDP增速大体相当的水平，这也意味着我国财政收入增速将回落到个位数增长阶段。随着财政收入增速的放缓，政府对社会事业财政投入的增长也将放缓，社会保障“低水平、广覆盖”长期存在，不利于推动发展成果共享，不利于充分发掘消费潜力，拓展经济发展空间。

表3.1　我国部分领域财政支出的增长

	2007年	2012年	年均增长（%）
国家财政收入	51321.8	117253.5	25.7
国家财政支出	49781.4	125953.0	30.6
其中：教育支出	7122.3	21242.1	39.6
科学技术支出	1783.0	4452.6	29.9
社会保障和就业支出	5447.2	12585.5	26.2
医疗卫生支出	1990.0	7245.1	52.8
环境保护支出	995.8	2963.5	39.5
城乡社区事务支出	3244.7	9079.1	36.0

资料来源：根据《中国财政年鉴》资料整理。

3.3.5　国际经济环境趋于收紧

我国经济的快速发展是和融入世界经济体系、充分发挥我国比较优势紧密联系在一起的。这方面的典型代表就是加工贸易。加工贸易“两头在外”，充分利用了我国廉价而优质的劳动力资源的比较优势。进入21世纪，我国以加入WTO为契机，改革外贸管理体制，放开市场准入，积极承接国际产业转移，实现了贸易和投资“双顺差”。2000年，我国对外贸易顺差241.1亿美元，到2006年增加到1775.2亿美元，增长了6.36倍。2000年，我国实际利用外商直接投资407.1亿美元，到2006年增加到630.2亿美元，位列发展中国家首位。此后，我国连续多年保持吸收国际直接投资世界第二、发展中国家第一的地位。

但持续的双顺差也导致外汇储备快速增长，并由此导致基础货币投放过多、通货膨胀压力加大的问题，同时也带来了人民币升值的巨大压力。从2005年外汇改革开始，我国人民币兑美元汇率从8.27∶1升值到2014年年初的6.05∶1，人民币升值幅度高达36.7%。与此同时，国内通货膨胀持续发展，人民币对内贬值。人民币的持续升值和快速上涨的劳动力成本，削弱了国内产品的竞争力。一些跨国公司已把生产线转向越南、印尼、马来西亚等国以寻求更加低廉的劳动力成本。

不仅如此，中国（以及新型工业化国家）的崛起也改变了世界经济格局，引发了围绕世界经济主导权的激烈争夺。这不仅体现在各国围绕对有可能重塑国家竞争优势的战略性新兴产业的争夺上，体现在围绕国际货币基金组织、世界银行等国际机构调整出资份额和投票权的激烈争夺上，也体现在对世界经济贸易规则主导权的激烈争夺上。以美国为首的发达国家，积极推动“高标准自贸区”和“服务和投资协定谈判”。其目的就是以开放本国产品市场为诱饵，诱导发展中国家开放服务市场、开放直接投资以充分发挥其在研发、咨询、金融服务、信息等领域的竞争优势，强化其在世界经济领域内的主导权。上述谈判，虽然宣称是非排他性的，却恰恰“有意无意”地排除了中国。如果上述谈判能够在短期内达成，成为世界经济贸易的新规则，那么，我国将面临被边缘化，需要再来一次“入世”谈判的尴尬局面。

3.4 我国经济步入工业化中后期给中小企业发展带来的挑战

3.4.1 我国经济已步入工业化中后期发展阶段

当前，我国经济社会发展面临的种种新情况、新问题，充分表明我国经济已步入新的发展阶段。

迈克·波特基于其国家竞争优势理论，提出了经济发展四阶段理论。在生产要素导向阶段，几乎所有的成功产业都是依赖基本生产要素（如天然资源、自然环境、丰富的廉价劳动力）的供应。而在投资导向阶段，企业会大量投资兴建现代化、高效率的机器设备厂房，并努力在全球市场上取得最佳的技术。在该阶段，企业的竞争优势主要来自生产要素、企业战略、企业结构，甚至竞争环境等领域条件的改善。在创新导向发展阶段，产业竞争深化，在特定产业与产业环节开始体现国家独特的文化与传统。在该阶段，本土企业在产品、工艺流程、市场营销等方面已经接近卓越的程度；受制造业发展的刺激，工程顾问、广告等生产服务业、更专业的消费服务以及跨国服务等都会发展起来。第四个阶段则是富裕导向发展阶段。在该阶段，经济的主导力量是前三个阶段积累下来的财富；人们对其他领域的工作兴趣远大于产业，社会对创造生产要素的投资比例大不如前，而对其他领域的投资反而抬头。按照迈克·波特的理论，综合判断，我国正处在投资导向发展阶段向创新驱动发展阶段转变的发展阶段。

以工业化进程为主线进行划分是最常见的发展阶段划分方法。人们通常把经济发展划分为传统社会、工业化初期、工业化中期、工业化后期乃至后工业化社会几个阶段①。21

① 所谓传统社会，通常指农业社会。工业化初期：摆脱传统社会，进入起飞阶段，产业以劳动密集型产业为主导，代表性产业有食品、饮料、服装等。在工业化中期，社会化大生产的特点更加明显，产业联系进一步强化。产业结构以“重化工业”为主导，代表性产业有水泥、钢铁、能源、造船等，这些产业具有资本密集、规模经济明显等特点。在工业化后期，产业结构以资本—技术密集型产业为主导，代表性产业为汽车、机械制造、新型技术产业（电子等）。经济发展的动力来自创新和管理。在后工业化社会，服务业占GDP比重超过50%，生产性服务业（金融、研发、广告设计、律师、管理咨询等）成为社会主导产业。

世纪前十年，正是我国处在工业化中期的发展时期：钢铁、水泥、交通、能源等产业快速发展，成为国民经济主导产业。上述产业投资具有明显的技术效率特征，投资规模越大，规模效益越明显，投资的综合经济效益就越高。上述产业间具有密切的产业联系，相互创造需求，为大规模投资奠定了基础。这也是发展经济学当年倡导“大推动”理论和平衡增长理论的重要理论依据。具体例子就是煤钢联营经济体。钢铁企业生产采掘设备、钢轨，为煤炭生产、铁路建设提供生产资料；煤炭企业生产出煤炭后则通过铁路运输到钢铁企业，为钢铁生产提供原料；而修建铁路的主要目的就是为了运输煤炭和钢铁。这样的产业技术特征，既为经济在短期内上台阶提供了可能，也为经济运行大起大落埋下了伏笔。现在回过头看 2003 年以来我国经济发展的运行轨迹，上述特征是十分明显的。但随着上一轮快速增长阶段的结束，我国也逐步走完了工业化中期发展阶段的历程。

根据中国社科院《中国工业化进程报告（1995－2010）》，经过“十五”、“十一五”期间的快速发展，我国已走过了工业化发展的中期阶段，整体步入工业化后期发展阶段。具体而言，长三角已经进入工业化后期的后半阶段，领先于全国其他地区；珠三角、环渤海和东三省处于工业化后期的前半阶段，中部六省和大西北处于工业化中期的后半阶段，大西北地区处于工业化中期的前半阶段。而北京市和上海市更是因为服务业发达而已进入后工业化发展阶段①。随着发展阶段的转化，主导产业、经济发展动力都会和过去有明显不同，由此带来潜在经济增长率的变化。据蔡昉估计，在“十二五”和“十三五”期间，我国 GDP 潜在增长率将分别为 7.2% 和 6.1%，明显低于 1978～1994 年间的 10.4% 和1995～2009 年间的 9.8%②。

早在 2011 年，国务院发展研究中心课题组通过归纳工业化的国际历史经验，就观察到如下现象：在经历了二三十年高速增长之后，成功的追赶体都出现了增长速度回落。结合中国经济发展的现状，课题组明确提出，中国经济潜在增长率将从高速增长阶段向中速增长阶段转换，而转换期就在“今后两三年”③。深入研究还表明，到 2020 年，我国 GDP 增长率将回落到 6.5% 左右的水平上（如表 3.2 所示）。与此相对应，到 2020 年，我国经济也将发生重大结构性改变，如服务业占比超过 50%，新增农业转移劳动力主要被服务业所吸纳等。这些，都是工业化后期发展阶段的特征。

上述研究虽然角度不同、表述方法各异，但其结论基本是一致的，那就是中国步入了工业化中后期的发展阶段④。

3.4.2 发展阶段变化给中小企业带来的挑战

（1）市场体系的完善消除了经济失衡现象，减少了中小企业套利发展的空间

改革开放以来，我国中小企业的发展得益于经济结构严重失衡提供的套利空间。以重

①② 社科院报告：中国已步入工业化后期阶段，http：//news.xinhuanet.com/fortune/2012－10/25/c_123868260.htm。

③ 刘世锦等：《陷阱还是高墙：中国经济面临的真实挑战和战略选择》，中信出版社 2011 年版。

④ 当然，也有研究人员不同意工业化后期发展阶段的概念。

工业为导向的发展战略导致基本比价关系严重扭曲、重化工业超前发展，而与民生有关的轻纺、食品、日化等轻产业发展则严重滞后。这就为20世纪80年代我国集体经济、个体经济等的发展创造了广阔的发展空间。进入90年代以后，随着市场经济的发展，我国产品市场上供大于求逐渐成为常态。由于市场体系不完善、行政执法力度低等因素的影响，国有经济、大型企业在资金、土地乃至高素质劳动力的获得上占有优势；民营经济、中小企业在劳动保护、社会保障、环境保护等方面奉行的标准则更低一些。随着全面改革走向深入，我国市场体系将更加完善，行政执法力度将明显加强，中小企业与大型企业的市场地位更加平等。这既意味着长期困扰中小企业发展的一系列问题，如市场准入、生产要素获得等，将得到明显缓解，也意味着中小企业在工作环境、环保、社会保障等方面遵循更高的标准。

（2）增长动力的转换使中小企业发展更加注重创新

自2002年以来，我国基础设施、工业投资突飞猛进。从2000年，资本形成率从35.3%持续攀升，到2004年达到43%的高水平，此后，虽然由于宏观调控，资本形成率有所下降，但持续维持在41%以上。2008年危机以后，为了应对危机，政府推出“四万亿”投资计划刺激经济，导致投资率进一步攀升，到2010年和2011年甚至超过了48%。这意味着整个国家要把新创造财富的将近一半都用于了投资。持续的高强度投资带来了生产条件的极大改善，同时也带来了严重的投资过剩问题。

国务院发展研究中心课题组预测了我国未来供给潜力的增长，明确指出：“如果说过去30多年的高增长阶段主要是“铺摊子”，新阶段则主要是“上台阶”，而且是“产业升级”和“创新”两个台阶。进入新阶段后，产业升级和创新可能同时发生。从2010～2022年，我国资本的增长率将呈持续下降态势；与此同时，创新的重要性将逐步增加。如表3.2所示，全要素增长率对我国经济增长的贡献，2000～2010年约为23%，到2018～2022年则提高到约30%。如何充分利用既有的生产资源、推动产业升级，成为摆在政府和企业面前的紧迫问题。

表3.2　中国经济增长的供给侧动力及预测（%）

	2000～2010	2011～2012	2013～2017	2018～2022
GDP增长率	10.5	8.6	7.7	6.5
就业增长率	0.5	0.5	0.1	-0.2
资本增长率	13.1	11.5	9.8	7.8
TFP增长率	2.4	1.4	1.8	1.9

资料来源：刘世锦等：“我国近中期经济社会发展的特征、挑战与战略选择研究”，内部研究报告。

（3）模仿空间受到挤压，需要从模仿追赶转向提质增效

追赶经济体享有后发优势的便利。对外开放极大地开阔了国人的眼界。中国和发达国家在科技研发、生产管理、经营理念等方面的巨大差距，为我们借鉴国际成功经验提供了广阔的空间。但随着我国经济发展水平的提高，我们的追赶模仿空间受到明显压缩。随着

经济的发展，我国的经济门类更加齐全，中国制造和发达外国制造的区别从“我无人有”转变为“我有人优”。同样一款产品，由于品牌不同，即便功能大体相当，其增加值差别却很大。企业、特别是中小企业需要从模仿追赶发展战略转向提质增效发展战略。

3.5 我国工业化中后期的中小企业发展

3.5.1 中小企业在新的经济发展阶段中的作用

（1）中小企业是推动创新的重要力量

前文所述，新的经济增长阶段将更加依赖创新。在创新过程中，大企业和小企业往往扮演不同的角色。大企业内部分工细密，研发能力强，往往成为许多创意的提出者、专利的发明者。但由于其规模庞大，人员众多，无论是引入新产品、新技术，还是采用新的商业模式，都需要付出较大的成本，承担较高的经营风险。出于种种考虑，大企业往往会选择风险较小的举动，而把那些不确定性大的产品、技术和商业模式交由中小企业探索。对于经由实践检验、具有发展前途的创新，大企业可以通过企业并购、资产交易等方式再购买进来，在其经营范围内推广。这样做，代价虽然高些，但风险小，对企业还是有利可图的。与大企业相对，中小企业规模小，经营灵活，适应能力强。借由中小企业来实验、探索新的产品、技术和商业经营模式，如果成功，固然可以给企业家带来较高的回报；但如果探索失败，对社会的震动和负面冲击也相对较小。

从单个企业考察，大企业实力雄厚，研发投入多，拥有的技术专利自然要超过中小企业。以我国的华为公司为例，华为公司在德国、瑞典、美国、印度、中国等地设立了16个研究所，进行产品与解决方案的研究开发人员约有70000名（占公司总人数的45%）。截至2013年12月31日，华为累计申请中国专利44168件，外国专利18791件，国际PCT专利14555件，累计获得专利授权超过36500件[①]。但由于中小企业数量远多于大型企业，中小企业共同拥有的专利数量仍超过大企业。在我国，70%以上的高新技术企业、国家级高新区中70%以上的企业都是中小企业，65%以上的发明、75%以上的技术创新、80%以上的新产品都是有中小企业完成的[②]。

---

① 来自华为公司官网 http：//www. huawei. com/cn/about－huawei/corporate－info/research－development/index. htm。

② 国务院发展研究中心课题组：《中小企业发展：新环境·新问题·新对策》，中国发展出版社2011年版。

(2) 中小企业是培养企业家的孵化器

企业家才能是企业家经营企业的组织能力、管理能力与创新能力，是企业家将土地、劳动力和资本整合在一起，向社会提供有用的商品或服务、创造企业价值的基础。在现实生活中，企业家还往往是新产品、新技术乃至新的商业模式的开拓者。要增强经济活力，离不开企业家才能的充分发挥。企业家才能的形成，需要企业家个人的知识和天赋，更需要来自实际生活的磨炼。在经营中小企业的过程中，企业家的商业构想经受现实生活的考验，并在实际工作中不断得到丰富完善，其市场判断能力、组织协调能力、管理能力、创新能力得到磨炼和提高，从而成为社会高级管理人员的重要储备。

中小企业具有高出生率、高失败率的特点。但由于市场广阔，中小企业的创业者、管理人员大都在激烈的市场竞争中找到了自己的位置：他们或者在管理原来的公司；或者加盟朋友的公司，成为另外公司的高级管理人员；或者借助资产重组、企业购并，进入大型企业，成为其高级管理人员；或者由于其管理经验和能力获得商业伙伴认可，被大型企业高薪挖走，成为其高级管理人员。总之，他们很少回到普通劳动力市场，总是以自己的管理才能在为社会作贡献。

(3) 中小企业是提升国家竞争力的基础力量

提及国家竞争力，许多人脑海里都会浮现出跨国公司。这些公司拥有先进技术，在全球范围内开展经营，广告铺天盖地，产品行销全球，各国公众对其耳熟能详，成为国家竞争力的名片。但在产业链分工日益细密的背景下，大型公司已经收缩战线，只从事核心技术的研发和核心产品的生产，大量的零配件的生产都是由中小公司提供的。“一流企业生产标准，二流企业生产专利，三流企业生产产品”，就是当前产业分工的形象写照。在大公司特定的技术标准和技术路线图下，中小公司不断创新，成为业内隐形冠军。他们以卓越的产品和服务，为大型跨国公司提供技术和服务支持，支撑起跨国公司的一流竞争力。所以说，代表国家整体竞争力水平的大公司的竞争力，是由大企业与其背后的众多中小公司共同打造的。

当前，新产品、新技术、新的商业模式层出不穷，企业经营面临的外部不确定性明显提高，我们正处在快速的变革过程之中。与此同时，各国政府也加大投入，增强了对“战略性新兴产业”的投入，以确保本国在下一轮经济增长中建立新的竞争优势。在此背景下，只有充分发挥中小企业经营灵活、激励直接的优势，从不同侧面，不同角度开展全方位探索，大企业才能集思广益，快速找准新的市场定位、产品定位和相应的管理模式和商业模式，在激烈的竞争中保持不败。不仅如此，在激烈的市场竞争中，也会有许多中小企业脱颖而出。通过复制成功模式、实施企业并购，他们从幕后走向前台，从隐形冠军成为市场明星，成为代表国家竞争力团队的新成员。

(4) 中小企业是推动化解经济社会失衡局面的重要力量

毋庸置疑，当前我国经济社会发展中仍然存在着不全面、不协调、不可持续的现象，制约着科学发展和发展成果共享，影响着社会和谐。出现上述局面，有体制原因，如行政垄断、市场门槛过高，也有技术原因，如规模经济等。其外在表现就是存在超额经济利益。解决上述问题，一个办法是根据十八届三中全会的总体部署深化改革，充分发挥市场在资源配置中发挥决定性作用，更好发挥政府的作用，破除体制障碍；另外一个办法，就是利用新的技术、新的商业理念，以新的方式向消费者提供同样的（或替代性的）产品和服务（如方兴未艾的互联网金融、在线健康护理等），开辟“市场蓝海”，从而突破既有的利益和市场格局，为消除经济、社会发展中的不均衡现象开辟道路。在这方面，因为船小好调头、能够提供更加契合消费者独特需求的个性化服务，中小企业具有明显优势，可以大有作为。

（5）中小企业是吸纳就业的蓄水池

小企业还是吸纳就业的主力军。随着增长动力的转换和产业结构调整步伐的加快，企业裁员、职工跳槽，员工流动会更加频繁。在这种情况下，只有大力发展中小企业，充分发挥其吸纳就业的“蓄水池”作用，才能保持劳动力市场稳定运行，保持社会稳定，为产业结构调整创造良好外部环境。

3.5.2　中小企业面临的发展机会

在新的发展阶段，中小企业将面临一系列的发展新机遇，主要包括以下几个方面。

（1）需求升级带来的机会

随着居民收入和财富的快速增长，居民消费不仅有量的扩张，也有质的提升。早在19世纪中期，德国统计学家和经济学家恩斯特·恩格尔就明确提出，随着居民家庭收入的增长，用于购买食品的支出占消费支出总额的比重会持续下降。这也意味着随着收入的增长，在吃饭问题解决之后，人们会把更多的收入用于改善出行、居住条件、追求个人发展和生活享受等。从2000～2012年，我国城镇居民家庭食品支出占消费总支出的比重（恩格尔系数），从39.4%下降到36.2%，下降了3.2个百分点。与此同时，用于衣着、交通通信的支出分别从10%、8.5%上升到10.9%和14.7%，分别上升了0.9个百分点和6.2个百分点，从而完全验证了恩格尔当年的论断。

不仅如此，随着对耐用消费品、大件消费品购买的增加，居民家庭持有的实物资产（物质财富）也在快速增长（如汽车快速进入居民家庭、住房保有面积的增加等），由此衍生出对上述物质财富进行保养、维修、租赁乃至回收利用等方面的需求和服务。伴随着收入的增长，居民持有的金融资产（存款、股票、基金等）也在快速增加，由此带来了居民金融资产保值增值的巨大需求。随着金融改革走向深入，金融市场体系进一步完善，资金理财、投资理财风生水起，股票投资、商业保险、投资基金等都将迎来难得的发展机遇。

（2）产业升级带来的机会

提到产业升级，许多地方自然会想到“腾笼换鸟”，想到发展新兴产业；许多企业则会想到扩大产能，引进先进技术。这样做，无可厚非。但需要指出的是，仅有“腾笼换鸟”是不够的，还必须有“凤凰涅槃”。和21世纪初相比，当前我国综合国力已大幅提升，工业体系更加完善，多数工业产品在国内都有生产。“中国制造”与世界先进水平的差距，不是“我无人有”，而是“我有人优”。同样是智能手机，苹果、三星品牌售价四五千元，而国内品牌只有一千多元。因此，对国内大多数企业而言，所谓产业升级、提升产品附加值，不是说要放弃既有产品的生产，进入高科技产业，而是要在“做精、做细”上下功夫，通过细分市场、明确市场定位，全面提升产品性能和市场形象，确立自己在相关领域的市场领先地位。和进入新行业容易在短期内开辟新天地不同，全面提升企业竞争力和产品附加值是一个长期的、深耕市场的过程。广大中小企业要克服浮躁情绪，扎扎实实地在推动产业升级上下足功夫。

（3）城市化健康发展带来的新机遇

城市化是我国经济发展的重要动力。未来一段时间，我国城市化仍将快速发展。预计到2022年，我国城市化率将提高到59.58%的水平①。大量农村人口到城市工作、学习和生活，将带来对电力、通信、住房、道路桥梁等基础设施建设的投资需求。

不仅如此，鉴于既有城市化道路存在的弊端，新时期的城镇化将更加强调以人为本。不仅重视基础设施改善，更强调外来人口融入和农民工的市民化。数据显示，由于无法享受城市居民的社会保障、教育、医疗、失业保险等公共服务，即便是在同等收入水平下，外来人员的平均消费倾向要比城市人口低10~20个百分点。随着新型城市化的推进，外来人口与城市人口在社会保障、公共服务等方面差距将逐步消失，这有助于提升外来人口的消费信心。为经济发展注入新的活力。

（4）老龄化带来的机会

我国虽然是一个发展中国家，但已面临老龄化的挑战。按照世界通行标准，我国早在世纪之交即已进入老龄化社会。到2012年，我国65岁以上的老年人口已达到1.27亿人，且每年仍以800万人的速度增加。老年人口的增加，会带来对家庭服务、卫生保健、心理咨询、老年娱乐等的需求，会带来对改善居家养老环境、增加公共养老福利设施的需求。在“少子化”现象严重、劳动力短缺的背景下，如何高效提供养老服务，有效解决养老问题，将是我国面临的长期挑战。从国际经验看，解决上述问题，仅靠政府一家的力量显然是不够的。需要充分调动社会力量的参与，通过“公私合作”解决社会问题。在这方面，需要有大量的探索，也蕴藏着丰富的商业机会。

（5）技术进步带来的机会

技术变革深刻改变商业前景和社会面貌。当年，计算机、互联网技术的发展，不仅带来了新的产品、新的服务，产生了计算机制造、软件、信息服务等新的产业，也带来了新的商业经营模式和企业管理模式。在此过程中，一些企业脱颖而出（国外公司如微软、IBM、思科、亚马逊、苹果、谷歌等，国内代表则如阿里巴巴、网易、华为等），成为新的

---

① 课题组预测了不同情境下我国城镇化的发展前景，提出到2022年，在高、中、低三种情境下，我国城镇化率将分别达到64.04%、59.58%和53.69%。参见国务院发展研究中心内部研究报告：《我国近中期经济社会发展的特征、挑战与战略选择研究》。

商业巨头和国家竞争力的代表。技术进步蕴含的广阔发展前景，推动各国政府重视创新体系建设，增加对基础研究、共性研究的投入力度；也推动企业增加研发投入，改进组织形式和内部管理机制，以创新方式向社会提供新的商品和服务。当前，技术进步步伐明显加快，各种新产品、新技术、新的商业模式层出不穷，像3D打印技术、清洁能源技术、大数据技术、基因技术等已展现出广阔的发展前景。围绕有可能成为下一轮经济增长点的“战略性新兴产业”，各国也展开了激烈的争夺。在此过程中，中小企业只要充分发挥自身机制灵活的优势，是完全有可能抓住机会在相关领域实现突破的。

（6）“走出去”，利用“两个市场、两种资源”配置资源的机会

随着企业实力的增强，也随着国内市场饱和和人民币汇率上升，“走出去”已成为企业发展的内在要求。近年来，我国企业投资呈快速发展趋势，到2013年，我国对外非金融类直接投资达到901.7亿美元，仅次于美国，居世界第二位。

开展国际化经营，要跨越法律、文化、人才、语言等方面的障碍。对于中国企业来说，这方面的影响更加突出。一些企业就是因为准备不充分而在“走出去”过程中吃了亏。但随着经验的积累，国内企业在探索出适合自身条件的“走出去”道路方面，已取得重大进展。例如，浙江省通过与国外政府合作建设产业园区、中国商品城等形式带动中小企业海外投资集群式发展，取得了良好的效果。可以预计，随着对外投资管理体制改革的深化，我国中小企业“走出去”的步伐还将会进一步加快。

（7）制度变迁带来的发展红利

考察我国30多年来的发展历程，每一次活力的大迸发，每一次发展阶段的跨越，都是和推进改革开放、改善制度环境分不开的。

党的十八届三中全会，根据全面建成小康社会、建成富强民主文明和谐的社会主义现代化国家、实现中华民族伟大复兴的中国梦的根本要求再次对全面深化改革问题做出部署。新时期的全面改革以完善社会主义基本制度、推动国家治理体系和治理能力现代化为目标，对深化经济、政治、文化、生态和社会治理等领域改革做出全面部署，是今后一段时期党和政府治国理政的行动纲领，是全面深化改革、推动实现科学发展的行动指南。可以预计，随着改革的深入，阻碍我国经济社会全面、协调、可持续发展的制度性障碍将会被逐步破除，从而为我国中小企业的发展创造良好外部环境。

执笔：张俊伟（国务院发展研究中心宏观部研究室主任，研究员，经济学博士）

第 4 章

经济转型与中小企业发展：转型升级的过程与机会

- 引言与文献综述
- 中小企业转型升级的过程
- 中小企业转型升级的机会与选择
- 中小企业转型升级过程与机会的综合分析
- 小结

金融危机后，虽然我国各类中小企业都面临相同的宏观经济背景，但在同时期的转型升级过程中，不同类型企业的机会不尽相同。整体来说，中小企业转型的步伐略快于其升级的步伐。基于此，我们认为，中国中小企业的转型升级，首先要有中小企业良性发展所需的外部环境；其次要坚持创新才是企业生存的永久动力。此外，政府的经济政策对引导中小企业转型升级十分关键。

4.1　引言与文献综述

4.1.1　引言

改革开放三十余年来，我国中小企业在国民经济中的地位日益突出。据国家发展和改革委员会（以下简称发展改革委）最新资料显示，我国目前中小企业数量约为 4200 万户（2013 年），占社会企业总量的 97%，生产总值占全国 GDP 总量的 60%，上缴利税占全国总税收的 50%，发明专利占全国总量的 65%，新产品研发占全国总量的 80%[①]。就活力而言，中小企业以其蓬勃的激情和旺盛的生命力无疑已成为市场中的“快鱼”[②]，然而在宏观经济结构亟须转型的背景下，中小企业正面临着较大的生存困境，据有关调查发现，我国中小企业的平均寿命由之前的 5.7 年已经缩短至 2.4 年；中小企业发展正面临着生产成本走高、管理落后、技术落后、高污染、高耗能的不利局面。此外，企业还缺乏转型升级的方向指引和资源支持，企业转型升级困难重重。发展改革委在《国务院关于〈国民经济和社会发展第十二个五年规划纲要〉实施中期评估报告》中披露，我国“十二五”后半期及未来经济增长面临较明显的下行压力，产能过剩与债务风险并存，节能减排压力大，国际收支“双顺差”，带来巨大的人民币升值压力和通货膨胀压力；就业、财政、金融等问题交织在一起，非常容易发生连锁反应。产业结构失衡、内需不足等深层次的矛盾日益凸显，经济转型面临瓶颈问题。这种形势加剧了中小企业转型升级的难度，转型升级步履艰难、进程缓慢。未来，我国经济将朝以下方向转型。

① 资料来源：中国中小企业发展协会网站。http：//cnzxqyfz. org/? /GuanYuWoMen. html。

② 余世维，《突破中小企业发展瓶颈》，东方出版社 2011 年版。

（1）由依靠外需向主要依靠内需转型

依靠内需实现经济增长，是我们的基本立足点。改革开放以来，我国坚持“收支平衡、略有结余”的方针，大力发展对外贸易。对外贸易对吸引外国直接投资，吸纳国外先进的技术和管理经验发挥了重大作用。但超出合理限度的外汇盈余，也导致基础货币投放过多，增加了货币政策操作的难度。近年来，随着劳动力成本持续快速提高，再加上人民币升值，劳动密集型产业竞争力受到削弱，产品出口竞争力下降，许多企业生产陷入困难，大量生产能力闲置，由此造成大量的资源浪费。与此同时，随着中国企业的壮大，也随着人民币升值和对外投资管理体制改革走向深入，对外投资呈现方兴未艾的发展态势。今后一段时期，需要扭转片面追求“贸易盈余”的局面，进一步把着力点转移到扩大内需上，通过产业升级、消费升级、新型城市化、发展成果共享等发掘经济增长的潜力；与此同时，统筹考虑对外贸易和对外投资，鼓励企业以宽阔的视野开展跨国经营，在全球配置资源，以充分发挥企业竞争优势和国家竞争优势。

（2）由投资拉动向消费、投资拉动转型

消费是生产的目的。21世纪前十年，投资率持续超过40%，其原因是多方面的。首先是处在工业化中期阶段，投资需求旺盛具有一定合理性。除此之外，愈演愈烈的“招商投资”热潮，人民币汇率被严重低估，则使旺盛的固定资产投资火上浇油。目前，随着时间的推移，过度投资的弊端已充分暴露出来，全社会都在品尝投资过剩的恶果。严重的产能过剩，降低了生产设备利用率，使企业经济效益大幅下滑，加剧了企业经营困难；而从政府角度看，则倍感压力，需要通过深化改革，鼓励企业开展产品创新、技术创新乃至商业模式创新，以充分发掘市场潜力，增强经济可持续发展能力。今后一段时期，伴随着发展阶段的变化，迫切需要转变发展方式，由主要依靠投资拉动转向消费主导，使经济发展走上一条经济效益好、公众得到实惠多的发展道路。

（3）由外延式扩张向集约型发展转型

早在1995年，中共十四届五中全会《关于国民经济和社会发展“九五”计划和2010年远景目标建议》中就明确提出，要实行两个具有全局意义的根本性转变：一是经济体制由传统经济体制向社会主义市场经济体制转变，二是经济增长方式从粗放型向集约型转变。现在看来，经济增长方式转变并没有取得预期效果。原因在于我国处在工业化中期发展阶段，经济发展对基础设施、基本原材料等的需求量大，拉动增长的主导经济部门如能源、化工、钢铁、建材等，都是高耗能、高资源投入的产业。因此，即便落后的、不能达到规模经济的生产工业被淘汰，但由于规模扩张，经济发展对资源、能源的需求仍在快速增长。2010年，党的十七届五中全会《关于制定国民经济和社会发展第十二个五年规划的建议》再次明确提出，要以科学发展为主题，以加快转变经济发展方式为主线，促进经济长期平稳较快发展和社会和谐稳定。由转变增长方式演变到转变发展方式，反映了我们认识的深化，也反映了转变发展方式的困难。但伴随刘易斯拐点的到来，人口红利逐渐消失以及资源、能源约束的不断强化，迫使我们必须走内涵式发展道路，我们已迎来环境政策的拐点。

（4）由经济社会失衡向经济社会协调发展转型

伴随着经济的持续发展，我国收入差距也明显拉大。收入差距的拉大，造成消费断层，一方面是狂热的追求全球名牌，需求流向海外，另一方面，则是普通居民消费增长乏力，升级缓慢，企业受制于国内需求的不足，对产品升级“进退两难”，“不升级是等死，升级则是找死”。不仅如此，收入分配两极分化，也有违社会主义宗旨，不利于增加社会凝聚力，不利于维护社会和谐稳定。

（5）由极化发展向均衡发展转型

改革开放30年，我国人口、资源向大中城市集中，向东部沿海地区集中，出现典型的集聚效应。物极必反，随着城市规模的扩张，房价高昂、交通拥堵、生活拥挤、空气污染等“城市病”逐渐显露出来。目前，不同规模城市发展机会、生活成本、经商成本的差异，已在促使人们重新定位其事业发展规划，未来人才流向会发生较明显的转变。此外，随着中西部地区发展差距拉大，中西部地区劳动力成本优势逐渐显露出来，近年来已有许多劳动密集型企业离开沿海地区，迁移到中西部地区，以降低劳动力成本，资源极化现象将朝向均衡发展转型。

（6）由征服自然向推动人与自然和谐转型

大规模的投资和基础设施建设，带来资源能源消耗急剧增加，并带来污染物排放增加，环境遭到破坏。而公众则随着收入水平的提高，对工作、生活质量的要求日益提高，他们希望呼吸清洁的空气，喝到干净的水，吃上放心的食品，享有更加宜居的生活环境。党的十八明确提出，要树立尊重自然、顺应自然、保护自然的生态文明理念，大力推进生态文明建设。党的十八届三中全会又对加快生态文明制度建设做了全面部署，如健全自然资源资产产权制度和用途管制制度、规划生态保护红线、实行资源有偿使用制度和生态补偿制度、改革生态环境保护管理体制等。根据国际经验，我国已跨越环境库兹涅茨曲线的拐点（人均收入达到5000美元）。可以预计，随着发展阶段的变化，随着生态文明建设的不断推进，未来我国环境持续恶化的局面将得到根本扭转，人与自然的关系将更加和谐。

经济转型背景下，中小企业的技术水平、发展模式、市场需求等均面临着严峻考验，但也同时迎来新的转型升级机遇，后文将详细予以论述。

4.1.2 文献综述

本章所讨论的中小企业，界定依据是2011年7月4日工业和信息化部、国家统计局、国家发展和改革委员会、财政部联合发布的《中小企业划型标准规定》。在我国中小企业多为民营企业。正如工业和信息化部中小企业司原巡视员狄娜认为，我国中小企业和非公经济是互为主体的，相互占98%，即非公经济中98%为中小企业，中小企业中98%属于非公经济①。

① 李子彬等：《中国中小企业2013蓝皮书》，中国发展出版社2013年版。

（1）中小企业转型升级的涵义

学术界对中小企业“转型”、“升级”内涵的界定大致可以分为三类①：第一类观点认为“转型”与“升级”分属两个不同层次的概念，“转型”与制度关系更密切，即转型就是改变企业的生产关系，包括所有权制度和经营管理模式等制度性因素的转变；升级与技术的关系更紧密，主要指企业技术与产业分布的改变（单东，2009）。吴家曦（2009）认为，转型就是企业在不同产业之间的转换和不同发展模式之间的转变，升级就是企业提高迈向更具获利能力的资本和技术密集型经济领域的能力的过程，即企业在产业链和价值链上位置的提升，一般通过创新和整合来实现（Gereffi，1994）②。第二类观点认为“转型”与“升级”虽然含义不尽相同，但可以混同使用。如毛蕴诗、吴瑶（2009）就认为企业的转型升级是企业寻求新的经营方向而不断变革的过程，是产业转型升级的微观层面和最终落脚点。第三类观点认为“转型”与“升级”的内涵相同，可以笼统使用。

本章对中小企业“转型”与“升级”内涵的界定参考中国社会科学院剧锦文同志（2012）的方法。他认为，企业的转型升级既是企业治理模式和管理模式的不断调整，也是企业从价值链和产业链的低端向高端的延伸或转移，即转型属于制度范畴，升级属于技术范畴，属于不同层次的问题，受不同因素的支配和影响。

（2）中小企业转型升级的理论研究

经济转型是对旧有经济发展方式的变革，企业是社会生产机体的组成细胞，微观视角的经济转型也是企业的转型与升级问题。彭泗清等（2013）通过对我国4015位企业家的“2012年中国企业经营者问卷跟踪调查”统计分析后发现，大部分企业对我国经济转型的重要性和迫切性有着较高的认同，认识到经济转型下企业责任不容推卸，认为企业只有实现转型和创新才能解决经营中的困境。企业希望政府加快推进市场化改革，完善法制化建设等制度性措施为企业转型创造良好的商业生态系统③。

姜海龙（2006）认为，我国中小企业的发展大致经历三个阶段④：初期（1950～1965年），复苏期（1966～1978年），转型期（1979年至今）。转型期，中小企业的制度变迁又可以分为三个时期：第一时期从1978～1984年，我国实行以所有制等级序列为特征的中小企业政策，各地发展出大批的个体工商户；第二时期从1984～1995年，我国实行以“重大轻小”为特征的中小企业政策，一些个体大户发展成为可以雇佣超过8人的私营企业；第三阶段是从1995年至今，以统一整体为特征的中小企业政策初露端倪，许多中小企业改制为公司制企业或者股份制企业⑤。刘方（2014）依据发展模式将我国中小企业划分为三类⑥：一类是中小企业群，它们依附于大企业，聚集协同生存。这样的发展模式通过大企

① 刘迎秋等编：《中国民营企业竞争力报告（2012）》社会科学文献出版社2013年版。
② 吴家曦，李华燊：“浙江省中小企业转型升级调查报告”，《管理世界》，2009年第8期。
③ 中国企业家调查系统：“经济转型与创新：认识、问题与对策”，《管理世界》，2013年第9期。
④ 姜海龙：《中国特色中小企业演进研究》，东北师范大学2006年博士学位论文。
⑤ 林汉川：《中小企业发展机制研究》，商务印书馆2003年版。
⑥ 刘方：“我国中小企业发展状况与对策研究”，《当代经济管理》，2014年第2期。

业的技术进步与设备升级、服务改进带动产业链各环节和产业集群中配套的中小企业不断发展，有利于各类企业发挥自身优势，实现优势互补和资源优化配置，提升整体竞争力和抵御风险的能力；第二类是市场引导发展型中小企业。这类企业的市场敏锐度较高，以传统制造业、劳动密集型和外向型企业为主体，生产技术相对落后，企业资金有限，市场竞争力依赖低劳动力成本，以家族化管理为主要特征，缺乏现代管理制度；第三类是以创新为驱动模式的科技型中小企业。陈清泰（2014）对我国产业发展与企业的转型升级进行了思路梳理，他认为，中小企业的发展与经济转型存在着相同发展模式，都面临着由既有的追赶/模仿型发展模式向创新性发展模式转变的迫切需求。他认为中小企业试错成本低、决策机制灵活，更敢于冒险，敢于在新技术、新产品中担任探路者角色。

（3）中小企业转型升级的路径研究

我国中小企业在经济转型背景下发展出五种转型升级模式：苏南模式（费孝通，1983）、温州模式、珠江模式、周村模式与诸城模式。苏南模式指的是苏锡常地区中小企业的发展模式，这种模式以工业为主，依托大中城市而发展。该模式初期最主要的特征是“地方政府公司主义”[①]，即政府对企业的产权和经营干涉力量非常大，作用是成也萧何败也萧何。苏南模式证明了在我国中小企业转型升级过程中，政府的力量好似达摩克利斯之剑，具有双面性。温州模式是20世纪80年代形成于浙江温州地区的一种中小企业发展模式。温州模式由家庭内部自然分工协作为起点，逐步走向社会化专业分工协作，其主要特点是强市场、弱政府，“走的是一条内源性民间力量推动型经济发展模式”（吕福新，2004）[②]。珠江模式是指珠三角地区中小企业的发展模式，该模式以外向经济为主体，国际市场为导向，走的是自组织演化与外力推动的农村城市化道路（姜海龙，2006），该模式证明了市场的发育程度与经济发展的水平严格正相关。周村模式是山东淄博下属的周村地区乡镇企业发展模式。该模式按劳量化存量资产，以股份合作制为中心对企业进行产权改革，同时还对企业经营管理体制、分配体制等企业制度问题进行了探索。诸城模式是山东诸城市国有中小企业在改制中形成的发展模式，该模式以改革产权制度为核心内容，以股份合作方式实现了企业所有权与经营权的制度的变革。除以上五种比较公认的企业转型模式外，还有所谓的闽南模式、义乌模式、宝鸡模式、常德模式、耿车模式、沪郊模式、深圳南岭村模式、中关村模式等，这些模式受经济转型环境因素的影响而不断演化。

中小企业升级方面，一些地区的中小企业为突破资源约束和环境的不确定性，企业间分工协作加强，产业链延伸，形成了一批产业集群。如江苏就经历了从分散办企业到集中办厂，再到集中办产业的发展路径，形成了“一地一品”、“一镇一业”的产业集群格局（吴兆明，2013），产业集群的形成有利于企业产业链的延伸，促进了中小企业的转型升级[③]。越来越多的企业开始向市场细分和品牌经营转型，义乌、东莞、中山涌现出了一批

① 新望：《村庄发育、村庄工业的发生与发展》，三联书店2004年版。

② 吕福新：“再创浙商新优势：制度和管理创新”，《管理世界》，2004年第10期。

③ 吴兆明：“基于产业集群的江苏中小企业转型升级的策略研究”，《科技管理研究》，2013年第22期。

中小企业快速转型升级的经典案例。

虽然我国中小企业转型升级取得了不小的进步，然而总体上看这些企业仍主要分布于纺织服装、塑料制品、金属制品等传统劳动密集型行业（陈乐，2014）。在业务结构选择方面，我国中小企业存在着两种错误的导向①：一是既有业务遭遇成长瓶颈时，企业习惯于盲目扩展业务范围，走外延式规模扩展道路；二是处于产业链低端，产品层次低，利润薄，一味通过压缩劳动和运营成本（甚至环境成本）维持生存状态。

曾鸣（2004）将我国中小企业发展的机遇期分为三个阶段②：第一阶段寻租期（20世纪80年代），第二阶段“一招鲜”时期（20世纪90年代），第三阶段全面竞争时期（21世纪初至今）。寻租期，中小企业追求的是好买卖，通过拉关系、寻租活动抓住市场机会一次性获得暴利。“一招鲜”时期，中小企业追求的是“好项目”，倚重广告和推销手段牟利，“打一枪，换一炮”，许多企业“朝生夕死”。全面竞争阶段，中小企业发展依靠创新能力和组织管理能力，真正的企业家开始崛起，出现了一批“基业长青”的中小企业。赵永刚（2005）根据企业在机遇期中的战略选择而将中小企业划分为两大类型：“机会经营者”和“产品经营者”。机会经营者擅长把握经济转型中经济制度变革带来的先机，产品经营者快速成长于市场需求的爆炸式发展，抢占市场。吴家曦、李华燊（2008）通过分析发现，中小企业选择转型升级的时机与该企业所在地区的经济增速存在较强的相关性。因为，转型期经济增速放缓，宏观经济下行，此时资产价格相对便宜，企业转型成本低③。辜胜阻（2010）认为在全球金融危机和国内经济转型的背景下，中小企业虽然面临着市场萎缩、融资艰难、成本升高、发展受限、创新不足、风控缺失等不利因素，但经济结构调整、城镇化推进和需求升级却同时为中小企业带来了巨大的市场需求，企业可以实施蓝海战略，通过创造新需求、制定新规则来寻找新的发展空间④。更多的学者则认为经济转型期中小企业获得了更好的制度安排，宏观经济政策会倾向于对中小企业的援助。如为帮助中小企业走出困境，我国政府陆续出台了一系列帮扶政策，包括多次下调银行贷款利率、简化政府行政审批的程序和数量、取消了100多项针对中小企业的行政费用，安排中小企业发展专项基金、政府对中小企业的采购规模增加等。卢中原（2012）认为，经济增速适度放缓有利于推进经济转型，淘汰“慢鱼”，优胜劣汰⑤。陈清泰（2014）认为，中小企业由于试错成本低、决策机制灵活，因此，经济转型期是其创新的最佳时期，传统经济增长方式“走投无路”，新的比较优势日益壮大，表现为生产要素的结构升级、创新要素优势显现（劳动者素质）、企业家队伍逐渐成熟、技术与产业配套能力大大增强、市场需求旺盛、需求层次升级等。这些新的比较优势为中小企业转型升级提供了良好的市场机遇。

通过对中小企业转型升级的过程与机会相关文献的梳理，我们发现研究呈现出以下

① 陈乐：“中小企业转型升级路径谈”，《东莞日报》，2014年1月22日第A08版。

② 曾鸣：《略胜一筹》机械工业出版社2004年。

③ 吴家曦，李华燊：“浙江省中小企业转型升级调查报告”，《管理世界》，2009年第8期。

④ 辜胜阻，杨威，易善策：“后危机时期中小企业转型升级之道”，《统计与决策》，2010年第1期。

⑤ 卢中原：“经济增速适度放缓有利于推进经济转型”，《财贸经济》，2012年第1期。

特点。

第一，对中小企业现状与障碍的研究内容丰富，对转型升级的背景、条件和机遇的研究内容稀薄。

第二，对中小企业转型升级过程的研究不足。本章认为，对中小企业转型升级过程研究具有较重要的研究意义与价值。中小企业的转型升级是企业发展演化的问题，对过程的研究可以帮助学者和企业家把握企业发展的宏观环境，对企业发展战略制定与选择具有实际的指导意义。

第三，现有研究缺乏将中小企业转型升级与宏观经济转型的互动机理研究，经济结构转型多是被研究者作为问题提出的背景进行了“花瓶”式处理，两者间的系统与局部、宏观与微观的逻辑关系没有在文献中清晰地反映出来。

4.2　中小企业转型升级的过程

4.2.1　中小企业转型的过程

前文我们已经对“转型”与“升级”的内涵进行了界定。“转型”是企业治理模式与管理模式的变更与调整，“升级”是企业在产业链和价值链中的位移或延伸。虽然这两个范畴分属制度与技术层面，但企业的转型和升级则可能是同时发生，它们之间存在着很强的互动效应。企业管理和治理模式的变革可能会促进产品和技术的升级，反过来企业产品和技术的持续升级也可能会引发企业管理和治理模式的变化。因此，企业的“转型”与“升级”行为多是交互在一起的，本章会根据需要对部分内容进行合并研究。

根据已有研究，本章将我国改革开放后的经济转型划分为 8 个阶段，见表 4.1。表 4.1 以党的重大会议为标志对我国改革开放以来的经济转型阶段进行了划分，共划分为 8 个阶段。这 8 个阶段各有经济改革的侧重点，沿着由计划经济向混合经济再到市场经济的道路演进。经济转轨过程中，政府一直发挥着设计师和指挥者角色，中小企业的发展伴随着私营经济合法地位的确立和国有经济的困境而不断发展壮大。1992 年之前，中小企业的发展走的是一条粗放型数量扩张之路，之后中小企业的发展开始朝管理转型的方向发展，“一招鲜”时期的投机和寻租空间越来越小，中小企业日益走向法制化和管理科学化道路。从表 4.1 的经济转型重点和改革主线演变可以发现，中国的经济改革经历了“政府逐步退出直接的制度创新领域及外部规则逐步缩减作用范围的过程，内部规则的逐步发育和强大的过程，这是中国市场化的本质”①。

表4.1 改革开放后中国经济转型阶段与中小企业发展

阶段	节点	中共中央会议	改革重点	改革主线	中小企业发展情况
1	1978年	十一届三中全会	农村大包干，城市放权让利；	农村改革和企业改革	数量扩张期，国有中小企业占比较高
2	1982年	十二大	发展非公有制经济	农村改革和企业改革	个体经济迅速发展
3	1984年	十二届三中全会	价格双轨制	价格改革和体制改革	乡镇中小企业发展迅速
4	1987年	十三大	价格双轨制和市场机制	价格改革和企业改革	私营经济获得合法地位，个体与乡镇企业继续数量扩张
5	1989年	十三届四中全会	体制约束	价格改革和企业改革	中小企业规模继续扩张
6	1992年	十四大	市场体制	企业改革和体制改革	国有中小企业和乡镇企业改制
7	2003年	十六大	利益的全面调整	农村税费改革；国有资产管理体制	中小企业发展进入法制轨道
8	2007年	十七大	经济结构战略性调整	转变经济发展方式；产业结构优化升级	中小企业面临制度转型和技术产品升级压力

资料来源：部分内容摘自高文杰：“历史大转型中的中国经济转型——160多年中国经济发展道路的回顾与反思”，《浙江社会科学》，2013年第11期。

（1）第一、第二阶段：个体工商户迎来春天

十一届三中全会后，即以1978年为标志性年份，中国开始走向市场化改革道路。自此，个体经济作为公有制经济的补充，迎来了发展的春天。1978年，全国仅有14万个个体工商户。为解决就业问题，政府被迫允许一部分个体工商业主的注册登记，到1981年全国城乡登记的个体工商户达到182.9万户，增加了13倍多。随着政策的逐步放宽，个体经济继续获得大力发展，到1985年底全国城乡登记的个体工商户达到1171.4万户，比1978年增加了84倍。

（2）第三阶段：乡镇企业异军突起

这个阶段，我国对中小企业实行的是以所有制等级序列为特征的中小企业政策，国有中小企业在经济中的地位最高。受政策支持，大量乡镇企业涌现，代表性的如苏南模式就是在这个背景下异军突起的。

乡镇政府取代原来的社队管理集体经济，并利用毗邻大中城市的优势，以“母鸡生蛋”到“借鸡生蛋”的方式起步，获得创业成功。类似的珠江模式也同样以乡镇集体经济为主体形成了中小企业群。

（3）第四、第五阶段：民营中小企业形成

个体工商户中有一部分积累了一定资金又具有经营管理能力的人为满足生产和经营的需要，开始突破雇佣7人的限制，形成民营中小企业的雏形。80年代初期，党内关于私营

① 周业安：“中国制度变迁的演进论解释”，《经济研究》，2000年第5期。

企业地位的意见不甚一致，许多人反对雇工大户现象，主张通过税收或其他行政手段对其进行打压。邓小平提出“看一看”的指导意见，主张对私营企业采取“不提倡、不宣传、不取缔”方针。经过几年的观察研究，中央充分认识到私营经济的作用，“私营经济是存在雇佣劳动关系的经济成分……实践证明，私营经济一定程度的发展，有利于促进生产，活跃市场，扩大就业，更好地满足人民多方面的生活需求，是公有制经济必要和有益的补充”①。党的十三大报告中首次明确承认私营经济的合法存在与发展，并提出了对私营经济的基本政策“鼓励、保护、引导、监督和管理”。1988年6月25日，国务院颁布了《中华人民共和国私营企业暂行条例》、私营企业所得税和投资个人收入所得税的相关条例，这些文件与法令的颁布为私营企业的合法身份提供了法律依据，意味着私营企业获得了社会认可。这样，个体工商户中有许多转变为私营中小企业。据国家工商行政管理局的统计，截至1987年底，全国共有私营中小企业90581家，从业人员约164万人。1989年的政治风波对私营中小企业发展一度造成影响，但伴随着风波的消逝，私营中小企业的发展又快速回弹。据相关部门统计，1991年底，私营企业数量达到10.8万家，从业人员184万，这是民营中小企业的第一次制度转型。不难发现，中小企业这次转型得益于经济转轨，市场经济的地位日益得到巩固才使得众多个体工商户实现了第一次“华丽变身”。

（4）第六、第七阶段：从独资中小企业到股份制中小企业

1992年初，邓小平南行讲话坚定了我国经济改革的市场化方向，随后1992年10月召开的党的十四大明确提出了我国经济体制改革的目标是建立社会主义市场经济体制，发挥市场在资源配置中的基础性作用。1993年3月，全国人大通过《中华人民共和国宪法修正案》，宣布个体经济、私营经济等非公有制是社会主义市场经济的重要组成部分，以立法的形式保证了市场化改革的决心，稳定了民营企业家的信心。与此同时，随着我国市场需求环境的变化，买方市场变为卖方市场，许多国资企业和乡镇集体企业遇到了空前的竞争。对集体经济而言，模糊的产权关系已不能适应日趋激烈的竞争需要，如曾享誉中国的“苏南模式”在90年代中期遭遇了经营困境。产权改革、现代企业制度问题成为迫在眉睫需要解决的问题。在这样的背景下，1993年11月召开的中共十四届三中全会在充分借鉴了发达国家经验的基础上，结合国情，通过了《中共中央关于建立社会主义市场经济体制若干问题的决议》，明确提出要建立“产权明晰、权责明确、政企分开、领导科学”这样一种具有中国社会主义特色的现代企业制度。对国有独资企业的改制，党的十四届三中全会《中共中央关于建立社会主义市场经济体制若干问题的决定》指出，“国有大中型企业是国民经济的支柱，推行现代企业制度，对于提高经营管理水平和竞争能力，更好地发挥主导作用，具有重要意义”，“一般小型国有企业，有的可以实行承包经营、租赁经营，有的可以改组为股份合作制，也可以出售给集体或个人。出售企业和股权的收入，由国家转投于急需发展的产业”。十四届五中全会提出了搞活大的、放活小的企业改革方针，再次

① 刘迎秋等编：《中国民营企业竞争力报告（2012）》，社会科学文献出版社2013年版。

把放开搞活小企业摆到了突出位置。党的十四届五中全会以及党的十五大所提出的有关我国小企业改革的方针，其实质是强调企业的制度转型，1992年，全国有限责任公司在中小企业中的比重为12.66%，到2001年这一比例已经提高为68.03%，年均增长62.3%①。这一时期，中小企业完成了从私营独资企业、集体企业、国有独资企业到股份制企业的制度转型，是中小企业的第二次“华丽变身”。

（5）第八阶段：从家族式股份制向现代企业制度的变身

中小企业中有80%的比重为私营企业，这些企业虽然采取了股份制的制度模式，但从控制权角度观察会发现这些企业具有高度家族控制的特点。据调查，企业主本人及其直系亲属所占股权过半数以上的企业比重为70%以上②。家族式的股份制企业，与多元化和开放式的现代企业制度仍然差距甚远。多数中小企业缺乏运营和治理股份有限公司经验的职业管理者，因为家族型中小企业较倾向用亲情代替制度，用伦理代替原则，用人制度是封闭的、血缘式的，对优秀人才的引入是极其不利的。这样的企业轻法制、重人治，组织创新能力不强，抗风险能力弱，且由于存在内部产权模糊、界限不清的情况，企业一旦做大易发生纠纷，“同患难易共富贵难”，容易出现兄弟成仇、父子反目的局面，甚至造成整个家族企业动荡。正是存在着以上弊端，家族式中小企业在宏观经济形势低迷背景下生存愈发艰难。一些学者认为，家族管理是一种落后的管理模式，这种股权和管理模式会阻碍企业组织的进化和经济的发展，终究要被市场淘汰。家族企业要想获得长久发展，必须建立现代企业制度。“中国私营企业研究”课题组在1993~2010年间对我国私营企业进行了9次调查，得到了家族企业治理结构方面的珍贵数据，转引为表4.2。

表4.2 历年所有者权益构成（%）

年份	业主个体	其他个体	全民法人	集体法人	企业法人	群众集资体	国外	其他
1995	90.7	—	0.8	0.7	1.3	1.9	2.1	2.4
1997	82.7	13.1	0.3	0.3	0.9	0.6	0.7	1.4
2000	63.0	9.5	0.1	0.1	4.1	0.7	1.4	16.3
2004	79.7	16.3	0.3	0.8	1.6	—	0.6	0.7
2006	76.4	17.4	0.5	0.6	1.9	0.3	0.7	2.2
2008	75.1	18.6	0.7	0.4	2.0	0.7	1.2	1.3
2010	72.8	19.1	0.6	0.7	2.6	0.9	1.5	1.8

资料来源：转引自胡石其，《中国家族企业治理模式研究》，中国经济出版社2012年版。

虽然调查数据主要是私营企业，但由于中国私营企业中极大部分是家族企业，因此对中国私营企业的抽样调查数据也适用于研究家族企业。表4.2数据显示，总体上看企业的所有者权益呈现出高度家族控制特点，业主个人权益占主体地位，这说明家族企业的所有者地位并未随着企业发展成长而发生太大的变化，企业资本仍未体现社会化。但是，家族

① 数据来源于剧锦文《民营企业转型升级的过程与障碍》。

② 数据来源：中国社会科学院民营经济研究中心数据库，2007年。

企业发展的趋势已经开始明朗，即企业法人权益比重在增加，尽管比较缓慢，但总是在趋向好的一面。

2013 年，中国社会科学院民营经济研究中对中小企业的问卷调查结果显示，企业所有权结构也发生了较大的变化（见图 4.1），个人独资企业不足 14%，股份制企业占比超过四分之一，有限责任公司比重最大，超过六成。

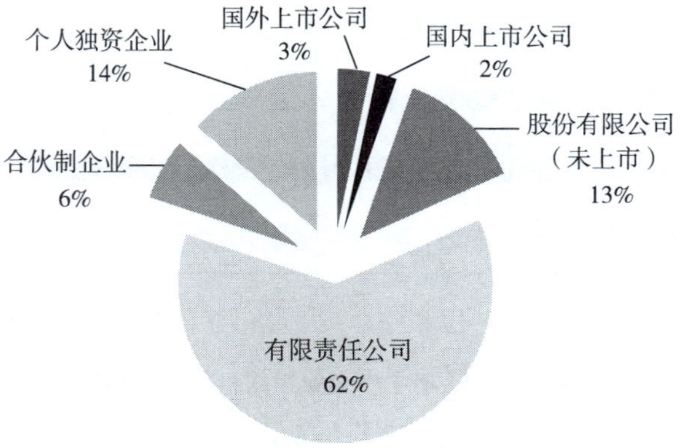

图 4.1　民营企业所有权结构

表 4.3 中数据表明，近年来我国家族企业治理结构中，董事会、监事会内部组织所占的比例逐年上升，这与国家的规范化公司治理的措施是分不开的，这样不断加强了企业各利益主体的利益，为正式的规范化治理结构的形成打下了基础。

此外，中国家族企业内部组织建设在不断完善，见表 4.3。

表 4.3　家族企业内部组织建立情况（%）

年份	股东大会	董事会	监事会	党组织	工会	职代会
1993	—	26.0	—	4.0	8.0	11.8
1995	—	15.8	—	6.5	5.9	6.2
1997	27.7	44.6	23.4	17.5	34.5	26.2
2000	33.8	47.6	26.5	27.5	49.8	27.3
2004	58.0	63.6	36.6	34.7	53.4	35.8
2006	61.5	67.2	38.9	35.6	56.7	38.5
2008	63.2	69.4	41.7	38.1	58.2	39.1

资料来源：转引自胡石其，《中国家族企业治理模式研究》，中国经济出版社 2012 年版。

2013 年，中小企业的内部组织机构分布如图 4.2 所示：38% 的中小企业设置了股东大会，49% 的中小企业设置了董事会，25% 的企业设置了监事会，27% 的中小企业设立了党组织，19% 的中小企业设置了职代会，21% 的中小企业设置了企业主委员会，另有 3% 的中小企业设置了其他类型的组织机构。

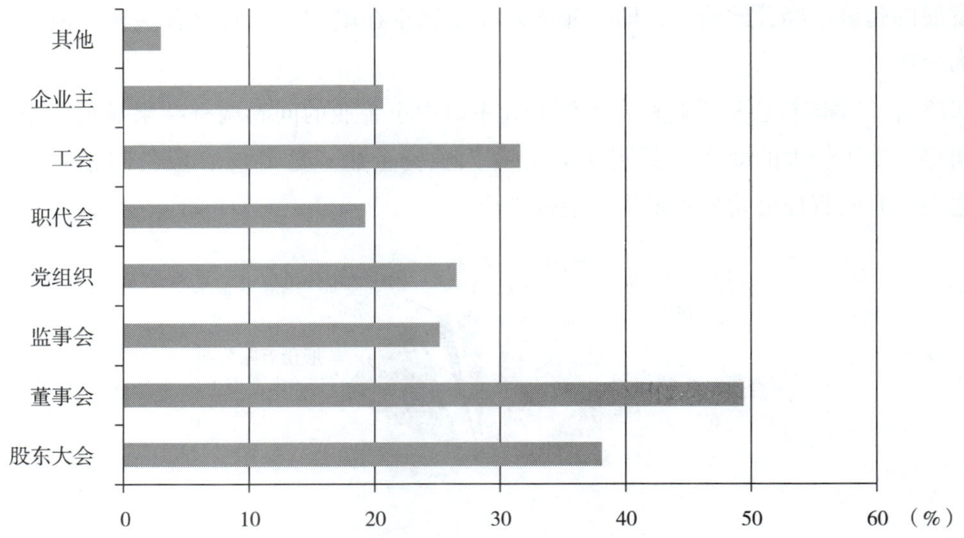

图4.2 2013年中小企业组织机构设置情况

我们不可否认，家族企业的治理模式向现代企业制度转变的确还“路途遥远”，绝大多数私营业主不愿意放弃家族控制，然而经济转型的外在压力在源源不断地向这些落后的组织模式施加压力。事实证明，现代企业制度是家族企业长久生存的“人参果”，经济转型对家族企业转型而言，不仅仅是威胁，更多的应视其为机会。因此，我们认为此阶段应为中小企业转型的第三次“华丽转身”，也是浴火重生后的凤凰涅槃。

4.2.2 中小企业升级的过程

中小企业绝大多数发起于家庭工商业、作坊、零星修理、个体商户、餐饮等行当，这些部门进入门槛比较低。发展到今日，中小企业的行业分布有了较大的扩展：第二产业中，我国中小企业中的大多数集中于轻工业领域，如纺织、制衣、玩具、鞋类以及食品加工等行业；第三产业中，中小企业主要集中于零售、餐饮、广告、设计、创意等传统与现代服务业部门。发展初期，中小企业多从事生产低档次的内销产品或加工生产零部件，利润单薄，今天许多中小企业的产品已经走出国门，成为高档产品。由于中小企业与民营企业互为主体，本章参照剧锦文（2012）的三阶段划分方法，将改革开放以来中小企业的技术、产品和产业的升级换代大致划分为以下三个阶段。

（1）1978~1995年中小企业外延式升级换代

这一时期，中小企业伴随着国家对民营资本的放松而发展起来。此时中小企业的主体主要是个体工商户和乡镇企业，国有中小企业比重不大，当年的私营企业尚处于发展初期，绝大多数属于中小企业规模。据国家工商行政管理总局1987年对8.7万户私营企业的调查，工业领域的私营企业占比为72.8%；建筑业占比9.4%，商业占比8.2%，餐饮业占比4.8%，交通运输业占比3%，修理业占比1.7%，其他占比1%。受政策鼓励，民营经济迅速崛起，以温州为例。20世纪80年代初曾流传温州人“五把刀子走中国”的说法，即指温州人凭借着菜刀（餐饮业）、剪刀（缝补业）、劈刀（皮革业）、剃刀（理发业）、螺丝刀（修理业）走出自己独特的发展道路，北至大漠，南至中缅边境，基本都能看到温州人的身影，这为温州人资本原始积累时期。在温州的家庭工业发展起来之后，温州人又以家庭、血缘、亲族关系为纽带组建供销大军，形成小商品、大市场的发展格局。产品主要是一些价值小的低档产品，如纽扣、服装、松紧带、塑料制品、低压电器、徽章等，许多企业凭借着模仿或制假售假攫取到第一桶金，鲜有企业进行产品创新和技术研发。到 20 世纪 90 年代，众多做大了的温州商人在全国各地城乡都建立了温州商城。在国外，温州商人遍布世界各地，在巴西、南非、欧洲、北美等地都创办了中国商城，成立了温州商会，温州的“野草精神”蔓延到整个世界。纵观这一时期中小企业的升级模式，以粗放的或外延式的产品升级为主要模式，即拿来主义盛行，几乎没有研发。个别企业首先进行技术创新，其他企业通过模仿和学习而逐渐形成产业。到 20 世纪 90 年代中期，第三产业中的中小企业数量超过了第二产业中的中小企业数量，中小企业的发展开始步入第二个升级阶段。从机会的角度看，中小企业的外延式升级模式之所以能够行得通，得益于当时物资稀缺的买方市场环境。加上信息、通信技术的落后和知识产权制度的缺失，这才促成了中小企业第一次升级的成功。

（2）1996 ~ 2008 年中小企业走向产业集群式发展模式和内涵式升级道路

中小企业经过十几年的发展，在企业规模、技术水准和产业分布、组织管理水平方面都有了较大变化。在不断向制造业集中的同时，一些中小企业还将业务领域扩张到采掘、石油加工、电力煤气等基础性高端产业。此外，同一地理环境中的中小企业联系越来越紧密，从开始的产业集聚发展为产业集群。产业集群的重要作用在于可以提高企业分工与协作水平，延伸产业链，形成网络结构式的产业生态形式。集群化阶段，受龙头企业带动，中小企业的数量和规模不断增加，产值、销售额比重日益加重，产品的技术含量开始提升。众多中小企业围绕龙头企业生产配套零部件，专业化分工、协作水平进一步提高，催生了为其服务的技术创新、资金融通、信息咨询等服务性企业。更进一步，为促进企业间的合作，减少摩擦，行业协会等企业合作组织应运而生。随着市场竞争的日益加剧，很多中小企业开始注重产品和技术研发，开始注重品牌培育。据 2006 年中国社会科学院对全国 10 个省市 822 家民营企业的抽样调查，有超过 49% 的企业实施了原始性技术创新，超过 39% 的企业实施了引进、模仿与再创新。这其中，通信设备、计算机电子设备制造业和专用设备制造业中的中小企业选择原始创新最显著。

（3）全球金融危机以来中小企业以创新为动力的升级模式

2008 年蔓延全球的金融危机暴露出我国中小企业发展中存在的许多问题，如发展战略不清晰、管理不科学、创新不足、信用不佳等，一批企业“死于风暴”，当然也有一批企业浴火重生。以广东为例，2008 年 1 ~ 7 月间，广东有 3618 家玩具出口企业退出市场，占上年同期出口企业总数的 77.8%。社科院 2009 年的相关调研报告显示：“有 40% 的中小企业已经在此次金融危机中倒闭，40% 的企业目前正在生死线上徘徊，只有 20% 的企业没有受到此次金融危机的影响。"① 2011年4月开始，新一波中小企业老板“跑路”风潮开始，从江南皮革的董事长、波特曼咖啡的老板，到龙湾永强的20位老板、信泰集团的董事长，这些企业负责人用“集体逃亡”的方式证明着此次金融危机的严峻性。资金链问题是许多中小企业在此次危机中遭遇的最大也是首当其冲的困难，有学者甚至认为这次危机是中小企业在改革开放30多年来最困难的一次危机，因此面临着最艰难的转型升级任务。正是基于这样的背景，我国中小企业以创新为驱动力的第三次升级正式拉开了序幕。通过企业调研和对文献统计资料的分析，本章发现我国中小企业第三次升级呈现出以下特点。

第一，中小企业主营业务领域从产业链低端向产业链高端升级，不断提高产品的利润率和市场话语权。金融危机后，一些中小企业认识到原先粗放式、外延式的升级道路无法为企业提供生存保障，只有创新思维、实施蓝海战略企业才有可能转危为安，如义乌、东莞、中山有不少中小企业通过专业市场做精做强、实现中小企业快速成长的经典案例，它们的共同特点是：专注于某个细分市场；具有某种独特的工艺技术或产品技术优势；锁定核心客户。

第二，供应链效率创新。“供应链就是围绕核心企业，通过对信息流、物流、资金流的控制，从采购原材料开始，制成中间产品及最终产品，最后由销售网络把产品送到消费者手中。它是将供应商、制造商、分销商、零售商直到最终用户连成一个整体的功能网链模式。”② 金融危机后，UPS机构调查了包括中国企业在内的全球1200家中小企业。数据显示，为应对此次经济寒冬，超过93%的中小企业表示要将供应链效率创新视为商业成功的必要条件。这其中，充分利用电子商务和商贸物流平台是提高供应链效率的重要手段。有些中小企业已经从过去单一依赖国内市场转向通过自建或第三方销售渠道将产品外销，也有些外向型企业积极开拓国内市场，通过构建多元市场组合降低经营风险。许多企业在供应链效率提高和创新中开始对品牌设计、工艺、渠道、物流配送等方面注意完善和提升，它们在危机中已经认识到无自主品牌的中小企业，相继陷入经营困境，拥有自主品牌的企业却在危机中表现出强大的抗风险能力。有数据为证：2009年中国最有价值100品牌的研究结果显示，全球金融危机之下，最具品牌价值100强企业的利润保持了同期水平，平均销售规模增长幅度为5%，达到146.3亿元。

第三，技术创新。史无前例的经济危机让中小企业认识到掌握核心技术和技术创新的重要意义。因此，近年来我国制造业中小企业的技术升级投入力度很大，主要围绕两条主线展开③：一是更新改造生产设备，促进生产标准化和现代化；二是通过引进人才开发核心技术，改进生产工艺流程。由于我国装备工业的快速发展和国家对中小企业技术更新改造扶持力度的不断加大，特别是信息技术进步和中小企业产业集群布局特征，大大加速了一般工艺技术在中小企业的扩散和应用速度，因此开发和掌握核心技术成为企业更为珍视

①② 新浪财经频道：社科院报告“40%中小企业已在金融危机中倒闭” http://finance.sina.com.cn/g/20090612/05286338704.shtml。

③ 陈乐：“中小企业转型升级路径谈”，《东莞日报》，2014年1月22日第A08版。

的技术创新路径，人才市场上高级技术人才的稀缺和高薪现象就是对企业技术创新路径的最佳表征。

综观近30年世界经济发展史，中小企业的技术创新是国家创新体系中最能动、最活跃和最具效率的部分，是技术创新的主要源泉和技术成果转化的重要载体。20世纪的许多新产品都是由中小企业发明创造的，如复印机、胰岛素、真空管、青霉素、直升机、彩色电影和圆珠笔等。中小企业的人均发明创新是大企业的两倍，我国约65%的发明专利和80%以上的新产品开发都是由中小企业完成的。

4.3 中小企业转型升级的机会与选择

与大型企业相比，中小企业的转型升级在动机上更加讲求实效性，形式上更多样化，所遵循的路径也多有不同。中国企业家调查系统数据显示①，总体而言企业对“变革”抵触倾向的比例不高，80%以上的企业家能够以积极、开放的心态对待变革。调查还发现，企业家对变革带来的压力感受强烈，大多数企业家对自身的应变能力有比较高的评估。企业家这种应对危机与变革时积极的态度对中小企业转危为机具有重要意义。通过前文对中小企业转型升级过程的分析，我们可以发现所谓的危机其实也孕育着机遇，危机往往意味着契机，在国际经济形势低迷和国内经济转型的复杂背景下，中小企业虽然面临诸多发展困境，但同时也迎来了一些促进企业转型升级难得的机遇，具体体现为如下几点：

4.3.1 中国城镇化带来庞大的内需潜力

统计数据显示，到2011年末，中国大陆城镇人口比重为51.27%，首次超过农村人口，按户籍统计标准则仅为35%左右，远低于发达国家近80%的平均水平。但这种差距对内需而言则意味着机遇，城镇化就是农村人口向城镇大量聚集，这将大大促进消费的扩张，拉动消费增长，因此，差距就是潜力。据国家统计局数据，2001~2010年我国城镇人口年均增长3.8%，平均每年新增2065万人；乡村人口年均下降1.8%，每年约2000万农村人口转变为市民。据国家统计局测算，我国目前城乡居民的消费水平为1∶3.1，即农民的人均消费水平仅为城镇居民的三分之一还弱。随着城镇化的演进，城市消费将会逐渐占据消费主体地位。据统计，2000年以来，城镇消费已经连续10年保持2位数增长，城市

① 中国企业家调查系统：“经济转型与创新：认识、问题与对策”，《管理世界》，2013年第9期。

消费占总体消费的比重已接近70%。这将改变我国经济结构中内需不振，经济靠投资和出口拉动的局面。巨大的市场需求将为中小企业提供生存契机，“城镇化要有产业支撑，适应城镇化的大潮一定是符合本地条件的中小企业”（温铁军，2013）。城镇化不仅仅意味着农民进城，与居民生活有关的城镇交通、供水、供电、通信、文化娱乐等公用基础设施建设，都将带动多个相关产业的发展，为中小企业提供市场需求。

4.3.2 居民消费升级为中小企业转型升级提供机遇

随着居民收入和财富的快速增长，居民消费不仅有量的扩张，也有质的提升。早在19世纪中期，德国统计学家和经济学家恩斯特·恩格尔就明确提出，随着居民家庭收入的增长，用于购买食品的支出占消费支出总额的比重会持续下降。这也意味着，随着收入的增长，在吃饭问题解决之后，人们会把更多的收入用于改善出行、居住条件、追求个人发展和生活享受等。从2000~2012年，我国城镇居民家庭食品支出占消费总支出的比重（恩格尔系数），从39.4%下降到36.2%，下降3.2个百分点。与此同时，用于衣着、交通通信的支出分别从10%、8.5%上升到10.9%和14.7%，分别上升了0.9个百分点和6.2个百分点，从而完全验证了恩格尔当年的论断。

不仅如此，随着对耐用消费品、大件消费品购买的增加，居民家庭持有的实物资产（物质财富）也在快速增长（如汽车快速进入居民家庭、住房保有面积的增加等），由此衍生出对上述物质财富进行保养、维修、租赁乃至回收利用等方面的需求和服务。伴随着收入的增长，居民持有的金融资产（存款、股票、基金等）也在快速增加，由此带来了居民金融资产保值增值的巨大需求。随着金融改革走向深入，金融市场体系进一步完善，资金理财、投资理财风生水起，股票投资、商业保险、投资基金等都将迎来难得的发展机遇。

4.3.3 产业升级带来的机会

提到产业升级，许多地方自然会想到“腾笼换鸟”，想到发展新兴产业；许多企业则会想到扩大产能，引进先进技术。这样做，无可厚非。过去一轮快速经济增长，就是对外抓住了发达国家向发展中国家转移传统产业的机遇；对内抓住了工业化、城市化快速发展的机遇。当前，技术进步日新月异，要摆脱经营困境、重塑竞争新优势，各国围绕新兴战略性产业展开了激烈的争夺。发展高新技术、发展新兴战略性产业，无论对于强化国家竞争力，还是提升企业的竞争力，都具有十分重要的意义。

需要指出的是，仅有“腾笼换鸟”是不够的，还必须有“凤凰涅槃”。和21世纪初相比，当前我国综合国力已大幅提升，工业体系更加完善，多数工业产品在国内都有生产。“中国制造”与世界先进水平的差距，不是“我无人有”，而是“我有人优”。同样是智能手机，苹果、三星品牌售价四五千元，而国内品牌只有一千多元。因此，对国内大多数企业而言，所谓产业升级、提升产品附加值，不是说要放弃既有产品的生产，进入高科技产业，而是要在“做精、做细”上下功夫，通过细分市场、明确市场定位，全面提升产品性能和市场形象，确立自己在相关领域的市场领先地位。和进入新行业容易在短期内开辟新天地不同，全面提升企业竞争力和产品附加值是一个长期的、深耕市场的过程。对此，无论是政府还是企业，都要克服浮躁情绪，扎扎实实地下深功夫。

4.3.4　技术进步带来的机会

技术变革深刻改变商业前景和社会面貌。当年，计算机、互联网技术的发展，不仅带来了新的产品、新的服务，产生了计算机制造、软件、信息服务等新的产业，也带来了新的商业经营模式和企业管理模式。在此过程中，一些企业脱颖而出（国外公司如微软、IBM、思科、亚马逊、苹果、谷歌等，国内代表则如阿里巴巴、网易、华为等），成为新的商业巨头和国家竞争力的代表。技术进步蕴含的广阔发展前景，推动各国政府重视创新体系建设，增加对基础研究、共性研究的投入力度；也推动企业增加研发投入，改进组织形式和内部管理机制，以创新方式向社会提供新的商品和服务。当前，技术进步步伐明显加快，各种新产品、新技术、新的商业模式层出不穷，像3D打印技术、清洁能源技术、大数据技术、基因技术等已展现出广阔的发展前景。围绕有可能成为下一轮经济增长点的“战略性新兴产业”，各国也展开了激烈的争夺。在此过程中，企业完全有可能抓住机会，实现跨越式发展。

4.3.5　“走出去”、利用“两个市场、两种资源”配置资源的机会

过去十多年，是我国经济实力迅速提升时期，也是企业综合实力显著增强的时期。20世纪90年代后半期，我国国有企业改革正处在“攻坚阶段”。那时流行一个口号，就是打造中国的“世界500强”。十多年过去了，大陆地区2013年进入500强的企业已达到85家（如果加上香港和台湾地区，更是达到95家），企业总数只次于美国，居世界第二位。像中国石化、国家电网、工商银行、中国移动等企业，其规模和经济效益甚至居世界500强的前列。上述企业进入世界前列，固然享有垄断经营的便利，但企业规模庞大，企业管理水平和经营能力显著增强，也是不争的事实。随着企业实力的增强，也随着国内市场饱和和人民币汇率上升，“走出去”已成为企业发展的内在要求。近年来，我国企业投资呈快速发展趋势，到2013年，我国对外非金融类直接投资达到901.7亿美元，仅次于美国，居世界第二位。

开展国际化经营，要跨越法律、文化、人才、语言等方面的障碍。对于中国企业来说，这方面的影响更加突出。一些企业就是因为准备不充分而在“走出去”过程中吃了亏。但随着经验的积累，国内企业在探索出适合自身条件的“走出去”道路方面，已取得重大进展。例如，浙江省通过与国外政府合作建设产业园区、中国商品城等形式，带动中小企业海外投资集群式发展，取得了良好的效果。可以预计，随着对外投资管理体制改革的深化，我国企业走出去的步伐还将会进一步加快。

4.3.6 较成熟的电子商务与信息化服务平台

知识经济时代，信息化建设对中小企业在竞争中获得优势、提高供应链效率具有重大的战略意义和经济意义。主要表现在信息化可以有效降低企业获取外部信息，如市场需求信息、产品销售渠道、相关竞争信息等方面的成本，缩短企业与消费者之间的距离，与供应商和客户建立更有效、快速的联系。《2009～2010年中国电子商务行业发展报告》显示，未来10年，中国将有70%的贸易额通过电子交易完成。而据IDC（互联网数据中心）和阿里研究中心对中小企业电子商务的调查显示，运用电子商务可以明显改善中小企业的经营效益。来自中国互联网络信息中心的《2011年中国中小企业电子商务调查报告》也证实过去一年内曾经进行过电子商务交易活动的中小企业，其营业额、营业利润、利润率相比2010年增加的比例明显高于没有在线交易活动的企业，其中超过48%的企业认为在线销售额占总销售额的比例在未来会增加。

4.3.7 充裕的人力资本

目前中国劳动力市场的主要群体是高校毕业生和农民工，随着人口红利的逐渐消失，企业用工成本逐年攀升。连年扩招，我国大学生的数量于2014年达到727万，再创新高，2014年也被冠以史上最难就业年，毕业生预期薪酬不断降低。高校毕业生是科技进步与创新的主体力量，是高素质劳动力群体。但由于岗位不足，不少毕业生被迫放弃对公务员、事业单位、大型国企的追求转而“屈身”到中小企业就职，这为中小企业提供了高素质的人才供给，为企业科技创新提供了智力支持。表4.4反映了我国高等教育毕业生的供给情况，1997～2012年，高等教育毕业生人数增长了约8倍。

表4.4　1997～2012年高等教育毕业生数量变化

年份	专科毕业生（人）	本科毕业生（人）	硕士毕业生（人）	博士毕业生（人）
1997	447423	381647	39114	7319
1998	425167	404666	38051	8957
1999	406682	440935	44189	10320
2000	454143	495624	47565	11004
2001	468484	567839	54700	12867
2002	681546	655763	66203	14638
2003	947894	929598	92285	18806
2004	1194862	1196290	127331	23446
2005	1602170	1465786	162051	27677
2006	2048034	1726674	219655	36247
2007	2481963	1995944	270375	41464

续表

年份	专科毕业生（人）	本科毕业生（人）	硕士毕业生（人）	博士毕业生（人）
2008	2862715	2256783	301066	43759
2009	2855664	2455359	322615	48658
2010	3163710	2590535	334613	48987
2011	3285336	2796229	379705	50289
2012	3208865	3038473	434742	51713

数据来源：历年《中国教育统计年鉴》。

4.3.8　优惠的政策支持

中小企业转型升级与政府的积极引导、全面服务是密切相关的。纵观国内外，各国政府均对中小企业发展给予了优惠的政策支持。以欧洲发达国家为例，一战前至经济大萧条时期，市场就已经出现了专门为中小企业提供融资服务的金融机构，如荷兰政府在 1927 年设立了工业保证基金和中等阶级银行；同期英国成立了三家专门对中小企业融资的投资公司，二战后即 1945 年英国政府又设立英国工商金融公司，主要为中小企业提供中长期贷款、资本投资和租赁业务；比利时 1946 年成立了中小企业银行。除了融资平台支持外，各国政府还形成了一整套行之有效的财政支持和税收减免政策，有力推动了中小企业的转型升级。中国中小企业更是在各种政策和制度安排的基础上发展起来的，充分证明了中小企业的生命力是顽强的，只要有合适的“土壤”，中小企业这些“种子”就一定能萌发。我国对中小企业发展支持的政策体系主要由四类政策构成①：一是基础性政策，指提升中小企业基本经营能力的政策，如金融政策、经营指导政策等；二是竞争性政策，指防止垄断，发挥市场竞争机制作用的政策；三是产业结构性政策，指产业培育、调整的政策，以实现产业结构升级和调整为目的；四是社会性政策，指以稳定经济或增加就业为目的的保护、救济性政策。不同阶段，中小企业面临的问题不同，政策特点也不同。

20 世纪 90 年代中期开始，我国就开始陆续出台一系列法律法规及相关政策，支持中小企业发展。2003 年 1 月 1 日，全国人大颁布我国第一部《中小企业促进法》，从资金支持、创业扶持、技术创新、市场开拓、社会服务等五个方面规定了支持中小企业发展的法律措施；2005 年，国务院颁布《关于鼓励支持和引导个体私营等非公有制经济发展的若干意见》（简称“36 条”）；2008 年金融危机后，我国又出台多部扶持中小企业发展的政策；2009 年国务院颁布《国务院关于进一步促进中小企业发展的若干意见》；2010 年国务院颁布《国务院关于鼓励和引导民间投资健康发展的若干意见》（简称“新 36 条”）；2011 年 10 月 12 日，国务院召开常务会议，提出包括信贷支持和税收优惠在内的 9 项措施扶持小微型企业发展，涵盖了财政和金融两个方面。诸多政策促进了中国中小企业政策法规体系

① 国务院发展研究中心企业研究所：《中国企业发展报告 2012》，中国发展出版社 2012 年版。

框架逐步形成。为帮助中小企业转型升级，落实政策扶持力度，有关部门对160万件法规、规章、政策性文件进行了清理，对其中限制中小企业和非公经济发展的6000多项（件）予以废除或修订。以对中小企业的科技创新支持为例，1999年科技部设立支持科技型中小企业技术创新基金，从设立到2010年，中央财政累计安排了139.5亿元，支持了2.6万个项目，加上地方财政安排，共计投入资金400亿元左右。这些资金重点支持各地中小企业围绕电子信息、新能源、高效节能、新材料、生物医药、高技术服务业等高新技术领域开展创新活动。再以税收政策（增值税）为例，我国对小型微利企业按照20%的第一档设立征收企业所得税，统一降低小规模纳税人的增值税和营业税政策，对服务于中小企业的创业投资再担保机构的营业税、所得税税收优惠政策，促进农村中小企业发展的税收优惠政策等。

调查数据显示（图4.3），政府在扶持中小企业发展方面的行为获得的认可不尽相同，政府在引导低碳环保节能产业发展和发展战略性新兴产业方面的作用比较显著，得分最高（4.46）；政府在缓解融资难方面的作用得分最低，为3.09；中小企业对政府出台的系列扶持政策认可度较高，平均得分4.32。转型升级方面，政府的行为似乎没有获得多数企业的认可，在10项评价项目中得分较低（3.61）。

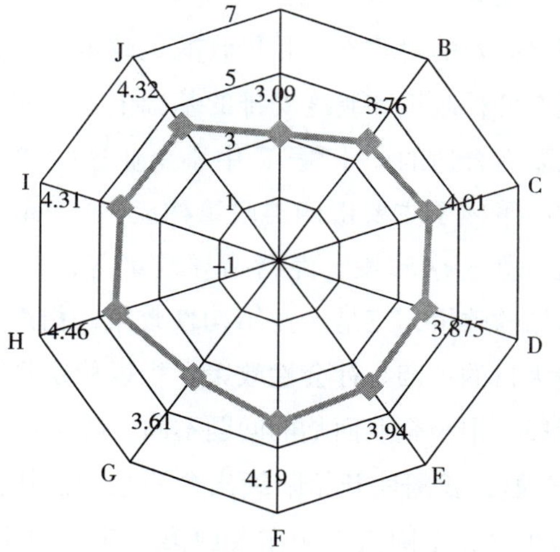

图4.3 中小企业对政府行为的评价

注：图中A~J依次代表含义如下：A：政府在缓解融资难方面的作用；B：政府在解决用地方面的作用；C：政府在财政资金方面的作用；D：政府在税收优惠政策方面的作用；E：政府在培养重点、先进企业及骨干企业方面作用；F：政府在鼓励企业自主科技创新方面的作用；G：政府在支持企业转型升级方面的作用；H：政府在引导低碳环保节能产业发展和发展战略性新兴产业方面的作用；I：政府在市场环境改善方面的作用；J：政府出台的系列扶持政策。

数据来源：同图4.1、图4.2。

图4.4中，三成以上的企业对政府行为有着较高的认同度，其中有过半数的中小企业认为政府出台的一系列扶持政策对企业发展发挥了较重大的作用（51.26%），但融资问题依然无法满足中小企业的需求（获得认可比重最低，为35%）。政府在支持企业转型升级中的行为获得的认可度为40%，较往年有了较大的提升。

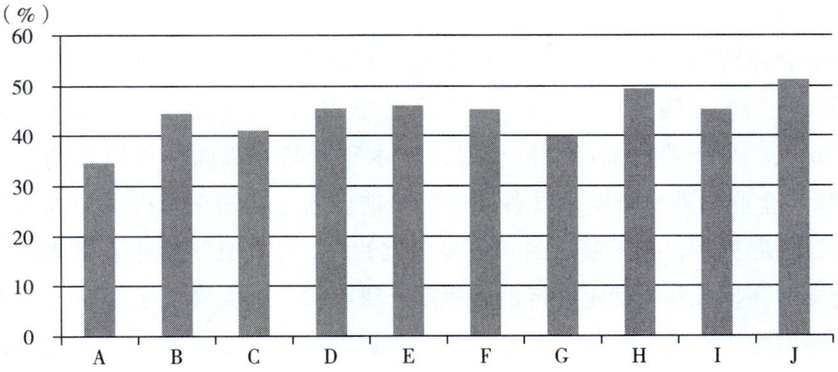

图 4.4　认为政府行为发挥比较重要作用的中小企业比例

注：图中 A ~ J 代表含义同图 4.3，数据来源与图 4.3 同。

4.4　中小企业转型升级过程与机会的综合分析

尽管民营企业的转型与升级概念不同，分别指企业制度、管理和技术的变革调整，但现实中企业的转型与升级往往是相伴相随的，它们是企业运作不可或缺的两个重要方面，之间必然发生互动，下面我们结合经济转型背景对中小企业转型和升级的过程、机会进行综合比较分析。

4.4.1　中小企业转型和升级的过程比较

前文中，我们知道中小企业转型约经历了 8 个阶段，若再划分粗略些则可以分为五个阶段，即个体工商户的萌发、乡镇企业崛起、民营中小企业形成、股份制企业变身、家族式股份制向现代企业制度转型等五个阶段。这期间，中小企业转型的背后总是与宏观经济转型的因素分不开的，从计划走向市场，从卖方市场到买方市场，从政府行政管制到政策支持，中小企业转型的每一步都是在内外压力和制度安排的裹挟中前行的。从整合的角度考察中小企业转型和升级的过程，可以发现三个特点：

一是中小企业的转型、升级都是基于相同的经济转型背景。无论是企业产权、管理制度的转型还是技术、产品的升级，多数企业的这种变革都需要一定的外在环境压力。有压力才有动力，企业类似于生物，总是在一定的经济、社会和政治环境中生存，需要不断适应外部环境的变化而与时俱进，转型、升级是企业成功应对外部环境的变化、顺应经济发展趋势的必然选择。尽管我国中小企业转型、升级的起始时间不完全一致，但大多数还是同时进行的。

二是中小企业转型步伐略快于升级的步伐。有学者（剧锦文，2012）认为，企业更倾向于“转型”先行的原因在于企业从“转型”中获取的边际收益大于升级的边际收益，本章赞同这种观点。当企业面临经营困境时，技术和产品升级固然可以帮助企业脱困，但“升级”意味着企业要进行研发，设备要进行改造更新。在知识产权保护尚滞后的中国和中小企业集群的形势下，技术蔓延的速度是非常快的，“升级”给企业带来的红利只会转瞬即逝，研发的高投入和不确定性抵消了短期升级收益，大大降低了企业对“升级”的热情。相反，转型的成本低，操作上难度不大，因此更容易被企业接受。其次，研发、创新等企业技术和产品的“升级”来源于企业内部的激励制度安排。企业的制度安排若不能为企业产品和技术创新提供良好的激励机制，则“升级”也只能是“镜月水花”。

三是随着市场经济体制改革的深入，中小企业转型与升级将越来越趋于同步。剧锦文（2012）认为，2007年全球金融危机后，民营企业（其中80%为中小企业）进入了转型升级同步进行时期。一方面，企业要完成向现代企业制度的转型；另一方面，企业要从价值链和产业链的低端摆脱出来，走依靠创新和品牌化发展的新道路。本章还认为，中小企业的“转型”与“升级”越来越同步还有第三个深刻原因，那就是市场经济体制改革促使经济环境朝更加公平和自由的方向发展，降低了企业产品和技术“升级”的成本，增加了收益的确定性，缩小了企业“转轨”与“升级”的成本差异。

4.4.2 中小企业转型和升级的机会比较

中小企业转型的机会与升级的机会不尽相同。改革开放初期，由于旧体制和左的思想阻碍，中小企业发展主要受制于外在环境约束。随着我国市场经济体制的逐渐完善，中小企业的转型障碍则主要来源于企业内部，家族企业就是典型代表，这种家族治理模式极大阻碍了企业向现代企业制度的转型。中小企业的制度转型得益于两个方面的机会：一是政府对企业管制的放松，如政府对企业经营权和自主管理权的下放，中小企业可以在制度和管理模式上进行创新；二是政府对中小企业的积极引导和法律制度体系的完善，如标准的公司法、合伙企业法、独资企业法等法律的相继出台逐渐改变了企业无法可依的状况，促成中小企业转型成功。

中小企业升级的机会也受益于两个因素：一是企业“转型”，企业转型成功，意味着企业内部建立起了较合理的管理制度，激励机制完善，有助于产品和技术升级；二是政府各项经济政策。政府的税收优惠、减免和财政补贴、资金支持等经济政策可以鼓励和引导中小企业围绕优势产业延伸，促进中小企业向更高产业层次拓展，积极技术创新，向产业集群化目标发展，促使企业行为与政府的意图相一致。

4.5　小结

通过对经济转型期我国中小企业转型、升级的过程和机会的系统分析，我们得到如下结论。

第一，公平竞争、自由的市场经济是中小企业实现良性发展的外部环境。中小企业转型与升级是一项浩大的系统工程，需要政府营造转型与升级的环境，包括公平竞争的环境和产业发展良好预期的环境。在公平竞争的问题上，主要是在产业准入上实现大中小企业的公平。

第二，创新是企业生存的永久动力。任何企业的发展史都是一部不断适应不断创新的过程。没有创新，就没有特色，就无法追赶市场的脚步，终究被市场洪流淹没。企业只有在公司制度、管理模式上不断改革，在新产品研发生产、技术升级换代、流程再造、品牌塑造及供应链环节的不断创新才能满足时刻变化的市场需求，维持企业的生存实力。

第三，政府经济政策对引导中小企业转型升级具有十分重要的意义。中小企业转型与升级需要政府前期支持，包括专项基金在技术设备引进和改造、人才培训、公共服务平台建设等方面的支持，也包括税收减免和财政补贴，以及鼓励大型企业的国内采购等。

当前，随着进入工业化后期发展阶段，我国又处在新一轮转型发展的起点上。全面建成小康社会，进而建成富强民主文明和谐的社会主义现代化国家，实现中华民族伟大复兴的中国梦，为我们勾勒了美好的发展前景。在这个转型发展过程中，企业发展面临劳动力价格持续上升、外部成本显性化等一系列挑战，也面临消费升级、产业升级、新型城市化、企业“走出去”等发展机遇，而改革开放的不断深入又为我国实现转型发展消除了制度障碍。面对新的机遇和条件，只要抢抓机会、努力拼搏，中小企业就有机会实现跨越式发展。

执笔：赵三英（华夏幸福基业股份有限公司经济发展研究院总监，副教授，经济学博士）

参考文献

[1] 余世维．突破中小企业发展瓶颈．北京：东方出版社，2011
[2] 李子彬等．中国中小企业 2013 蓝皮书．北京：中国发展出版社，2013
[3] 刘迎秋等．中国民营企业竞争力报告（2012）．北京：社会科学文献出版社，2013
[4] 吴家曦，李华燊．浙江省中小企业转型升级调查报告．管理世界，2009（8）

[5] 中国企业家调查系统．经济转型与创新：认识、问题与对策．管理世界，2013（9）
[6] 姜海龙．中国特色中小企业演进研究．东北师范大学，2006
[7] 林汉川．中小企业发展机制研究．北京：商务印书馆，2003
[8] 陈乐．中小企业转型升级路径谈．东莞日报，2014－1－22
[9] 中国企业家调查系统．经济转型与创新：认识、问题与对策．管理世界，2013（9）
[10] 国务院发展研究中心企业研究所．中国企业发展报告2012. 北京：中国发展出版社，2012

第 5 章

经济转型与中小企业发展：转型升级的条件与选择

- 引言和相关文献综述
- 经济转型条件下中小企业转型升级的条件
- 中小企业转型升级的路径选择
- 小结

当前，我国中小企业面临着众多的挑战，而转型升级是其生存发展的必然选择。中小企业只有注重创造和培育企业家精神、具备优良的人力资源、自主创新能力和营销服务能力，以及较高的管理水平等转型升级所需的必要条件，而后根据实际情况选择适合企业自身的转型升级路径，才能成功地实现转型升级。

5.1 引言和相关文献综述

企业是构成现代市场经济的最重要“细胞”，任何一个企业都可能在某一段时间面临经营困难或遭遇发展瓶颈问题，如何摆脱发展困境，维持企业的持续竞争力，这是企业转型升级的基本原因。从20世纪90年代开始，学术界就开始了对企业转型升级的探索。目前国内外对于中小企业转型升级的条件、机会和模式选择这三方面均做了广泛研究。

5.1.1 中小企业转型升级的条件研究

日本学者研究认为企业要转型成功的首要条件是企业领导者要下定进行转型的决心，并能准确辨识企业经营基础的变化，再根据变化调整企业组织形式，将改革的重点放在企业组织如何适应环境变化弹性调整及如何积极开发的员工能力。Robert Wade（1990）认为中小企业的生存和发展离不开政府的介入，政府制定完善的扶持政策和引导政策体系是中小企业发挥其作用的保证。我国台湾学者袁素萍（2003）的研究结果显示，影响企业转型成功之前十大关键因素依序为：经营者策略敏锐、经营者参与程度、领导团队、支持产业竞争态势、愿景沟通、企业规模/国际化脚步、产业竞争态势、人力素质、人际网络/策略联盟、发明及创新能力；而反观对企业转型成功影响最低之十大因素依序为：会计制度、专利权、汇率、资本、职涯发展计划之建立、配销通路、国家经济开放程度、财务管理能力、产品商机、市场大小及成长速度。刘震涛、李应博（2008）认为，在两岸目前这种特殊的环境下，无论是企业转型或转移均与两岸产业关联性和各项政策有着相当密切的关系，同时也与各地领导的关心程度和支持力度、与当地产业的创新环境、企业的技术水平、城市的基础设施、环保、劳工、公共事业的承载能力有着密切关系，这些都是企业能否顺利转型或转移的必要条件和重要依靠。林健峰（2008）认为，大部分企业都愿意升级转型，提高生产自动化水平，增加产品价值，但希望政府能够在推出重大决策前，多听取业界意见，并设立适应期和提供足够支持，为升级企业提供更多鼓励措施，如科研及设计基金等，这样升级过程将可加快。陈筠（2009）指出，善用优惠政策，是台资企业转型升级之路。杨天夫（2010）认为，企业转型，政府有责。政府要有强力的支持和引导。不仅帮助清理市场目标，在资本上支持，在人才上也要支持。刘消寒（2012）认为政府的扶持不但可以保障中小企业的生存和发展，而且可以促进整个国民经济健康、协调、持续发展。

5.1.2 中小企业转型升级的机会与模式选择研究

依照不同的分类方式，企业的转型升级也可以区分为不同的类型 Bibeault（1982）根据转型的原因将企业转型分为以管理流程为主的转型、以经济或商业循环为主、以竞争环境为主、以相关产品的突破性发展为主及与政府政策相关联为主的五种转型。Adrian（1996）则由企业价值链转移的观点切入探讨企业转型的形态，提出了多方向转型、转型不转行、脱胎换骨转型、多类别转型、从系统整合到专业分工、从传统销售到平价流通及从传统销售到高附加价值等七种价值转移的形态。Martin Bell、Michael Albu（1999）认为企业的转型升级，一是要关注核心竞争力的研究，核心竞争力是企业所具备的而其他企业难以复制的、为最终消费者提供所需要价值的能力，其具有实用性、价值型和难以模仿性；二是关注动态能力的研究，强调企业必须努力适应不断变化的环境，更新发展自己的能力，提高和更新能力的方法则是通过技能的获取、知识和诀窍的管理、学习，通过动态能力的发展实现企业升级。Humphrey J、Schmitz H（2000）从全球价值链（GVC）的角度阐述了企业转型升级，他们认为能使发展中国家企业维持其收入或者能使其收入增长的业务就是企业升级，并且价值链治理模式影响企业升级的范围、程度和过程，从价值链的角度分析，企业升级可分为过程升级、产品升级、功能升级、部门间的升级4种不同类型。此外，我国台湾地区学者许士军（1989）也分别根据转型前后的事业内容改变及转型前后的产品整合与重组方式，对企业转型类型进行区分。曹建海、黄群慧（2004）认为从家族制企业向现代企业制度转型是企业成长的关键。梅丽霞、蔡铂和聂鸣（2005）从全球价值链的角度进行研究，认为我国的OEM企业应该积极置身于全球价值链中，逐步从OEM发展为ODM乃至OBM，这样才能从价值链的低端攀升到价值链的高端环节。毛蕴诗、汪建成（2006）总结了五种基于产品升级导向的自主创新路径，替代跨国公司产品的产品升级、利用行业边界模糊的产品升级、适应国际产业转移的产品升级、针对行业标准变化的产品升级以及通过加快模仿创新的产品升级。毛蕴诗、吴瑶（2009）通过对九个不同行业、不同类型的典型企业的案例对比研究，总结了企业由OEM—ODM—OBM转型升级的演进路径。单东（2009）认为企业转型升级的路径，要通过产业重组、优化公司治理结构、增加研发投入、品牌建设、专业化以及价值链升级等来实现。许爱玉（2010）、朱海就、张昭时（2011）认为企业家的管理能力或企业家才能是民营企业转型升级的重要推动力。刘红红（2011）分析了台湾和韩国在产业转型升级方面的情况，称之为台湾路径和韩国路径，供广东借鉴。“台湾路径”是以制造业内在的科技创新升级为主要特征，“韩国路径”是以生产性服务业促进制造业结构升级为主要特征。在生产性服务业促进制造业结构升级过程中，韩国政府发挥的作用不仅体现在制定完善政策法律制度、建立相应组织机构，直接进行财税、信贷补贴支持，更为重要的是竭尽所能，在企业不同发展阶段，政府给予更具创造性的支持。

综上所述，关于企业转型升级的条件，目前国内外学者还没有权威统一的界定，而围绕企业转型升级的机会和升级模式的研究也没有统一的体系，学者们研究角度各有不同，从宏观层面到微观层面，包括核心竞争力理论、动态能力理论、产业升级理论、产业集群理论和全球价值链理论等，国内外学者都提出了不同的观点。关于企业转型升级，本章认为企业转型与企业升级是相辅相成的，转型是指企业在经营策略和组织变革方面的重大转换与改变，是本质上、模式上的彻底改变；而升级则是企业在经营指标和产品等级上的提升与改善，是数量上、规模上的提升，企业成功实现转型升级的条件是首先要了解企业自身的优势和劣势；其次注重政府的扶持政策，抓住转型升级的机遇；再次企业管理者要有转型升级的决心，注重企业管理的转型升级；最后要结合企业生存发展的外部环境和自身条件选择适合企业转型升级模式。也可以说，转型是企业经营体质向上提升的策略与手段，升级是企业转型后所希望得到的目的和结果。

5.2 经济转型条件下中小企业转型升级的条件

5.2.1 我国中小企业转型升级是我国进入经济增长期的客观要求

目前理论界，各个国家的学者对于中小企业的划分标准仍未达成共识，依旧有分歧存在。一般来说，我国学者认为，我国中小企业的标准：第一，企业占有的市场份额较少，即企业在其所处的经营领域中既不能采用资本市场融资，也不拥有垄断控制水平的地位；第二，企业属于自主经营，即企业的业主能够直接控制企业；第三，企业的企业家拥有独立所有权，即企业业主拥有企业超过50%的股权。中小企业既是国民经济的重要组成部分和支柱，又是实现经济和社会不断发展中的重要力量。

（1）中小企业的现状分析①

目前，我国企业中的99%是中小型企业，其产值约占我国经济总量的60%，其纳税额

① 工业和信息化部：http：//www.glzy8.com/ceo/37243.html。

约占我国税收总额的50%，其就业岗位约占我国全部就业岗位的80%。我国的中小企业在推动经济发展、改善民生、提供就业岗位和推动技术创新等各个方面均具有不可替代的重要作用。

至2012年年底，我国企业中99.8%是中小型企业，其数量为4200多万家，其产值占我国国内生产总值的58.5%，其外贸出口额占我国外贸出口总额的68.3%，其纳税额占我国税收总额的52.2%，其就业岗位占我国全部就业岗位的80%以上。虽然我国中小企业已经是推动我国经济和社会不断发展的重要力量，但是其总体上仍存在着竞争力弱、管理处于低水平和可持续发展能力差等各种十分突出的问题。

赛迪经略在2013年发布的《2013中国中小企业管理健康度蓝皮书》中显示，2012年我国中小企业的管理处于“亚健康”，其管理健康水平低于总体平均水平，其管理健康度指数为61.1，其中基础管理健康度指数为63.1，与此同时，战略管理健康度指数仅仅为56.5。基础管理评价是指对企业现有的流程和制度体系以及人力资源、组织和经营等方面的管理等综合进行评价；战略管理评价则是指对企业战略的各个方面进行系统全面的评价，其包括战略的制定、评估、实施和调整等。通过调研发现，我国中小企业在其基础管理方面存在职责划分不明确、权力和责任错位、人力资源管理观念陈旧、企业信息化处于较低水平和管理制度不完善等诸多问题；而在其战略管理中则存在缺乏评估机制和全局意识，且规划的执行力度不足等各种问题。从不同角度出发，我国的中小企业均呈现出较大的差异性。从不同维度出发，企业在管理健康度方面的水平存在较大差异；从企业所在区域出发，其管理体系呈现为自东向西逐渐递减，由完善逐渐转变为相对落后；从企业的行业分布出发，“高精尖”行业的管理健康水平基本上均比传统行业高；从企业成长阶段出发，快速成长期的企业具有最高的健康度水平，总体呈现为“中间高，两头低”；从企业规模出发，企业的规模与管理的健康度呈正相关关系，即企业的规模越大，其管理的健康度越处于较高水平；从区域分布来看，呈现“东中西递减”态势，东部地区企业管理体系较为完善，中西部地区相对落后。从企业属性出发，私营企业采用的管理模式相对粗放，外资企业则具有规范的流程。

（2）我国中小企业发展面临的挑战和机遇①

2008年美国次贷危机引发的世界金融危机愈演愈烈，迅速从局部蔓延到全球。金融危机不仅对我国的金融市场产生了重大影响，而且对我国的实体经济产生了剧烈的冲击。2008年全年，我国GDP增长速度由2007年的13%降至9%，其中第二产业下降幅度最大，其由2007年的14.7%下降至9.3%。国务院为了促进我国中小企业的发展而采取了许多项的政府政策和措施，其获得了显著的成效。国家工业和信息化部的统计数据显示，我国规

① 毛蕴诗：《中国企业：转型升级》，中山大学出版社2009年版；辜胜阻，杨威：“‘十二五’时期中小企业转型升级的新战略思考”，《江海学刊》2011年第5期；周枝田：“企业转型升级策略研究”，暨南大学2010年博士学位论文；周榕：“企业家观念与企业转型升级”，浙江工业大学2013年博士学位论文；http：//www.hbrchina.org/2013－06－26/112955727.html。

模以上的中小工业企业在2010年上半年实现了工业总产值的快速增长，全国规模以上中小工业企业实现工业总产值同比增长33.48%，除港澳台外其增长速度均超过两位数。目前我国中小企业的发展既面临着许多困境和挑战，同时也拥有许多发展的机遇。

我国中小型企业在经济逐步实现全球化、金融逐步实现国际化的现实背景下，面临着恶劣的发展环境、高准入门槛、低产品附加值、低利润率、高税费负担和转型难度大六大困境。

①恶劣的发展环境和高准入门槛。由于市场的压力，众多大型企业凭借自身拥有的平台优势，抢夺各项资源，如政策、人才、资金、项目等，从而实现其自身的发展壮大。由于中小企业缺乏平台优势，当其与大型企业进行竞争时，处于严重的劣势地位，缺乏竞争力。以资金资源为例，根据统计，2007~2012年，中小企业贡献了我国60%的GDP、50%的税收和80%的城镇就业，但是我国中小企业的贷款额占总贷款额的比例从未超过20%，其呈现出严重的不对称。资金资源的缺乏，导致中小企业在争夺人才、项目、政策方面出现短板，进而限制了其发展。根据调研数据分析，目前42.75%的中小企业融资成本在10%以上，甚至13%的中小企业融资成本超过15%①，如图5.1。

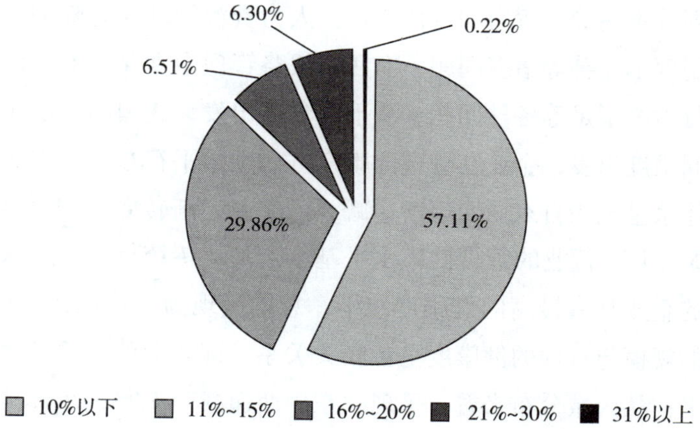

图5.1　企业融资综合成本

数据来源：经济转型与中小企业发展调查问卷数据库。

长期以来，虽然我国的中小企业得到了较大程度的发展，但是因为进入壁垒的存在，其一直很难进入垄断行业。根据现有数据可知，目前我国金融领域的投资中私营控股所占比例为9.6%，邮政、仓储和交通运输这三方面领域中所占比例为7.5%，公共设施管理、环境和水利这三方面领域中所占比例为6.6%，其占比均低于10%，绝大多数的垄断行业中依旧是呈现出国有资本一家独大的局面。根据调研数据，认为当前企业投资在行业准入方面没有受到不公平待遇的企业（分值：0~1）占22.73%；认为当前企业投资在行业准入方面没有受到不公平待遇的企业（分值：2~3）占76.53%②，如图5.2。

①② 数据来源于经济转型与中小企业发展调查问卷数据库。

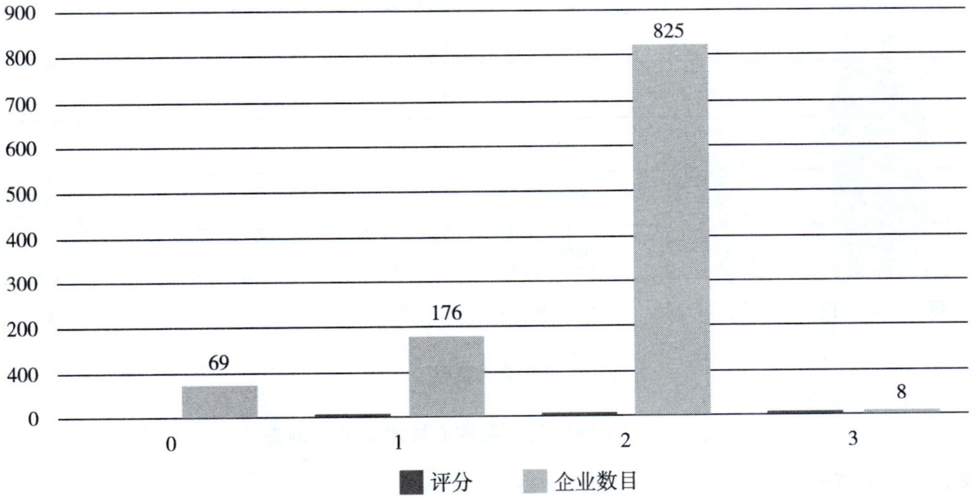

图5.2　当前企业投资在行业准入方面受到不公平待遇情况

数据来源：经济转型与中小企业发展调查问卷数据库。

②低碳经济给中小型企业发展带来挑战。低碳经济是一种崭新的经济发展模式，其具有低排放、低污染和低能耗三个特征，其是一场全球范围内的革命，涉及人们的价值观念、生产生活方式和国家权益等方面的革命。未来我国经济发展模式和人类社会发展都将是以低碳经济为主流。

我国的中小型企业的发展受到了来自于低碳经济这一崭新的经济发展模式的挑战。首先，政策环境方面；我国为了实现由现有的高能耗的经济发展模式转变为低碳经济，政府逐步推出有助于实现节能减排的各种政策法规，其涵盖了投融资、标准、技术和市场等方面。与此同时，政府通过运用各种手段构建真实有效的价格体系，构建有助于低碳经济发展的财政体系和税收体系，构建健康合理的生产体系和消费体系，使其符合碳排放量低、能效高和能耗高。上述各种标准要求对相对管理健康度低、能源依赖度高、技术知识缺乏和碳排放高的中小型企业带来了较大的挑战。其次，市场环境方面；随着经济的发展和政府政策措施的出台，我国的各家企业都在逐步转向低碳发展模式，消费者对于低碳环保产品和服务的认可度在逐步提高，其支付意愿也在逐步提高，进而导致消费者对产品和服务的需求在逐步发生变化，最终导致企业生存的市场环境逐步发生改变，进而迫使企业需调整其产品服务定位，调整其战略定位，调整其发展模式，调整其生产中采用的技术等各个方面来实现企业的转型，逐渐做到对资源的高利用率、对环境的低污染和对能源的低依赖。这一转变对企业的管理、技术、人才和战略等方面均提出了严重挑战。

③低产品附加值，低利润率，高税费负担。由于各种历史和现实因素的影响，目前我国中小企业缺乏创新，缺少主营产品核心技术的所有权，从而导致企业位于产业链底部，多集中在劳动密集型产业和竞争激烈的行业，其生产的产品属于低技术要求的，进而导致企业生产的产品附加值低，如图5.3。

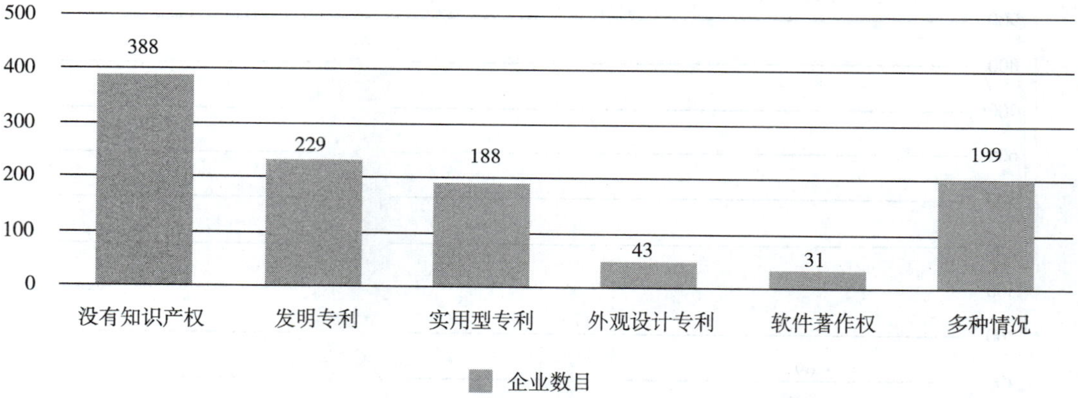

图5.3 企业主营产品核心技术所有权调查

数据来源：经济转型与中小企业发展调查问卷数据库。

从图5.3可以看出，在抽查调查的样本中，35.99%的中小企业并没有企业主营产品的知识产权，近21.24%的企业拥有发明专利，进一步说明目前我国中小企业并没有掌握其主营产品的核心技术所有权①。长久以来就形成中小企业的发展模式是“低价工业化”，即其以低成本生产需要低技术的产品，以低价格占领低端市场，最终只能获得低利润。由于我国中小企业基本采用低价策略，因而中小企业中的一部分利润率很低，甚至“比刀片还薄”。我国中小企业的税后利润率普遍处于较低水平，其中利润率低于5%的企业约占企业总数的57%，仅5.45%的企业税后利润率大于15%。与企业的税后利润率普遍处于较低水平相对应的是相当于中小型企业的利润总和的纳税总额和高于我国税收总体水平的纳税增长速度。2011年我国民营企业500强缴纳的税费总额为4094.34亿元，其增长速度为49.49%远高于全国总体的22.56%。

长期以来，我国中小企业的高税费负担已经逐渐成为阻碍企业发展和企业低税后利润率的最主要的影响因素。2010年中国企业家调查系统通过调查得出的报告显示，民营企业家中69.4%认为当前民营企业所承担的税负相对较重。与此同时，由统计得出，目前我国有18个部门向中小企业收取行政事业性收费，其分为69个大类，上千个子项目。我国中小企业高税费负担主要是由以下两个原因导致的。一是国家给予税收优惠的额度较小，但是享受优惠政策需履行复杂的程序，其操作成本相对较高，因此企业申请税收优惠的积极性相对较低，政策效果不显著；二是相对于某些大型企业中小企业能够享受的税收优惠较少，且需要交纳增值税、营业税、印花税、房产税、企业所得税等，其税负高于大型企业。

④转型难度大。全球金融危机爆发后，美国经济持续低迷，欧洲债务危机不断蔓延，人民币持续升值，进而导致我国外贸出口增速下滑。由于劳动力工资的提高等导致企业生产成本不断提高、对企业节能减排方面的考核不断加强、国内消费者的消费升级不断加快，因此中小企业必须根据市场环境的改变来调整企业的战略、管理、生产技术和产品等

① 数据来源于经济转型与中小企业发展调查问卷数据库。

来实现企业的转型升级，进而实现企业的生存发展。企业若不转型则会慢慢走向消亡，转型错误则会导致快速消亡，企业面对着巨大的转型升级方面的压力。《2012 年千户企业经营状况快速问卷调查报告》显示，2011 年中小企业中认为面对很大或者较大压力的企业家占 88.1%，且认为企业越来越难做的企业家约占八成。

⑤中小企业信息化水平低。根据工业和信息化部信息化司数据，我国中小企业信息化应用水平整体上处于普及发展阶段，财务和办公信息化系统应用程度较高，小微型企业信息化管理水平较低，中小企业电子商务应用水平普遍偏低，如图 5.4。主要表现在：一是思想观念陈旧。部分中小企业不能与时俱进，发展观念滞后，尚未理解在信息化时代企业信息化的作用及其效果。世界发达国家的企业 PC 普及程度远远高于新兴经济体，我国中小企业 PC 普及程度甚至低于泰国和菲律宾。二是对信息化培训的重视程度较低。调查数据显示，仅有 10% 的企业派人参加过信息化培训，其中，企业领导参加培训的只有 8.9%。三是在技术应用程度低。目前仅 80% 的中小企业已经具备接入互联网的能力，但是仅有一半企业将其应用于企业业务中。只有 16.7% 的企业拥有自己的网站，14% 的企业建立了企业门户网站。网站主要用于发布信息，其次是开展电子商务。只有 9% 的中小企业实施了电子商务，4.8% 的企业应用了 ERP。四是社会服务体系还不健全，覆盖面较小，服务内容不完善。面对中小企业信息化存在的资金、人才、技术等困难，除信息服务、技术支持外，还有很多领域没有形成服务网络。

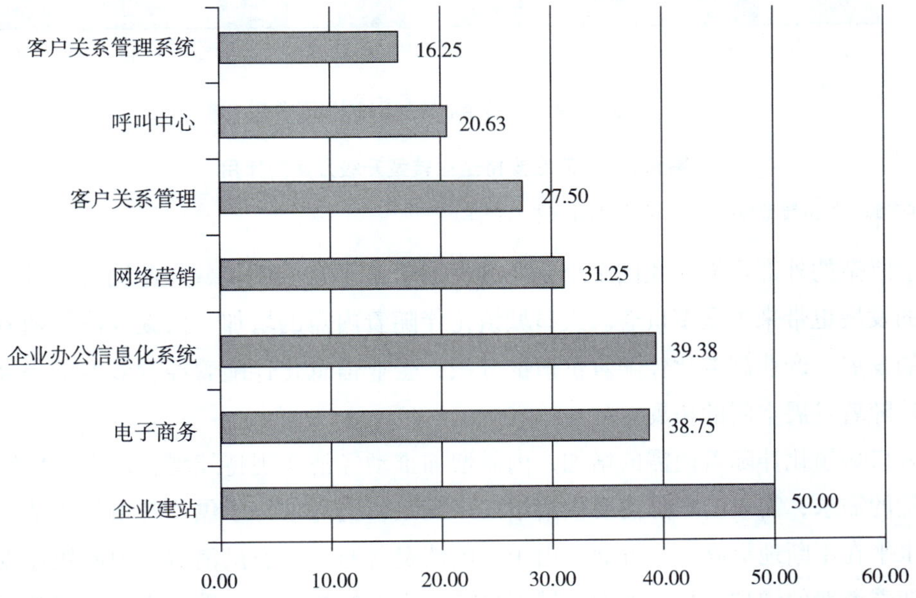

图 5.4　中小企业信息化发展情况（%）

数据来源：工业和信息化部信息化推进司调研报告数据库。

⑥发展环境差。目前我国中小企业所处的外部环境如经济环境、政策环境和法律环境等均不容乐观。企业的经营受国家政策的影响较大，但是目前国家政策对大型企业和中小企业存在差异，具有一定的不公平性，企业的法律保护不完善，且社会舆论在对企业家存

在认知层面的误区，因此中小企业面对的外部环境相对较差。随着劳动力成本上升带来的生产成本上涨使得企业的可得利润空间被进一步压缩，进而导致大量的民间资本选择退出原有行业进入股市、房地产市场和农副产品市场，最终导致中小企业融资困难，融资成本较高，进一步提高了企业的生产经营成本，利润空间进一步被压缩，部分企业无法生存而退出市场。其次，中小企业对于政府在支持企业转型升级方面的作用认可程度存在差异。根据调研数据，认为政府在支持中小企业转型升级方面基本没帮助的企业（分值0～2）占36.18%；认为政府在支持中小企业转型升级方面有帮助的企业（分值3～5）占33.58%；认为政府在支持中小企业转型升级方面有很大帮助的企业（分值5～7）占30.24%①，如图5.5。

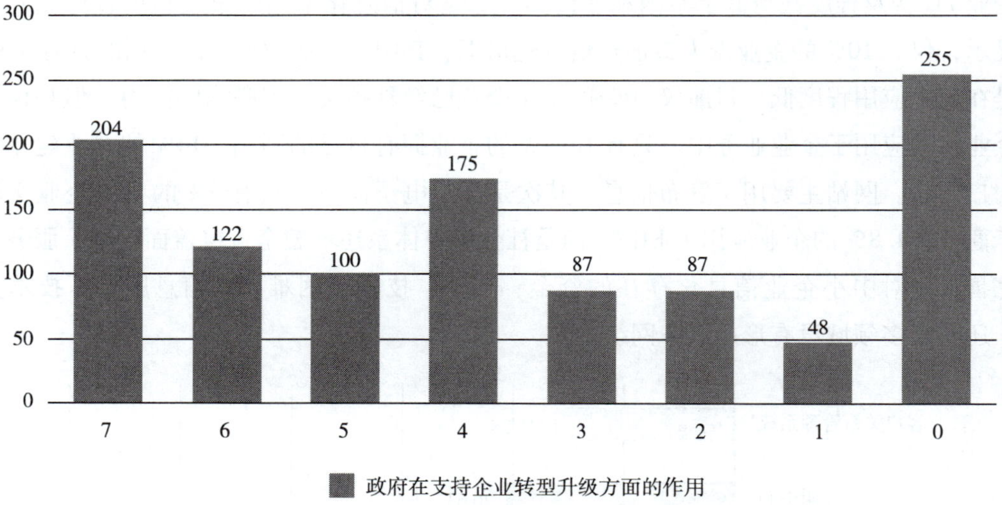

图5.5 政府在支持企业转型升级方面的作用

数据来源：经济转型与中小企业发展调查问卷数据库。

当前复杂的外部环境为我国中小企业的发展带来了众多困境，与此同时，其为我国中小企业的发展也带来了众多机遇。人口城镇化伴随着内需的增加，低碳经济伴随着绿色经济产业的发展，产业高端化伴随着价值链升级，企业信息化伴随着经营效益的提高，经济服务化伴随着发展空间的拓展。

①人口城镇化伴随着内需的增加，内需增加推动经济实现持续增长。人口城镇化会创造出大量的需求，需求的增加需要供给增加来满足，当需求等于供给时市场出清。我国的城镇化水平在不断地提高，一方面，由于市民消费普遍高于农民消费，因此快速发展的城镇化伴随着消费的增加；另一方面，城镇化需要变农村为城镇，进而增加了城镇的多项公共基础设施的需求如水电设施、交通设施和通信设施。由于这两方面的变化导致内需的巨大增加，消费市场的不断扩大，进而导致投资空间的不断扩大，为中小企业的发展创造出众多发展机遇。根据相关估算，我国的城市化率提高1%能够创造出6.6万亿元的有效投

① 数据来源于经济转型与中小企业发展问卷调查数据库。

资需求。

②低碳经济伴随着绿色经济产业的发展，绿色经济产业革命创造投资、市场和盈利空间。低碳经济伴随着能源产业的变革，推动了绿色经济产业的发展。我国的中小企业应该抓住这一产业革命提供的机遇，实施企业产品、技术和管理等方面的转型升级，进而增强盈利能力，拓展产品市场。绿色经济产业的发展伴随着以新能源为代表的七大战略性新兴产业的发展，同时伴随着绿色消费的发展，二者为中小企业开辟出了广阔的投资空间、盈利空间和市场空间，且有助于产品的出口和企业形象的提升。据统计发达国家中绿色商品的价格为普通商品的130%～300%，全世界的“绿色消费”的总值超过6000亿美元。然而截至2009年，我国所有产品中达到世界环境标志产品标志的总值少于1万亿元，不足总额的1/7，仍存在巨大的市场空间。

③产业高端化伴随着价值链升级，有助于中小企业由价值链的低端移向高端。危机与机遇常常是相伴而生，相对恶劣的外部环境给中小企业带来的危机会逼迫中小企业调整自身的管理水平、产品质量、生产效率和技术水平等来适应国内市场和国际市场的变化，进而实现企业的生存发展。由外部环境变化形成的“倒逼”机制会促使中小企业进行人才、技术和资本等要素的重组，进而为中小企业由价值链的低端移向高端创造出巨大的机遇，进而有助于价值链实现高端化。如台湾地区属于制造业行业的企业在面对危机时通过设计和创新，成功实现了产业由OEM向ODM的升级，进而跃居国际范围内产业价值链的高端。

④企业信息化伴随着经营效益的提高和生产成本的降低。目前，由于技术和认识的原因，我国的中小企业对于企业信息缺乏正确的认识，对它的应用处于较低的水平。来自于国家发改委中小企业司的调查数据显示，我国中小企业中应用了ERP的仅占4.8%，应用了电子商务的仅占9%，拥有企业的门户网站也仅为14%。然而，与应用水平低相对应的是，中小企业应用了信息化后，其经营效益得到了明显改善，这主要来源于两方面。一方面，中小企业能够将互联网信息服务平台的服务功能与企业自身的服务和产品链中的某个或某些环节结合在一起，进而使中小企业的原有生产消费模式逐渐发生改变，强化企业的互联网业务所具有的生产性服务这一属性。近年来我国互联网服务的总收入中生产性服务收入所占的比重快速增加，已经超过了50%。我国40万家中小企业的经济价值借助百度增加了约435亿元，且直接被百度拉动的产值为6200亿元，达到了所有中小企业生产总值的2.2%。另一方面，随着人们消费习惯的改变、支付环境的完善和电子商务平台的优化，我国的网络购物迅速发展，增加了市场中的有效需求，增加了中小企业应用信息化后的市场机遇和市场空间。《2009～2010年中国电子商务行业发展报告》中预测，我国未来十年的贸易额中，70%的完成方式是电子交易，中小企业在应用电子商务后将带来客户的增加、竞争力得到提升和生产成本降低，其中会拓宽渠道增多客户的企业占58%，增多合作伙伴且竞争力得到提升的占67%，竞争优势变强且成本降低的占83%，能节约运输成本的60%，综合营销成本的55%和渠道成本的47%。

⑤经济服务化伴随着发展空间的拓展。我国目前的消费结构正在发生第三次升级，消费结构正在逐渐由生存型转向享受型和发展型，这一改变将会给中小企业带来两方面的发展空间。一是在传统类型的服务领域构建新的服务模式满足人们发生变化的消费结构；二是进入享受型和发展型的服务领域，如物流业、保险业、金融业、社保业、医疗业和教育业等生产型和公共服务型这两个领域，这两方面会拓展中小企业能够发展的空间。

随着金融危机席卷全球，我国的经济形势和国外的经济形势均在不断发生改变，中小企业所处的外部环境变得更加复杂，因此中小企业同时面临崭新的挑战且存在巨大的机遇。我国目前已经进入调整产业结构和转变经济发展方式的经济改革新时期，讲究科学发展，因此中小企业只有通过转型升级来适应外部环境的改变才能维持其自身的可持续发展，且将有助于国民经济的发展。

5.2.2 我国中小企业成功实现转型升级的必要条件[①]

（1）企业进行转型升级的动力主要来自于企业家精神

Cyert和March（1963）认为，企业通过自主创新方式实现转型升级的一个重要影响因素是企业抱负，其决定因素主要是企业家所具有的创新精神和企业文化。这个观点得到学者Winter（2000）的认同，他认为敏锐洞察、与时俱进、勇于创新、积极进取、坚持不懈和富于激情的企业家精神有助于企业实现建立自主发展策略。筒井信行、龙泽正雄（1988）指出企业成功转型的条件可归纳为：企业决策者重视转型的时机，并能从许多策略中选择出最适合企业的策略，这有赖于决策者的果断与魄力。日本学者大前研一则认为企业成功转型升级的首要条件是企业领导者要下定进行转型的决心，并能准确辨识企业经营基础的变化，再根据变化调整企业组织形式，将改革的重点放在企业组织如何适应环境变化弹性调整及如何积极开发的员工能力。企业转型成功与否的最重要的关键因素是转型的时机、采取的策略及变革的决心，这三点缺一不可，但是这三点因素的掌控完全在于企业家。综上可知，企业进行转型升级的动力主要来自于企业家精神。

（2）企业成功实现转型升级的基础要素是拥有关键资源和能够获取关键能力

企业能够成功实现转型升级需要拥有的关键资源主要有两类：一类是企业需要拥有优良的资金资源。只有企业拥有足够的资本积累才能够保证在产品的研发设计和宣传推广方面投入充足的资金，进而使得企业的技术创新水平得到提高，企业的品牌形象得以推广，最终建立企业的自主品牌。另一类是，企业的人力资源也是其能否转型升级成功的一个关键因素。只有企业拥有良好的人力资源及其输送渠道才能够保证企业能够拥有满足企业需求的技术类和管理类人才，进而保证企业实现健康的生产、运营和转型升级等。

企业需要拥有能够获得关键能力的能力通常也被划分为两类。一类是企业拥有自主创

① 毛蕴诗：《中国企业：转型升级》，中山大学出版社2009年版；辜胜阻，杨威："'十二五'时期中小企业转型升级的新战略思考"，《江海学刊》，2011年第5期；周枝田："企业转型升级策略研究"，暨南大学2010年博士学位论文；周榕："企业家观念与企业转型升级"，浙江工业大学2013年博士学位论文。

新能力。自主创新能力通常体现在企业自主创新的成果、企业的创新管理能力、企业的研发机构的状况及其人员状况和企业的产学研的实际开展情况等许多方面。企业只有通过设计研发方面的持续创新才能使产品不断地升级，品牌形象不断提高，进而改变企业在市场竞争中激烈的价格竞争和成本竞争，为企业成功实现转型升级提供可能性。另一类是营销服务能力，它主要体现在产品的销售推广、品牌的构建宣传推广和服务网络的构建等多个方面。OBM业务能够以较快的速度发展的前提是营销推广的大力成功推进。

综上可知，一方面，企业只有拥有获取关键能力的能力才能保障企业能够获取因素，进而优化企业的资源配置，提高企业的效率，最后成功实现转型升级。另一方面，企业只有拥有像资金资源和人力资源等关键资源才能保障企业能够拥有自主创新能力和营销服务能力，保障新产品的研发、产品升级、构建自主品牌和对企业的产品、服务和品牌进行有效的推广，进而保障企业的生存发展，是企业成功实现转型升级的基础。二者均为企业成功实现转型升级的基础要素。

（3）企业转型升级需要在创新体系方面高的管理水平

企业转型升级离不开企业的创新，它不仅仅涉及技术和人才，还涉及企业的体制机制、市场和管理等方方面面。创新就像一个链条一样环环相扣，任何一个环节的变化都会对其他环节甚至整个体系的变化产生影响。管理创新是整个创新体系的司令部，没有科学管理体系的保障，即使企业的创新人才再多、技术水平再高，其也无法最大限度地发挥作用，无法克服技术创新活动中遇到的各种困难和阻碍。管理水平的高低会直接影响企业创新的效率和效果，只有高水平的管理体系才能将企业内外的资源整合起来并进行有效的资源配置，才能减少决策失误，保障技术创新活动目标的最终实现。因此，企业不仅要具备创新的能力，更要具备驾驭整个创新体系的能力，只有二者兼备才能成功实现企业的转型升级。

（4）企业转型升级需要企业的产权结构符合其发展的需求

企业拥有多元化的清晰的产权结构有助于其成功实现转型升级。第一，多元化的产权结构使企业能够吸纳到更多的社会资本，进而能够在一定程度上解决企业发展过程中遇到的资金瓶颈问题；第二，多元化的产权结构使企业能够降低资金成本，进而实现规模经济；第三，多元化的融入外部智力的产权结构有助于企业以更加民主透明的方式决定重大的经营决策，进而使得决策失误的概率降低；第四，清晰化的产权结构意味着企业各方具有清晰明确的剩余索取权和剩余控制权，有助于企业的治理结构得到完善，监督约束机制得以建立，使得企业的权力和利益关系能够得到有效的制衡，使企业的股东利益得到保障，进而推动现代企业制度的建立；第五，清晰化的产权结构有助于企业的各种机制能够有效地发挥作用，有助于吸引优秀人才加入企业，激发企业员工的工作积极性和创造性，进而有助于企业创新体系的构建。

目前我国民营企业中多数采用的是单一封闭式的产权结构，一方面使得企业的融资成本较高，融资相对较为困难，且创业家族拥有的有限的物质资本方面的动员能力不能适应企业实现规模经济和范围经济的内在要求；另一方面封闭的内部产权的配置结构不能适应企业管理方面的专业化分工的要求，进而不利于企业的发展。企业成功实现转型升级的保障之一是多元化的清晰的产权结构。

5.3 中小企业转型升级的路径选择

企业发展的本质就是变革。企业均是在一定的经济环境、社会环境和政治环境中实现生存和发展的，其只有与外部环境相适应，随着外部环境的变化而变化才能实现不断发展。企业只有能够快速地识别出其所处的环境和市场发生变化且迅速地做出反应才能实现企业的生存发展。由发达国家和地区的发展经验可知，企业能够适应外部环境的变化和跟随经济发展趋势的必然选择是转型。目前，我国的中小企业面对着复杂的外部环境，挑战与机遇并存，企业只有通过转型升级才能适应当前环境，进而实现企业的生存发展。“十二五”时期是我国成功实现经济转型的关键时期，在这一时期企业把握住这一转型升级的机遇才能由“红海领域”进入“蓝海领域”，进而拥有独有优势，使得企业的利润空间得以拓展，保障企业的生存发展。

5.3.1 推动信息化和工业化深度融合，促进企业转型升级

企业只有实现工业化和信息化，并将二者深度融合才能促进我国的工业实现转型升级，是我国新型工业化道路的必然选择。所谓的工业化和信息化实现深度融合是指通过利用信息技术具有的带动性和渗透性，使得传统产业的改造升级和战略性新兴产业的培育中信息化具有的重要作用得以充分发挥，进而使得我国企业在信息化条件下具有的核心竞争力得以提高。

在日益激烈的市场环境中，中小企业只有通过转型升级才能解决由于竞争加剧导致的利润空间的缩小，企业原有的以规模扩张为基础的粗放式的经济发展模式已经不能适应企业的发展需求。中小企业要实现转型升级，一方面应推动工业化和信息化二者的深度融合，促进其生产模式和消费模式方面的变革，进而为其创造出适合其自身特点的发展模式和新的增长极；另一方面，企业应将其管理模式由粗放式转换为精细化，在管理中注重细节、强化管理和规范企业流程，进而降低企业生产经营成本，提高企业效益。除此之外，现代化的信息技术能够优化企业流程，提高企业的经营绩效和管理水平，因此中小企业应加快企业自身的信息化，将现代化的信息技术融入精细化管理中，进而实现企业管理由粗

放式到精细化的转型升级。

5.3.2　利用后发优势，提升企业技术实力，替代跨国公司产品

在国内外市场竞争中，当前我国中小企业主要采取低成本竞争战略，甚至零利润战略，如沿海地区部分以出口为主的中小企业的经营仅仅是为了出口退税。从短期来看，低价策略可以为企业赢得市场空间，维持企业正常运营。然而，低成本竞争战略难以持久。一方面，低成本战略的发展模式承受不住外在的冲击，一旦宏观经济形势发生波动，这类企业就会被市场淘汰；另一方面，低成本竞争战略缺乏创新，容易被模仿，盈利空间相当有限。通过技术创新，实现企业转型升级才是企业可持续发展的必然选择。

（1）利用后发优势，实施主动跟随战略

跟随战略是一种通过各种途径学习和模仿跟随对象的先进之处，从而比自主创新更加节约资源、时间等的战略选择。根据跟随对象的不同还可以分为产品跟随战略、地区跟随战略、营销跟随战略等。对于在国际市场中采用低成本战略竞争的中小企业，跟随战略可以具体理解为搜寻并研究外国或外资竞争对手或者非竞争对手能够获得零号市场绩效的产品和技术，通过生产从国外进口或跨国公司在华生产的产品，从而替代这些在国外生产或外资生产的产品，达到占领国内市场，进而拓展国际市场的目的。在发展中国家，特别是在我国，更加具有实施主动跟随战略的可能并更能取得较好的效果。

（2）递进式升级方式替代跨国公司产品，并实现技术创新

日本比较技术史学家（1986年）提出了"技术依附到自立的五阶段"理论。其中五阶段指掌握操作技术阶段、对引进机器设备的维护保养阶段、修理和一系列小改进阶段、设计及规划阶段以及国产化阶段。该理论是新兴经济体利用后发优势的先驱性研究。

毛蕴诗（2005）从产品升级的角度，通过研究我国一些成功家电企业的升级路径，提出替代跨国公司产品，提升企业技术实力，支出企业技术能力升级遵循一定的依赖路径，即首先引进成熟技术并消化吸收，其次模仿创新或合作创新，然后自主创新，有助于技术的积累，有助于企业的转型升级。

5.3.3　通过技术积累与自主研发，带动中小企业转型升级

中小企业的转型升级实质上就是企业创新能力不断提升的过程，企业的自主创新与转型升级密不可分。Gans 和 Stern（2003）以及 Vergrat 和 Brown（2006）认为，政府大力营造良好技术创新环境，有利于企业快速实现转型升级。同时，企业应该综合考虑自身的行业环境、经营实力、人力资源情况、技术能力等方面，采取适合自己的途径来实现企业技术积累与自主研发。

首先，对于已经具备相当技术实力和研发能力的企业，应继续加大研发投入的力度，促进企业的持续升级和自主创新。特别是在当前信息化与工业化不断融合为企业的扩展和创新提供了新的契机，企业应抓住机会对相关行业的渗透和转移，实现产品的升级换代。

其次，如果企业本身缺乏技术能力，则利用后发优势，实施主动跟随战略则是不错的选择。最后，企业可以采取合作研发、战略联盟等方式加快新产品开发，实现企业升级。这些包括企业和其他跨国企业的技术合作、产学研的合作方式等。

5.3.4 改变盲目多元化战略倾向，做好做强核心主业，实施归核化战略，提高核心竞争力

多元化是一把双刃剑，一方面可以分散市场风险，创造范围经济效应，抢占新兴市场领域；但另一方面，过度多元化会分散企业资源，丧失规模经济效应，缺乏核心技术，带来负协同效应，难以形成企业核心竞争优势。管理大师德鲁克认为，一个企业多元化经营的程度越高，协调活动的成本和可能造成的决策延误也就越多。而归核化战略强调企业业务向其核心能力靠拢，资源向核心业务集中，着力推动主营业务的专业化和精细化，培育核心竞争力，提高企业抗风险能力。

在当前的市场环境下，过度多元化的企业需要平衡专注与多元的关系，舍弃多元化的诱惑，实施“归核”战略，降低多元化程度，将有限的资源集中于最具竞争优势的行业领域或价值链环节，培育企业核心竞争优势。一方面，要通过剥离非核心业务、处置亏损资产、服务外包等途径，将非核心业务的资产、产品线、子公司或部门等出售、切割或关停，收缩企业业务范围和产品种类。从战略意义上来讲，“归核化”是对多元化片面追求业务范围的修正，是从长远战略出发在“量的增长”和“质的提高”之间的平衡。在确立企业核心业务时，要根据产品生命周期、市场需求变化、科技发展方向、企业比较优势、行业竞争状况等进行相机抉择，规避风险，抢抓机遇。另一方面，要通过重新确立市场定位、推进内部组织优化、加强外部合作、强化竞争优势等措施，把主导产业做强、做优，形成特色，实现“回归”主业和主业重构，使企业在最有优势的环节上赢得竞争。

5.3.5 从偏重规模扩张走向注重质量提升，从实现粗放式的发展方式向创新驱动的集约式的发展方式转变

我国中小企业在创业时期，主要是采用“高物质消耗、低技术含量、低经济效益”的粗放型增长方式，许多企业过于偏重规模扩张。研究表明，规模经济有助于提升企业竞争力，但盲目规模扩张不一定带来规模经济。这是因为，企业规模越大，内部管理层次越多，企业内部组织成本也越高，甚至会给企业发展带来陷阱：伴随企业规模迅速扩张，将会出现品牌、声誉和管理稀释的现象，导致管理失控，经营效益下降。

未来，我国中小企业要改变过多地依靠扩大投资规模和增加投入的外延式发展方式，致力于通过企业的技术创新和管理创新来挖掘企业潜力的内涵式发展方式，提升企业效益。具体来讲，中小企业要通过培养自主创新习惯、完善人才激励机制、优化合作创新机制、处理好技术引进与消化吸收的关系来加强核心技术开发。要重视关键技术尤其是信息技术的应用，形成企业的成本优势、技术优势、管理优势和市场优势。除了技术创新，中

小企业还要通过管理创新来提升核心竞争力。管理创新是打造企业核心竞争力不可或缺的因素。实践证明，“企业一年成功靠促销，十年成功靠产品，百年成功靠管理”。中小企业要通过商业模式创新、组织管理创新、企业文化创新和采用新型管理手段来培育基于管理优势的核心竞争力。在当前高成本时代背景下，我国中小企业尤其要引进精益生产管理手段，加强生产流程改造，缩短生产周期；要突出成本控制和效率提升，消除无效生产和浪费；要加强质量检测，对生产流程的每一道工序进行全面质量控制；要推进学习型组织建设，实施专业化协作生产；要建立绩效评估体系，鼓励员工参与生产和管理的改进，从而用最小的投入得到最大的产出，实现企业集约式发展。

5.4　小结

企业转型与企业升级是相辅相成的，转型是指企业在经营策略和组织变革方面的重大转换与改变，是本质上、模式上的彻底改变；而升级则是企业在经营指标和产品等级上的提升与改善，是数量上、规模上的提升。在经济全球化、金融国际化的背景下，虽然中小企业已经是推动我国经济和社会不断发展的重要力量，但是其总体上仍存在着竞争力弱、管理处于低水平和可持续发展能力差等问题，面临着恶劣的发展环境、高准入门槛、低产品附加值、低利润率、高税费负担和转型难度大六大困境。与此同时也面临着人口城镇化伴随着内需的增加，低碳经济伴随着绿色经济产业的发展，产业高端化伴随着价值链升级，企业信息化伴随着经营效益的提高，经济服务化伴随着发展空间的拓展等机遇。因此转型升级是中小企业实现生存发展的必然选择，只有注重培育创造转型升级需要的企业家精神、拥有关键资源和能够获取关键能力、在创新体系方面的高的管理水平和产权结构符合其发展的需求等必要条件，选择适合企业自身的转型升级路径：推动信息化和工业化深度融合、利用后发优势提升企业技术实力、加强技术积累与自主研发、实施归核化战略并向创新驱动的集约式的发展方式转变等才能保障企业成功地实现转型升级。

执笔：赵三英（华夏幸福基业股份有限公司经济发展研究院总监，副教授，经济学博士）

参考文献

[1] Robert Wald. Toward A Knowledge - Based Theory of the Firm. Strategic Management Journal Winter Special Issue，1990（17）.

[2] Bibeault, Donald B. How Managers Turn Losers into Winners. McGraw - Hill Book ComPany, 1982.

[3] Adrian Slywotzky, Value Migration. How to Think Several Moves Ahead of The Competition. Harvard College, 1996.

[4] Martin Bell, Michael Albu. Knowledge Systems and Technological Dynamism Industrial Clusters in Developing Countries. World Development. 1999. 27 (9).

[5] Humphrev J. Schmitz H. Chain Governance and Upgrading: Linking Industrial Cluster and Global Value Chain Research. IDS Working Paper120. Brighton: Institute of Development Studies, 2000.

[6] 袁素萍．企业转型成功关键因素之研究．台湾：成功大学企业管理学系，2003

[7] 刘震涛，李应博．台资企业在世界经济不确定性因素影响下的转型升级．国际经济评论，2008（7）

[8] 林建峰．政府应扶持玩企转型升级．中外玩具制造，2008（5）

[9] 陈筠．随机应变：台资企业怎么“变”？．两岸关系，2009（4）

[10] 杨天夫．企业转型政府有责．企业改革与管理，2010（10）

[11] 刘消寒．政府对中小企业扶持体系的构建．社会科学战线，2012（5）

[12] 许士军．台湾公营事业开放民营的理论与实际．改革，1989（2）

[13] 曹建海，黄群慧．制度转型、管理提升与民营企业成长——以浙江华峰集团为例．中国工业经济，2004（1）

[14] 梅丽霞，蔡铂，聂鸣．全球价值链与地方产业集群的升级．科技进步与对策，2005（4）

[15] 毛蕴诗，汪建成．基于产品升级的自主创新路径研究．管理世界，2006（5）

[16] 毛蕴诗，吴瑶．企业升级路径与分析模式研究．中山大学学报（社会科学版），2009（1）

[17] 单东．金融危机条件下浙江民营企业的转型升级．特区经济，2009（4）

[18] 许爱玉．企业家能力转型研究——以浙商为例．商业经济与管理，2010（7）

[19] 朱海就，张昭时．浙商的企业家才能对企业绩效的贡献度研究——基于产业转型升级的背景．浙江社会科学，2011（10）

[20] 刘红红．台湾路径还是韩国路径？广东经济转型的路径选择．南方，2011

[21] 李锐．我国民营企业转型研究．福建师范大学博士论文，2013

[22] 毛蕴诗．中国企业：转型升级．广州：中山大学出版社，2009

[23] 唐辉亮．企业转型升级文献综述．宜春学院学报，2011（5）

[24] 辜胜阻，杨威．“十二五”时期中小企业转型升级的新战略思考．江海学刊，2011（5）

[25] 周枝田．企业转型升级策略研究．广东：暨南大学出版社，2010

[26] 吴瑶．中国出口企业基于国内外两个市场的资源构建、升级战略与经营绩效研究．中山大学博士论文，2010

[27] 叶帆．民营企业转型升级的路径选择．中外企业家，2012（3）

[28] 毛蕴诗．企业升级路径与分析模式研究．中山大学学报（社会科学版），2009（1）

[29] 周榕．企业家观念与企业转型升级．浙江工业大学博士论文，2013

[30] 北京时代机世咨询有限公司．2010年中国中小企业信息化建设与IT应用趋势研究报告，网址：http://www.docin.com/p-791657430.html

第6章

产业结构调整与中小企业发展

- 引言和相关文献综述
- 产业结构演进的国际经验
- 改革开放以来我国产业结构的演变
- 推动我国当前产业结构调整的因素
- 产业结构调整的路径
- 引导中小企业在产业结构调整中发挥更加积极作用

当前我国产业结构正处在快速变动之中。在此过程中，中小企业的发展路径主要有：用机器、技术替代人力，提高生产效率；以新产品新服务、新的经营方式提升竞争力；实施产业链升级战略，提高产品附加值；依托产业集群战略抱团发展；抓住机遇实现跨越式发展；以及实施“走出去”战略。通过完善扶持中小企业发展的政策措施，政府可以推动中小企业在产业结构调整过程中发挥更加积极的作用。

6.1 引言和相关文献综述

产业结构调整是个老话题。相关研究可谓多如牛毛。从宏观角度看，其研究对象主要是三次产业演进规律，这方面的典型代表是配第—克拉克定理。威廉·配第最早观察到从事工业生产活动的利润要远高于农业，而从事商业活动的利润又高于工业。从产业层面看，研究对象则包括产业内部结构演进规律、主导产业转换的规律以及产业组织结构的演变等。具体如德国经济学家霍夫曼提出的霍夫曼定理，即资本资料工业在制造业中所占比重不断上升并超过消费资料工业所占比重；钱纳里则归纳出了不同收入水平相对应的“产业结构标准化模式”。从微观角度看，研究对象则包括产业组织形态、商业模式的演变、企业间协作关系的演变等。其代表有产业链分工与网络化经营理论、产业集群与国家竞争优势理论等。从改革开放以来国内研究情况看，每到经济运行进入周期下行阶段，都会掀起一阵产业结构调整和升级的研究热潮。自2008年美国“次贷危机”爆发以来，国内有关产业结构升级的研究多集中在发掘、培育新兴战略性产业上、集中在各类企业如何应对新时期的挑战和机遇上。具体到中小企业本身，则多集中在如何化解劳动力成本快速上升、人民币汇率快速上升上，集中在如何推进技术创新和商业模式创新上，集中在如何加强产业链合作、共同提升产品质量和企业竞争力上，集中在完善中小企业服务体系、改善企业发展环境上。从经济发展阶段变化和产业结构演变的视角切入，自上而下开展研究的并不多见。本章就试图从新时期产业结构演进的视角考察中小企业发展问题。

6.2　产业结构演进的国际经验

总量问题和结构问题紧密相连。经济总量扩张（发展）与产业结构升级密不可分。其基本趋势就是：随着经济发展、社会分工走向深入，产业分类越来越细化，传统产业（如农业、工业）占国民经济的比重逐渐下降，而新兴产业占国民经济的比重则不断提高。早在17世纪，威廉·配第就发现从事工业生产所获得的利润要远远多于从事农业，而从事商业活动的利润又往往高于从事工业。基于上述观察，他认为随着经济的发展，产业重心将逐渐由有形财物的生产转向无形的服务性生产。1940年，科林·克拉克在计量分析的基础上，再次证实了威廉·配第的结论。这就是有名的“配第—克拉克定理”。其基本内容是：不同产业间相对收入的差异会促使劳动力向能够获得更高收入的部门移动。随着人均国民收入水平的提高，劳动力首先由第一次产业向第二次产业移动；当人均国民收入水平进一步提高时，劳动力便向第三次产业移动。结果，劳动力在产业间的分布呈现出第一次产业人数减少、而第二次和第三次产业人数增加的格局①。

英国、美国等发达国家经济发展的完整历程，完全证实了克拉克和配第的观察。特别是二战后，日本、德国等国再次实现工业化，韩国、台湾（地区）等迅速实现工业化，上述国家（地区）产业结构在短期内迅速变迁，也遵循了配第—克拉克定理。以日本为例，日本在进入经济高速增长期时，第一产业占GDP的比重为19.2%，而到1980年就下降到3.6%，到1999年更进一步下降到1.4%（如表6.1所示）；第二产业占GDP的比重，1955年为33.7%，随着工业化的推进，其占GDP的比重持续上升，一度达到43.1%；但随着工业化的完成，第二产业占GDP的比重开始呈现缓慢下降趋势，到1999年只有28.1%；第三产业占GDP的比重则呈持续上升势头。在工业化快速推进时期，第三产业GDP比重虽然也在上升，但第一产业占比下降更多是由第二产业占比上升所导致。随着工业化进程的结束，第三产业的发展则成为产业结构优化的主力，第三产业占比上升、第二产业占比下降，成为产业结构调整的主要内容。在日本，从1955年到1970年，第一产业占比下降13.3个百分点，与此对应，第二产业占比上升9.4个百分点，第三产业占比上升3.9个百分点；而从1970年到1999年，第三产业占比上升19.6个百分点，其中有15个百分点是由第二产业占比下降贡献的。

---

① MBA智库百科“配第—克拉克定理”。

表6.1 日本战后三次产业结构（%）

年份	第一产业	第二产业	第三产业
1955	19.2	33.7	47
1960	12.8	40.8	46.4
1970	5.9	43.1	50.9
1975	5.3	38.8	55.9
1980	3.6	37.8	58.7
1985	3.1	36.3	60.7
1990	2.4	37.2	60.4
1999	1.4	28.1	70.5

资料来源：东北证券，转型期的市场方向及行业配置——日本战后产业结构调整的经验与启示。

从就业结构看，第一产业占比呈持续下降态势。1955年到2000年，日本第一产业就业所占比重从41.3%下降到5%（如表6.2所示）。第二产业占比随着工业化的推进而呈持续上升态势。从1955年到1970年，第二产业占比从24.9%上升到35.3%，上升了10.4个百分点。但随着工业化的结束，第二产业占比呈现出逐步下降的趋势。到2000年，第二产业就业占比又回落到30.6%。只有第三产业就业呈现持续上升态势，从1955年到2000年，日本第三产业就业占比从33.8%持续攀升到64%，提高了30.8个百分点。

表6.2 日本三次产业就业结构（%）

年份	第一产业	第二产业	第三产业
1955	41.3	24.9	33.8
1960	32.9	30.4	36.7
1970	19.7	35.3	45
1980	12.9	34.3	52.8
1990	8.8	33.8	57.4
2000	5	30.6	64

资料来源：东北证券，转型期的市场方向及行业配置——日本战后产业结构调整的经验与启示。

在三次产业结构深刻变动的同时，各产业内部也在发生着深刻的变革。仍以日本为例。二战后随着发展阶段的变化，日本主导产业（主要指工业）也发生了数次大的转移。在经济恢复时期，政府大力发展钢铁、煤炭、电力等产业以缓解产业瓶颈，为轻工业恢复和发展奠定基础。进入60年代，日本主导产业为钢铁、造船、化工、电力、石油冶炼等。石油危机后，日本主导产业则转为汽车制造、精密机械，家用电器等，实现了主导产业从资本密集型向技术密集型产业的转型。进入80年代中期以后，日本经济开始向后工业社会过渡，知识密集型产业、服务业产业，如计算机、电子信息、软件等产业开始逐步发展成为新的主导产业。

同一时点不同发展水平国家的横向对比，也验证了产业结构变动的上述规律。如表6.3所示，农业占GDP的比重呈现出逐渐下降的发展趋势。2012年，农业占GDP比重低收入经济体为27%，而下中等收入经济体、上中等收入经济体则分别只有为17%和8%，高收入经济体更是下降到1%。与农业占比持续下降相对应，服务业占GDP比重则呈随经济发展而持续上升的趋势。2012年，服务业占GDP比重高收入经济体为74%，超过中等收入经济体20个百分点；而中等收入经济体又超出低收入经济体5个百分点。工业、制造业占GDP比重最高的，是中等收入经济体。2012年，中等收入国家占GDP比重为36%，超过高收入经济体和低收入经济体10个百分点以上。这既反映了中等收入国家处在工业化进程之中的现实，也与高收入经济体（工业化国家）推行去产业化政策，向中等收入国家大量转移生产能力（以降低生产成本）有关。

表6.3　　不同收入水平国家产业结构对比（%）

	农业占比		工业占比		其中：制造业		服务业占比	
年份	2000	2012	2000	2012	2000	2012	2000	2012
世界平均	4	3	29	27	19	16	67	70
低收入经济体	33	27	21	23	12	12	46	49
中等收入经济体	13	10	37	36	22	21	51	54
其中：下中等收入经济体	21	17	32	31	17	16	47	52
上中等收入经济体	10	8	38	38	24	23	52	54
高收入经济体	2	1	28	25	18	15	70	74
其中：欧元区	2	2	28	25	19	16	70	73

资料来源：世界银行数据库。

6.3 改革开放以来我国产业结构的演变

改革开放以来，我国经济持续快速发展，经济实力显著增强，社会面貌发生翻天覆地的变化。在经济快速发展的同时，我国产业结构快速升级。和改革开放初期相比，我国的产业结构也发生了深刻的变化。主要表现在以下方面。

6.3.1 在三次产业构成方面，第一产业占比下降明显，第三产业占比上升明显

如图6.1所示，改革开放以来，特别是1990年以来，我国第一产业占GDP比重呈稳步下降态势。1980年，第一产业占GDP的比重为30.1%，到了1990年和2000年，就分别

下降到27.1%和16.4%。到2012年更是进一步下降到10%。目前第一产业占比仍继续呈下降趋势；第二产业占GDP比重大体平稳，20世纪80年代、90年代和21世纪初前十年，第二产业占GDP的比重分为44.5%、45.4%和46.4%。但随着"四万亿"投资计划的退出，第二产业占GDP比重出现下降趋势。2013年，我国第二产业占GDP比重为43.9%，比2011年低2.7个百分点。第三产业占GDP的比重则呈稳步上升趋势。2013年，第三产业占GDP比重达到46.1%，首次超过第二产业。在33年时间内，第三产业占GDP比重提高了24.7个百分点。特别是近年来呈明显加快趋势。从2011年到2013年，第三产业占GDP比重提高了近3个百分点。

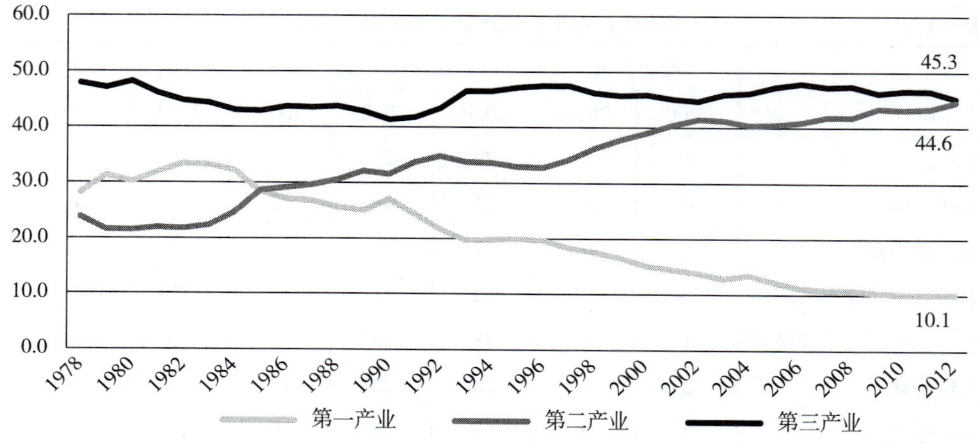

图6.1　我国三次产业占GDP比重（%）

资料来源：中国统计年鉴。

6.3.2　在三次产业吸纳就业方面，第一产业明显下降，第三产业显著上升

如图6.2所示。在改革开放之初，我国约有70%的劳动力是在第一产业就业。但随着工业化、城市化的快速发展，大量农村劳动力向城市转移，向非农产业转移，由此导致第一产业就业人口占比的持续下降。到2013年，这一比例就下降到了31.4%，平均每年下降一个多百分点。与此相对应，第二、第三产业吸纳的劳动力在不断增加。从1980年到2013年，我国第二产业就业人口占比从18.2%上升到30.1%，增加了约12个百分点；第三产业就业人口占比则从13.1%增加到38.5%，增长了15.5个百分点。目前，第三产业已经取代第一产业，成为吸纳劳动力最多的经济部门。

6.3.3　和三次产业结构变化对应的，是三次产业对经济增长的贡献

如图6.3所示，长期以来，第二产业都是拉动经济增长的最主要发动机。在20世纪90年代，第二产业对经济增长的贡献平均超过60%。此后，其对经济增长的贡献呈逐步下滑态势，到2012年滑落到48.7%。毫无疑问，这是我国处于工业化快速推进阶段的外部

反映。第三产业对经济增长的贡献则呈稳步上升态势。20 世纪 90 年代和 21 世纪前十年，第三产业对经济增长的平均贡献率分别为 28.2% 和 43%，在短短十年内，提高了将近 15 个百分点。并且，伴随着经济结构调整步伐的加快，这一趋势有加速发展的迹象。从 2011 年到 2013 年，第三产业对经济增长的贡献从 43.8% 提高到 49.2%，提高了 5.4 个百分点。目前，第三产业已超越第二产业，成为拉动经济增长最主要的发动机。

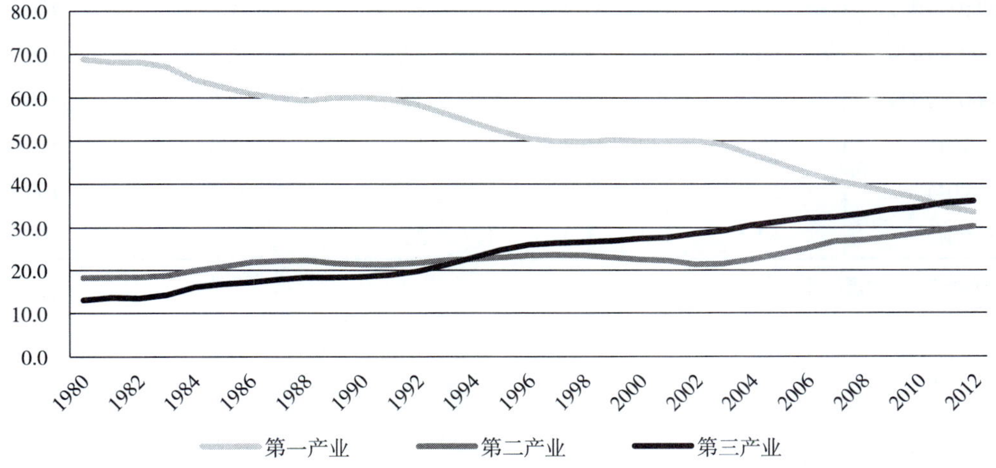

图 6.2　我国三次产业就业结构（%）

资料来源：中国统计年鉴。

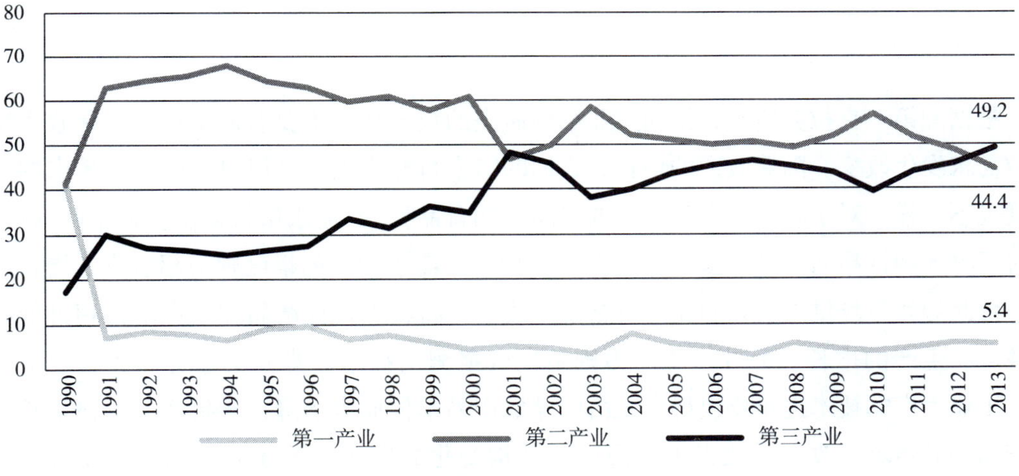

图 6.3　我国三次产业对经济增长的贡献（%）

资料来源：中国统计年鉴。

6.3.4　在三次产业结构深刻变动的同时，各产业内部也在发生着深刻的变化

以农业为例。如表 6.4 所示，20 世纪 80 年代，我国农业在农林牧渔业增加值的比重超过 70%，但到 21 世纪前十年，就稳步下降到 51.8%，占比平均每十年下降 10 个百分

点。与此同时，牧业占比则分别从21.3%上升到32.2%，上升了10.9个百分点；渔业占比从3.4%上升到10%，上升了6.6个百分点。“一升两降”之间，反映了居民消费结构的升级，反映了农业生产向优质高效转型的努力。

表6.4　　我国农林牧渔增加值内部结构（%）

年份	农业占比	林业占比	牧业占比	渔业占比	合计占比
1980～1989	70.6	4.7	21.3	3.4	100
1990～1999	60.0	3.9	27.9	8.1	100
2000～2009	51.8	3.8	32.2	10.0	100
2010	53.3	3.7	30.0	9.3	100
2011	51.6	3.8	31.7	9.3	100
2012	52.5	3.9	30.4	9.7	100

资料来源：中国统计年鉴。

6.4 推动我国当前产业结构调整的因素

根据配第—克拉克定理，推动产业结构演进的根本动力主要有两个：一个是收入增加导致需求发生改变。随着收入的增长，人们的需求自然会增加，但对不同商品需求的增长幅度也不一样。对于收入需求弹性低的产品（如食品），其需求增长幅度会低于收入增长；而对于收入弹性高的产品（如高档消费品）而言，需求增长的幅度则会超过收入增长的幅度。由此导致市场供求关系和相对价格发生改变，高收入弹性产品的生产增长超过低收入弹性产品生产的增长。另外一个动力则是投资报酬（技术进步）的差异。和农业生产相比，工业生产的技术进步要快得多，由此导致产品单位成本下降，导致产品价格下跌，从而增加产品需求。改革开放以来我国产业结构变化的实践和上述分析是完全吻合的。当前，推动我国产业结构调整的因素主要有以下方面。

6.4.1 “人口红利”消失，劳动力价格快速上涨

廉价的劳动力供应，一直是支撑我国经济持续快速发展的重要因素。近年来，随着人口结构的变化，我国15～59岁劳动年龄人口数量逐渐达到峰值。如图6.4所示，2012年我国15～59岁劳动人口数量较上年下降345万，2013年又较上年下降244万。劳动年龄人口占总人口的比例也由2011年的69.8%下降到2013年的67.6%。和劳动人口占比下降相

对应的，则是社会负担率上升。早在2000年，我国即已步入老龄化社会。而控制人口增长的政策又进一步加快了老龄化的发展步伐。“少子老龄化”社会的来领，更加剧了劳动力紧张的局面。

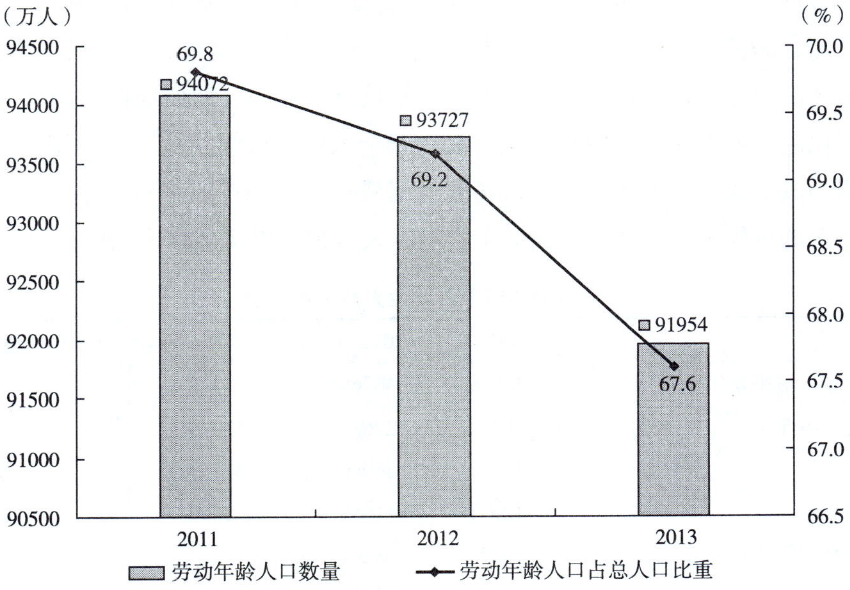

图6.4 我国劳动人口开始下降

随着劳动力供求关系的变化，我国劳动力价格开始快速上涨，各类用工成本迅速上涨。从全国城镇单位就业人员平均工资来看，2003年，我国城镇单位就业人员平均工资只有13969元，折合每月1000元多一点。而到2012年，就已增长到46769元，增长了2.35倍，按年率计算，平均增速超过14%。

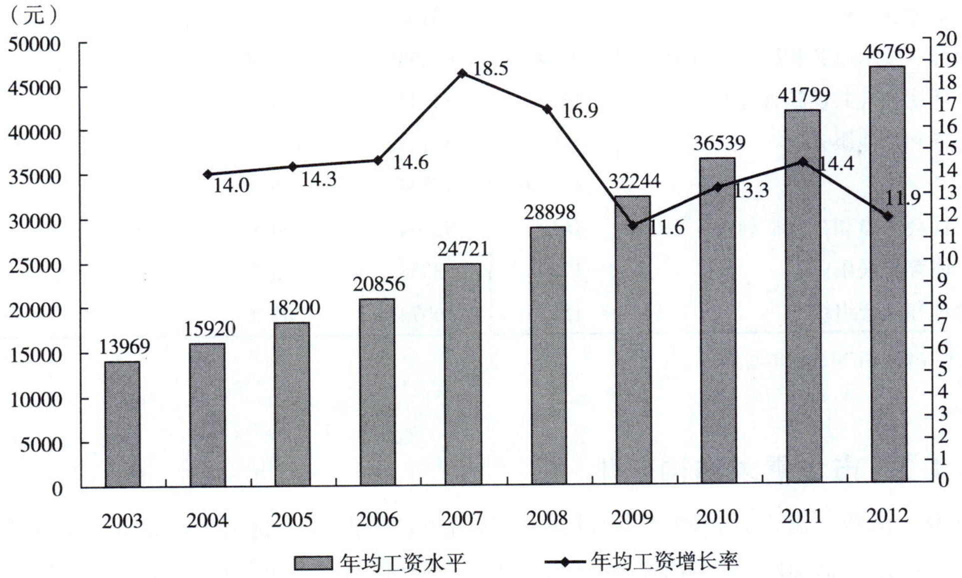

图6.5 城镇单位平均年工资

虽然城镇单位就业员工平均工资在过去十年内有了明显上涨，但不同行业上涨的幅度是不一样的。如表6.5所示，上涨幅度超过平均水平的行业，主要是采矿业、交通运输、仓储和邮政业，批发零售业，金融服务业，教育，以及科学研究、技术服务和地质勘探业。增幅明显低于平均增幅的行业，则有信息传输、计算机服务和软件业，住宿和餐饮业，房地产业，居民服务等几个行业。软件行业公司上涨幅度低，除了其基数较高以外，大量专业人才的培养显著增加了劳动力供给，是重要的原因。即便如此，2012年，该行业年平均工资仍超过8万元，在所有行业中仅次于金融业，居第二位。居民服务业收入增速低，则是因为其劳动技能要求不高，市场准入门槛低。房地产业工资增幅低，有基数高的原因，但更多的可能和该行业实行绩效工资制，大量报酬以奖金方式发放有关。

表6.5　　分行业城镇单位就业人员平均工资　　单位：元

	2003年	2012年	增长幅度（%）	增幅是否超过平均水平
城镇单位就业人员平均	13969	46769	234.8	
农、林、牧、渔业	6884	22687	229.6	
采矿业	13627	56946	317.9	是
制造业	12671	41650	228.7	
电力、燃气及水的生产和供应业	18574	58202	213.4	
建筑业	11328	36483	222.1	
交通运输、仓储和邮政业	15753	53391	238.9	是
信息传输、计算机服务和软件业	30897	80510	160.6	
批发和零售业	10894	46340	325.4	是
住宿和餐饮业	11198	31267	179.2	
金融业	20780	89743	331.9	是
房地产业	17085	46764	173.7	
租赁和商务服务业	17020	53162	212.4	
科学研究、技术服务和地质勘查业	20442	69254	238.8	是
水利、环境和公共设施管理业	11774	32343	174.7	
居民服务和其他服务业	12665	35135	177.4	
教育	14189	47734	236.4	是
卫生、社会保障和社会福利业	16185	52564	224.8	
文化、体育和娱乐业	17098	53558	213.2	
公共管理和社会组织	15355	46074	200.1	

资料来源：中国统计年鉴。

6.4.2　市场需求结构变化

投资、消费、出口是拉动经济增长的三驾马车。长期以来我国经济增长主要靠投资和出口双轮驱动。但2008年金融危机之后，由于“次贷危机”的影响，发达国家陷入深度经济衰退，市场需求疲软，导致我国产品出口乏力，出口对我国经济增长贡献率连年下降。如图 6.6 所示，2011 ~2013 年，出口对我国经济增长的贡献率连续 3 年为负。从出口商品结构看，我国出口的商品主要是工业制成品，包括：纺织品、服装、鞋类、家具、自动数据处理设备及部件、手持或车载无线电话、集装箱等，上述产品出口遇阻，增加了我国出口企业的经营压力，迫使其进行转型和升级，有一些企业甚至不得不“关门大吉”。国外市场需求的变化，是我国东部地区产业结构调整和升级的重要动力。

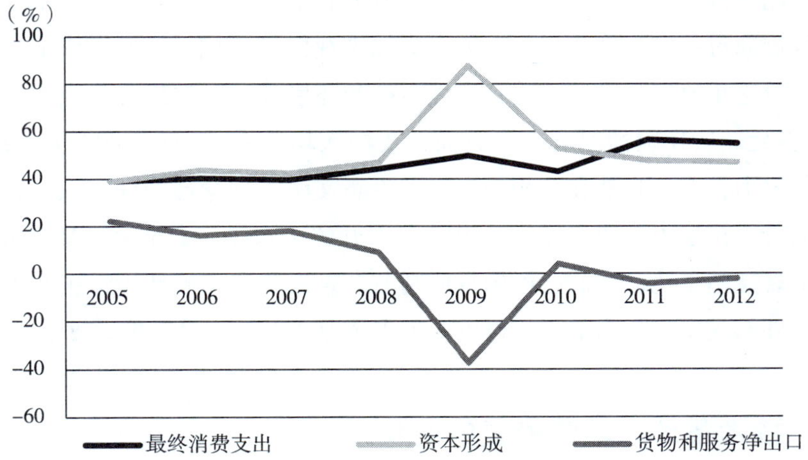

图 6.6　三大支出对我国经济增长的贡献率

从国内市场供求动态看，随着发展阶段的变化，随着居民收入的增加，市场需求也正在发生深刻的变革。在生产领域，由于持续的、高强度投资极大地增加了社会资本存量，使得加强管理、提高资本利用效率变得更加有利可图，这就为生产型服务业的发展，如会计、金融、管理咨询、信息服务等创造了需求。新技术、新产品层出不穷，创新步伐明显加快，像大数据、3D 打印等，不仅催生出新的产业，也对既有的商业生态带来深刻影响。在居民家庭活动领域，收入的增加带来了消费升级，导致对教育、休闲娱乐需求的增加。随着持有财富的增加，居民财产保值增值的需求凸现出来，由此带来金融理财、房屋出租代理，汽车维修等产业的快速发展。随着汽车进入家庭、交通条件显著改善，自驾游、城市近郊游也发展起来了。与上述新的增长点形成鲜明对照的是，在上一轮高速增长期间突飞猛进的产业（如钢铁、水泥、有色金属、远洋运输等）大多陷入了严重的产能过剩，企业经营压力加大，经济效益下滑。需要通过改进企业管理，优化产业布局，来提高生产经营效率，提高经营效果。

6.4.3　环境政策变化

长期以来，我国经济的增长严重依赖资源和能源投入，由此带来高能耗、高物耗和高污染问题。2012 年，我国万元 GDP 能耗为 0.764 吨标准煤，为世界平均水平的 2.5 倍，美国的 3.3 倍，日本的 7 倍。虽然近年来，我们为推动降低能耗做出了巨大努力，2013 年也实现了万元 GDP 能耗较上年下降 3.7%，但其绝对水平依然偏高。根据《节能减排“十二五”规划》的要求，到 2015 年，我国将实现单位国内生产总值能耗比 2010 年下降 16%，化学需氧量、二氧化硫排放总量减少 8%，氨氮、氮氧化物排放总量减少 10%。即便如此，由于基数高，历史排放积累量大，再加上新型污染源不断出现，资源环境仍然十分严峻，环境污染事件仍然层出不穷。

有学者曾把经济发展和资源污染的关系，归纳为倒 U 型的“库兹涅茨曲线”，认为在工业化初期，随着经济的发展，人类对废弃物的排放会增加，从而导致环境污染程度上升；但经济发展超过一定程度之后，人类会更加重视保护环境，从而采取措施治理环境污染，使环境质量逐步改善。经验表明，环境污染和环境破坏问题出现拐点大体是在人均收入达到 5000 美元。从我国情况看，一方面，我国人均收入已超过 6000 美元；另一方面，经过近十年的努力，人与自然和谐相处、建设生态文明等理念已经深入人心，环境保护政策体系更加完善，执法力度明显加强。2013 年召开的十八届三中全会，又对构建生态文明作了全面的部署。基于此，我们已可乐观地判断，未来我国实施环境保护政策的力度将更大，企业生产外部成本实现内部化，很可能带来企业成本结构发生重大改变。

6.4.4 技术条件、经营模式的变化

我们目前正处在知识爆炸的时代。新知识的获得，拓展了人们的眼界，为快速的产品技术变革、商业模式变革创造了条件。且不说火爆的大数据运用、3D 打印、生物医药和新能源技术，就是商业模式也在发生着深刻的变革。阿里巴巴在短短十几年内就崛起为世界商业巨头，不仅是因为充分利用了互联网技术，更因为它开发出了“支付宝”，解决了买卖双方的相互不信任问题。目前，批发、零售业越来越多的从实体销售转移到网上经营，B2B、B2C、C2C、B2R、O2O 等新型商业模式日益成熟和完善，移动电子商务也方兴未艾，甚至连网络信贷也发展起来了。以网络销售为例，如图 6.7 所示，2013 年我国网络零

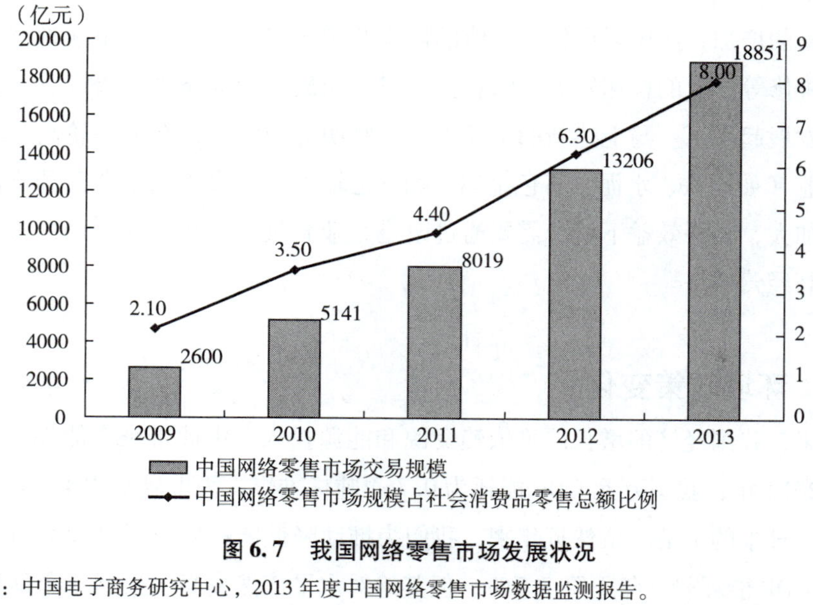

图 6.7　我国网络零售市场发展状况

数据来源：中国电子商务研究中心，2013 年度中国网络零售市场数据监测报告。

售市场交易较上年增长 42.8%，交易总量达到 1.88 万亿元，占全社会消费品零售总额的 8.04%。2014 年，我国网络零售交易总额更是有望达到 2.79 万亿元。网络销售市场的兴起，极大地冲击了传统批发零售业的发展，也催生了现代物流业的繁荣和物流业的深刻结构变革。

6.5　产业结构调整的路径

在市场经济条件下，市场是配置资源的主体。产业结构调整是企业、家庭根据变化了的市场信号改变自身行为以追求利益最大化的结果。通过调节价格信号或者直接配置资源等形式，政府可以对上述过程施加影响；但从本质上说，产业结构调整是一个市场过程。

6.5.1　从微观角度看

出现严重“产能过剩”局面、劳动力价格快速上涨、市场需求结构显著变化、环境政策更加严格、技术变化迅速、企业经营模式推陈出新，……所有这些，对单个企业而言，都意味着经营环境的改变，意味着成本—收益曲线的改变。在新的条件下，需要企业深入分析自身发展所面临的风险和机遇，准确把握自身的优势和不足，审时度势，调整经营战略，区别轻重缓急，化不利因素为发展动力，取得新的发展。

从企业角度，特别是从中小企业的角度看，可能的发展路径主要有以下几种。

(1) 用机器、技术替代人力，提高生产效率

劳动力成本快速上涨，意味着机器价格的相对下降资本—劳动力对比关系的变化，使得机器更加便宜。因此，用机器取代劳动，以提高生产效率，就成为许多企业，特别是劳动密集型企业的必然选择。

(2) 积极拓展新的商业领域，以新产品新服务、新的经营方式提升竞争力

经验表明，经济衰退时期也是企业加大研发力度、积极探索市场新领域的时期。面对需求结构的变化、面对日新月异的技术变革，企业可以依靠更加适销对路的产品（更加节能环保的产品、更加安全的食物、更加聪明的医疗保健用品、个性化的金融服务、高质量的中介服务等），更贴近顾客的服务方式（如基于移动互联终端的信息管理、第三方物流的便捷服务等），通过开拓新的市场蓝海来巩固自身的竞争优势，在激烈的市场竞争中求得发展。

(3) 实施产业链升级战略，提高产品附加值

许多企业和上下游存在密切的分工协作关系。一些中小企业的生产经营活动是服从和

服务于大型企业集团的（如提供关键零部件、承接分包服务等），是大型企业拳头产品产业链的有机组成部分。在这里，中小企业和大企业是利益共同体，中小企业可以通过深度参与到大企业产业升级的过程当中，积极履行相应职能（如高质量完成重要零部件的研发和投产）来巩固与大企业的稳定合作关系，并从中获得更大的发展。还有一些产业（如服装、家用电器等）的产业链较短，中小企业则可以通过向上下游延伸的方式，如从贴牌生产发展到自营品牌、自建营销渠道等来拉长产业链条，增加高附加值生产经营活动的比重，以获得更高的收益。

(4) 依托产业集群战略，抱团发展

行业相近、产业联系紧密的诸多企业聚集在一起，可以充分发挥外部经济优势，有效降低交易成本。这是许多产业集群在激烈的市场竞争中立于不败之地的秘诀。面对劳动力、原材料成本快速上涨的压力，一个有效的应对方案就是“抱团发展”，通过把产业转移到产业配套条件好、商业生态环境优、相关产业密集的特色市、特色镇，通过集群发展来降低经营成本，提升企业竞争力。换个角度看，这也意味着地区经济发展将更加突出产业特色。

(5) 抓住机遇，实现跨越式发展

在上一轮经济快速发展过程中，有的中小企业在市场竞争中脱颖而出，成为业内翘楚。对他们而言，完全有可能通过资产交易、企业并购等方式迅速做大做强，成为行业领袖。

(6) 实施“走出去”战略

中小企业“走出去”面临一系列困难。但近年来有关方面已进行了积极探索，并积累了宝贵的经验。比如，在更加接近销售市场或劳动力成本更低的地区建设中国产业加工区、中国工业城，引导国内产业链、产业集群对外输出，从而带动了中小企业“走出去”的步伐。此外，一些企业追随跨国公司产业转移的步伐，在海外设厂，为跨国公司提供产业配套，既稳定了和跨国公司的商业联系，也开辟了新的盈利空间。在这方面，还有许多文章可做。

6.5.2 从产业角度看

今后一段时期，我国产业结构变化将呈现如下特征。

(1) 社会分工更加细化，产生新的产业形态

市场环境的变化为新兴产业的发展提供了机会。新产业的出现不仅带来新的盈利机会，还有可能重塑既有的产业格局，为提升国家竞争优势注入新的活力。当前，围绕新的经济增长点、围绕新兴战略性产业，主要经济国家展开了激烈竞争。我国也制定了相应的规划来鼓励先进制造、基因工程、新材料、新能源、信息网络等产业的发展。

当前，需要特别关注3D打印、大数据应用和新能源技术领域的发展。以3D打印技术为例，3D打印是通过逐层打印方式来构造物体的生产技术，它以数字模型文件为基础，通

过把粉末状原料粘合起来而“制造出”产品。和传统生产技术相比，它具有贴近客户生产、个性化定制、快速反应等优势，在汽车、航空航天关键零部件制造、牙医和外科手术、工业设计等领域已经展现了广阔的发展前景。3D 打印技术的发展，不仅意味着 3D 打印机产业的崛起，而且意味着（3D 打印）软件设计业、（3D 打印）材料制造业的发展，意味着现存制造技术为应对 3D 打印冲击而大幅改进生产工艺、提高生产灵活性。

（2）资本技术密集型产业、服务业取代资本密集型产业成为新的主导产业

经济发展和主导产业变迁密切相关。美国经济学家罗斯托曾将经济成长划分为六个阶段并归纳了相应的主导产业部门。在传统社会阶段，主导产业是食品、饮料、烟草等；在起飞阶段，主导产业是纺织业为代表的消费品制造业；在成熟阶段，主导产业为钢铁、煤炭、电力等重工业和制造业；在大众消费阶段，主导产业则是汽车业。先驱的理论探索，欧美、日本等先行国家的历史经验，为我们预测产业变迁提供了指南。

严重的产能过剩不仅抑制了冶金、建材、能源等产业规模的发展，也挤压了产品价格和企业盈利空间；与此相对应，汽车、物流、金融、休闲旅游等产业则呈现蓬勃发展的态势。在“一升一降”之间，产业对比关系悄然发生变化。2013 年，第三产业占 GDP 比重已超过第二产业，达到 46.1%。到 2020 年，第三产业占 GDP 比重更将超过 50%。随着时间的推移，汽车、精密机械、物流、环保、金融、信息服务等产业在国民经济中的主导地位将进一步凸显出来。

（3）长期困扰人们的重点产业集中度偏低问题会有所改观，产业组织结构进一步优化

产业结构的演进和产品生命周期密切相关。新产品刚引入市场时，生产企业少，产业集中度高。产品获得顾客认可之后，市场规模开始急剧扩张，从而吸引一批新企业加入，导致产业集中度下降；在产品进入成熟期之后，市场需求增速放缓，行业竞争激烈，大企业吞并小企业或者企业通过联合来稳定收入和利润增长，此时，业内企业数量减少，产业集中度再次提高。

从我国的实际情况看，冶金、建材、造船、能源等产业在行业增速放缓的背景下，迫切需要通过企业兼并重组来优化资源配置、提高生产效率。在这方面，政府也出台了一系列措施来鼓励上述行业的组织结构调整。可以预计，随着时间的推移，上述产业的集中度将会显著提高，由此将带来生产布局优化、生产流通效率显著提高。

另一方面，随着市场化改革的深入，也随着发展阶段的改变，在一系列新兴的产业领域，如大数据运用、3D 打印、金融会计服务、投资理财等，由于参与者增加而呈现产业集中度下降的发展态势。从全社会角度看，市场参与者增加有利于强化竞争、激发创新，提高产业竞争力；有利于为客户提供更优质的产品和服务，提升公众生活质量。

6.5.3　从宏观角度看

产业结构的调整也将使我国经济运行在宏观层面上展现一系列新的特征。具体如：我国将由经济大国发展成为世界经济强国，经济增长将由主要依靠资源投入转向更多依赖创

新和效率提高，高投入、高消耗、高污染的发展模式将被可持续发展模式所代替，粗放的、野蛮式增长将被精细的、创新式增长所代替，追求“一夜暴富”的浮躁经商心态将被追求价值实现的理性经商心态所代替，经济增长将由高速增长转向次高经济增长等。对于上述内容，前面几章已有详细的论述，这里就不展开了。

总之，在今后一段时期，中国经济将步入更加依靠科技进步、更加依靠创新的发展新阶段。在新的发展时期，固然需要大企业发挥主导作用，但中小企业在推动创新、稳定就业等方面的积极作用将更加突出。

6.6 引导中小企业在产业结构调整中发挥更加积极作用

近年来，围绕提升产品质量、完善营销模式、加强内部管理，广大中小企业积极探索，不断创新，取得了显著成效。根据课题组的问卷调查①，在过去三年里，38.8%的家族式管理企业从家族式管理转变为职业经理人管理，有1/3的独家公司经营企业从一家公司发展到多家公司或企业集团；还有37.5%的劳动密集型企业转向资本或技术密集型产品。

问卷调查还显示，在过去5年时间里，企业经济效益的提升主要来源于产品质量提高、技术创新、企业（品牌）声誉提升、产品（服务）升级以及管理效率提高。对于这道多项选择题，认为企业经济效益提高主要来源于产品质量提高的，占有效回答问卷企业总数的62.9%；认为企业经济效益提高主要来源于技术创新的，占59.5%；此外，回答企业（品牌）声誉提升、产品（服务）升级以及管理效率提高的，分别占52.6%、50.6%和45.6%。这也从另一个角度表明，近年来，广大中小企业在加大研发投入力度、提升产品质量方面，在强化市场营销、加强内部管理方面做了大量的努力。这也是中小企业在发展速度、经济效益上整体优于大型国有企业的一个重要原因。

在肯定成绩的同时，我们也要看到：在获取资金、技术、人才资源等方面，广大中小企业仍面临困难。和大型企业相比，仍处于劣势地位。

问卷调查显示，2013年，中小企业职工人数平均为349人。和2009年相比，中小企业职工素质有了显著改善（大专以上学历职工从53.8人增加到88.8人）。但企业职工素质的改变是在大学扩招、新增劳动力教育结构发生明显改变的背景下发生的。和大型企业

① 本章所指的问卷调查结果，指的是包含企业财务数据的问卷调查结果。笔者注。

相比，其综合素质的差距仍然十分明显。和中小企业发展的实际需要比，仍有不小的差距。这在企业对最短缺人员的回答中表现得很突出。在问卷调查中，有176家企业回答最缺技术人员，有152家企业回答最缺市场开发人员，有105家企业回答最缺熟练工人，分别占有效回答问卷企业总数的38.3%、33%和22.8%。

在融资方面，有99家企业回答“非常困难”，有307家企业回答“有困难，但困难不大”，分别占有效回答问卷企业数的20.7%和64.1%。在融资成本方面，中小企业融资成本仍然较高。问卷调查显示，综合融资成本在10%以下的企业只有193家，占有效回答问题企业总数的47.9%；融资综合成本在11%~15%之间和16%~20%之间的企业分别有119家和47家，两者合计占41.2%。此外，还有37家企业（占企业总数的9.2%）的融资综合成本高达21%~30%。

在如何推进研发、产品创新方面，有136家企业回答未来5年内，主要依托自主独立开发，占有效回答问卷企业总数的34.9%；而回答与科研机构合作开发、在模仿的基础上创新、对市场产品的简单模仿的，分别有105家、96家和36家，合计占有效回答问卷企业总数的60.9%。中小企业严重依赖外部力量开展产品创新，反映了自身技术研发能力不足的尴尬现实。互联网的迅速发展，已使上网成为企业经营不可或缺的重要组成部分。问卷调查显示：只有125家中小企业拥有独立网站，经常更新信息并建立了有效的客户意见网络互动机制，占企业总数的1/4强。而虽然建立了网站，但内容不经常更新，更没有建立起有效的网络营销互动机制的企业则有248家，占企业总数的52%；此外，还有21.9%的企业（共104家）根本没有建立自主的企业网站。因此，要进一步激发中小企业活力，充分发挥中小企业在推动产业结构调整方面的积极作用，还需要政府采取积极的措施。

6.6.1 进一步缓解中小企业“融资难”、“融资贵”问题

“融资难”、“融资贵”问题长期得不到解决，一个重要原因是金融市场不完善，为中小企业提供金融服务的机构和金融产品严重缺乏。我们要认真贯彻十八届三中全会关于完善市场体系的重大部署，把完善金融市场体系作为缓解中小企业“融资难”、“融资贵”问题的根本途径。要在加强市场监管的前提下鼓励设立中小型银行等金融机构，通过引入竞争激励银行等金融机构部开发出更多的适合中小企业需求特点的金融产品和金融服务。要积极推动股票发行注册制改革，积极发展创业板市场，为优质中小企业疏通进行股权投资的通道。要积极发展企业债市场，鼓励“集合债券”、“资产证券化”等创新类金融产品发展，降低中小企业融资成本；要大力发展普惠金融，鼓励金融创新，提高金融服务的可及性。

6.6.2 增加研发扶持力度，引导企业转型升级

前面提到，当前中小企业提升企业经济效益的手段，不外乎提高产品质量、技术创新、企业（品牌）声誉提升、产品（服务）升级等。而其核心就是提高技术水平、提高产

品（服务）质量。针对近年来我国支持企业自主创新的各项政策，调查问卷提供了来自客户端（企业）的评价。那就是：在财税扶持政策中，作用最大的是科技发展资金、高新技术产业专项补助资金以及对自主创新行为的税收减免或税收返还；在金融扶持政策中，作用最大的是低息贷款及贷款贴息、知识产权、无形资产和个人信誉担保抵押贷款，以及为企业自主创新贷款提供担保；在创新公共服务平台政策中，作用最大的是科技产业引导性投资、与自主创新相关的知识性服务以及对创新产品的采购。这就为政府指明了下一步努力的方向。

6.6.3 增加财政投入，提高政策效果

目前，我国已初步建立起了中小企业政策体系和服务体系。但由于服务体系不完善，资金投入力度不足等原因，我国对中小企业的扶持力度和实际需要相比还存在较大差距。课题组的问卷调查也证明了这一点。对于政府扶持中小企业发展的各种努力，被调查企业给出的评分多在3.5分和4.5分之间（赋分情况为：从“没有帮助”到“帮助很大”由低到高排列，分别赋分1~7分）。例如，在缓解融资难问题方面，政府的得分为3.23分；在提供税收优惠政策方面，3.63分；在支持企业转型升级方面，3.66分。这样的得分情况，既肯定了过去十多年来我们取得的成就，也指明了今后的努力方向。各级政府应进一步提高认识，充实人员配备，增加资金投入，在提供基本办公经费的同时为各类服务中心提供充足的项目资金，使各类服务人员“有事做”，使各类“服务中心”、“公共技术中心”能够充分发挥社会效益。

6.6.4 改进政策设计和服务提供方式，提供政策效果

中小企业千姿百态，对扶持政策的需求也各不相同。如何把普惠性的扶持政策与特定目的的扶持政策有机结合起来，把普遍的公共服务与不同企业的特定需求有机结合起来以提高政策效果，是摆在各级政府面前的重要课题。在这方面还有大量的文章要做。首先，扶持政策体系要从以基于产业特征（如是否为高新技术企业、是否为战略性新兴产业）为主向以基于生产经营环节（如研发、技术）为主转型；其次，扶持政策体系要从以择优选拔型为主导向以普惠性政策为主导转型；再次，政府提供公共服务要引入市场机制，实现由政府“亲力亲为”向政府购买服务转型。

执笔：张俊伟（国务院发展研究中心宏观部研究室主任，研究员，经济学博士）
熊瑞杰（中央党校政治经济学专业硕士）

第 7 章

经济转型：产权结构调整与中小企业转型

- 引言与文献综述
- 中小企业产权结构现状与问题
- 中小企业产权结构优化与治理机制建设

中小企业产权结构调整是其经济转型的制度保障。本章基于问卷调查数据，对中小企业产权结构的现状和特征进行了分析；在此基础上，提出了优化调整中小企业产权结构的政策建议。

7.1 引言与文献综述

经济学界对产权的定义很多，阿尔钦认为，产权是一个社会所强制实施的选择一种经济品的使用的权利①。登姆塞茨认为，产权包括一个人或其他人受益或受损的权利，……，产权是界定人们如何受益、如何受损，因而谁必须向谁提供补偿以使他修正人们所采取的行动②。E. G. 菲吕博腾和 S. 配杰威齐认为，产权安排确定了每个人相对应于物时的行为规范，每个人都必须遵守他与其他人之间的相互关系，或承担不遵守这种关系的成本③。中国国内对产权的定义也有不同的观点。如产权等于所有权；产权比所有权宽泛；产权是一种选择权等。党的十六届三中全会通过的《中共中央关于完善社会主义市场经济体制若干问题的决定》对产权作了表述：产权是所有制的核心和主要内容，包括物权、债权、股权和知识产权等各类财产权。

尽管大家对产权的理解不尽相同，但大多数认为，产权是一束权利，包括使用权、收益权、处置权与交易权；产权不是指人与物之间的关系，而是指由于物的存在及使用所引起的人与人之间的关系；产权具有可分割性，不同的产权主体可能拥有使用权、收益权或交易权中的一项或几项权利，某项权利也可能归属于一个产权主体或几个产权主体。这样就会在各权利之间形成不同的配比和组合关系，即产权结构。产权结构是公司治理结构的基础，公司治理结构是产权结构的具体运行形式，不同的产权结构决定了不同的企业组织结构，从而决定了不同的企业治理结构。

有关产权功能的论述，兴起于20世纪50年代的产权学派主要着眼于产权、激励与经济行为关系的研究，探讨了不同的产权结构对收益—报酬制度及资源配置的影响。冀县卿等认为，不同的产权结构会具有不同的激励和约束作用，产权在诱导人们的决策动机和经济选择行为时首先取决于不同的产权结构，进而导致不同的资源配置效率④。研究达到的

①②③ ［美国］R. 科斯、A. 阿尔钦、D. 诺斯等：《财产权利与制度变迁——产权学派与新制度学派译文集》，上海三联书店，上海人民出版社1994年版。

④ 冀县卿等："农地产权结构变迁与中国农业增长：一个经济解释"，《管理世界》，2009年第1期。

一个基本思想和共识是产权会影响激励与行为，企业产权的经济学意义是减少不确定性、降低交易费用、增进资源的有效配置与使用，减少外部性等功能。对于经济转型与产权关系的论述，阿尔钦在讨论经济学与产权的关系时，认为经济学是对稀缺资源配置的研究，一个社会中的稀缺资源的配置就是对使用资源权利的安排，因此经济学的问题从实质上讲是产权的界定、交换等问题。由此推断，讨论经济转型问题，产权结构问题是其应有之意。朱云平在论述经济转型与产权制度变迁的关系时认为，当前中国正处于经济转型中，经济转型既是经济发展模式的转型，也是产权制度、分配制度等经济制度的变迁，其中产权制度是重要内容。产权制度变迁的供给支持是推动经济发展的重要工具①。剧锦文在界定“转型”的内涵时，认为转型是包括企业所有权制度和经营管理模式等方面的改变，意指含有企业治理模式和管理模式的不断调整②。从中国经济转型的发展历程看，经济转型的调整过程就是产权结构的调整过程。家庭联产承包责任制、扩大国有企业经营自主权，以及以产权制度为核心的苏南乡镇企业的改制等，均是以产权的明晰化和产权的优化，为经济转型提供了持续支持和保障。正如厉以宁指出，在体制与发展的双重转型中，产权改革是双重改革中放在首位的最重要的改革。在计划经济体制下，产权模糊、投资主体不确定、投资方的权利和责任不清晰是改革的主要障碍，也是发展的巨大阻力。因此在体制转型中，产权改革是突破口，是主线；在发展转型中，产权界定和产权清晰是动力源泉③。

对于产权结构优化和调整的路径选择，季晓南探讨了中国大型国有企业如何通过优化产权结构、完善公司治理，进而提高绩效④；谭斌对民营企业产权结构中的公司治理结构进行了探讨，特别是结合民营企业基于不同治理主体划分的治理模式、企业的生命周期等提出了治理模式创新的路径⑤。李宾从规范分析和实证分析两方面研究了中小企业治理机制的优化问题⑥。

综上所述，虽然国内外学者对企业的产权结构进行了讨论与研究，但针对中小企业产权结构研究的少，多是以大型国有企业、民营经济为主体进行研究；定性描述和个案讨论多，定量研究少；即便有定量研究，由于时间较早，与目前中小企业的现实情况也有很大不同。党的十八届三中全会明确提出，要完善产权保护制度，建立产权明晰、权责明确、保护严格、流转顺畅的现代企业制度。中小企业是社会主义市场经济中的重要组成部分，不断提升企业的治理水平是实现转型升级的制度基础．基于此，针对目前中小企业产权结构的现状，探索研究如何优化中小企业产权结构具有较为重要的现实意义。

---

① 朱云平：“经济转型与产权制度变迁的供给支持”，《中国经贸导刊》，2011年第21期。

② 刘迎秋主编：《中国民营企业竞争力报告No.6（2012）转型升级与竞争力指数》，社会科学文献出版社2013年版。

③ 搜狐财经：厉以宁新书《中国经济双重转型之路》. http：//business. sohu. com/20131113/n390079813. shtml。

④ 季晓南：“产权结构、公司治理与企业绩效的关系研究”，北京交通大学2009年博士学位论文。

⑤ 谭斌：“民营企业产权改革中的公司治理问题研究”，重庆大学2005年硕士学位论文。

⑥ 李宾：“中小企业治理机制优化研究”，中国地质大学2004年硕士学位论文。

7.2 中小企业产权结构现状与问题

产权结构的转型升级具体方面表现在资本结构的变化、企业治理结构的变化、决策模式的变化、企业组织形式的变化、管理模式的变化、职工持股状况变化等，本节基于对企业的调查问卷来反映中小企业产权结构变化的状况。

7.2.1 企业产权类型的变化

企业产权结构是否合理对企业发展至关重要。在表7.1的调查问题中，样本中有62%的企业是有限责任公司，有13%的是股份有限公司（未上市），有14%的是个人独资公司，有6%的企业是合伙制企业，国内外上市公司仅占调查样本的2%。

从表7.1可见，一方面，样本调查的中小企业中，占绝大多数的是有限责任公司、股份有限公司（未上市）、个人独资企业，三者比重相加约占总样本数近90%，仅有6%的企业是合伙制企业，产权结构呈现明晰化和多元化的可喜变化，从表现形式上具备了现代企业制度的主要特征。这说明随着企业规模的不断扩大和经营管理关系的日趋复杂，加之市场竞争日益激烈，中小企业意识到，如果企业仍保持原有的单一的、封闭式的产权结构，既难以实现规模经济效应，也难以获得企业发展所需要的资金、技术等要素，实现企业产权结构的多元化、社会化，从而形成与现代市场经济相适应的现代企业产权制度，是中小企业成长发展、保持活力的内在要求和必然趋势。

表7.1 样本企业的产权类型（%）

企业产权类型	占比
国外上市公司	0
国内上市公司	2
股份有限公司（未上市）	13
有限责任公司	62
合伙制企业	6
个人独资企业	14
其他	3
合计	100

资料来源：中国中小企业协会，《2014年经济转型与中小企业发展问卷调查》。

另一方面，样本调查中，仅有2%的中小企业是境内外上市公司，这可能受多种因素的影响，一则监管机构对上市公司的发行审核有严格的规定，对企业的规模和质量在一定的要求，在审核中不仅考虑企业的未来预期，还要审核企业的历史沿革及规范性等，中小企业特别是一些民营企业的体制还不够规范，与监管机构的要求存在一定差距；二则中小企业基于企业自身或风险等考虑，并不愿意上市。担心上市后影响自身的利益，失去对企业的控制；或因上市需要花费成本，上市前期工作费用较高，且能否如期上市存在不确定性，不少企业怕由此给企业带来负担，从而影响上市的积极性。再加之政府职能部门对此的服务、支持力度不够等，在一定程度上制约了我国中小企业的上市步伐。

7.2.2 企业治理结构的变化

企业建立现代企业制度必须从治理架构开始。公司治理是保证公司科学决策的重要方法和途径，是现代公司存在和发展的核心问题。在治理机构上，样本调查表明，有46%的企业设立了单一治理机构，其中：设立企业主的占比18%，设立董事会的占比12%，设立股东（大）会的占比12%；有16%的企业设立了两种治理机构，其中：设立股东（大）会、董事会的占比6%，设立董事会、监事会的占比2%，设立董事会、工会的占比2%；有14%的企业设立了三种治理机构，其中：设立股东（大）会、董事会、监事会的占比4%，设立董事会、党组织、职代会的占比2%，设立董事会、监事会、党组织的占比1%；有11%的企业设立了四种治理机构，其中：设立董事会、党组织、职代会、工会的占比2%，设立股东（大）会、董事会、党组织、工会的占比1%，设立股东（大）会、董事会、监事会、工会的占比1%；有6%的企业设立了五种治理机构，其中：设立股东（大）会、董事会、监事会、党组织、工会的占比2%，设立股东（大）会、董事会、监事会、职代会、工会的占比2%，设立董事会、监事会、党组织、职代会、工会的占比1%；有6%的企业设立了股东（大）会、董事会、监事会、党组织、职代会、工会六种治理机构；有1%的企业设立了股东（大）会、董事会、监事会、党组织、职代会、工会、企业主七种治理机构。

表7.2 样本企业的治理结构（%）

企业治理机构类型	占比
设立单一治理机构	46
其中：企业主	18
董事会	12
股东（大）会	12
设立两种治理机构	16
其中：股东（大）会、董事会	6
董事会、监事会	2
董事会、工会	2

续表

企业治理机构类型	占比
设立三种治理机构	14
其中：股东（大）会、董事会、监事会	4
董事会、党组织、职代会	2
董事会、监事会、党组织	1
设立四种治理机构	11
其中：董事会、党组织、职代会、工会	2
股东（大）会、董事会、党组织、工会	1
股东（大）会、董事会、监事会、工会	1
设立五种治理机构	6
其中：股东（大）会、董事会、监事会、党组织、工会	2
董事会、监事会、党组织、职代会、工会	2
股东（大）会、董事会、监事会、职代会、工会	1
设立六种治理机构	6
其中：股东（大）会、董事会、监事会、党组织、职代会、工会	6
设立七种治理机构	1
其中：股东（大）会、董事会、监事会、党组织、职代会、工会、企业主	1
合计	100

资料来源：中国中小企业协会，《2014年经济转型与中小企业问卷调查》。

在资本结构占比高的有限责任公司和股份有限公司（未上市）的中小企业中，仅有19%的企业遵循了所有权、决策权、监督权等分离的框架，设立了股东（大）会、董事会、监事会，多数企业未成立股东（大）会、董事会和监事会，这一方面说明中小企业的治理架构逐步向规范的现代企业制度过度，另一方面公司治理机构仍不完善。残缺的治理架构很难形成良好的治理机制，会影响企业决策的质量与水平，也不利于企业风险的防范。

7.2.3 企业决策模式的变化

调查表明，在企业运营中起重要作用的组织机构，有60%的企业选择了单一治理结构，其中：有21%的企业选择了董事会，有20%的企业选择了企业主，有11%的企业选择了股东（大）会；有19%的企业选择了两种治理结构，其中：有7%的企业选择了股东（大）会、董事会；有2%的企业选择了股东（大）会、职代会，有1%的企业选择了董事会、监事会；约有12%的企业选择了三种治理结构，其中：有3%的企业选择了股东（大）会、董事会、监事会；有1%的企业选择了董事会、监事会和党组织，有1%的企业选择了党组织、职代会和工会；有4%、2%、3%的企业分别选择了四种、五种、六种治理结构，其中：选择股东（大）会、董事会、监事会和党组织发挥重要作用的占比较大。

调查表明，一方面股东（大）会、董事会能够在企业运营中发挥了较大作用，说明企业的决策程序呈现规范化趋势，股东（大）会、董事会决策能力在逐步增强；另一方面，在股东（大）会、董事会、监事会等治理机构存在的情况下，一些重要决策仍以企业主个人决策方式为主，说明治理机构的决策作用还未得到充分发挥。

表 7.3　样本企业的决策模式（%）

发挥作用的治理机构	占比
一种治理机构发挥作用	60
其中：董事会	21
企业主	20
股东（大）会	11
两种治理结构发挥作用	19
其中：股东（大）会、董事会	7
股东（大）会、职代会	2
董事会、监事会	1
三种治理结构发挥作用	12
其中：股东（大）会、董事会、监事会	3
董事会、监事会、党组织	1
党组织、职代会、工会	1
四种治理结构发挥作用	4
五种治理结构发挥作用	2
六种治理结构发挥作用	3
七种治理结构发挥作用	0
合计	100

资料来源：中国中小企业协会，《2014 年经济转型与中小企业问卷调查》。

7.2.4　企业股权结构的变化

从表 7.4 可见，企业主及其亲属控股超过 51% 的企业占总样本企业的比重为 62%，企业主及其亲属控股在 31% ~50% 的企业占总样本企业的比重为 10%，企业主及其亲属控股在 11% ~30% 的企业占总样本企业的比重为 9%，企业主及其亲属控股在 10% 以下的企业占总样本企业的比重为 19%，这种“一股独大”的股权结构使得企业主及其亲属掌握了股东大会的主导权，即这些企业仍具有高度家族控制的特点。

由此可见，一方面中小企业大多采取了股份制企业的形式，建立了股东（大）会、董事会、监事会、管理层等组织架构，企业治理结构已逐步趋于规范化；但另一方面企业仍然由企业主及其亲属控制，说明中小企业的股权结构并不是开放式的多元化，还需要进一步调整优化。

表 7.4 样本企业的股权结构（%）

企业主本人及其家族成员所占股权的比重	占比
低于 10%	19
11% ~30%	9
31% ~50%	10
51% 以上	62
合计	100

资料来源：中国中小企业协会，《2014 年经济转型与中小企业发展问卷调查》。

7.2.5 企业管理模式的变化

在调查问卷中，我们通过“过去三年中，企业管理模式有何变化?”来反映企业实际管理的变化。如表 7.5 所示，有 32% 中小企业一直实行家族式的管理模式，有 38% 企业由家族式管理模式转变为职业经理人管理，有 30% 采取了其他管理模式。这说明尽管中小企业家族制管理模式依然存在，但中小企业两权分离的水平呈现逐步提高的趋势。在中小企业的初期阶段，企业规模小、经营单一，基本上采取所有权与经营权合二为一的家族式管理，在组织机构建设上，往往由夫妻、父子、兄弟、朋友、同学构成企业股东。这种靠血缘或信任关系维系的股东结构在企业发展初期有利于同心协力实现企业发展目标，成本低效率高。但是随着企业生产经营规模的不断扩大，基于日常家族企业内部资源的有限性、能力等限制，导致企业的交易成本增大、竞争力减弱，且企业内部可能出现集权或垄断，难以做出科学有效的经营决策；企业领导者以血缘和关系亲疏来选拔经营管理者，会造成企业人力资源的排他性；企业股东在利益分配上会出现严重分歧，甚至导致企业的分裂或解体。因此，引入职业经理人，实行所有权与经营权的分离就成了企业发展的客观要求。

表 7.5 样本企业管理模式的变化（%）

过去三年中，企业管理模式的变化	占比
一直是家族制管理	32
由家族式管理转变为职业经理人管理	38
其他	30
合计	100

资料来源：中国中小企业协会，《2014 年经济转型与中小企业发展问卷调查》。

7.2.6 企业组织形式的变化

在调查问卷中，我们通过“过去三年中，企业组织形式有何变化”来反映企业的成长历程。有 59% 的企业在过去三年中一直维持一家公司的组织形式，由 29% 的企业由一家公司发展到多家公司或集团公司。总体看，绝大多数企业仍维持在原有的一家企业的组织形式上，但有近 30% 的企业由一家发展到多家公司或集团公司说明，中小企业的组织形式处于改进和提升的“进行时”中。

表 7.6　样本企业组织形式的变化（%）

过去三年中，企业组织形式的变化	占比
一直由一家公司组成	59
由一家公司发展到多家公司或集团公司	29
其他	12
合计	100

资料来源：中国中小企业协会，《2014 年经济转型与中小企业发展问卷调查》。

7.2.7　职工持股状况的变化

调查表明，在过去三年中，有 84% 的样本企业一直未实行员工持股，只有 16% 的样本企业从未实行员工持股转变为实行员工持股。这一方面反映出，我国绝大多数中小企业缺乏对员工的长远激励机制。同时我们也应该看到尽管只有 16% 的企业实行了员工持股，但其积极作用不可小觑，说明企业已经意识到，引入股权激励对于增强企业的凝聚力和向心力，促进企业长远发展具有重要意义。

表 7.7　样本企业员工持股情况变化（%）

企业员工持股情况	占比
实行员工持股	16
未实行员工持股	84
合计	100

资料来源：中国中小企业协会，《2014 年经济转型与中小企业发展问卷调查》。

7.2.8　企业改制情况的变化

调查表明，占样本总数 21% 的企业进行了改制，79% 的企业未进行改制。参与改制的企业，约 15% 的企业在改制前的产权形式为国有企业；约 14% 的企业在改制前的产权形式为集体企业；约 46% 的企业在改制前的产权形式为私人家族企业，约 32% 的企业在改制前的产权形式为其他企业。

表 7.8　样本企业改制情况（%）

企业改制情况	占比
经过改制	21
未经过改制	79
合计	100

表7.9 改制企业的产权形式（%）

改制企业产权形式	占比
国有企业	24
集体企业	27
私人家族企业	37
其他	12
合计	100

资料来源：中国中小企业协会，《2014年经济转型与中小企业发展问卷调查》。

总之，从调查对象反映的情况看，我国中小企业产权结构仍处于“形似神不似”向“形神一致”方向转化的进程中。产权结构呈现多元化、治理结构形式日益规范化与家族治理模式的色彩依然浓厚并存的特征，这是中小企业面临的较为明显的问题，也是阻碍中小企业发展的重大障碍，中小企业产权结构的有效转型还有待时日。

7.3 中小企业产权结构优化与治理机制建设

结合我国中小企业的产权结构的实际情况，在中小企业产权结构改革方向的原则上，一是不能单纯地、盲目地否认家族制，要在家族制和现代企业制度有机结合上下功夫。在这一过程中，逐步淡化家族企业的色彩，并最终过渡到现代企业制度。二是不能单纯地为规范而规范，要考虑到中小企业灵活性的独特特征，遵循成本效益的原则，所采取的产权结构和治理结构能够为企业的科学决策和可持续发展提供有力保障。

7.3.1 进一步优化中小企业产权结构

（1）进一步明晰企业产权

建立有效的产权明晰、归属清晰、权责明确、保护严格、流转顺畅的现代产权制度，保证不同资本的同股同权同酬，为中小企业经济健康持续发展提供最基本的保障。

一是进一步建立健全有关产权保护和产权流转的法律体系。我国在中小企业的股权多元化改革，大多停滞不前，其中一个重要的原因是现有的产权保护和产权流动的法律保障体系还有待进一步完善。二是明确家族成员自然人之间产权关系。基于中小企业很少对家族成员之间的产权进行界定，埋下日后家族成员间产权纠纷的隐患，且伴随企业的发展会不可避免地在家族成员之间重新界定等现实情况，应当对家族成员之间的产权关系做出明确的界定，以避免家族成员可能出现的矛盾的尖锐化而导致的企业解体。三是明确出资人的股权和公司财产权之间的界限。出资者所有权与企业法人财产权相分离，按市场经济运行规律创新企业制度，所有者与企业的关系演变成了出资人与企业法人的关系。

（2）积极推进中小企业产权结构的多元化

产权结构多元化是现代企业产权的内容。科学合理的产权结构，是形成良好的公司治理的前提。可借力境内外资本市场，推动具备条件的中小企业改制上市，优化产权配置；可通过引入战略投资者、增资扩股、出让产权、资产转制以及合资、合作的形式，更多地引入其他资本，以获取企业发展所需要的资源与要素。如为了开拓市场，在风险可控的条件下，中小企业可加大与基金公司、保险公司、信托、资产管理公司以及混合资本等机构的合作，在获取较强的融资能力，突破资金瓶颈的同时，利用自身的优势，增加业务量、提升业务层次和品牌。也可通过吸纳管理骨干和技术骨干的股份，采纳员工持股等，让他们在分享企业创造的成果中促进企业的可持续成长。

（3）积极提高中小企业产权结构组合的合理化

即确定不同类型的产权组合形式和组合关系。经济学家魏杰认为，研究企业产权组织，必须回答三个问题：第一，由哪些产权组合为好，比如说由自然人产权、法人产权组合为好；第二，组合体系中何种产权占主导为好，比如说自然人产权占主导最好；第三，以何种方式组合为好，比如说以股份制的公司组合而不采取有限责任公司的形式①。中小企业要结合自身的行业特点、企业发展实际需要，确定最适合的产权组合方式。如对于高投资、高风险的高新技术企业，需要大量的资金投入、分散投资风险，股份制应该是最好的选择。对于投资小的企业，个人独资可能是最适合的。

7.3.2　推进中小企业完善现代企业制度，建立协调运转、有效制衡的公司法人治理结构

从实证分析看，目前，中小企业治理结构仍然存在着不规范的问题，即使是一些上市公司，企业家行为仍随意性很大，企业家族式管理问题严重，企业管理现代化水平低，由此会导致管理冲突和文化冲突，制约企业的进一步发展。基于此，在进一步推动中小企业产权多元化的基础上，必须完善公司法人治理结构。

（1）完善公司治理的组织架构

我国《公司法》有规定，公司全体股东组成股东（大）会，公司应设立董事会（执行董事）和监事会（或监事）。因此，实行公司制的中小企业应进一步健全公司治理组织架构，完善和细化公司治理制度、议事规则和决策流程，明确董事会、管理层、监事会等在治理结构中的职责权限分配，确保决策的各个环节规范运作，保证公司治理各组成部分各司其职、有效制衡、协调运转，形成科学高效的决策、执行、监督机制。对于非公司制中

① 李宾："中小企业治理机制优化研究"，中国地质大学2004年硕士学位论文。

小企业，法规没有对其治理架构进行明确规定，企业可以根据企业的发展需要进行设立和改进，但应在企业章程中对这些机构及其运作方式进行明确。

在企业治理中，要依据企业的生命周期采取不同的公司治理模式。如在孕育期，企业规模小，资金、人员、经验均不足，面对激烈的市场竞争，企业需要灵活、快速地应对环境和市场需求的变化，此时，企业通常采取家族式的管理模式，增强企业的凝聚力，确保决策的迅速快速落实，此时决策者与执行者合二为一，既有利于节约交易成本，有利于企业面对外部环境。在成长期，随着企业规模的扩大，企业仅依靠自身的资金积累已不能适应发展的要求，人才、管理较为落后，此时，可采取两种方式：一种是走出家族制，成为股份公司模式，将家族股权由完全拥有转变为控股股东，吸引社会资本，从而迅速扩大规模，增加透明度和社会信任度；另一种是仍保持家族制，但需要在治理结构和治理机制上相应进行调整。构建家族企业和职业经理人共同参与的内在模式，建立家族企业主与职业经理人共同治企的机制。企业的主要持股人员可以逐步退出执行层，在董事会中担任职务，集中精力履行好“定战略、管团队、议大事、控风险”的重要职责。同时建立有效的监督、激励机制，特别是健全董事会选拔、考核、激励、监督约束经理层制度和工作程序，使经理人努力的方向、目标与股东的要求达到最大的统一，在实现所有权与经营权分离的同时，保证企业的科学高效运行。

（2）建立健全独立董事制度

基于中小企业转型升级所面临的严峻形势和决策事项的复杂性日益增强，公司治理运作的规范性、有效性难度不断加大的客观现实，中小企业单纯依靠企业内部人难以解决企业发展过程中遇到的所有问题，或者企业内部人之间错综复杂的利益关系很难理顺中小企业中的治理关系，有必要借助企业外部独立专家的业务知识、专业判断和行业影响力，提高公司董事会科学决策水平，助力公司发展。为此，政府有必要建立健全专门的董事培训和交流机构，在董事知识更新、拓展董事视野等方面做些必要的工作，以确保董事和董事会有效履行职责。

（3）建立职业经理人制度，更好地发挥企业家作用

从职业经理阶层来看，中国目前还缺乏这样的层面。按照西方国家的一种传统，职业经理是推行现代企业制度实行两权分离的必要条件。缺少了职业经理队伍，就缺少了能将企业顺利运转并能产生盈利的企业经营者。企业的经营问题不能顺利解决，企业制度就会缺少一个重要环节，同时也迫使许多的企业所有者一定要同时成为企业的经营者，中小企业仍旧摆脱不了两权不分的尴尬境况。因此，政府应当建立职业经理人制度，建立、健全职业经理人市场，加强对职业经理人的培训体系和监管机制。

7.3.3 探索建立长期有效的激励与约束机制

建立有效的激励与约束机制，对于调动员工的积极性，促进企业的发展非常有力。正因为如此，企业管理者越来越重视建立激励机制。特别是在当前，人力资本越来越成为企

业贡献中的主要方面，为了减少职业经理人的行为取向与价值取向与股东设想不一致所产生的代理风险，更好地激发人力资本的积极性和作用，企业所有者有必要实施相应的激励与约束机制。

《中共中央关于全面深化改革若干重大问题的决定》提出，允许混合所有制经济实行员工持股，形成资本所有者和劳动者的利益共同体。这为进一步优化中小企业产权结构、促进中小企业发展指明了方向。

华为公司，经过短短的二十五年，从当初注册资本仅两万元，到成长为目前的通信设备制造行业的世界第一名，究其原因，就是它实行员工持股的所有制形式，劳动者变成了企业所有者，形成了一个利益共同体，企业经营得好，大家共同富裕；企业要破产，大家都会受牵累，所以大家拼了命地抱成一团，来把企业做好，由此，企业有很强的凝聚力、创新力和竞争力。所以，通过员工持股等激励机制，是中国企业能够打造出全球竞争力企业的一个重要的体制保障。

因此，有条件的中小企业要针对管理者与员工的不同，建立科学的人力资本薪酬制度和产权激励制度，将短期激励与长期激励结合起来。对于管理层、技术人才等骨干员工，可在其子企业中先行试点，探索采取业绩股票、股票期权、限制性股票、岗位分红权等激励方式，进一步完善与业绩考核紧密挂钩的中长期激励机制，并建立完善骨干员工持股的范围、比例、退出等方面的制度安排，以最大限度地调动和激发各要素所有者的积极性，留住人才，助力企业的可持续发展。但需要强调的是，在完善激励机制的同时，决策失误的责任追究与赔偿等约束机制的强化同等重要。

执笔：张从丽（中国冶金科工股份有限公司办公厅政研室副主任，经济学博士）

参考文献

[1]［美国］R. 科斯，A. 阿尔钦，D. 诺斯．财产权利与制度变迁——产权学派与新制度学派译文集．上海：上海三联书店，上海人民出版社，1994

[2] 冀县卿等．农地产权结构变迁与中国农业增长：一个经济解释．管理世界，2009（1）

[3] 朱云平．经济转型与产权制度变迁的供给支持．中国经贸导刊，2011（21）

[4] 刘迎秋．中国民营企业竞争力报告No.6（2012）转型升级与竞争力指数．北京：社会科学文献出版社，2013

[5] 搜狐财经：厉以宁新书《中国经济双重转型之路》，http：//business. sohu. com/20131113/n390079813. shtml

[6] 季晓南．产权结构、公司治理与企业绩效的关系研究．北京交通大学博士学位论文，2009

[7] 谭斌．民营企业产权改革中的公司治理问题研究．重庆大学硕士学位论文，2005

[8] 李宾．中小企业治理机制优化研究．中国地质大学硕士学位论文，2004

[9] 罗新远．企业法人治理结构现状分析与对策．西北大学学报（哲学社会科学版），2002（2）

[10] 杨威，周磊，王甘．我国家族企业管理困境及其对策研究．湖南财政经济学院学报，2012（135）

第 8 章

经济转型：人口结构转变与中小企业发展

- 引言和相关文献综述
- 经济转型期人口结构转变的主要趋势
- 人口结构转变对中小企业发展的影响
- 人力资本积累与中小企业发展
- 促进中小企业发展的政策建议

人口结构转变和劳动市场完善促使劳动要素稀缺性提升及劳动成本持续增长，而经济中枢下移带来的外部需求放缓使经济转型期人口结构转变对中小企业的影响更为剧烈。根据“经济转型与中小企业发展问卷调查数据库”的统计分析，人力资本积累是缓解中小企业经营压力、提升劳动效率的关键；其中，劳动密集型中小企业知识技术结构的优化对企业生产效率的提升更具促进意义。由于中小企业在推进自身经营转型和人力资本积累方面面临诸多制约，这需要政府从制度环境和公共品供给方面给予支持。

8.1　引言和相关文献综述

人口结构转变是个长期性、渐进性的过程，但当前人口结构转变与经济转型、增长中枢下移相互叠加，使其对社会经济发展更具有短期效应。蔡昉（2010）认为，1970～2010 年期间，适龄劳动人口增速高于总人口增速，其后这一关系发生逆转。考虑到劳动力从农村向城市流动的因素，农村适龄劳动人口减少量已逐渐接近城市适龄劳动人口增加量，这表明当前我国人口结构接近或达到刘易斯拐点。多国数据普遍表明，劳动人口份额提升与经济增长存在显著正相关关系，而人口抚养比上升与经济增长存在负相关关系（孙爱军等，2014）。劳动人口比重下降和老龄人口比重上升带来人口抚养比的增加，从而带来劳动供给的短缺、企业成本的上升、社会保障负担的增加、储蓄比例的下降等，由此对增长产生负面影响（Lindh 和 Malmberg，1999；Mackellar，2004）；但也有学者认为人口老龄化会促使人们更多投资于人力资本积累，从而对经济产生正面影响（Futagami 和 Nakijima，2002）。

中小企业作为经济增长和经济转型的重要力量，在发展过程中由于规模小、抵御外部冲击弱等特征使其更易受到人口结构转变的冲击。供给角度来看，劳动稀缺性提升和要素价格市场化使中小企业面临成本支出提升的压力；需求角度来看，外部需求增长放缓促使中小企业强化其自身竞争能力培育，而人力资源集聚是其竞争成败的关键之所在。基于此，本章从人口结构转变视角探寻经济转型背景下中小企业的发展之路。

为更好考察人口结构转变对中小企业发展的影响，课题组从中小企业劳动成本支出和人力资本积累两个维度设置调查问卷，并最终形成“经济转型与中小企业发展问卷调查数据库”的人口部分。其中，回收可使用问卷 1040 份，涉及本章议题的有效问卷共计 352 份①。

① 本章余下部分如无特殊说明，分析数据均来源自经济转型与中小企业发展问卷调查数据库。

8.2 经济转型期人口结构转变的主要趋势

年龄构成和知识技能结构是考查人口结构转变的核心，对应于要素投入即表现为劳动供给的规模和质量。具体来看，当前人口结构转变呈现出以下趋势。

第一，人口构成中，适龄劳动人口占比下降，人口老龄化进入加速期。根据国家统计局数据，15~64岁适龄劳动人口在2010年达到峰值74.47%后开始下降。根据联合国《世界人口前景2010修订本》预测，中国人口总量在2027年达到峰值13.96亿，15~64岁适龄劳动人口于2015年前后达到峰值（United Nations，2011）。考虑到脱产教育年限的延长；农民工超时工作常态化，且随着年龄增长获得工作的难度加大①，这使部分适龄劳动人群较晚进入或提前退出就业市场；加之城市内退制度的存在，不难得出劳动人口占比拐点业已出现的判断。与之对应，人口老龄化步伐加快。根据联合国预计，中国65岁及以上人口占比在2015年前后将呈现快速上升趋势，2020年将达到12%，2030年达到16.5%，2035年可能会超过20%。

第二，适龄劳动人口中，15~44岁区间的中青年劳动人口占比呈现下降趋势。根据中国人民银行课题组（2013）对分年龄段劳动参与率的测算，我们得到劳动供给的总量及结构特征。2015年前后，劳动力供给量将达到峰值7.41亿人，随后出现绝对值下降，到2030年劳动供给将减少至7.09亿人。其中，分年龄结构来看，15~24岁、25~44岁劳动供给数量均已在2010年前后达到峰值，并呈现下降趋势；结构占比分别由15.62%和53.84%降至2015年的12.55%和52.23%，到2030年进一步降至9.87%和50.21%②。而45~64岁劳动供给数量在2025年前后达到峰值，占比由2010年的30.68%逐渐上升至2015年的35.22%和39.92%。考虑到中青年是经济增长的主力军，所适合的岗位涉及方方面面，而45岁以上的劳动力所适应的岗位有所减少，故15~44岁中青年劳动占比下降对劳动市场供给影响更为剧烈。

---

① 农民工年龄与其获取稳定就业的机会之间存在关联。根据黄乾（2009）等相关调查分析，26~35岁的农民工更易获取稳定就业机会，而46岁及以上的农民工获取稳定就业机会的难度则相对较高。

② 其他研究范式与本结果略有差异，但均得出青年劳动人口占比下降的结论，如根据李晖等（2013）测算，新加入劳动人口中15~24岁占全部劳动人口比重将由当前的20%左右降至2030年的12.5%左右。

表 8.1　劳动供给数量及供给结构预测

年份	适龄劳动人口（亿人）	劳动参与率（%）	劳动力供给（亿人）				劳动力供给占比（%）		
			15～64	15～24	25～44	45～64	15～24	25～44	45～64
2010	9.71	0.752	7.30	1.14	3.93	2.24	15.62	53.84	30.68
2015	9.96	0.744	7.41	0.93	3.87	2.61	12.55	52.23	35.22
2020	9.89	0.745	7.37	0.78	3.72	2.86	10.58	50.47	38.81
2025	9.81	0.746	7.32	0.72	3.73	2.88	9.84	50.96	39.34
2030	9.60	0.738	7.09	0.70	3.56	2.83	9.87	50.21	39.92
2035	9.10	0.735	6.68	0.66	3.21	2.81	9.88	48.05	42.07
2040	8.56	0.741	6.36	0.61	2.98	2.77	9.59	46.86	43.55
2045	8.29	0.737	6.11	0.57	2.78	2.76	9.33	45.50	45.17
2050	7.90	0.729	5.76	0.55	2.63	2.58	9.55	45.66	44.79

数据来源：中国人民银行课题组（2013）。

第三，从城乡就业结构来看，农业人口转移仍具有较大空间，但跨区域流动的比重出现缓慢下降。从就业结构来看，劳动人口由农业部门流向非农部门是人口流动的主要方向，并支持着中国的工业化和城镇化进程。2010 年，中国农业人口仍有 2.8 亿人，占总就业比重高达 37%；即使考虑到未完全统计的外出农民工，农业人口就业比重仍接近 30% 左右（汪涛和胡志鹏，2012）。而发达国家农业人口占比一般在 3% ～5% 左右，若未来十年农业人口就业比重降至 20% 左右，即可从农业部门释放 5000 万左右的劳动人口，农业人口转移仍具有较大空间。但从农民工流动方面，本地吸收农业部门释放劳动人口的比重在提升，跨区域流动比重在下降。2010～2013 年间，本地农民工数量复合增长率达到 4.98%，而外出农民工复合增速仅为 2.70%；从结构角度来看，本地就业农民工占全部农民工比重由 2010 年的 36.69% 升至 38.24%，占比成缓慢上升态势。

表 8.2　劳动供给数量及供给结构预测

	2008 年	2009 年	2010 年	2011 年	2012 年	2013 年
农民工总量（亿人）	2.25	2.30	2.42	2.53	2.63	2.69
外出农民工	1.40	1.45	1.53	1.59	1.63	1.66
住户中外出农民工	1.12	1.16	1.23	1.26	1.30	1.31
举家外出农民工	0.29	0.30	0.31	0.33	0.34	0.35
本地农民工	0.85	0.84	0.89	0.94	0.99	1.03
农民工结构供给（%）						
外出农民工	62.29	63.25	63.31	62.75	62.21	61.76
住户中外出农民工	49.61	50.34	50.63	49.78	49.35	48.65
举家外出农民工	12.68	12.91	12.68	12.97	12.85	13.11
本地农民工	37.71	36.75	36.69	37.25	37.79	38.24

数据来源：国家统计局《2013 年全国农民工监测调查报告》。

第四，从知识技能结构来看，高等教育人数高速增长，劳动生产率持续提升。始于1999年的教育体制改革推升全社会人口素质的提升。根据国家统计局数据，受教育人数和研发人数增速持续领先于人口增长，2005～2012年间，高等学校招生人数复合增长率达到4.55%，研发折合全时人员数复合增长率达到13.18%，而同期人口复合增速仅在0.50%。从劳动生产率角度来看，根据国家统计局的中国创新指数，劳动生产率指数由2005年的100上升到2012年的225.80，指数年平均涨幅12.42%，高于中国创新指数，即表明劳动生产率提升对中国创新活动起到积极拉动作用，劳动质量持续提升。

8.3 人口结构转变对中小企业发展的影响

人口结构转变对中小企业的影响首先表现为劳动价格的上涨及成本结构中劳动成本支出的提升，这对中小企业经营活动产生直接影响。

8.3.1 调查数据统计分析

（1）中小企业劳动成本支出占比的调查

根据被调查中小企业对“成本支出中劳动成本占比”的反馈（表8.3），有49%的中小企业选择20%～40%区间，28%的企业选择0%～20%区间，选择40%～60%区间和60%～80%区间的中小企业分别占到19%和4%。这表明，大部分中小企业对劳动的依赖性较高。

分企业类型来看，大多科技类、生产加工类、贸易类、服务类和工程施工类中小企业成本支出结构中劳动成本占比主要落于20%～40%区间；有所差异的是，贸易类和工程施工类中小企业选择20%～40%区间的比重高达71%和57%。服务类和科技类中，分别有27%和19%的中小企业劳动成本支出占比处于40%～60%区间，高于全部调查企业占比情况。服务类中，劳动成本支出占比处于60%～80%区间的中小企业达到14%，更是显著超过其他行业，高于全部调查企业占比10个百分点。这表明，服务类企业、科技类企业、贸易类企业和工程施工类中小企业对劳动的依赖性较强，企业经营对劳动力成本上涨的敏感程度更高。

表 8.3　中小企业劳动成本支出占比调查统计（%）

	0～20%	20%～40%	40%～60%	60%～80%	
全部企业	28	49	19	4	100
科技类	28	46	22	4	100
生产加工类	39	46	13	2	100
贸易类	23	71	6	0	100
服务类	17	42	27	14	100
工程施工类	32	57	9	2	100
其他	35	48	16	0	100

（2）中小企业劳动成本支出变化的调查

根据被调查中小企业对“近三年成本支出中劳动成本占比变化”的反馈（表 8.4），中小企业劳动成本支出占比呈现出显著上升之势。过去三年中小企业成本支出结构中，有 82.3% 的中小企业认为劳动支出占比呈现出上升趋势，而仅有 15.5% 的中小企业认为劳动成本支出无明显变化。

分企业类型来看，大多科技类、生产加工类、贸易类、服务类和工程施工类中小企业均出现劳动成本占比上升的现象。其中，生产加工类、贸易类、工程施工类企业对劳动成本上升的反映更为明显，分别有 82.5%、82.9% 和 83.3% 的中小企业认为劳动成本占比出现上升；而科技类、服务类企业反映次之，分别有 76.6% 和 79.9% 的中小企业认为劳动成本占比出现上升。

表 8.4　中小企业劳动成本支出占比的近三年变化调查统计（%）

	无明显变化	占比上升	占比下降	
全部企业	15.50	82.30	4.00	100
科技类	15.60	76.60	7.80	100
生产加工类	14.10	82.50	3.40	100
贸易类	14.40	82.90	2.70	100
服务类	16.10	79.90	4.00	100
工程施工类	16.70	83.30	0.00	100
其他	24.10	75.90	0.00	100

（3）中小企业劳动成本支出增长情况的调查

更进一步，我们对中小企业“近三年成本构成中增长最快的支出项”进行调查，根据被调查企业反馈（表 8.5），绝大多数中小企业的劳动成本上升速度快于其他成本项支出。有 36% 的中小企业认为过去三年劳动力价格在成本支出结构中上涨幅度最快，其余依次为原材料价格、显性及隐形税费、融资成本等。

分企业类型来看，大多科技类、生产加工类、贸易类和工程施工类中小企业劳动力价格增速较快。其中，分别有 51% 的服务类中小企业、42% 的科技类中小企业、36% 的生产加工类中小企业、30%的工程施工类中小企业认为近三年劳动力成本支出的增长幅度最高，增幅普遍高于原材料、融资等其他成本支出。而贸易类中小企业中，有43%的企业认为近三年显性及隐形税费增长幅度在成本支出中最快，有19%的企业认为劳动力价格上升最快。

表8.5 中小企业成本构成中增长最快的支出项调查统计（%）

	劳动力价格	原材料价格	融资成本	销售费用	管理费用	显性及隐性税费	
全部企业	36	24	10	6	9	14	100
科技类	42	25	11	5	10	6	100
生产加工类	36	30	11	6	7	11	100
贸易类	19	15	10	8	6	43	100
服务类	51	12	10	6	7	14	100
工程施工类	30	27	10	7	10	16	100
其他	23	28	13	8	18	10	100

8.3.2 劳动价格上涨对中小企业影响的双重性

低劳动成本比较优势支持了我国30余年的经济高速增长（江小涓，2008）。Ceglowski和Golub（2007）实证发现，1980～2002年中国制造业单位产出劳动力成本（ULC）仅占到美国的25%～40%。相对无限的劳动供给和远低于发达国家水平的劳动成本形成了当前粗放式生产方式和出口主导的经济增长模式，甚至引发国外“中国输出通缩”的言论。然而，新世纪初，随着人口年龄结构转变和劳动市场的完善，这一现象发生根本改变。一方面，从最低工资角度来看，自2004年新的《最低工资规定》出台以来，各省纷纷大幅上调了最低工资标准，最低工资逐年调升。以北京市为例，2014年最低工资标准由上年1400元/月调整为1560元/月，涨幅达到11.14%，而在2010年这一标准仅在960元/月；考虑到五险一金因素，最低工资税前标准应在2500元以上。另一方面，从行业工资涨幅来看，劳动密集型行业劳动收入涨幅快于技术密集型行业。仍以北京市为例，根据我们通过主要招聘网站采集的9万份样本数据，2009～2012年间，快递员和普通技工的工资复合增长率分别为12.64%和14.93%，服装与纺织设计、软件工程师工资复合增速为8.41%和11.01%，而同期名义GDP增速仅在13.19%。普通劳动工资涨幅持续高过经济增速和技术人员工资，预示着普通劳动的供求关系发生转变①。根据“经济转型与中小企业发展问卷调查数据库”调查数据，中小企业大多采用劳动密集型生产方式，即中小企业在劳动成本上涨过程中受到的冲击相对更大。

劳动成本上涨直接表现为中小企业经营成本的增加，在盈利能力不变的情况下对企业

① 除劳动供求关系发生改变外，工资上涨另一方面也体现为对劳动者生活成本提升的补偿。近些年，食品、房屋、教育、医疗等价格持续上涨，劳动者维持生产生活的成本支出也在不断增加，由此带动要素供给价格的上涨。

利润造成挤压。2010～2013 年间，被调查中小企业平均工资增速分别高达 43.98%、35.73%、21.81% 和 18.78%，而同期企业利润增速仅为 13.76%、11.41%、－6.78% 和 9.81%。工资增速虽受宏观经济影响有放缓之势，但仍分别高过同期利润增速 30.22、24.31、28.59 和 9.59 个百分点。其次，劳动成本上涨带来部分中小企业竞争力的削弱。以纺织业为例，纺织工人月平均工资在 188～300 欧元，而在孟加拉国、越南仅在 80～120 欧元，中国平均劳动成本是东南亚国家的两倍左右。劳动密集型产品多属于充分竞争市场，依赖于低成本优势的中小企业（尤其是出口导向型中小企业）并不具备议价空间，劳动成本的上升迫使其压低盈利空间，部分利润微薄甚至亏损的企业被迫退出生产市场。此外，劳动成本上涨还可能诱发成本拉动型通货膨胀，由此带来中小企业生产成本的进一步提升。

但同时，劳动成本上涨对中小企业发展也具有积极因素，这使劳动成本变化对中小企业的影响具有双重性特征。首先，劳动成本上涨会促使部分中小企业转变生产方式，提高劳动生产率。根据新古典理论，工资上涨会改变生产函数的边际技术替代率，从而促使企业对生产要素进行重新配置，选择使用更多的资本要素替代劳动要素，从而达到生产的最优配置（Acemoglu，2003）。这有利于促使部分有能力的中小企业由劳动密集型生产方式向资本密集型和技术密集型生产方式转型，重塑企业竞争力。其次，劳动成本上涨有利于提升居民消费能力，进而有利于中小企业产品或服务的潜在需求增加。要素市场的劳动供给对应于商品市场的劳动需求，劳动成本支出提升对应于劳动者收入水平的增加，作为消费者，这有利于劳动者增加对商品和服务购买，从而增加中小企业的潜在需求。此外，劳动成本上涨还有助于劳动者调整消费结构，将部分收入用于知识技术的学习和人力资本的积累，进而有利于劳动生产率的提升。

8.4　人力资本积累与中小企业发展

劳动价格上涨对中小企业影响的双重性，决定了人口结构转变过程中，工资上涨与企业竞争力的下降并不存在必然联系。例如钱雪亚等（2013）基于浙江省制造业企业成本费用调查数据发现，对于大部分资本和技术缺乏的劳动密集型企业，工资增长直接带来其盈利能力的下降；但仍有四分之一的企业能够借助于工资上涨带来的生产率提升实现收益增长。其中，人力资本积累是中小企业在工资成本上涨中保持竞争力的关键。

8.4.1 调查数据统计分析

为更好地考察知识技能结构对中小企业发展的影响，“经济转型与中小企业发展问卷调查数据库”对中小企业职工学历情况进行调查，以高等学历职工就业变化简单代表劳动力知识技能变化和人力资本积累对中小企业发展情况进行分析。

（1）中小企业高等学历职工占比情况的调查

根据被调查中小企业对职工规模和大专及大专以上学历职工规模的反馈，得到高等学历职工占比（见表8.6）。统计发现，被调查中小企业员工结构中，受过高等教育的职工占比呈现显著提升趋势，大专及大专以上学历的职工占比均值由2010年的35.02%上升到2013年的39.33%，增加了4.31个百分点。这表明，中小企业经营发展过程中，人力资本整体上在不断积累。

分企业类型来看，大多科技类、生产加工类、贸易类、服务类和工程施工类中小企业大专及大专以上学历的职工占比均呈现逐年上升态势。其中，科技类中小企业高等学历职工占比最高，2010～2013年间大专及大专以上学历职工占比的均值为69.47%；其次为贸易类和服务类中小企业，占比均值分别为51.365和50.87%；而生产加工类和工程施工类中小企业高等学历职工占比相对偏低，均值仅分别为27.77%和20.60%。高等学历职工占比的差异显示出不同类型企业生产方式的差异，在我国，生产加工类和工程施工类中小企业多为劳动密集型行业，技术含量相对较低；而科技类中小企业多属于技术密集型行业，技术含量相对偏高。

表8.6 中小企业大专及大专以上学历职工占比的均值统计（%）

	2010年	2011年	2012年	2013年	2010～2013年平均
所有企业	35.02	36.30	37.57	39.33	37.06
科技类	67.87	66.41	71.00	72.58	69.47
生产加工类	25.27	26.84	28.38	30.59	27.77
贸易类	48.03	52.58	52.24	52.58	51.36
服务类	49.97	50.93	50.57	52.00	50.87
工程施工类	18.38	19.49	21.67	22.86	20.60
其他	32.56	33.68	35.50	34.19	33.98

（3）小企业高等学历职工增长情况的调查

从职工增长率角度来看，伴随着经济增长中枢下移，企业用工增速同样呈现下行趋势，被调查中小企业职工人数增长率的均值由2010年的22.49%下降到9.16%，大专及大专以上职工人数增长率均值同期由40.35%降至16.43%。但比较两者间的发现，中小企业的高等学历职工增长相对较快，2010～2013年间大专及大专以上职工增速持续高于企业职工增速。

分企业类型来看，除贸易类中小企业大专及大专以上职工人数增长近两年缓于企业职工增速外，大多科技类、生产加工类、服务类、工程施工类中小企业高等学历职工增速均高于企业全体职工增长情况。

表 8.7　　中小企业大专及大专以上学历职工增速的调查统计（%）

	企业职工人数增速				大专以上学历职工增速			
	2010	2011	2012	2013	2010	2011	2012	2013
所有企业	22.49	20.02	9.66	9.16	40.35	27.57	18.42	16.43
科技类	27.20	25.36	10.76	5.76	50.86	29.25	13.61	13.52
生产加工类	18.60	19.98	9.10	9.91	32.73	30.17	20.69	18.93
贸易类	15.44	9.16	9.31	8.96	50.00	15.27	8.52	-6.00
服务类	50.43	19.33	4.98	18.67	82.65	16.21	13.64	25.63
工程施工类	24.99	-7.60	14.86	-2.02	24.15	-12.62	36.46	0.54
其他	-5.04	33.97	20.14	23.72	-13.89	41.97	29.25	2.59

（3）小企业劳动生产率情况的调查统计

与高等学历职工占比增长趋势相同，中小企业劳动生产率逐年提升。我们以单位劳动产出和单位劳动利润衡量中小企业的劳动生产率情况。统计发现，被调查中小企业此两项指标分别由 2010 年的 79.69 万元/人和 6.55 万元/人增加到 2013 年的 105.80 万元/人和 10.79 万元/人，复合增速分别达到 9.91% 和 18.10%。

分企业类型来看，大多科技类、生产加工类、贸易类、服务类和工程施工类中小企业单位劳动产出和单位劳动利润均呈现上升态势。其中，科技类中小企业单位劳动产出和单位劳动利润 2010~2013 年复合增速分别为 15.27% 和 22.67%，分别比全部被调查中小企业同类指标高出 5.36 个百分点和 4.57 个百分点；而生产加工类中小企业单位劳动产出同期的复合增速仅为 7.92%，比全部企业低 1.99 个百分点；单位劳动利润同期复合增速 17.60%，比全部企业低 0.50 个百分点。

表 8.8　　中小企业单位劳动产出和单位劳动利润的调查统计

	企业单位劳动产出（万元/人）				企业单位劳动利润（万元/人）			
	2010	2011	2012	2013	2010	2011	2012	2013
所有企业	79.69	89.72	96.60	105.80	6.55	7.80	9.22	10.79
科技类	68.59	75.64	89.36	105.04	4.93	6.74	9.31	9.10
生产加工类	77.69	86.01	91.72	97.65	6.37	7.15	8.33	10.36
贸易类	142.51	178.04	210.90	258.30	18.18	24.50	22.29	25.03
服务类	27.49	27.99	33.06	33.96	2.01	1.84	4.17	5.00
工程施工类	122.07	194.49	177.84	175.03	7.16	14.05	14.93	13.60
其他	266.92	215.32	164.17	167.60	25.77	16.55	16.00	33.88

8.4.2 知识技能结构与中小企业劳动生产率之间的关系

综合上述调查数据，我们分别以单位劳动产出和单位劳动利润为因变量、以大专及大专以上学历职工占比为自变量进行线性回归分析，所有中小企业数据取2010～2013年平均值。鉴于贸易类、服务类和工程施企业样本数较少，故此处选择对所有被调查中小企业（有效样本352家）、被调查科技类中小企业（有效样本65家）、被调查生产加工类中小企业（有效样本102家）进行分析。根据回归结果（表8.9），高等学历职工占比的提升有助于中小企业单位劳动产出和单位劳动利润的增加。大专及大专以上学历职工比例提高1%，中小企业单位劳动产出和单位劳动利润分别增加0.65万元和0.20万元。

分企业类型来看，生产加工类中小企业相比科技类中小企业具备更高的人力资本积累弹性，即大专及大专以上学历职工比例提高1%，生产加工类中小企业和科技类中小企业单位劳动产出分别增加1.55万元和0.08万元，而单位劳动利润分别增加0.36万元和0.11万元。根据前文分析，生产加工类中小企业多属劳动密集型行业。这表明，在人口结构转换和经济转型的双重背景下，劳动密集型中小企业知识技术结构的优化对企业生产效率的提升更具促进意义。

表8.9　　中小企业高等学历职工占比与劳动生产率的线性回归

	单位劳动产出		单位劳动利润	
所有企业（N＝352）				
高等学历职工占比	0.65*	t＝2.12	0.20*	t＝4.10
常数项	60.46*	t＝4.74	0.73	t＝0.37
R^2	0.03		0.10	
科技类中小企业（N＝65）				
高等学历职工占比	0.08	t＝0.24	0.11*	t＝1.99
常数项	74.24*	t＝4.09	2.49	t＝0.80
R^2	0.01		0.09	
生产加工类中小企业（N＝102）				
高等学历职工占比	1.55*	t＝3.00	0.36*	t＝0.43
常数项	39.00*	t＝2.36	－2.50	t＝－0.97
R^2	0.08		0.16	

注：* 表示在0.05的置信水平下通过检验，采用EVIEWS6.0软件处理。

8.4.3 人力资本积累对中小企业发展的意义

凝结于劳动者身上的人力资本作为经济持续增长和企业良性发展的重要引擎，不仅能够节约生产过程中的劳动和物质资本使用，而且具备正外部性，有利于技术吸收、转化、创新和应用（Lucas，1988）。一方面，劳动工资上涨有利于增加企业对人力资本投资的积极性（Hausmann 等，2007），促使其通过正式培训和非正式员工交流获取生产活动所需的知识技能提升，进而有助于劳动生产效率的提升。另一方面，劳动工资上涨具有教育激励机制，与人力资本积累存在正向推动关系。教育产生的高回报促使劳动者增加教育支出以获取更好的工资水平，进而产生“工资上涨—教育支出增加—人力成本提升—工资进一步增长”的良性循环（Galor 和 Zeira，1993）。因此，考查人口结构转变与中小企业的发展不能仅注重劳动人口占比下降带来的成本上升，而更应该注重知识技能结构改善对中小企业转型发展带来的积极影响。

但需要注意的是，劳动成本上涨必然会带来中小企业发展过程中经营成本的增加，但并不是所有中小企业都能将成本压力转化为经营动力，通过劳动生产率的提升带动企业经营效益和市场竞争力的改善。从企业外部环境来看，由于我国教育结构失衡导致劳动力供求结构错配，劳动力市场上供不应求与供大于求并存，知识技能型人才的稀缺对中小企业发展转型形成制约。根据调查统计，中小企业对技术人员、市场开发人员、熟练工人、销售等种岗位都存在不同程度的短缺（见表 8.10）。从企业内部来看，企业规模偏弱、经营机制不完善等也制约着其对员工的培训支出。

表 8.10　中小企业人员短缺情况的调查统计（%）

	技术人员	市场开发人员	熟练工人	销售及其他	
全部企业	36	40	20	8	100
科技类	50	32	14	3	100
生产加工类	37	32	27	4	100
贸易类	13	73	8	6	100
服务类	26	38	12	23	100
工程施工类	35	44	13	9	100
其他	41	38	6	16	100

8.5　促进中小企业发展的政策建议

生存和持续经营是中小企业发展的首要目标。人口结构的转变和劳动市场的完善促使劳动稀缺性提升、劳动成本持续增长，而经济中枢下移带来的外部需求放缓使人口因素对中小企业发展影响更为剧烈。根据“经济转型与中小企业发展问卷调查数据库”的统计分析，人力资本积累是缓解中小企业经营压力、提升劳动效率的关键。然而，企业在推进自身经营转型和人力资本积累方面面临诸多制约，这需要政府从制度环境和公共品供给方面给予支持。

第一，继续深化收入分配制度改革，提高劳动报酬在初次分配中的比重，提高居民收入在国民收入中的比重。虽然中国劳动成本呈现上涨趋势，但当前劳动力成本优势仍然存在，根据汪涛和胡志鹏（2012）国际比较数据，当前中国劳动工资水平仅为美国的1/25～1/15、德国的1/29～1/19、日本的1/22～1/14、韩国的1/11～1/7、台湾的1/6～1/4。Kleinknecht和Naastepad（2005）通过对荷兰工资节制政策的研究指出，低工资政策不利于创新机制的运作，从而导致荷兰陷入“低工资创新”陷阱。相反，即使工资水平不断提升，但只要劳动生产率保持相对更快的速度增长，劳动比较优势和基于劳动要素的竞争力仍可以得以保持（Ark，2008）。因此，中央政府要继续提高低收入收入水平，坚持在初次分配中坚持效率优先的原则，促使劳动者分享经济增长红利，提升消费需求对经济增长的贡献。

第二，消除体制障碍，完善社会保障制度，推进城乡一体化劳动市场建设。根据前文推算，未来十年农业部门仍可释放5000万左右的劳动人口，农业人口转移仍具有较大空间。但当前体制障碍和社会保障供给不足制约着农业人口的跨区域流动。中国现有户籍制度以及附着于户籍之上的社会福利制度致使市民和农民间的权利存在巨大鸿沟。农村土地流转使更多农民涌入城市或非农部门，但户籍制度带来的社会分层固化却阻碍了劳动结构的“良性转换”。因此，消除户籍等制度障碍，建立城乡一体化的社会保障体系，消除农村和城市户籍附着的教育、医疗、养老等制度差异，是促进劳动市场潜力释放和劳动要素合理流动与配置的关键。

第三，经济转型与治理结构性失业并重，控制转型“倒逼机制”带来的中小企业破产和劳动者失业风险。为应对人口结构转变压力，部分粗放型生产企业引进新的生产技术、生产组织和管理方式，使其生产方式向集约型转变，该过程中部分知识技能含量少的劳动力由于无法迅速转变其技能、知识、理念而面临失业的压力。而且，部分企业在转型的“倒逼机制”下无法适应新的外部环境甚至退出市场，由此带来新的失业问题。这需要政府提供必要的失业补助和职业再培训教育，帮助此类失业者较快适应新的生产方式或新的岗位需求。

第四，完善多元化的教育培训体系，建立与转型升级相配套的人力资本形成机制。除继续提高教育投入占财政支出的比重外，需构建多元化的投资体系，继续鼓励民间资本对义务教育与非义务教育的补充，强化以市场为导向的职业教育，降低劳动供给与岗位需求之间的不匹配。同时，政府应鼓励企业对在职员工的培训和新知识、技术的运用，对部分人力资源培育投入较大的企业给予加速固定资产折旧、税费减免等优惠。

执笔：薛白（中信银行总行资产负债部高级经理，高级经济师，经济学博士）

参考文献

[1] Aar B., Productivity, employment and growth in the world' s economics, The conference board report, 2008, No. R-1421-08-RR (March).

[2] Acemoglu D., Labor and capital augmenting technical change, Journal of the europan economic association, 2003, 1 (1).

[3] Ceglowski J., Golub S., Just how low are china' s labor costs? World economy, 2007, 30 (4).

[4] Futagami K., Nakijima T., Population aging and economic growth, Journal of Macroeconomics, 2002, 23 (1).

[5] Galor O., Zeira J., Income distribution and macroeconomics, Reviews of Economics Studies, 1993, 60 (1).

[6] Hausmann R., Hwang J., Rodrik D., What you export matters, Journal of Economic Growth, 2007, 12 (1).

[7] Kleinknecht A., Naastepad CM., The Netherlands failure of a neo-classical policy agenda, European Planning Studies, 2005, 13 (8).

[8] Lindh T., Malmberg B., Age structure effects and growth in the OECD: 1950-1990, Journal of population economics, 1999, 12 (3).

[9] Lucus R., On the mechanics of economics development, Journal of Monetary Economics, 1988, 22 (1).

[10] Mackellar E., Impacts of population aging in Japan, Edward Elagar Publishing, Cheltenham and Camberley, UK Northampton Massachusettts, USA, 2004.

[11] United Nations, Department of Economic and Social Affairs, Population Division (2011). World Population Prospects: The 2010 Revision, CD-ROM Edition.

[12] 蔡昉．人口转变、人口红利与刘易斯转折点．经济研究，2010 (4)

[13] 黄乾．城市农民工的就业稳定性．人口研究，2009 (3)

[14] 江小涓．中国开放三十年的回顾与展望，中国社会科学，2008 (6)

[15] 李晖，陈锡抗．基于人口投入产出模型的中国人口结构预测及分析．管理评论，2013 (2)

[16] 钱雪亚，刘焕香，陈志．成本、收益：工资效应的企业异质性．统计研究，2013 (11)

[17] 孙爱军，刘生龙．人口结构变迁的经济增长效应分析．人口与经济，2014 (1)

[18] 汪涛，胡志鹏．中国经济未来十年——人口结构变化的挑战和应对．金融发展评论，2012 (7)

[19] 薛白．经济增长方式转变的失业成本研究．经济体制改革，2010 (3)

[20] 中国人民银行课题组．中国未来二十年的人口结构变化对经济的影响．金融发展评论，2013 (1)

第 9 章

经济转型：金融市场创新与中小企业发展

- 引言和相关文献综述
- 中小企业融资现状及描述性统计分析
- 金融市场创新与中小企业融资
- 中小企业融资约束：市场与政府角色探讨
- 中小企业融资的国际实践与经验归纳
- 缓解中小企业融资约束的政策建议

根据“经济转型与中小企业发展问卷调查数据库”的统计分析，近八成中小企业在生产与经营活动中存在着融资约束问题。随着金融市场化改革深入和政府支持力度加大，银行、债券、股票等传统融资渠道不断创新，转贷引导基金、网络小贷、P2P 融资、众筹融资等新型融资方式逐渐被中小企业认可并采用。金融市场创新对缓解中小企业融资约束起到了有力的推动作用，但难以从根本上解决中小企业融资过程中信息不对称问题。在市场失灵背景下，健全的制度环境和完善的政府支持更有助于中小企业融资难、融资贵问题的缓解。

9.1　引言和相关文献综述

融资约束是制约我国中小企业发展的主要瓶颈。金融市场化改革的主基调下，金融市场创新层出不穷，更好的发挥市场机制在资金流动、生产配置中的作用，这在一定程度上对中小企业融资约束起到缓解作用。但是，信息不对称在中小企业融资活动中仍将持续存在的现状并未发生根本改变。如何破解中小企业融资难题，更有效发挥政府力量对市场机制的补充作用，成为经济转型过程中亟须解决的重要议题。

国内对中小企业融资难的研究可大致归结为以下四类：一是银行市场结构论，大型银行在收集和处理公开信息上具有优势，而中小企业由于其地域性和专业性，更易通过长期接触获取企业各种非公开关联信息。在以大型银行为主导的金融体系中，非标准化信息在大型银行传递成本较高，使其倾向于向大型国有企业提供贷款，从而使中小企业融资需求受到抑制；而且我国银行结构体系与企业结构中数量庞大的中小企业之间存在严重的不匹配关系（林毅夫等，2001）。二是规模歧视论，相比大型企业，中小企业经营的波动性更大，加之银行与中小企业之间信息不对称程度相对更高，这使中小企业通过间接融资获取贷款的难度相对偏大；三是所有制歧视论，中小企业多属于非国有经济，基于风险控制和责任认定考虑，国有商业银行更愿意对国有企业提供贷款（袁淳等，2010）；四是外部环境缺陷论，信用环境差、信用支持体系发展不足是制约中小企业融资的主要因素（袁增霆等，2010）。然而，随着中国金融市场化改革加速和多层次金融市场建设完善，基于市场结构、企业规模和所有制的分析对中小企业融资困境的解释在变弱。一方面，利率市场化加速推进使大中型银行纷纷将经营重心转向中小企业，而互联网金融的发展和大数据的运用使大型银行能够通过技术创新更多的获取中小企业非标准化信息。另一方面，银行业金融机构的公司治理结构日益完善，信贷决策行为受行政化干预在减弱，其对中小企业贷款决策基本上是基于收益和风险的理性行为活动，即更看重于风险资本回报率的多寡、而非主要参考企业规模和所有制情况。

为更好考察当前中小企业融资状态，课题组从中小企业融资难易程度、融资方式选择、融资成本比较三个维度设置调查问卷，并最终形成“经济转型与中小企业发展问卷调查数据库”的融资部分。其中，回收可使用问卷1040份，涉及本章议题的有效问卷共计426份①。

9.2 中小企业融资现状及描述性统计分析

9.2.1 中小企业融资难易调查

根据被调查中小企业对“融资方面是否存在困难”的反馈（见图9.1），有21%的企业选择“非常困难”选项，有55%的企业选择“有一定困难，但困难不大”选项，而仅有24%的中小企业选择了“不困难”选项。调查结果显示，近八成中小企业在生产与经营活动中存在着融资约束问题。

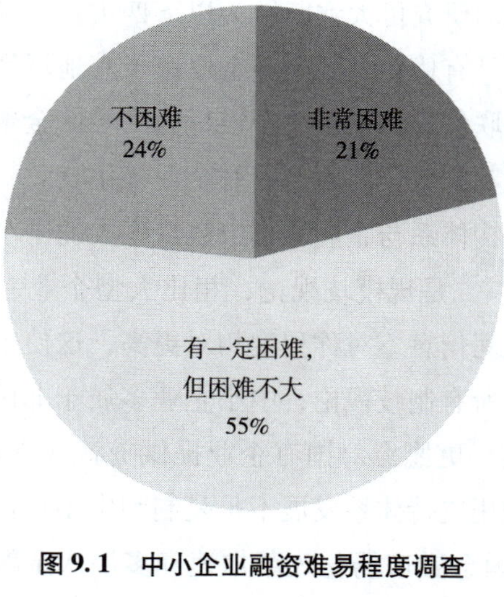

图9.1 中小企业融资难易程度调查

① 本章余下部分如无特殊说明，分析数据均来源自经济转型与中小企业发展问卷调查数据库。

根据被调查中小企业对“融资难的主要原因”的反馈，大部分企业认为“银行对企业财务状况或经营状况要求过于苛刻”、“担保条件过于苛刻”、“银行缺乏专门针对小企业特点的信贷产品”、“银行贷款业务流程设置不合理”、“企业自身存在一些问题”等因素是导致中小企业融资难的主要原因。

分融资方式来看，根据对“融资难度较大的渠道”和“融资难度较小的渠道”的调研反馈（见表 9.1），被调查的中小企业认知较为接近。其中，中小企业普遍认为通过国有商业银行、股份制商业银行、股市融资、债券和票据渠道融资的难度相对较大，选择此类融资方式的问卷占比分别 34%、15%、10% 和 8%；而通过城市商业银行、农村商业银行、村镇银行和信用社、亲朋借款和小贷公司及 P2P 等新型网络贷款公司途径融资的难度相对较小，选择此类融资方式的问卷占比分别为 25%、17% 和 16%。

表 9.1　　中小企业融资难易程度调查（%）

	国有商业银行	股份制商业银行	城商行、农商行、村镇银行信用社	小贷公司、P2P 等新型网络贷款公司	债券票据	股市融资	信托融资	风险投资	地下钱庄	亲朋借款	合计
难度较大	34	15	7	7	8	10	7	7	3	3	100
难度较小	11	14	25	16	3	2	3	4	5	17	100

9.2.2　中小企业融资方式调查

中小企业经营发展过程中的资金积累可分为内源性融资和外源性融资两种方式。其中，仅通过企业自身积累和利润留存的内源式融资方式难以满足现代社会化生产活动，外源性融资已经成为中小企业规模扩张、竞争力培育的主要方式。

根据被调查中小企业对“最常用的三种融资渠道”的反馈（见图 9.2），在以间接融资为主导的金融环境下，银行渠道仍是中小企业外源性融资的首选途径。根据统计结果，选取银行渠道融资的中小企业达到 79%；其中，国有商业银行渠道占到 30%，股份制商业银行占到 24%，城市商业银行、农村商业银行、村镇银行和信用社渠道占到 25%。

直接融资方式仅是中小企业融资渠道的补充。虽然直接融资占社会融资总量的比重由 2012 年的 6.8% 快速上升到 2013 年的 15.3%，但中小企业受其规模制约仍难以充分分享融资结构转变带来的融资红利。根据调查数据，选取风险投资方式融资的中小企业占到 2%，选取债券、票据方式融资的中小企业占比仅为 1%，选择股市融资的中小企业占比仅占到 1%，这相比占比高达 79% 的银行渠道融资方式来看规模过小，较难对中小企业融资缺口进行补充。

其他融资方式方面，小贷公司、P2P 等新型融资方式正逐渐被接受，约有 7% 的中小企业选择通过此类方式进行融资。

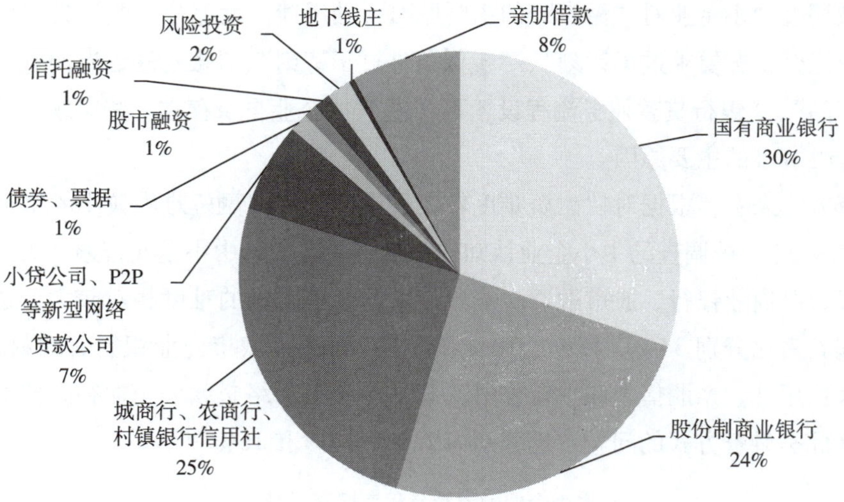

图9.2 中小企业通常采用的融资方式调查

9.2.3 中小企业融资成本调查

融资成本角度来看，中小企业融资利率普遍高于当期基准利率水平，融资成本相对偏高。根据被调查中小企业对“最常用的三种融资渠道”的反馈（见图9.3），44%的中小企业融资利率处于10%以下，38%的中小企业融资利率处于11%～15%区间，而融资利率处于16%～20%、21%～30%及30%以上区间的中小企业占比分别为10%、7%和1%。当前市场环境下，大型企业在融资过程中具有较强的议价能力，通过银行渠道的融资利率普遍在10%以下，相比而言，有高达56%的被调查中小企业融资利率处于10%以上，即中小企业融资成本显著高于大型企业。

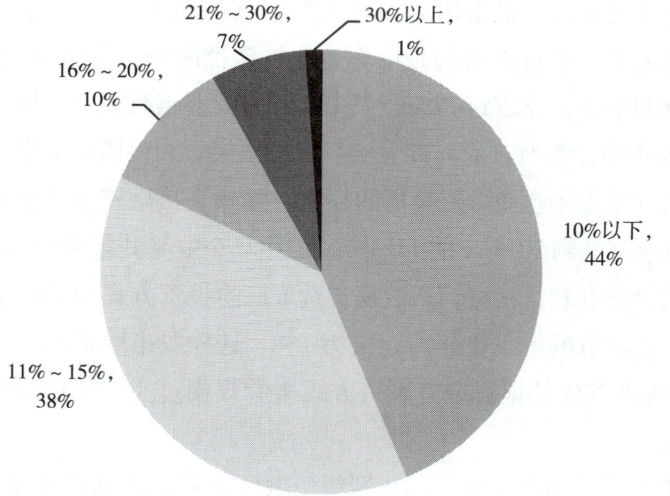

图9.3 中小企业融资利率调查（区间值）

分融资方式来看，根据被调查中小企业对“各项融资渠道的融资成本”的反馈（见图

9.4)，中小企业通过债券和票据渠道融资的成本相对较低，利率均值为 7.80%；通过国有商业银行、股份制商业银行、城市商业银行、农村商业银行、村镇银行和信用社融资成本次之，利率均值分别为 9.10%、9.76% 和 9.98%；通过亲朋借款的融资利率均值为 14.38%；通过小贷公司及 P2P 等新型网络贷款公司、信托融资渠道的融资利率均值分别为 15.24% 和 15.60%；而通过地下钱庄借贷的平均利率高达 23.67%。

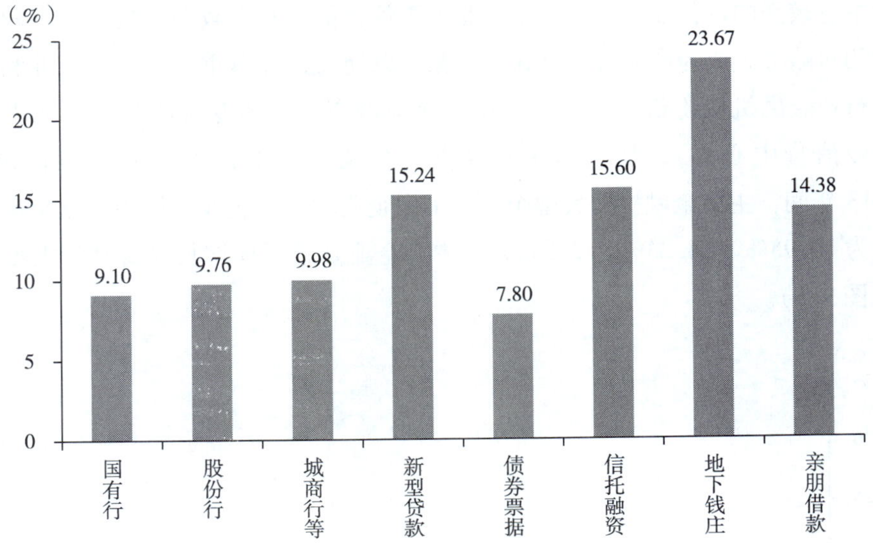

图 9.4　中小企业融资利率调查（平均值）

综合以上调查统计，商业银行是中小企业融资的主要渠道，虽然融资成本较亲朋借款、地下钱庄、信托融资、新型贷款略低，但融资难度较大；债券和票据融资成本最低，但受其发行条件制约，仅有 1% 的中小企业选择通过此方式融资；小贷公司、P2P 等新型贷款方式虽然兴起时间较短，融资成本并不便宜，但凭借其低融资门槛和融资便利等优势，获得 7% 的中小企业青睐，占比明显高过债券、票据、股市等直接融资方式，呈现出中小企业融资行为的新变化。

9.3　金融市场创新与中小企业融资

十八届三中全会明确了我国金融市场化改革的基本框架，在此背景下，中小企业融资环境出现一系列新的变化，除新型融资方式逐渐被企业认可并采用外，包括银行渠道在内的传统融资渠道也不断创新，对中小企业融资约束的缓解起到积极作用。

9.3.1 商业银行中小企业融资服务创新

利率市场化加速推进的背景下，商业银行依赖于存贷差的传统盈利模式受到挑战，促使其客户经营重心由大型企业向中小企业转变。这是因为，伴随着利率市场化，商业银行短期内利差呈现收窄态势，银行业金融机构对优质客户的争夺更为激烈，这使大型企业在融资过程中有较强的议价能力。而中小企业由于议价能力相对较弱，贷款利率较基准利率上浮幅度相对略大，成为商业银行青睐的对象，以期通过经营重心的下移对冲利差收窄的现状。银行业金融机构纷纷设立专门为中小企业融资服务的专营性机构（如小企业事业部、小企业信贷中心等），加大对中小企业融资支持。根据中国人民银行统计数据，2010~2013年间，主要金融机构大型企业、中型企业和小型企业人民币贷款余额同比增速均值分别为10.95%、14.23%和21.48%，中小企业贷款规模增长显著高于大型企业信贷增速（见图9.5）。

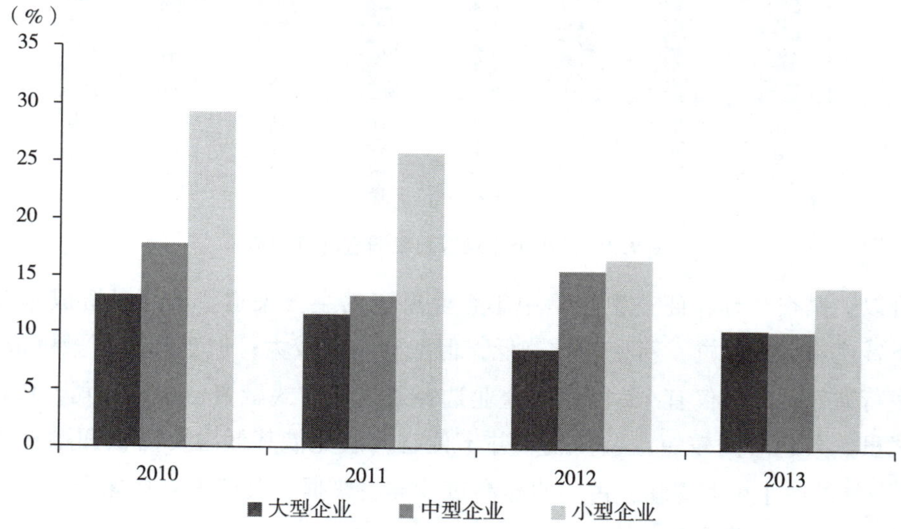

图9.5 主要金融机构人民币贷款余额同比增速

中小企业融资服务方面，除现已得到广泛推广的供应链融资之外，商业银行对融资服务依据中小企业行业特性、经营属性、资金用途方面进行一系列创新。如中小企业可凭借商用物业、商品存款、应收款项、金融票证等资产，或凭借信用证等未来现金收入作为还款来源，即可获取相应贷款。部分银行在落实全额有效抵（质）押担保或者专业担保公司保证担保前提下，无须评级和授信即可对中小企业提供贷款服务，对部分为优质大型企业提供配套产品及服务的中小企业，甚至可提供免担保信贷服务。此外，银行还根据中小企业差异化需求提供投行顾问、企业年金、电子银行、企业理财等多项金融服务。

综合来看，与传统对公业务相比，银行类金融机构中小企业融资服务呈现流程化、批量化新趋势。在客户营销管理方面，改变传统的单户、点式营销方式，而是通过市场调查和机构合作，批量化获取客户，如通过园区、协会、企业集团等渠道系统营销。在信贷审核标准方面，在强化收益覆盖风险的前提下，改变过去单纯依赖企业规模和财务指标进行信贷审核的模式，而是依据财务指标与非财务信息综合判别。在信贷审批机制方面，简化信贷审批流程，建立专职审批模式，提高审批效率。在贷后管理方面，由传统的依赖于中小企业财务信息的被动式管理模式，转变为动态跟踪企业经营情况的主动式管理，设置全面预警指标体系，实时监控企业经营活动。在企业信用管理方面，在中小企业基本面并无变化的前提下，对经营过程中出现暂时性困难的企业设置信用缓冲期，帮助企业渡过难关。

9.3.2　中小企业直接融资方式创新

除银行业金融机构中小企业融资服务创新外，债券市场和股票市场上中小企业融资品种创新也较为活跃，对部分中小企业融资约束起到了缓解。

（1）中小企业债券融资创新

近几年，中小企业集合债、中小企业集合票据、中小企业私募债、小微企业专项金融债等工具陆续推出，为中小企业提供直接融资服务。截至2014年5月底，在中小企业类债券存量中，集合债共计19只，融资金额达到127.79亿元；集合票据79只，融资金额172.82亿元；私募债483只，融资金额624.48亿元。

2007年，中小企业集合债推出，通过政府部门作为牵头人，以多个中小企业所构成的集合为发债主体，使用统一的债券名称统收统付；其中，各发行企业作为独立负债主体，在各自发行额度内承担还本付息义务和按比例承担发行费用。这种捆绑发展模式通过统一征信方式降低中小企业发债的规模限制和发债成本，开创了中小企业债券融资新模式。其后，中小企业集合票据相继推出，银行间市场交易商协会创新推出“政府资金支持、中介机构让利、工作流程集优”的“区域集优”模式，实现区域批量化和规模化债券融资。2013年，发改委对中小企业集合债券审核程序进行简化，提高审核效率，继续支持符合条件的国有企业和地方政府投融资平台试点发行小微企业征信集合债券，促进中小企业债券融资便利化。

针对中小企业集合债和集合票据市场流动性弱等问题，我国交易所于2012年引入中小企业私募债。中小企业私募债对发行人并未设置净资产和盈利能力的门槛要求，发行审核采取备案制，审批周期较快；募集资金用途相对灵活，期限一般为两年；综合融资成本比信托资金和民间借贷低，部分地区还能获得政府贴息。这种较为灵活的发行机制和较为宽松的发行条件使其对中小企业融资支持的优势更为突出。

（2）中小企业股票融资创新

当前我国多层次资本市场体系逐渐完善，包括场内市场的中小板、创业板和场外市场的全国中小企业股份转让系统（即新三板）、区域性股权交易市场、证券公司主导的柜台市场共同对中小企业融资服务提供多元化服务。

场内市场方面，截至2013年底，中小板和创业板上市公司分别为706家和379家，分别占到全部A股的28.07%和15.07%。新三板方面，2013年底，新三板由试点高新区扩容至全国中小企业。同时，新政策允许股东人数超过200人的中小企业在新三板挂牌，股东人数未超过200人的中小企业申请在新三板挂牌时豁免核准。区域限制的破除和上市规则的简化将吸引更多符合条件的中小企业登录新三板。截至2014年5月底，股转系统挂牌股票达到763家，较2013年底增加408家，增幅高达115%。区域性股权交易市场方面，各交易中心根据区域中小企业发展特点和融资需求，呈现出多种服务模式。以广州股权交易中心为例，凡是依法设立、合法存续、治理结构完善的企业，均可在交易中心进行挂牌和融资；同时，创新“先挂牌、后收费”的商业模式，有效降低企业挂牌融资成本。此外，广州股权交易中心大幅拓展银行、风险投资、小额贷款公司等会员单位范围，实现直接融资和间接融资的有机对接。

9.3.3 新型中小企业融资服务创新

随着政府对中小企业支持力度加大和互联网金融兴起，中小企业融资服务出现一些新的模式，如转贷引导基金、网络小贷、P2P融资、众筹融资等。

（1）转贷引导基金模式

转贷引导基金是全球金融危机时期出现的新型中小企业融资服务模式，该基金针对符合银行信贷条件、贷款即将到期而足额还贷出现暂时困难且具备后续还款能力的中小微企业，以便捷的手续和适宜的费用为其提供短期拆借资金，以帮助企业按期还贷并顺利续贷。依据基金发起主导方的差异，可将转贷引导基金的运行模式分为政府主导型和民资主导型两种。政府主导模式下，转贷引导基金由政府或协会发起设立并参与日常管理，资金全部或者部分来自于地方财政投入；该模式能够较好发挥地方政府支持中小企业的积极性，并促进中小企业的产业结构升级。民资主导模式下，转贷引导基金在地方政府部门监管下，由协会或企业发起设立并参与日常管理，资金全部来自于社会力量投入；该模式以市场为导向，运作方式更具灵活性。

转贷引导基金的推出有效缓解了中小企业融资压力。在转贷引导基金推出之前，抽取自身流动资金、依靠人脉关系周转、民间借贷是企业解决转贷资金缺口的主要方式。而对中小企业而言，由于其缺乏相应抵押物、自身流动资金不足等问题，整个转贷过程显得异常艰难。统计调查显示，中小企业在转贷过程中，约17%的企业是通过人脉关系相互借贷，约78%的企业主要是依赖于民间借贷，拆借资金周转成本平均每天在0.3%左右，一般需要5~10天；企业每年转贷成本平均占到其贷款成本的25%。转贷引导基金推出后，其相比民间借贷具备以下优势：第一，手续便捷。转贷引导基金由专业平台独立管理，申请事项无须政府审批，程序简单快捷，经合作银行审核通过并出具续贷承诺意见后，即可发放转贷资金。第二，费用低。当前市场上存在的转贷引导基金日综合费率一般在0.05%~0.1%左右，融资成本尚不到民间借贷成本的三分之一。第三，周期短。转贷引导基金一般在2~5个工作日即可完成申请、受理、批贷的全过程；而民间借贷的稳定性偏差，资金到位的不确定性极易使企业面临违约风险。

表9.2　转贷引导基金的主要模式

	案例	规模	特点	综合费率	成立时间
政府主导模式	无锡市政府设立的“中小企业转贷应急资金”	首期财政资金1亿元	政府独资	前两天日综合费率0.04%，超过部分0.08%。	2014
	宁波镇海区企业家协会设立的“转贷互助基金”	政府出资2000万，协会发动20家企业认缴1000万元	低杠杆	社会借贷利息两成左右（日利率约0.06%左右）	2009
	杭州市经信委设立的“中小企业转贷引导基金”	基金总规模2.5亿元分5年到期，资金源自工业专项扶持资金。与此同时，转贷引导基金和社会资本按1∶3的比例出资设立转贷资金池	高杠杆	利息、服务费和风险准备金三项合计每天不超过0.1%	2013
民资主导模式	浙江中安担保集团牵头组建的“民间资本服务基金”	首期出资10亿元	企业牵头	利率不得超过银行贷款标准利率的4倍	2011
	温州市总商会设立的“贰号基金”	总规模5亿元，全部来自社会资金	协会牵头	利率不得超过银行贷款标准利率的4倍	2013

（2）网络小贷模式

小微企业由于贷款金额低、贷款次数频繁、信用程度低等特征难以通过传统金融模式解决其融资约束，而互联网金融与小贷公司的融合，实现了信用采集精细化、贷款发放批量化。以阿里小贷为例，阿里小贷与阿里巴巴、淘宝、支付宝底层数据完全打通，用户的网络行为和网络信用在小额贷款中得到充分应用。淘宝店主和阿里巴巴上的小企业所发生的经营信用记录、发生交易状况、投诉纠纷情况等一百多项指标信息都汇总在阿里小贷的评估系统中，最终通过计算分析作为贷款的评价标准。通过这种机制，阿里小贷整合了电子商务公开、透明、数据可记载的特点，解决了传统金融针对个人及小微企业贷款难以解决的信息采集、流程创新等问题。截至2013年末，阿里小贷已经累计为超过70万家小微企业解决融资需求，累计投放贷款超过1700亿元，不良率小于1%。

（3）P2P融资模式

P2P（Peer To Peer）融资模式是借助于网络平台促使贷款人和出借人自行达成贷款协议的新兴模式，根据市场风险定价实现资金余缺的直接匹配。2006年，我国首家P2P小额信用贷款服务机构宜信成立，随后P2P平台大量兴起。

P2P模式利用便捷的网络平台、差异化的定价机制，拓宽了中小企业的融资渠道。具体来看，P2P在国内存在三类模式。一类是拍拍贷模式，平台公司仅发挥信息中介作用，帮助资金借贷双方更好地进行资金匹配，而不参与中小企业的贷款担保行为。该模式本质上是直接融资的概念，是金融托媒的一种表现形式。第二类是以宜信为代表的提供本金甚至利息担保的P2P模式，资金富裕方在对中小企业公开信息考核的同时，会更多地对平台公司融资担保能力进行评估；而P2P机构担负起寻找客户、筛选客户、提供担保、匹配资金、本息回收的全流程义务。在此模式下，P2P平台实质上充当了“办银行”的角色，发挥信息中介、资金中介和风险中介三重作用，属于间接融资概念。第三类是以陆金所、有利网为代表的类P2P模式，此类平台将金融机构或准金融机构以中小企业为主的信贷资产通过互联网方式进行拆分销售，期限和金额相对传统信贷更为灵活。

（4）众筹融资模式

众筹融资模式是以捐赠资助或预购产品的形式，在线募集资金项目。该模式并不以股权或资金作为回报，项目发起人亦不承诺任何资金上的收益，而是通过实物、服务或者媒体内容等回馈支持者。众筹融资模式多集中于文化创意类产业，涉及电影、音乐、动漫、游戏、设计、出版等领域，在为中小企业带来风险投资的同时，有助于把相关产品或服务推广至消费市场。点名时间于2011年7月上线，是国内最早也是目前发展最成熟的众筹平台，其上线不到两年就已接到了7000多个项目提案，有近700个项目上线，项目成功率接近50%。其他如淘梦网专注于微电影领域的创意，乐童音乐网专注于音乐行业的相关创意，亿觅网和觉JUE. SO则主要专注于生活类的创意和设计等。

9.4 中小企业融资约束：市场与政府角色探讨

当前金融市场上的创新对部分中小企业的融资约束起到了缓解作用，但难以从根本上解决中小企业融资难和融资贵问题。首先，从银行融资渠道来看，客户经营重心的下沉增加了中小企业可贷资金规模，而且银行在一定程度上对抵押和担保条件的放缓有利于降低中小企业融资门槛。但商业银行作为经营风险的金融机构，客户筛选时必须平衡安全性、流动性、收益性三者间的关系，即倾向于选择财务状况良好、公司治理结构完善、信用等级优良、还款能力较强的中小企业，这使得不能满足良好预期且不能消除信息不对称的中小企业仍难以获取信贷支持。其次，从债券、股票等融资渠道来看，市场容量偏小限制了中小企业融资约束的缓解。例如，当前中小企业类债券存量仅581家，通过交易所上市的中小板和创业板公司仅1058家，这相对于超过5000万家的中小企业总量显得微不足道。而且，中小企业债券存在多头管理的问题，发行成本和制度成本的存在相应也制约着大部分中小企业通过该渠道融资。第三，从新型中小企业融资渠道来看，转贷引导基金和小贷公司主要受制于资本补充压力，而P2P、众筹融资等模式市场尚未规范，存在较大风险。

中小企业融资难问题的存在有其客观性。中小企业规模相对较小、存续期相对有限、完善的财务报表持续期偏短、可供担保抵押的资产相对缺乏、公司治理结构不尽完善、抵御外部冲击能力偏弱等因素的存在使其在以间接融资为主导的金融环境下难以通过银行以及附属于银行渠道的影子银行渠道获取资金支持。在信贷审核阶段，银行搜寻、甄别和处理中小企业财务及非财务信息需要花费相应人力物力；而在信贷方法之后，银行仍面临较高的监督成本和执行成本（Beck 和 Torre，2006）。相对大型企业，银行与中小企业之间的信息不对称带来相对较多的交易费用。而且，信息不对称会引发逆向选择和道德风险问题，从而使部分中小企业即使愿意支付更高的风险溢价，但仍排除在信贷市场之外（Stiglitz 和 Weiss，1981）。征信体系建设和征信机构发展有助于减少资金供给方和中小企业之间的信息不对称程度，增加中小企业资金可得性（Love 和 Mylenko，2003）；但在国内，担保手续繁琐、信用担保机构偏少、担保费用较高等因素制约着中小企业借助担保机构获取贷款（郭娜，2013）。

资本具有天然的逐利性，中小企业与银行等资金供给方之间的信息不对称增加了资金流入的机会成本，降低了资金流入意愿。Berger 和 Udell（1998）对企业生命周期不同阶段的融资来源进行归纳：在企业初创期，由于缺乏相应抵押、业务记录和经营信息的透明度，中小企业难以通过外源式融资获得资金支持，而是更多依赖于内部融资和利润留存；在企业成长期，随着抵押资产和商业信用的增加，中小企业可以通过风险资本、债券、商业银行及非银行金融机构融资获取资金；而在成熟期，企业直接融资比重上升，资金来源包括利润留存、银行融资、商业票据、公司债券、股票融资等多种方式。而在当前金融环境下，针对仍处于初创期或成长期的中小企业，通过金融市场的创新难以减弱此信息不对称问题。

因此，在完善多层次融资渠道的同时，在市场失灵背景下，更需从制度层面和政府支持手段解决中小企业融资难问题。对此，我国政府进行了有益的尝试。如在法律法规方面，国家于2002年出台《中华人民共和国中小企业促进法》，设置扶持中小企业发展专项资金和中小企业发展基金、鼓励各金融机构加强中小企业金融支持、拓宽中小企业直接融资渠道、推进中小企业信用制度建设等，从法律层面为改善中小企业融资环境提供支持。在中小企业金融发展环境方面，财政部完善金融支持中小企业发展的绩效考核体系，推动出口信用保险业务对小微企业的支持，完善金融机构中小企业贷款财务管理制度，放缓中小企业贷款呆账核销条件等。在中小企业融资担保体系建设方面，加强融资性担保行业制度建设，修订《融资性担保管理公司管理暂行办法》（2013年），规范融资担保市场秩序；印发《关于地方财政部门积极做好融资性担保业务相关管理工作的意见》（2010年），指导地方政府加大对融资担保业的支持力度。在财税方面，对支持科技类中小企业融资的创投公司给予营业税抵扣，对符合条件的非营利性中小企业信用担保、再担保机构给予所得税免征，对金融机构与小微企业签订的借款合同免征印花税等。在金融政策方面，一行三会2010年下发《进一步做好中小企业金融服务工作的若干意见》，鼓励金融机构服务于产品创新，引导中小银行分支机构合理布局，构建多层次融资服务渠道，引导保险加大对中小企业的支持力度等。

9.5 中小企业融资的国际实践与经验归纳

中小企业融资难也是各国普遍存在的问题（Strahan 和 Weston，1996），发达国家政府部门在缓解中小企业融资约束方面积累了大量的经验，主要可归结为以下五点。

9.5.1 构建中小企业支持的法律法规

通过法律法规规范和保障中小企业发展环境，更好地发挥市场运行机制。如美国涉及中小企业的法律法规大致可分为三类：第一类是基本法，如1953年制定的《小企业法》、70年代制定的《小企业经济政策法》等8项法律、90年代制定的《小企业基本法》等6项法律法规。第二类是公平竞争环境法案，如早在19世纪通过的《谢尔曼法》即对中小企业对抗垄断提供法律保障，其后此类法律法规不断完善，为中小企业公平竞争提供法理支持。第三类是促进创新的法律法规，如《小企业创新发展法》等。其他国家如日本也建立了较为完备的法律法规体系。《中小企业基本法》（1963年颁布，1999年进行重大修订）是日本中小企业发展的纲领性法案，围绕此法规配套出台了涉及税收、公平竞争、金融、技术创新、破产防范等一系列法律法规，对促进中小企业健康成长发挥积极作用。

9.5.2 建立中小企业融资担保体系

融资担保是发达国家对中小企业进行增信支持的通用手段，同行的做法是由公共部门设立专门机构，对信用能力和担保能力较差的中小企业提供增信支持。

以美国为例，美国小企业管理局对金融机构认定风险略大、但符合管理局支持标准的中小企业提供贷款担保，并按担保金额收取担保费；金融机构根据其风险审核标准自行决定是否提供融资。目前美国已形成覆盖全国、地方和社区的三套中小企业融资担保体系：全国性融资担保体系由美国中小企业管理局及其下属机构直接操作，与近万家商业银行进行合作并对中小企业进行直接担保和授信担保；地方性融资担保体系由地方政府设立，并为本地区中小企业提供融资担保；而社区性融资担保机构主要是为本社区小企业创办及运营提供担保服务。

再以日本为例，日本中小企业信用担保体系主要由信用保证协会和信用保证公库两部分构成。信用保证协会作为为中小企业提供公共信用担保的政策性金融机构，资金由地方政府预算拨款、金融机构捐款和中央及地方贷款共同构成。信用保证协会以其自身的存款作为担保，要求金融机构对缺乏合适抵押物的中小企业以略低的利率提供贷款支持。而信用保证公库由日本政府全额出资对信用保证协会进行再保险，分散信用保证协会担保风险。

9.5.3　种类完备的财税扶持方案

除融资担保外，各国普遍在财政补贴和税收优惠方面对中小企业进行扶持。财政补贴方面，部分发达国家对中小企业研究与开发进行专项补贴，如法国设立国家科研推广局，对中小企业研究开发经费给予企业投资25%的财政补贴；部门国家对中小企业贷款进行贴息，对中小企业贷款利率高出平均利率的部分进行补贴。税收优惠方面，常见的方式如降低税率、税收减免、返还税收、提高折旧等方式。

9.5.4　较为完善的征信体系

完善的征信体系有助于解决中小企业融资过程中的信息不对称问题。依据征信体系建设的主导机构，可将发达国家征信体系分为以下三类：第一，以美国为代表的市场主导型征信体系。根据企业类型差异，美国形成大中小型网布式征信系统，代表性的如穆迪、标准普尔、ABC公司、克莱勒商业信息集团等，对中小企业资信进行评定。同时，美国小企业管理局利用其网络优势，建立了遍布大中小城市的商业信息中心，免费向中小企业提供信息服务。第二，以欧洲为代表的中央银行主导型征信体系。如德国、法国并行建立以中央银行为主导的公共征信系统和以市场化为主导的私人征信系统，前者主要采集各个银行中小企业信贷信息，后者根据市场对中小企业进行资信评定。第三，以日本为代表的会员制征信体系。该模式以行业协会为主导，收集会员所掌握的中小企业及个人信用信息，并向协会内部提供信息服务。

9.5.5　拓展多元化融资渠道

中小企业由于抵押不足、信息不透明等缺陷较难获得银行信贷支持，对于处于孵化期或初创期的企业更为如此，存续期较短和盈利模式不确定制约其获取信贷资金的能力。为此，多元化融资渠道成为必然。

目前，发达国家现已形成较为完善的多元化融资渠道。在资本市场方面，大多国家均设有为中小企业融资服务的场内场外股权渠道，在满足中小企业融资需求的同时，建立顺畅的风险资本退出通道。如美国现已形成以NASDAQ为代表的多元化场外市场；法国甚至演化出合作上市模式，同行业内几家小型企业通过联合成立集团公司申请上市融资，但同时又保持各家的独立性。风险资本方面，各国通过税收优惠等方式对风险基金设立进行鼓励，为以科技类、高成长型企业提供股本性融资，如英国RVCF基金、法国种子基金、澳大利亚创新投资基金计划、新加坡技术开发基金等，美国小企业管理局甚至成立专门机构，审查批准此类小企业投资公司。此外，一些政府还设立财政专项基金对中小企业给予融资支持。

9.6 缓解中小企业融资约束的政策建议

金融市场化改革深化对缓解中小企业融资约束起到了有力的推动作用，但难以从根本上解决中小企业融资过程中信息不对称问题。在市场失灵背景下，健全的制度环境和完善的政府支持更有助于中小企业融资难、融资贵问题的缓解。

第一，厘清政府和市场的关系，加快多层级融资渠道建设，充分发挥市场在资源配置中的决定性作用。金融改革本质上就是市场化改革，无论是加快推进利率和汇率市场化改革，发展债券市场提高直接融资比重，还是打破垄断、鼓励民间资本进入金融等领域，种种改革措施都是指向市场化。发挥市场在资源配置中的决定性作用，关键是实现金融要素的市场化定价，依靠市场机制的作用提高金融体系运作效率，优化金融资源配置。这需要厘清政府和市场的关系、国有经济与非公经济的关系，通过构建天使投资、风险投资、信贷融资、债券融资、股票融资等多层级融资渠道，充分发挥市场机制的价格发现和传导功能，促进资金要素更好地服务于中小企业。郭丽虹等（2013）实证研究表明，金融市场化程度的提高有助于市场能够比较有效地发挥合理分配金融资源的作用，从而有利于提高中小企业的信贷可得性。

第二，建立多层次中小企业融资担保体系，完善担保机构损失补偿机制和再保险机制。我国中小企业融资担保体系由“一体两翼”构成，“一体”是指由国家、省、市三级中小企业政府担保机构，“两翼”是指以中小企业为服务对象的互助担保机构和商业担保机构。其中，政府担保机构构成我国融资担保体系的核心。但目前，政府担保机构资金多来自财政划拨，带有部分行政色彩，且缺乏后续资金补充机制。而且，银监会2006年下发的《关于银行金融机构与担保机构开展合作风险提示的通知》，规定商业银行开展业务的担保机构资本金需在1亿元以上，且必须是实缴资本，这也极大地限制了担保机构对中小企业的融资支持（李毅等，2008）。这需要政府重构中小企业融资担保体系，推动政策性担保公司和商业性担保公司的差异化金融服务，完善政策性担保公司的融资补偿机制，推动再担保业务开展。

第三，加强信息化建设，完善中小企业信用评级机制。完善的信息网络有助于提高中小企业经营信息透明度，降低中小企业融资过程中的信息不对称。一方面，中央政府应完善信用建设考核制度，引导各地各部门开展信用体系建设工作，提高中小企业征信数据平台的覆盖率和平台之间的信息互通与共享。另一方面，健全征信服务体系建设，鼓励信用评级企业发展，构建大中小型网布式服务体系，为企业不同成长阶段提供多样化征信服务。

此外，政府可通过专项补贴、贷款贴息、税收减免、提高折旧等财税政策对符合经济转型方向的中小企业融资行为进行财税支持；对银行等金融机构的中小企业融资服务和融资创新给予鼓励、对融资过程中存在的差异化门槛进行限制，在管控风险的前提下促进中小企业融资便利化和融资成本下降。

执笔：薛白（中信银行总行资产负债部高级经理，高级经济师，经济学博士）

参考文献

[1] Beck T. , De La Torre A. , The basic analytics of access to financial services. World Bank Policy Research Working Paper, No. 4026, 2006.

[2] Berger A. N. , Udell G. F. , The economics of small business finance: the role of private equity and debt markets in the financial growth cycle, Journal of Banking & Finance, 1998 (22).

[3] Love I. , Mlenko N. , Credit reporting and financing Constrains, World Bank Policy Research, Working Paper, No. 3142, 2003.

[4] Stiglitz J. E. , Weiss A. Credit rationing in market with imperfect information, American Economic Review, 1981 (73).

[5] Strhan P. E. , Weston Jp. , Small business lending and bank consolidation: is there course for concern? Working paper, Federal Reserve Bank of New York, 1996 (3).

[6] 郭利虹，王硕．融资缺口、市场化程度与中小企业信贷可得性——基于非上市制造业企业面板数据的分析．财经研究，2013（12）

[7] 郭娜．政府？市场？谁更有效——中小企业融资难解决机制有效性研究．金融研究，2013（3）

[8] 林毅夫，李永军．中小金融机构发展与中小企业融资．经济研究，2001（1）

[9] 李毅，向党．中小企业信贷融资信用担保缺失研究．金融研究，2008（12）

[10] 袁淳，荆新，廖冠民．国有公司的信贷优惠：信贷干预还是隐性担保？——基于信用贷款的实证检验．会计研究，2010（8）

[11] 袁增霆，蔡真，王旭祥．中国小企业融资难问题的成因及对策——基于省级区域调查问卷的分析．经济学家，2010（8）

[12] 中国银行业监督管理委员会完善小企业金融服务领导小组办公室．小企业融资理论、政策与实践．北京：中国金融出版社，2011

第 10 章

经济转型：经济技术结构与中小企业发展

- 引言与相关文献综述
- 中小企业技术创新的现状及影响因素
- 经济技术创新与中小企业发展
- 中小企业技术创新存在的问题与对策

生产专业化是提高企业核心竞争力的重要因素，当前的经济转型升级为中小企业生产专业化创造了新的有利条件。本章利用微观问卷调查数据，实证分析了影响中小企业生产专业化的影响因素，以及生产专业化对企业经营绩效的影响情况。研究发现，主要由于受到体制环境和市场结构的影响，生产专业化并不必然对应着企业效益的提高，特别是规模较大的企业更倾向于多元化经营。因此，通过体制改革和政策调整，降低市场交易成本，将是推动中小企业实现专业化生产、获取专业化收益的主要途径，本章最后提出了具体的对策建议。

10.1　引言与相关文献综述

当前我国正处于经济转型的关键时期，经济转型不仅需要企业特别是数量众多的中小企业成为创新的主体，而且经济转型本身带来的经济技术结构变化也为中小企业技术创新形成挑战和机遇。中小企业数量众多，行业分布广泛，技术创新活动活跃，与大企业相比虽然存在着一些先天劣势，因受迫于竞争压力、但又得益于体制灵活，中小企业创新成果水平和数量甚至超过大企业。在美国，中小企业人均创新约为大企业的 2 倍。美国学者谢勒和哈姆贝勒等人的研究表明，尽管中小企业在信息搜集使用、技术研发和资金筹措等方面逊于大企业，但是它的体制灵活性、高度专业化和生存竞争压力，都化为中小企业创新的动力，从而在创新时间和创新效率上，都强于大企业。总的来说，中小企业技术创新的特点主要包括：一是中小企业渐进产品创新、服务创新和工艺创新方面表现突出。二是中小企业的技术创新更有赖于与外界的合作创新。三是中小企业的企业家在创新活动中作用突出。四是中小企业技术创新活动具有广泛性和多样性。正是由于中小企业技术创新具有的上述特点，经济转型才为中小企业技术创新带来更多的促进机会。这是因为，我国的经济转型将会促进增长模式由粗放式向集约式转变，提高行业乃至企业的全要素生产率，同时也会加快产业结构的调整，由过度工业化特别是重工业化，转向发展新兴战略产业和服务业，从而推动我国经济技术水平迈向一个新阶段，这种经济技术结构更加有利于中小企业的技术创新。第三产业与高新技术产业都是投资少、资产轻的行业，易于中小企业的进入、生存和发展，从而发展也将为中小企业创造更多的发展机会。不仅如此，大量的中小企业本身具有经营的灵活性和创新的积极性，在设计、研发等方面具有独特的优势，从而可以在服务业和高新技术产业大有作为。

有许多文献研究了中小企业技术创新的影响因素，并提出了相应的推动中小企业技术创新的对策。千庆兰等（2008）基于对广东省785家中小企业的问卷调查进行研究，发现广东省中小企业企业研发投入较高，但创新产出绩效一般，企业的技术创新战略以合作战略和模仿战略为主，同时中小企业技术创新能力与区域经济发展水平在数量上呈现显著的相关性，在空间上具有耦合性。陈晓红和马鸿烈（2012）则基于414家中小上市公司数据，分析技术创新对科技型和非科技型中小企业成长性的作用，发现对于科技型中小企业，技术创新与成长性呈现显著相关关系，而非科技型中小企业二者相关性不明显。宝贡敏等（2006）以浙江省中小企业为例对中小企业技术创新战略的结构模型进行分析，发现企业家对技术创新的重视是中小企业技术创新战略成功实施的主要决定因素，自主创新、模仿创新和合作创新这三种技术创新方式的有效结合有利于企业技术创新的系统管理，而且技术研发部门与营销部门的密切合作是技术创新的有效途径。黄建文和聂小庆（2009）以武汉经济技术开发区为例，发现中小企业创新的直接障碍是技术创新要素欠缺，特别是融资困难、创新资金不足和高素质创新人才缺乏等，继而通过实证分析发现，中等企业技术创新最活跃，小企业主要是研发投入的滞后效应的影响创新更具防御性。杨世信（2012）则研究了其技术创新组织模式的选择问题，他认为当技术存在高外部性和低差异化程度时，企业最有可能选择独立创新的外部组织模式，当技术存在低外部性和高差异性程度时，企业最有可能选择合作创新的外部组织模式。单航英（2009）从利益相关者思想出发，认为中小企业创新模式的选择不应再拘泥于传统的技术推动型、市场导向型和综合创新模式，而必须将创新认识提高到利益相关者理论的高度上来，应密切与其利益相关者的关系，充分利用外部创新资源，积极构建创新网络，在信任和合作的基础上开展合作创新。

本章试图主要利用问卷数据更加深入地分析中小企业技术创新的现状，以及企业技术创新的影响因素，并提出促进中小企业技术创新的对策。

10.2 中小企业技术创新的现状及影响因素

10.2.1 描述性分析

经济转型既对中小企业技术创新提出了要求，又为中小企业技术创新提供了机遇。本部分利用《经济转型与中小企业发展问卷调查数据库》对中小企业技术创新的现状进行研究和分析。根据研究目的，本部分从《经济转型与中小企业发展问卷调查数据库》中筛选出408家有效样本企业作为研究对象，来探讨中小企业生产技术创新的状况。

（1）中小企业技术创新能力整体较弱，但提高速度较快

2013年，408个样本企业中只有127家拥有专利，其余281家都没有专利，中小企业以专利数衡量的技术创新能力整体偏低。尽管如此，中小企业技术创新能力的提升速度还是比较快的。2009年，样本企业中只有67家拥有专利，其余341家都没有专利。从拥有专利最高数量的企业的专利数来看，2009年为54项，2013年则为158项。从样本企业平均专利数来看，2009年为54项，2013年则为158项。表10.1显示了2009～2013年中小企业拥有专利的变化情况。

表10.1　中小企业拥有专利的基本状况　单位：家，项

	拥有专利企业数	拥有专利最高数量	样本企业平均专利数
2009	67	54	1.50
2010	73	108	2.43
2011	87	124	3.10
2012	101	150	3.99
2013	127	158	6.00

（2）高新技术企业比重较大，但大多数创新能力较弱

图10.1显示，样本企业中，属于高新技术行业的中小企业数目达到206家，占比达到40.7%。其中，国家级高新技术企业60家，占比14.7%，省级高新技术企业62家，占比15.2%，地（市）级高新技术企业44家，占比10.8家。中小企业属于高新技术行业的比

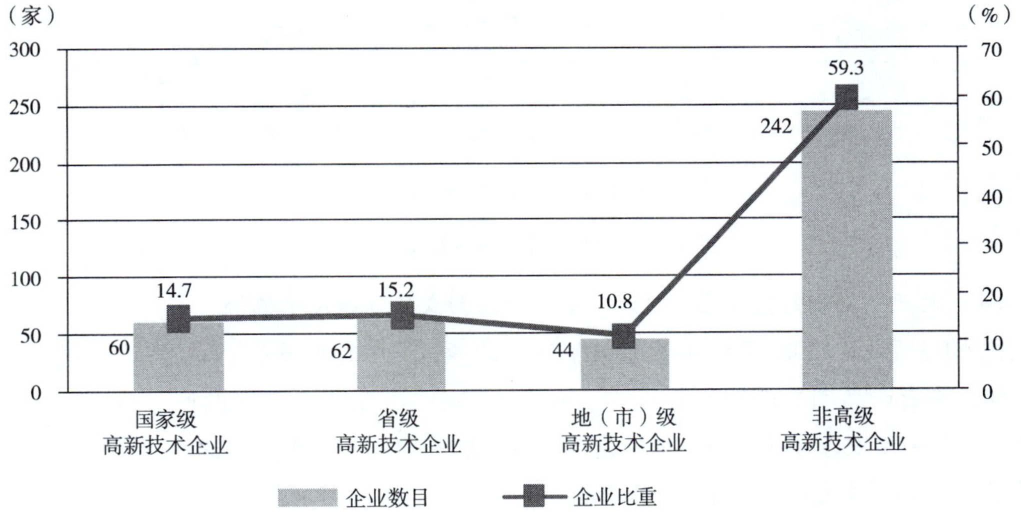

图10.1　高新技术中小企业的基本状况

重较大，但是以拥有专利数目来考察，206家高新技术企业中有74家都没有专利，特别是地（市）级高新技术企业，44家中有28家没有专利，表明高新技术行业的中小企业技术创新的能力较弱，存在很多中小企业属于高新技术行业，但是生产经营却处于高新技术行业产业链的低端。

（3）中小企业无自主知识产权的比重过高，发明专利的比重偏低

图10.2显示，408家样本企业中，有187家中小企业无自主知识产权，比重达到45.8%。图10.2还显示，在有自主知识产权的企业中，有111家中小企业拥有发明专利，比重为27.2%，有112家中小企业拥有实用新型专利，比重为27.5%，有42家中小企业拥有外观设计专利，比重为10.3%，有16家中小企业拥有软件著作权，比重为3.9%。由于发明专利对于企业的发展具有直观重要的作用，所以中小企业中拥有发明专利的中小企业比重仍然显得较小。此外，有21家中小企业同时拥有发明专利和实用新型专利，有3家中小企业同时拥有发明专利和软件著作权，有5家中小企业同时拥有实用新型专利和外观设计专利，有1家同时拥有实用新型专利和软件著作权，有15家中小企业同时拥有发明专利、实用新型专利和外观设计专利，有2家中小企业同时拥有发明专利、实用新型专利、外观设计专利和软件著作权。

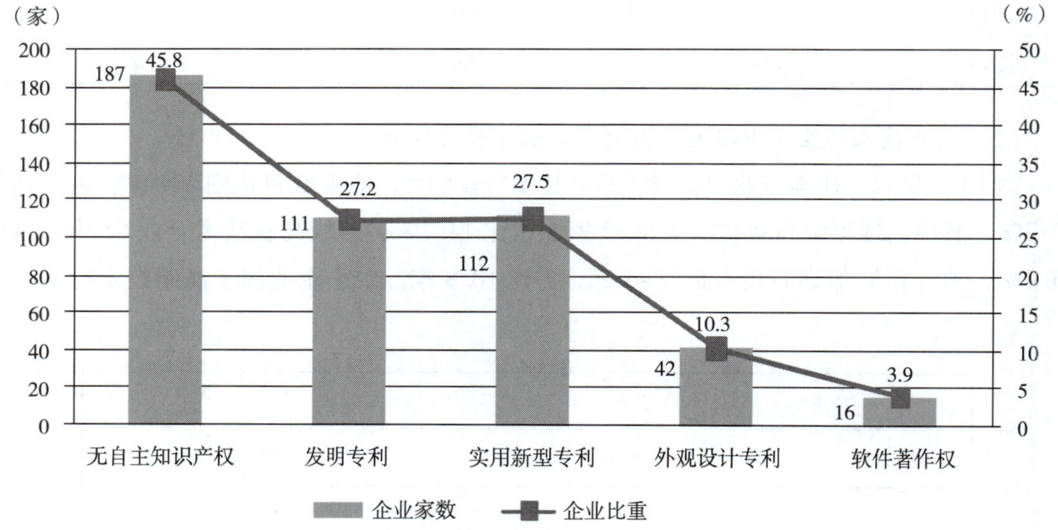

图10.2 中小企业的自主知识产权状况

（4）无产品创新的企业比重过大，全新产品形式的创新比重偏低

图10.3显示，408家样本企业中，有107家中小企业没有产品创新，比重达到26.2%。在有产品创新的中小企业中，只有61家中小企业有全新的产品创新，比重为15.0%，另有239家中小企业采取的是产品改进形式的创新，比重高达58.6%。这表明中小企业产品创新能力仍然有待进一步提高。

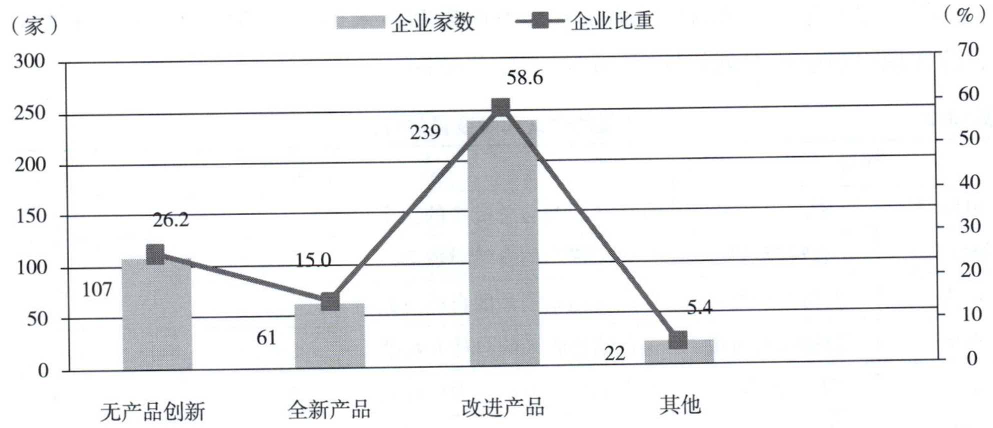

图 10.3　中小企业的产品创新形式

10.2.2　实证性分析

我们从 408 家样本企业中筛选 327 家数据完整的企业作为研究对象，进一步考察这些中小企业技术创新的影响因素。被解释变量是自主知识产权和产品创新，由于二者是定性变量，我们将其设置为哑变量，各有关变量的具体解释及哑变量的设置见表 10.2。我们利用 probit 模型分别对企业自主知识产权和企业产品创新的影响因素进行研究。估计结果分别见表 10.3 和表 10.4。

表 10.3 中，模型 1、模型 2 和模型 3 的被解释变量分别是 D、D1 和 D2。模型 1 中，企业是否拥有某种形式的专利，与总资产和教育情况正相关，与人均资产负相关，但与销售收入没有明显的相关关系；在控制了行业和区域因素后，这些相关关系除了系数有所改变外，符号和显著度都没有改变。从行业控制变量来看，更多的生产加工类和科技类企业会拥有某种形式的专利；从区域控制变量来看，中部地区拥有专利的企业一般比东部地区更少，西部地区则不明显。模型 2 中，无论是否控制行业和区域，总资产对企业拥有发明专利都有正向影响，人均资产和教育情况对企业拥有发明专利的影响却变得不显著；从行业控制变量来看，只有科技类企业对企业拥有发明专利的情况会有正向影响，其他行业企业对企业拥有发明都没有显著影响；此外，区域控制变量对企业拥有发明专利也没有显著影响。模型 3 中，总资产、人均资产和销售收入对企业非发明形式的专利类知识产权都没有显著的影响；不过，从行业控制变量来看，生产加工类和科技类企业会更多地拥有非发明形式的专利，二者系数分别在 1% 和 5% 的水平上显著；同时，中部区域企业拥有更少的非发明形式的专利，系数在 10% 的水平上显著。这些结论表明，企业不同形式的自主知识产权的影响因素是有较大差异的，人均资产和销售收入对企业非发明形式的专利类知识产权都没有显著的影响；不过，从行业控制变量来看，生产加工类和科技类企业会更多地拥有非发明形式的专利，总资产对企业拥有发明专利有正的影响，生产加工类企业对企业拥有非发明专利有正的影响，同时，生产加工类和科技类企业对企业拥有发明专利也有正的

影响。值得指出的是，中部区域的企业在非发明专利技术创新方面能力，弱于东部和西部区域，这体现出当前技术创新具有一定的区域差异性。

表 10.2 变量的含义和哑变量的设置

变量		含义
ROA	资产收益率	企业净利润与总资产的比率
ASSET	总资产对数	企业总资产的自然对数值
PCA	人均资产对数	企业人均总资产的自然对数值
POS	销售收入对数	企业销售收入的自然对数值
EDU	资产负债率	大专学历以上职工占全部职工的比重
IIPR	自主知识产权	包括发明专利、实用新型专利、外观设计专利和软件著作权
D	哑变量	D＝1，有自主知识产权；D＝0，没有自主知识产权
D1	哑变量	D1＝1，有发明专利；D1＝0，没有发明专利
D2	哑变量	D2＝1，有非发明性专利；D2＝0，没有非发明性专利
PI	产品创新	包括全新产品和产品改进等
E	哑变量	E＝1，有产品创新；E＝0，没有产品创新
E1	哑变量	E1＝1，有全新产品；E1＝0，没有全新产品
E2	哑变量	E2＝1，有产品改进；E2＝0，没有产品改进
Type	企业类型	分为科技类、生产加工类、贸易类、服务类、工程施工类和其他类
F1	哑变量	F1＝1，属于生产加工类企业；F1＝0，其他
F2	哑变量	F2＝1，属于贸易类企业；F2＝0，其他
F3	哑变量	F3＝1，属于服务类企业；F3＝0，其他
F4	哑变量	F4＝1，属于工程施工类企业；F4＝0，其他
F5	哑变量	F5＝1，属于科技类企业；F5＝0，其他
Prov	区域	划分为东部、中部和西部区域
G1	哑变量	G1＝1，处于中部区域；G1＝0，其他
G2	哑变量	G2＝1，处于西部区域；G2＝0，其他

表 10.3 企业自主知识产权的影响因素（probit）

解释变量	模型1		模型2		模型3	
常数项	－2.50204 （－5.20274）*	－3.32901 （－5.15507）*	－3.29947 （－6.17898）*	－3.79598 （－5.23549）*	－0.62273 （－1.45193）	－1.75025 （－2.8909）*
总资产对数	0.466619 （4.83236）*	0.461609 （4.274865）*	0.38765 （3.871701）*	0.333027 （3.064596）*	0.115983 （1.23737）	0.137103 （1.361071）
人均资产对数	－0.26823 （－3.11112）*	－0.30266 （－3.00935）*	－0.1087 （－1.20282）	－0.07173 （－0.7073）	－0.11978 （－1.33079）	－0.12436 （－1.2386）
销售收入对数	－0.08309 （－1.32443）	－0.04372 （－0.62987）	－0.02834 （－0.45071）	0.026171 （0.381671）	－0.06949 （－1.1218）	－0.0632 （－0.9599）

续表

解释变量	模型 1		模型 2		模型 3	
教育情况	0. 01027 (3. 675988) *	0. 013078 (3. 60214) *	0. 000329 (0. 689914)	0. 000202 (0. 371049)	0. 000619 (1. 116037)	0. 000729 (1. 262404)
企业类型 1 哑变量		0. 852936 (2. 474108) **		0. 233904 (0. 617338)		1. 16936 (3. 107205) *
企业类型 2 哑变量		−0. 48306 (−0. 86772)		−0. 5616 (−0. 83419)		0. 187408 (0. 296142)
企业类型 3 哑变量		−0. 36378) (−0. 75117)		−0. 14617 (−0. 26913)		0. 723273 (1. 49083)
企业类型 4 哑变量		−0. 91848 (−1. 56814)		−0. 62665 (−1. 01733)		0. 14626 (0. 940772)
企业类型 5 哑变量		1. 364642 (3. 481192) *		1. 185236 (2. 936279) *		0. 859162 (2. 147343) **
中部区域哑变量		−0. 38825 (−2. 07328) **		0. 020833 (0. 109005)		−0. 35789 (−1. 89702) ***
西部区域哑变量		0. 060186 (0. 27795)		0. 035408 (0. 155472)		0. 118772 (0. 564267)
McFadden R^2	0. 104397	0. 23215	0. 087623	0. 179054	0. 011006	0. 061531
LR 统计量	46. 66672	103. 7737	34. 77919	71. 06993	4. 140426	23. 148
F 统计量概率	0	0	0. 000001	0	0. 387335	0. 016845

注：括号中的数值为稳健标准误；*，**，***，分别表示在 1%、5% 和 10% 的程度上显著。

表 10. 4　企业产品创新的影响因素（probit）

解释变量	模型 1		模型		模型 3	
常数项	−1. 42472 (−3. 03734) *	−1. 30422 (−2. 01042) **	−1. 5446 (−3. 1064) *	−2. 11634 (−2. 78184) *	−0. 92059 (−2. 27491) **	−0. 5608 (−1. 00221)
总资产对数	0. 494044 (4. 808797) *	0. 51726 (4. 227101) *	0. 154554 (1. 439753)	0. 099234 (0. 851427)	0. 284549 (3. 166728) *	0. 280339 (2. 853441) *
人均资产对数	−0. 35274 (−3. 84368) *	−0. 39283 (−3. 46469) *	−0. 08223 (−0. 78859)	−0. 02926 (−0. 24075)	−0. 21568 (−2. 59436)	−0. 20859 (−2. 23292) **
销售收入对数	−0. 10298 (−1. 47125)	−0. 11591 (−1. 41187)	−0. 06809 (−0. 9562)	−0. 05639 (−0. 74705)	−0. 04388 (−0. 72079)	−0. 05092 (−0. 76913)
教育情况	0. 005548 (1. 90196) ***	0. 009916 (2. 51976) **	0. 000477 (1. 019386)	0. 000254 (0. 508472)	7. 48E−05 (0. 155504)	9. 29E−05 (0. 18369)
企业类型 1 哑变量		0. 072300 (0. 186567)		0. 516335 (1. 042728)		−0. 0338 (−0. 09724)

续表

解释变量	模型1		模型2		模型3	
企业类型2 哑变量		-1.0518 (-1.99264)**		0.355286 (0.495336)		-0.98395 (-1.97158)**
企业类型3 哑变量		-1.06341 (-2.06337)**		0.734654 (1.213477)		-0.71107 (-1.61484)
企业类型4 哑变量		-2.03634 (-3.52297)*		-0.12131 (-0.51636)		-1.66327 (-3.04164)*
企业类型5 哑变量		0.515106 (1.116113)		1.3003 (2.564034)**		-0.26788 (-0.72068)
中部区域 哑变量		0.171213 (0.761298)		0.334276 (1.584138)		-0.10108 (-0.56283)
西部区域 哑变量		-0.4604 (-2.03554)**		-0.29367 (-1.0357)		-0.18574 (-0.91393)
McFadden R^2	0.106229	0.270833	0.012673	0.089688	0.038784	0.099245
LR统计量	37.35619	95.24021	3.408115	24.11959	16.71934	42.78291
F统计量概率	0	0	0.491987	0.012238	0.002191	0.000012

注：括号中的数值为稳健标准误；*，**，***，分别表示在1%、5%和10%的程度上显著。

表10.4中，模型1、模型2和模型3的被解释变量分别是E、E1和E2。模型1中，企业是否具有某种形式的产品创新，与总资产和教育情况都呈现正相关关系，与人均资产呈现负相关，但与销售收入没有明显的相关关系；在控制了行业和区域因素后，这些相关关系除了系数有所改变外，符号和显著度都没有改变。从行业控制变量来看，服务类、贸易类和工程施工类企业产品创新程度相对不足；从区域控制变量来看，西部地区的产品创新能力则显不足。模型2中，无论是否控制行业和区域，总资产、人均资产、销售收入和教育情况对企业推出全新产品的创新活动的影响都不显著；从行业控制变量来看，只有科技类企业对企业推出全新产品会有正向影响，其他行业企业对企业推出全新产品都没有显著影响；区域控制变量对企业突出全新产品的创新活动也没有显著影响。模型3中，总资产对企业改进产品都有正向影响，人均资产却对企业改进产品有负向影响，销售收入对企业改进产品没有显著的影响；从行业控制变量来看，贸易类和工程施工类企业通常对应较少的产品改进；区域控制变量对企业产品改进都没有显著的相关关系。这些结论表明，各类企业产品创新的影响因素有较大差异，特别是只有科技类企业更易于推出全新产品，其他不同类型、区域、资产规模、人均资产和教育情况的企业之间，在全新产品的推出方面并没有明显不同；改进产品的影响因素则相对较多，特别是资产规模越大、人均资产越小的企业最容易推动产品改进。

10.3　经济技术创新与中小企业发展

我们进一步将 327 家中小企业作为研究对象，考察技术创新对企业发展的影响，并采用含有常数项的 OLS 回归模型作为实证研究模型。被解释变量是企业的资产收益率（ROA），解释变量包括企业总资产、人均资产、销售收入、自主知识产权、产品创新等，控制变量包括企业所属行业和所处区域。由于自主知识产权和产品创新是定性变量，我们将其设置为哑变量。我们根据自主知识产权和产品创新哑变量设置的不同，采取三类模型来进行实证研究。模型 1 中关于自主知识产权和产品创新的哑变量为 D 和 E；模型 2 中关于自主知识产权和产品创新的哑变量为 D1 和 E1；模型 3 中关于自主知识产权和产品创新的哑变量为 D2 和 E2。表 10.5 报告了 OLS 模型回归结果。

我们采用普通最小二乘法（OLS）分别对模型 1、模型 2 和模型 3 进行了估计，每个模型都分为不控制行业和区域、控制行业和区域两种情形来估计，相应模型的估计结果如表 10.3 所示。模型 1 中，在不控制行业和区域情形下，总资产对企业资产收益率的影响为负，销售收入对资产收益率的影响为正，二者都在 1% 的水平上显著；人均资产、自主知识产权和产品创新对资产收益率的影响都不显著。在控制了行业和区域情形下，除了自主知识产权系数符号由负转正（在统计上仍然不显著）外，基本结论没有改变。模型 1 表明，无论企业是有某种形式的专利和产品创新，还是没有任何专利或产品创新，二者对企业经营效益的影响没有区别。这一结论显然难以被接受。由于自主知识产权和产品创新的形式是多样的，而不同形式技术创新对资产收益率的影响存在差异，这可能直接削弱技术创新对资产收益率的总效应。模型 2 和模型 3 分别对不同形式技术创新进行了区分，进一步考察不同形式技术创新对资产收益率的影响。模型 2 中，无论是否控制行业和区域，总资产对企业资产收益率的影响都为负，销售收入对资产收益率的影响都为正，且二者系数都在 1% 的水平上显著。人均资产和发明专利形式的自主知识产权对资产收益率的影响仍然都不显著，即使在控制了行业和区域的情形下也是如此。但是，模型 2 中，无论是否控制了行业和区域，全新产品形式的产品创新对资产收益率都有正的影响，且都在 5% 的水平上显著。模型 3 中，总资产、销售收入、人均资产对资产收益率的影响与模型 1 和模型 2 相同；非发明专利形式的自主知识产权对资产收益率的影响仍然不显著。但是，模型 3 中，无论是否控制了行业和区域，改进产品形式的产品创新对资产收益率都有负的影响，且都在 5% 的水平上显著。因此，从表 10.3 我们可以得到结论，专利等知识产权较多的企业，资产收益率并不一定高；但是，具有全新产品的企业，资产收益率相对较高，同时只具有改进产品的企业，则对应着较低的资产收益率。从而，全新产品而非专利，对企业经营效益改善的影响更为巨大，因为专利的本身只具有潜在生产力，其向现实生产力的转换还有相当长的距离。产品改进本身对企业效益应该会有提升的作用，但是，产品改进的企业不仅往往缺乏全新产品，而且更有可能是产品老旧才会进行产品改进，所以对应的企业效益也相对较低。

表10.5　　技术创新对企业经营效益的影响（OLS）

解释变量	模型1		模型2		模型3	
常数项	43.59213 (6.566392)*	43.16467 (4.706575)*	42.58409 (6.404435)*	42.83097 (4.729855)*	44.28906 (6.723814)*	44.4639 (4.943397)*
总资产对数	-6.50251 (-4.25174)*	-6.54146 (-4.18511)*	-7.05108 (-4.79072)*	-6.83435 (-4.53796)*	-6.23322 (-4.2634)*	-6.17869 (-4.10042)*
人均资产对数	-1.27137 (-0.92081)	-1.01906 (-0.70503)	-0.96525 (-0.71872)	-0.92651 (-0.65519)	-1.52245 (-1.12358)	-1.29448 (-0.90722)
销售收入对数	3.787817 (3.87528)*	3.871376 (3.871064)*	4.021552 (4.171754)*	3.990767 (4.039311)*	3.771576 (3.907813)*	3.82279 (3.853467)*
自主知识产权	-0.50858 -(0.19587)	0.056658 (0.020401)	-0.85421 (-0.31998)	0.019753 (0.006971)	-0.16296 (-0.06155)	0.155583 (0.057328)
产品创新	-1.87586 -(0.60785)	-1.19152 (-0.35628)	7.862068 (2.366613)**	8.263676 (2.407621)**	-5.72466 (-2.31533)**	-5.38467 (-2.08339)**
行业	未控制	控制	未控制	控制	未控制	控制
区域	未控制	控制	未控制	控制	未控制	控制
R^2	0.120825	0.129533	0.134461	0.144974	0.134171	0.141099
F统计量	8.822995	3.893829	9.973422	4.436702	9.9486	4.436702
F统计量概率	0	0.000014	0	0.000001	0	0.000003

注：括号中的数值为稳健标准误；*，**，***，分别表示在1%、5%和10%的程度上显著。

10.4　中小企业技术创新存在的问题与对策

10.4.1　中小企业技术创新存在的问题

上文的统计描述和实证分析表明，我国中小企业技术创新还存在一系列的问题，影响了企业长期发展和赢利能力的提高：一是包括发明专利在内各类专利的产业化效率低，弱化了专利对企业发展的贡献程度；二是包括高新技术在内的中小企业，技术创新能力偏弱，大量企业没有任何形式的专利；三是无产品创新的企业比重过大，全新产品形式的创新比重偏低。前面部分实证研究发现全新产品对企业效益具有显著影响，全新产品形式的创新过低显然不利于企业效益的提高；虽然专利对企业效益的短期影响不很显著，但并不代表长期影响不显著，事实上专利研究在短期可能会增加企业成本，并且难以在短期有效产业化，但是如果能够提高专利的产业化程度，在长期还是会促进企业效益提高的，只是本章由于数据所限，难以做长期的分析。因此，短期内专利研究的成本投入较高、专利转化效率较低不应该成为众多中小企业放弃技术创新的理由。例如，327 家样本企业中，认为专利的使用可以提升企业效益的只有 82 家，而认为技术创新可以提升企业效益的仍然达到 203 家，另有 219 家企业认为产品或服务的升级也有助于企业效益的提升。基于此，中小企业仍然需要持续提高自己的技术创新能力，形成自己的核心竞争力，以应对日益激烈的市场竞争。

上文分析表明，企业自身的资产状况、行业特征和职工教育情况等，都可能对企业技术创新情况产生影响，那么，除了企业自身因素，还有什么政策和体制性因素在阻碍着中小企业的技术创新呢？根据 327 家样本企业的调查结果，制约企业技术创新的主要因素依次是资金、研发力量、政府扶持、技术信息、与科研机构的合作渠道、技术交易渠道、采购方（消费者）的支持与交流、知识产权保护。这表明当前中小企业主要缺乏的是资金、人才和信息等技术创新的要素，以及政府扶持及研发合作渠道等外部力量的支持等；相反，当前为大企业所重视的知识产权保护并没有受到中小企业的重视，这主要是由于中小企业知识产权较少而没有或很少遭遇知识产权侵犯，并不表明知识产权保护对于中小企业就不重要，这种回答应该更多是一种调研问卷本身催生的逆向选择问题。因此，当前技术创新要素、技术平台搭建、技术创新渠道等都是制约中小企业技术创新的主要问题，迫切需要通过改善政策环境和推进体制改革来帮助中小企业提高技术创新能力，推动中小企业乃至整体经济实现转型升级。

10.4.2　推动中小企业技术创新的对策

中小企业在我国经济活动的地位日益重要，促进中小企业技术创新意愿和能力的提高，对于我国顺利实现转型升级具有决定性的意义。当前，针对我国中小企业技术创新中存在的问题，我国应该采取卓有成效的政策措施，为中小企业技术创新营造良好的政策环境和外部空间。

（1）加强自主知识产权保护和实施专利产业化战略，提高中小企业技术创新的意愿

专利保护程度和专利产业化程度偏低，将严重削弱中小企业的技术创新积极性。在过去很长一段时期，中小企业由于不具有技术优势，知识产权保护特别是对国际知识产权和大企业的知识产权保护反而会对中小企业产生不利影响。但是，当技术创新越来越成为企

业发展和提高竞争力的主要因素时，对积极推进技术创新的中小企业给予鼓励、对怠于技术创新的中小企业施以鞭策，也就是必须的了。另一方面，由于专利特别是发明专利产业化投入高，经营风险大，企业专利产业化程度偏低的问题也长期存在。这一问题也亟需通过扩展项目融资渠道、给予财税优惠政策等措施予以解决。

（2）大力发展科技金融，持续改善中小企业技术创新投融资环境

资金问题是制约中小企业技术创新的首要问题。在资金紧张到足以威胁到企业正常经营活动的时候，很难想象哪个中小企业还会冒着高风险去技术创新。解决中小企业技术创新资金问题要多管齐下。首先要放宽私募基金和风险投资基金的融资和投资范围，充分发挥风险投资基金的作用，提高对高风险项目的投资比例，其次要完善非上市企业股权转让市场，拓宽中小企业技术创新投资基金的退出渠道；第三要积极发展贷款担保公司，拓展融资模式，改善中小企业技术创新的融资环境；最后还要充分利用保险机构的保险功能，创新科技保险险种，为高新技术企业的技术开发等提供风险保障。

（3）推动产学研合作和联合研发，增强中小企业技术创新的研究力量

我国大量的科研设施和科研人才都在高等院校和各类公办科研机构，但是这些机构却缺少足够的市场敏感性或者缺乏成果转化能力，大量的研究成果不能被有效用于产业发展，但同时中小企业却严重缺乏研究力量，从而增强产学研合作将能有效地整合各类研究资源。相关联的中小企业联合创新也是一种不错的选择，不仅可以增强彼此的研究人才力量，也可以增强研究资金力量，并且通过利益风险共担减少基础创新的风险。

（4）建立技术信息交流网络，完善公共服务平台功能

建立技术信息交流网络是产学研各方互相沟通、信息交流的公共平台，是实现产学研合作、中小企业技术交易的基础保障：第一，要建立技术信息库，包括技术创新主体和专利申请情况，建立产学研之间、中小企业之间交流平台；第二，建立点对点的信息技术公共服务平台，大力推进面向中小企业、面向区域、面向行业的信息技术公共服务平台建设，提供产品协同设计、质量检测、工艺指导等不同种类的公共信息服务与技术支持；第三，建立增值服务平台，促进科技创新信息交流与利用。完善的技术信息交流网络将促进中小企业与相关单位的研发合作，增强研发力量，还将有力推动企业之间的技术交易，从而推动专利产业化。

（5）建设科技资源载体，打造创新活动平台

科技创新载体是集聚科技资源和创新力量的重要空间载体，也是提供各种政策支持和科技服务营造适宜创新创业环境的重要平台。培育创新载体要明确方向，要把发挥企业创新主体作用、高校科研院所创新主力军作用和各类园区创新主战场作用作为创新载体建设的出发点和落脚点。这就要求努力推进实验室和技术研究中心建设、技术型园区建设、孵化器和科技成果转化服务平台建设、集聚型产业化基地建设等。

（6）实施扶持中小企业创新的政府采购政策

当前的政府采购习惯于只针对知名大型企业，这事实上是对中小企业的一种不公平，

未来政府采购应尽可能偏向中小企业的技术创新型产品。这要求完善政府采购向中小企业自主创新产品倾斜的有效措施，制定政府采购技术标准和目录，建立财政性资金采购自主创新产品制度，对于符合政府采购技术标准和目录的中小企业的具有自主知识产权的产品，实施政府首购和首用制度，不断提高政府采购中中小企业创新产品的比例。通过工程设计、预算控制、招投标等形式，引导和鼓励政府部门、企业和事业单位择优购买中小企业的创新产品。

执笔：吕风勇（中国社会科学院财经战略研究院助理研究员，经济学博士）

参考文献

[1] 宝贡敏，杨志蓉，谢章澍．中小企业技术创新战略的结构模型分析——以浙江省中小企业为例，科研管理，2006（1）

[2] 陈晓红，马鸿烈．中小企业技术创新对成长性的影响——科技型企业不同于非科技型企业？．科学学研究，2012（11）

[3] 单航英．中小企业技术创新过程模式及其选择：基于利益相关者的研究．现代企业，2009（12）

[4] 黄建文，聂小庆．中小企业 R&D 障碍及相关性因素分析——以武汉经济技术开发区为例．江汉大学学报，2009（3）

[5] 千庆兰，陈颖彪，董晓敏．中小企业技术创新行为与创新环境的实证研究——基于广东省785家中小企业的问卷调查．地理科学，2008（4）

[6] 杨世信．基于技术创新视角的科技型中小企业外部组织模式选择．企业经济，2012（9）

第 11 章

经济转型：生产专业化与中小企业发展

- 引言与相关文献综述
- 中小企业生产专业化的现状及影响因素
- 多元化经营与生产专业化效率比较
- 中小企业生产专业化与国家竞争力
- 推动中小企业生产专业化的对策

经济转型伴随的经济技术结构变迁既为中小企业发展带来了机遇，也提出了严峻挑战。本章在经济转型的背景下，利用微观问卷调查数据，实证分析了中小企业技术创新的各类影响因素，以及中小企业技术创新对企业绩效的影响。研究发现，尽管产品创新有助于提高中小企业的经营业绩，但发明专利形式的技术创新却因投资大、风险高和产业化程度低等因素影响，与中小企业经济绩效并无明显相关关系，从而抑制了中小企业从事基础技术创新的积极性，削弱了中小企业的长期发展能力。本章最后提出了推动中小企业技术创新的对策。

11.1 引言与相关文献综述

当前，我国正经历着一场深刻的经济转型和升级，无论是市场范围、资源要素条件，还是社会和产业结构、体制政策环境等，都正在或即将发生重大的变化。当前我国企业专业化生产的条件逐渐趋于成熟，主要表现在以下几点：一是中国市场范围在迅速扩大，专业化生产受到的市场限制逐渐消失。市场范围的扩大不仅使分工更加细化，而且也使原来由于市场限制无法实现规模经营而热衷多元经营的经营者更加专注于专业化经营。二是大型企业更加专注于核心竞争力，零部件生产和服务配套业务剥离成为趋势。这种业务分离不仅可以使大企业可以将精力更加专注于主营业务和核心竞争力，而且也可以从专业化企业那里获得更好的零部件和服务，增强自身的整体实力。三是经济转型将提高科技在产业中的利用度，科技类专业化企业将获得更多发展机会。提高产品技术含量，促进科技在产业中的应用，是经济转型的固有内涵。当前，不仅高新技术产业本身是中国大力支持和发展的产业，而且传统行业也要进行技术改造。这些都为科技类企业的发展提供了历史机遇，科技类企业的分工和专业化也将会更加发达。四是经济转型升级还促使专业化由低端向高端转变。随着中国劳动力资源相对减少和劳动力成本的提高，那些从事简单加工的专业化企业将逐渐减少，产品科技含量高的科技企业和服务类专业企业将会获得较大发展。同时，那些大量生产低廉小商品的横向专业化集群也将逐渐减少，而为大企业配套、具有较高科技含量的纵向产业集群将获得较大发展。

经济发展和转型使得生产专业化的环境越来越完善。同时，与大企业相比，生产专业化条件使得中小企业可以获得更大的发展空间，这主要是由于以下几个方面：一是专业化需要更少的资金投入，中小企业对专业化生产的需求更高。二是大企业之间相互配套生产的成本较高，中小企业更加适合零部件生产和服务配套。三是契约环境和融资环境的改善，对中小企业专业化生产的促进作用也大于大型企业。四是专门化的科技类和服务类行业更适合中小企业，这些行业的发展将促进中小企业在这些领域的专业化生产。

西方有许多经典文献都论述了社会分工和企业专业化生产对于一个国家或地区的重大意义。亚当·斯密在《国民财富的性质和原因的研究》一书中开篇就分析了劳动分工，并指出“分工是国民财富增进的源泉”。他认为一国国民财富积累首要的也是最重要的原因是劳动生产率的提高，而劳动生产率的最大提高则是由于分工的结果。他将分工分为三种：一是企业内分工；二是企业间分工，即企业间劳动和生产的专业化；三是产业分工或社会分工。亚当·斯密给出分工提高生产率的经典解释是：一是分工可以发展生产者的技能；二是分工可以节约由于工作变化而损失的时间；三是分工有利于从事专项作业的劳动者改良工具和发明机械。概括来说，分工提高生产效率并促进经济增长的关键有两点：其一，原来要求复杂劳动的工作通过分工以后只要求简单劳动就可以了。其二，分工使得单个生产过程简单化，有利于用机器生产代替手工劳动。机器的使用在提高劳动生产率的同时又进一步降低了对劳动技能复杂性的要求。关于分工的决定因素，斯密认为“分工起因于交换能力，分工的程度，因此总要受到交换能力大小的限制，换言之，要受到市场广狭的限制”。“分工受市场范围的限制”，这就是闻名的“斯密定理”。因此，分工与专业化生产具有效率，而分工与生产专业化的程度又决定于市场范围的大小。杨小凯在2000年出版的《新兴古典经济学和超边际分析》一书中，更是明确提出，所谓经济学，就是研究分工和专业化过程中两难冲突的学问。社会分工也是国际贸易的理论基础，特别是20世纪后半期兴起的第二次经济全球化出现了一个新的显著特征，即国际垂直化分工及建立在此基础上的贸易的盛行（Kohler，2002），国际分工对象进一步从产品层面深入到工序层面，特定产品的生产过程被拆分为不同的生产阶段，分散到不同的国家与地区进行。

国内则有许多文献研究了企业专业化经营问题，特别是对企业专业化经营与多元化经营进行了比较分析。杜滨（2002）指出，尽管多元化在企业的发展中也有重要的作用，但是这种多元化必须是专业化基础上的多元化，并且是相关业务的多元化，这事实上也强调了专业化对企业发展的基础作用。李玉梅（2003）则强调了专业化经营与专业化网络供应联盟组织相结合对于中小企业国际化的重要途径。辛墨（2004）利用上市公司数据研究发现，多元化程度同超额价值呈负相关关系，多元化程度越高，企业价值越小，多元化经营损害企业价值。翁旭晨（2005）也通过对上市公司的研究发现，多元化经营更符合管理者价值取向，而非股东价值取向，多元化会降低核心竞争力和生产效率，从而指出回归主营业务，培养核心能力，建立竞争优势，才是企业应该遵循的发展战略。

本章试图利用问卷数据更加深入地分析中小企业专业化生产的现状，以及企业专业化生产的影响因素，并提出促进中小企业专业化生产的对策。

11.2　中小企业生产专业化的现状及影响因素

11.2.1　描述性分析

经济转型为中小企业通过专业化生产提高经营效益提供了宝贵的历史机遇。为了更加深入地了解中小企业专业化生产的现状和影响因素，本部分利用《经济转型与中小企业发展问卷调查数据库》来对之进行研究和分析。根据研究目的，本部分从《经济转型与中小企业发展问卷》中筛选出408家有效样本企业作为研究对象。中小企业生产专业化的特点主要有以下几个方面。

（1）专业化生产的中小企业数量较多，多元化经营的中小企业数量递减

在408家样本企业中，从事单一行业经营的企业有199家，跨两个行业或多个行业经营的企业有209家。图11.1详细列明了单一行业或多个行业经营的企业家数。总体来看，专业化程度越高，中小企业数量也越多，而随着多元化程度的提高，中小企业的数量逐渐减少。

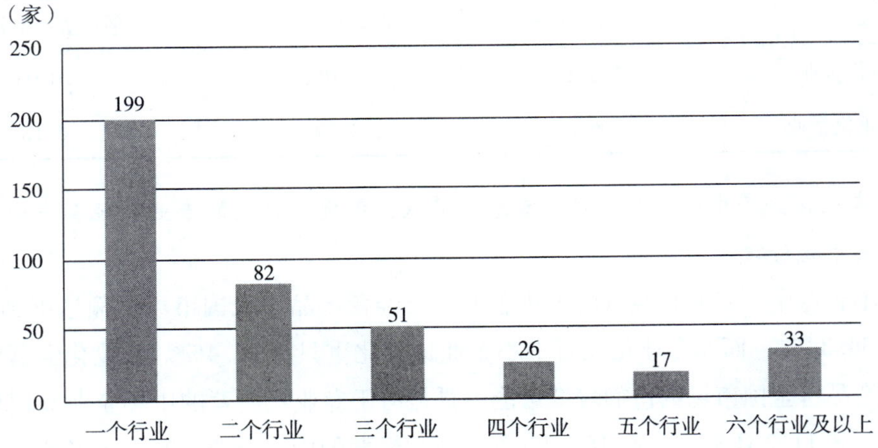

图11.1　中小企业专业化经营与多元化经营的基本情况

（2）服务类和工程施工类中小企业专业化程度最高，贸易类中小企业专业化程度较低

199家专业化生产企业中，服务类中小企业26家，占408家样本中小企业中服务类企业总数的61.9%，专业化程度最高。专业化程度较高的其次是工程施工类中小企业，数量和占比分别为9家和60.0%。专业化生产的生产加工类中小企业数量最多，达到109家，

占所有生产加工类企业的53.7%。相对而言，科技类和贸易类中小企业专业化程度较低，占同类企业的比重都不足50%。详见图11.2。

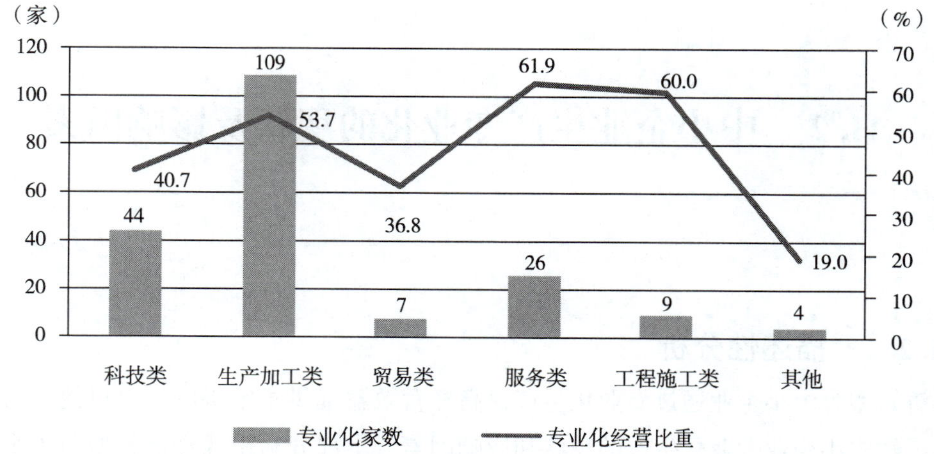

图11.2 专业化经营的中小企业的企业类型

（3）专业化生产企业的规模相对较小，但盈利能力较高

在样本企业中，从事单一行业经营的中小企业平均资产规模和平均销售收入都低于非专业化经营的中小企业，但是平均资产利润率都高于非专业化经营的中小企业。详见表11.1。专业化生产的中小企业规模相对较小，表明规模较大的企业具有多元化经营的倾向；但是专业化生产的中小企业平均资产利润率较高，则表明专业化生产仍然比多元化经营具有更大的收益率。

表11.1 专业化中小企业与非专业化中小企业的规模与效益比较 单位：万元，%

	平均资产规模	平均销售收入	平均资产利润率
专业化企业	17341	17062	10.03
非专业化企业	20616	17771	8.18

（4）专业化经营中小企业市场份额总体偏低，但规模较大的专业化经营中小企业更可能占有较大市场份额

在样本企业中，专业化经营的中小企业主要经营产品占全国市场份额达不到1%的企业比重达34.34%，而非专业化经营中小企业这一比重只有24.4%。专业化经营中小企业主要经营产品占全国市场的份额较低可能主要是由于专业化经营的中小企业规模较小的缘故。然而，表11.2还显示，有16.67%的专业化经营的中小企业，其主要经营产品占全国市场份额超过30%，高于非专业化经营企业。这表明对于较大规模的中小企业而言，专业化生产的产品在全国市场中可能占有更大的市场份额。

表 11.2　专业化中小企业与非专业化中小企业主要产品的市场份额比较（%）

	1%以下	1%～5%	5%～10%	10%～30%	30%以上
专业化企业	34.34	15.15	19.19	14.65	16.67
非专业化企业	24.40	22.49	20.10	17.70	15.31

（5）专业化经营中小企业的市场集中度较高，市场份额对主要客户的依存度较大

在样本企业中，有 51.8% 的中小企业 40% 以上的产品销售给最主要的三个客户，对大型企业进行产品或服务配套成为专业化经营的重要形式。不过，只有 8.04% 的中小企业 80% 以上的产品销售给最主要的三个客户，0.5% 的中小企业全部的产品销售给最主要的三个客户，表明中小企业对大型企业进行产品和服务配套的能力仍然有待进一步提高。

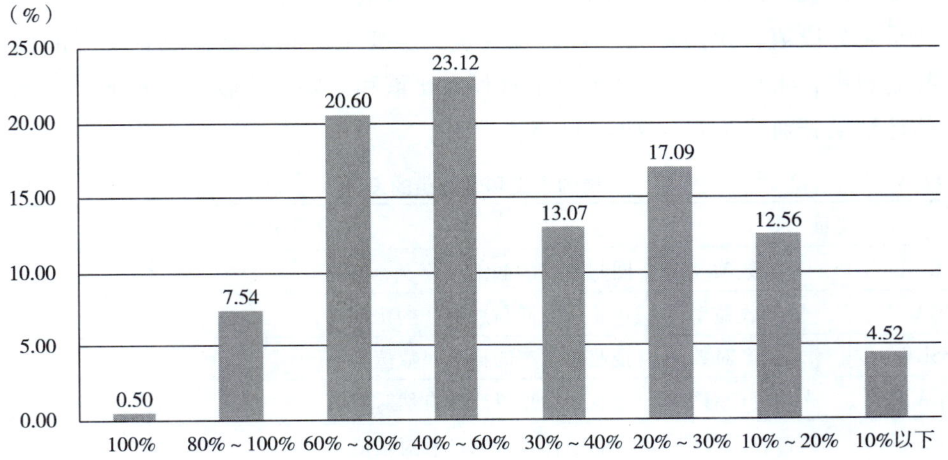

图 11.3　专业化经营的中小企业的市场集中度

（6）专业化程度越高的中小企业，所占样本企业的比重也越大

在样本企业中，有 48.77% 的中小企业从事单一行业的专业化经营外，其他中小企业都从事多元化经营。不过，多元化经营的中小企业也存在着专业化高低的问题。图 11.4 显

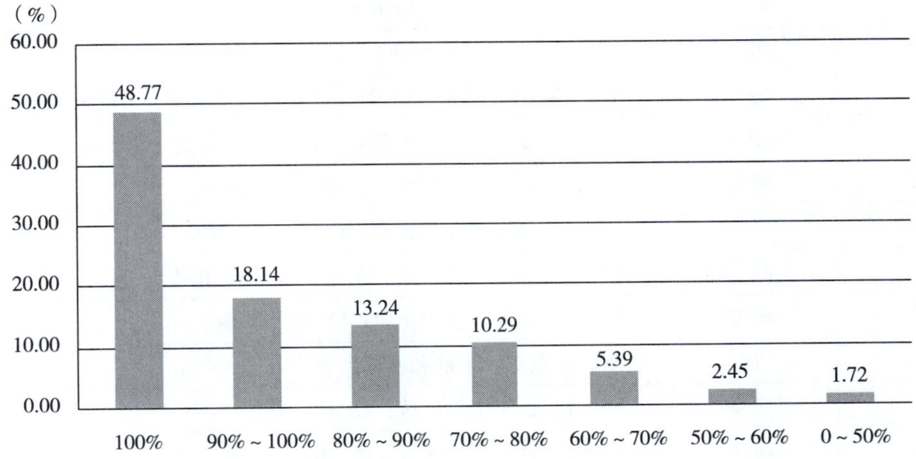

图 11.4　中小企业最主要行业收入占全部行业收入的比重

示，有18.14%的中小企业所从事的主要行业收入占全部行业收入的比重高于90%，有13.24%的中小企业所从事的主要行业收入占全部行业收入的比重达到80%～90%；只有1.72%的中小企业所从事的主要行业收入占全部行业收入的比重低于50%。这表明，虽然有众多中小企业从事多元化经营，但是仍然是以某一行业为主业，更多的营业收入也来自于主营行业。

11.2.2 实证性分析

我们从408家样本企业中筛选311家数据完整的企业作为研究对象，深入探讨企业生产专业化的影响因素，特别是考察中小型企业更倾向于专业化生产。我们以企业主营收入比重和主要客户收入比重分别表示中小企业生产专业化程度。由于主营收入比重和主要客户收入比重是分段值，我们将其设置为哑变量，各变量的具体解释及哑变量的设置见表11.3。我们利用probit模型分别对企业主营收入比重和主要客户收入比重的影响因素进行研究，估计结果分别见表11.4和表11.5。

表11.3 量的含义和哑变量的设置

变量		含义
C	常数项	回归方程的截距
ROA	资产收益率	企业净利润与总资产的比率
ASSET	总资产对数	企业总资产的自然对数值
PCA	人均资产对数	企业人均总资产的自然对数值
POS	销售收入对数	企业销售收入的自然对数值
ALR	资产负债率	企业总负债与企业总资产的比率
MORR	主营收入比重	主营销售收入占全部销售收入的比重
D1	哑变量	D1＝1，当70％≤MORR＜100%；D1＝0，其他
D2	哑变量	D2＝1，MORR＝100%；D2＝0，其他
MCRR	主要客户收入比重	对前三位企业销售收入占全部销售收入比重
E1	哑变量	E1＝1，当20%≤MCRR＜60%；E1＝0，其他
E2	哑变量	E2＝1，当MORR≥60%；E2＝0，其他
Type	企业类型	包括科技类、生产加工类、贸易类、服务类、工程施工类和其他类
F1	哑变量	F1＝1，属于生产加工类企业；F1＝0，其他
F2	哑变量	F2＝1，属于贸易类企业；F2＝0，其他
F3	哑变量	F3＝1，属于服务类企业；F3＝0，其他
F4	哑变量	F4＝1，属于工程施工类企业；F4＝0，其他
F5	哑变量	F5＝1，属于科技类企业；F5＝0，其他
Prov	区域	划分为东部、中部和西部区域
G1	哑变量	F5＝1，处于中部区域；F5＝0，其他
G2	哑变量	F5＝1，处于西部区域；F5＝0，其他

表 11.4 中被估计模型的被解释变量是主营收入比重哑变量 D2。表 11.4 的估计结果显示，在不控制企业类型和区域时，从事单一行业经营的企业主要受到总资产、销售收入和资产负债状况的影响。其中，总资产规模越小，企业越倾向于从事单一行业经营；资产负债率越高，企业越倾向于从事单一行业经营；销售收入越高，企业越倾向于从事单一行业经营。当控制企业类型和区域时，这些结论仍然成立。同时，企业类型哑变量对企业从事单一行业经营的状况都没有明显影响，但从区域看，西部企业更少倾向从事单一行业经营。这些结论表明，资产规模越大的企业更不愿意从事专业化经营，只有资产规模较小、资金状况紧张的企业倾向于专业化经营。而且，西部企业由于产业集群较少，资本密集型企业较多，从而专业化程度也较低。这说明除了地域产业特征外，企业从事专业化生产更多带有被动的性质，那些规模较大、资金充裕的企业更多愿意从事多元化经营。

表 11.4　企业生产专业化（主营收入比重哑变量 D2）的影响因素（probit）

解释变量	模型	
常数项	0.017986 (0.042169)	0.356007 (0.604237)
总资产对数	−0.31143 (−3.03178)*	−0.3165 (−2.91218)*
人均资产对数	0.100368 (1.122596)	0.126058 (1.291672)
销售收入对数	0.174532 (2.334937)**	0.157699 (2.025055)**
资产负债率	0.00594 (2.317086)**	0.006254 (2.347686)**
企业类型哑变量（F1）		−0.02785 (−0.07843)
企业类型哑变量（F2）		−0.34045 (−0.66927)
企业类型哑变量（F3）		−0.18739 (−0.38987)
企业类型哑变量（F4）		−0.55616 (−0.996)
企业类型哑变量（F5）		−0.49634 (−1.26892)
区域哑变量（G1）		−0.11194 (−0.60561)
区域哑变量（G2）		−0.54675 (−2.37923)**
McFaddenR^2	0.140447	0.172049
LR 统计量	15.17914	27.03895
LR 统计量概率	0.004344	0.004533

注：括号中的数值为稳健标准误；*，**，***，分别表示在 1%、5% 和 10% 的程度上显著。

表 11.5 中被估计模型的被解释变量是主营收入比重哑变量 E2。表 11.5 的估计结果显示，在不控制企业类型和区域时，总资产、人均资产、销售收入和资产负债率等对于企业主要客户收入比重都没有统计意义上的影响。当控制企业类型和区域时，这些结论仍然成立。不过，企业类型哑变量 F2 和 F5 的系数都在 5% 的水平上显著，且都为负值，表明贸易类和科技类企业产品较一般企业更少依赖几个大客户，它们的营业收入覆盖客户范围也更广。

表 11.5　企业生产专业化（主要客户收入比重哑变量 E2）的影响因素（probit）

解释变量	模型	
常数项	-0.63433 (-1.49716)	0.005726 (0.010253)
总资产对数	0.015569 (0.17313)	0.002245 (0.024129)
人均资产对数	0.042424 (0.506424)	0.05796 (0.649785)
销售收入对数	-0.02436 (-0.41076)	-0.03298 (-0.54104)
资产负债率	0.003589 (1.638382)	0.003339 (1.48256)
企业类型哑变量（F1）		-0.44011 (-1.35449)
企业类型哑变量（F2）		-1.19669 (-2.30288)**
企业类型哑变量（F3）		-0.52161 (-1.17935)
企业类型哑变量（F4）		0.03876 (0.079521)
企业类型哑变量（F5）		-0.69831 (-1.98011)**
区域哑变量（G1）		-0.02039 (-0.11399)
区域哑变量（G2）		-0.10763 (-0.52736)
McFaddenR^2	0.08947	0.133114
LR 统计量	3.626216	13.42144
LR 统计量概率	0.458948	0.266675

注：括号中的数值为稳健标准误；*，**，***，分别表示在 1%、5% 和 10% 的程度上显著。

11.3　多元化经营与生产专业化效率比较

我们继续以 311 家中小企业作为研究对象，考察生产专业化对企业经营的影响，并采用含有常数项的 OLS 回归模型作为实证研究模型。被解释变量是企业的资产收益率（ROA），解释变量包括企业总资产、人均资产、销售收入、主营收入比重、主要客户收入比重等，控制变量包括企业类型和所处区域。我们采用普通最小二乘法（OLS）分别对模型不控制企业类型和区域、控制企业类型和区域两种情形来估计，相应模型的估计结果如表 11.6 所示。

表 11.6　生产专业化对企业经营效益的影响（OLS）

解释变量	模型	
常数项	34.37904 (5.217097)*	37.11072 (4.344565)*
总资产对数	-5.77246 (-4.38771)*	-5.61947 (-4.1275)*
人均资产对数	-0.75043 (-0.61306)	-1.02718 (-0.79381)
销售收入对数	3.379134 (3.866968)*	3.256354 (3.639573)*
主营收入比重哑变量（D1）	2.402306 (1.445834)	2.421309 (1.410494)
主营收入比重哑变量（D2）	-1.46836 (-0.8756)	-1.36751 (-0.80137)
主要客户收入比重哑变量（E1）	1.698735 (0.57006)	1.514538 (0.499178)
主要客户收入比重哑变量（E2）	0.163006 (0.052213)	0.206381 (0.064839)
企业类型	未控制	控制
区域	未控制	控制
R^2	0.111783	0.118827
F 统计量	5.447527	2.851131
F 统计量概率	0.000007	0.000486

注：括号中的数值为稳健标准误；*，**，***，分别表示在 1%、5% 和 10% 的程度上显著。

表11.6中，当不控制企业类型和区域时，对企业经营效益产生显著影响的因素只有企业总资产和销售收入，并都在1%的水平上显著，但是无论是任何一类主营收入比重哑变量或主要客户收入哑变量，对企业效益都没有显著的影响。当控制了企业类型和区域时，这一结论没有改变，表明模型估计具有稳健性。这一结论表明，当前经济环境下，生产专业化对企业效益并没有产生积极的影响。而且，抛开系数显著性不论，我们单独看系数符号，甚至可以发现对其主营收入比重哑变量D2的系数符号为负，即从事单一行业经营的企业反而可能对应着较低的资产收益率。这一现象的产生，表明我国当前限制企业生产专业化的某些因素并没有根除，特别是单一行业经营伴随的经营风险难以分散，使得专业生产可能具有生产效率，却不具有市场效率；还有，专业化生产的企业更多是小型企业，这些小型企业产品生产规模可能过小，生产效率可能不能得到充分提升。生产效率提升不足和缺乏市场效率，使得从事专业化生产的企业并不一定就具有较高的资产收益率。

11.4 中小企业生产专业化与国家竞争力

以上分析表明，生产专业化并不必然对应着企业效益的提高。这主要是因为部分生产专业化的企业通常是被迫生产专业化，这从企业生产专业化的影响因素中不难看出，即资产规模小和资产负债率高的企业才更具有生产专业化的倾向，而那些资产规模较大、资金较为充裕的企业更愿意选择多元化经营，以分担风险和获得范围经济收益。

因此，从企业个体来看，在外部条件一定的情况下，更愿意扩大规模实行多元化经营，以获得更高的资产收益。但是，从社会角度来说，鼓励企业生产专业化，促进社会分工深化，却更具有生产效率，有利于社会总体福利的提升。从这一点来说，推动中小企业专业化生产仍然是有重大意义的。

第一，我国中小企业低成本优势正在逐渐消失，企业竞争力更多体现在核心业务或产品的专业化程度和深度方面。我国改革开放以来，凭借劳动力和土地等要素的低成本优势，让“中国制造”走向世界。然而，随着我国生产要素成本的提高，低成本优势正在逐渐消失，在此背景下，中小企业只有不断通过专业化生产，提高核心产品的质量和声誉，才能在全球竞争中不断取得更大的发展。

第二，全球高新技术产业的发展方兴未艾，而高新技术产业对专业化程度要求更高，中小企业只有更加专注于专业化生产，才能获得核心竞争力。当前，高新技术是引领全球社会经济发展的主要力量，谁能够在高新技术领域取得优势地位，也将能够在全球竞争中获得最终胜利。对于在高新技术领域的中小企业而言，追求“大而全”只能是死路一条，只有追求“高精尖”才能获得成功，而要做到这一点，就要不断提升自身专业化生产的程度。

第三，产业价值链的全球化布局，也要求中小企业提高垂直专业化程度，更好地融入到全球产业价值链中并不断提升价值链层级。随着全球化的推进，越来越多的企业被镶嵌到全球产业价值链中来，中小企业为了确保能够存在于全球产业价值链之中，甚至是不断提升全球产业价值链的层级，就需要不断提升自身的专业化程度，通过专业化提高效率和获得更多价值回报。

第四，中小企业不断提升专业化生产程度，也是推动“中国制造”向“中国创造”转变，以提高我国产品竞争力的必由之路。“中国制造”已经风靡全球，但是“中国制造”创造的附加价值却较低，而且在全球竞争不断加剧的背景下，“中国制造”的优势也在逐渐消失，因此，推动“中国制造”向“中国创造”转变迫在眉睫。但是，“中国创造”需要无数的中小企业勤勤恳恳、专心致志地从事专业化生产，以不断提高产品技术含量和品牌质量，没有大量高度专业化生产的中小企业，“中国创造”的梦想将是难以实现的。从这一点上，推动中小企业的专业化生产将是提高我国产品竞争力的必由之路。

因此，推动大量中小企业专业化生产，不断提高全社会的分工效率，将是推动我国国家竞争力的根本途径。

11.5 推动中小企业生产专业化的对策

既然生产专业化具有能够明显提高生产效率的好处，那么为何现实中又存在如此普遍的多元化经营的企业呢？事实上，这与斯密所谓的“交换能力”有关。不过，斯密原来所指的“交换能力”，仅受到“市场范围”不足够大的影响，但事实上，“交换能力”还受到管理能力和契约环境等因素的影响，甚至还受到“市场范围”过大的限制。正是因为“交换能力”的限制，分工才不能彻底，企业才不得不从事多元化经营。具体来说，多元化经营具有以下几方面的好处：一是突破市场限制，获取范围经济的好处；二是发挥内部化优势，减少交易成本；三是分散风险，规避企业经营危机；四是建立内部资本市场，降低金融抑制。

从这些分析可知，市场范围大小、交易和竞争成本、经营和财务风险等，都是影响企业在专业化生产和多元化经营中间进行取舍的影响因素，而推动企业生产专业化的关键就是要尽力降低市场交易成本。在企业生产规模达到一定程度之后，企业专业化生产可能面临规模收益递减规律的制约，而倾向于实行专业化生产。但是在企业生产规模达到一定程度之前，企业专业化生产却可以获得生产效率提高的好处。不过，企业专业化生产也要相应付出一定的成本，这个成本就是市场交易成本，企业是否从事专业化生产很大程度取决于市场交易成本和生产效率收益的对比情况。而市场交易成本主要取决于一个国家或地区的体制和政策环境，通过体制改革和政策调整，降低市场交易成本，将是推动中小企业生产专业化的主要途径。

11.5.1 降低合约成本，避免过度一体化倾向

过高的交易合约成本会降低交易者的交易利益，迫使企业产生将关联交易业务一体化的倾向，不利于专业化分工的推进。因此，降低合约成本，是促进专业化分工的重要保障。降低合约成本首先要统一规则，使各种交易制度在时空上的差异得到排除，从而使特定国家内的交易者在较长的时间内可以遵循一种交易规范，稳定交易者的利益预期，降低交易者的信息成本。降低合约成本还要求严格和规范缔约程序，降低缔约成本，包括强制性规范、主要格式条款、程序的标准化等；健全违约责任制度，增加违约方成本，可以减少交易方的防御性成本。

11.5.2 调整产业政策与考核机制，限制过度多元化

我国企业多元化经营倾向较强，主要由于我国发展过程中各行业某时期的盈利变化差异较大，企业为了追求短期利益而盲目跟进；而且国家各类扶持性优惠政策在一定程度上也刺激了企业跨行业进入鼓励类行业；同时，大量的国有企业不甘于固守主业，为了追求规模最大化也热衷于盲目跨行业扩张。这不仅要求我国要减少和稳定各类扶持性优惠政策，避免调整过度频繁，以防导致企业盲目多元化行为，而且也要求进一步完善国有企业负责人考核机制，弱化规模性质的考核，更多考核国有企业的核心竞争力和主业盈利情况。

11.5.3 进一步完善资本市场和产权交易市场，鼓励企业以资本为纽带而非重新投资来调整行业布局

企业发展到一定条件下，多元化经营有时是难以避免的，此时，应该鼓励企业通过购买相关公司的股票和股权，通过资本控股或参股实现多元化的目的，这样可以充分利用原来企业已有管理人才和市场资源，避免因进入一个陌生的行业领域而妨害管理效率的提高。以资本为纽带的多元化经营，保持了相关方企业管理经营的独立性，也能够更好地实现企业集团内部的专业化生产，获取尽可能大的专业化收益。

11.5.4　切实破除行业进入垄断，推动中小企业在各行业都能够根据市场需求不断深化专业化分工

随着我国经济的转型升级，更多服务等业务逐渐从各大企业分离交由市场来供给，为中小企业的专业化经营提供了更多的机遇。然而，我国当前还存在着诸多以国有企业为主的垄断性行业，这些垄断性行业的存在要么直接在行业进入方面设置进入壁垒，要么针对已进入中小企业发起不正当竞争，迫使许多已进入中小企业不得不再推出垄断行业。垄断性的行业严重影响了经济专业化分工的深化，特别是抑制了中小企业的专业化生产行为，迫使这些企业为了分散过高的垄断行业风险而从事多元化经营，影响了分工效率的提高。

执笔：吕风勇（中国社会科学院财经战略研究院助理研究员，经济学博士）

参考文献

[1] Kohler, Wilhelm. Aspects of International Fragmentation. Economics Working Papers (2002) 08, Department of Economics, Johannes Keple r University Linz, Austria, 2002.

[2] 杜滨. 用价值链方法看企业多元化经营. 价值工程, 2002 (1)

[3] 李玉梅. 试析我国中小企业国际化的重要途径. 天府新论, 2003 (3)

[4] 翁旭晨. 多元化经营 V. S. 专业化经营与公司价值. 东南大学学报, 2005 (7)

[5] 辛罂. 多元化经营与企业绩效: 一个实证分析. 上海经济研究, 2004 (6)

第 12 章

经济转型：市场营销模式创新与中小企业发展

在经济转型时期，中小企业受到技术、市场和制度冲击，为寻求新的生存与发展机遇，必然在各个领域和方向上尝试改革与创新，市场营销模式创新就是它们应对环境变化的一项重要措施。本章在回顾相关文献的基础上，首先分析了经济转型对企业市场营销模式创新的影响，以及市场营销模式创新对中小企业发展的意义；然后以课题组的调查为主，结合多份市场调查数据，展现和剖析了在经济转型条件下我国中小企业的传统营销模式使用情况和营销模式创新情况；最后，本章提出了经济转型条件下我国中小企业市场营销创新模式的对策建议。

12.1　引言与相关文献综述

在经济转型时期，受到技术、市场和制度冲击的企业，特别是中小企业，为寻求新的生存与发展机遇，必然在各个领域和方向上尝试改革与创新。作为经营的重要一环，市场营销必然成为中小企业改革创新的重点“关照”领域之一。

Kim and Mauborgne（1997）的研究提出，营销创新包括三个层面：产品层面、服务层面和产品的交付层面[①]。这样的界定符合 4P 营销理论，但是相对过于宽泛。OECD（2006）在《奥斯陆手册》中将创新划分为四种类型：产品创新、过程创新、组织创新和营销创新[②]。这一划分将产品创新从营销创新中独立出来，得到了广泛的认可。这也是本章在论述营销创新时所采用的概念。

经济发展与营销渠道变迁有着密切的关系，很多学者的研究认为，在很大程度上，渠道结构能够反映经济发展水平。一般地，在经济发展的过程中，起初经济体主要由小企业组成，它们将各种功能（包括营销）集于一身；到了第二阶段则转向专业化生产，产业链条垂直分化，营销职能外部化；此后，由于专业化不能提供外部经济效应而重新走向垂直一体化。尽管对此结论也存在不同观点，如营销科学研究所（1971）则认为，营销渠道与经济、社会、文化环境之间的这种广泛接受的联系得不到证据支持，相似的销售模式出现

① Kim, W. and Mauborgne R. “Value innovation: The strategic logic of high growth”. *Harvard Business Review*, 1997, 75 (1): 102～112.

② OECD. *Manual de Oslo. Guia para la recogida e interpretacion de datos sobre innovacion.* OECD y Eurostat, Tercera Edicion, Traduccion espanola. 2006: 194.

在所有国家，渠道结构和关系主要依赖于企业的相对规模而非国家发展水平[①]。同时，也有研究者对这种分歧做出了进一步的解释，如，Mallen（1996）认为，给定三阶段论，同一个国家的不同产业并不是同步发展的，而是处于不同的阶段。于是，在处于不同发展阶段的各个国家，同一个产业可能处于相同的发展阶段，这就使得各个国家整体所处的阶段不那么鲜明[②]。另外，Litvak and Banting（1968）提出了一个更加综合性的观点，认为除了经济发展水平之外，政治稳定性、市场机会、国内文化统一性、法律障碍、地文障碍等都对渠道结构构成影响。一个国家在这些方面表现越好，就将产生越快、越深刻的渠道结构变迁。同时，他们还发现国际社会的压力也是一个影响力来源，可以改变渠道结构的变化速度[③]。Slater（1970、1971）的研究在看到经济发展影响渠道结构的同时，认为渠道结构也同样会影响经济发展[④⑤]。

关于营销创新与技术和产品创新之间的关系，Levitt（1960）指出，为了对产品创新给予充分支持，企业需要营销创新，这样才能充分获得产品创新的利润[⑥]。这一观点获得了理论界广泛的认同。例如，Ronald Cotterman et al.（2009）直截了当地用文章标题——“联合营销与技术以驱动创新”给予肯定[⑦]。Bozic Ljiljana（2008）对克罗地亚企业营销活动的研究显示，营销创新与产品创新具有显著正相关关系。他通过考察三年的数据得出，大部分营销创新发生在技术创新企业，而由于克罗地亚企业一般缺乏技术创新，开展了营销创新的企业中，大部分只进行四种营销创新中的其中一种[⑧]。

关于影响营销模式创新能力和创新倾向的因素，除了上述专门从企业技术和产品创新能力的角度进行的研究之外，Cristian Geldes and Christian Felzensztein（2012）分析农业企业的数据发现，营销创新与企业规模之间具有正相关关系，同时，企业获得信息越容易，营销创新就越活跃[⑨]。Jacinta Moreira et al.（2012）则从葡萄牙的企业数据研究中不仅发现开展研发活动或者其他创新性活动的企业更有可能开展市场营销创新，而且购买机器、设备或者软件，甚至是其他外部知识的企业，在市场营销创新方面也具有优势；另外，企业

---

① Douglas, S. P.. “*Patterns and parallels of marketing structures in several countries*”. MSU Business Topics, 1971: 44～48.

② Mallen, Bruce. “Marketing channels and economic development: a literature overview”. *International Journal of Physical Distribution & Logistics Management*. 1996. 26 (5): 42～48.

③ Litvak, I. A. and Banting, P. M., “A conceptual framework for international business arrangements”. in King, R. L. (Ed.), *Marketing and the New Science of Planning*, *American Marketing Association*. Chicago, IL. 1968: 460～467.

④ Slater, C. C.. “Contractual interdependence in marketing process of developing Latin American communities”, in Thompson, D. N. (Ed.). *Contractual Marketing Systems*. D. C. Heath, Lexington. MA. 1971: 211～244.

⑤ Slater, C. C.. “Market channel co-ordinating and economic development”, in Bucklin, L. P. (Ed.). *Vertical Marketing Systems*. Scott, Foresman, Glenview, IL. 1970: 135～157.

⑥ Levitt, T. “Growth and Profits Through Planned Marketing Innovation”. *Journal of Marketing*. 1960, 24 (4): 1～8.

⑦ Ronald Cotterman et al. “Aligning marketing and technology to drive innovation”. *Research-Technology Management*. 2009, 52 (5): 14～20 (7).

⑧ Bozic Ljiljana. “Marketing innovation in Croatia”. *Trziste = Market*. 2011. 23 (1): 63～72.

⑨ Cristian Geldes and Christian Felzensztein. “Marketing innovations in the agribusiness sector”. *Academia*. 2013, 26 (1): 108～138.

在这些方面投资越多，它们也越倾向于开展营销创新①。

从已有的研究来看，与大企业相比，中小企业的营销具有很多不同的特征。具体来看：第一，中小企业营销的概括性特征。研究者们广泛同意，中小企业的营销与大企业显著不同（如 Coviello et al.，2000；Gilmore et al.，2001；Hill，2001a；Fillis，2002）②③④⑤。Carson and Cromie（1989）和 Gilmore et al.（2001）指出，资源匮乏、认知不足使得中小企业的营销表现出简单、随意、不正式、非结构化、反应性和临时性的特征，但常常对竞争者的活动反应灵敏⑥。Helen Reijonen（2010）甚至发现，中小企业的营销活动经常是混乱的，但是这并不妨碍它们取得成功⑦。Knight et al.（1995）指出，各种约束使得中小企业的营销活动特别强调新颖性、独特性和非传统性⑧。尽管 O' wyer et al.（2009）声称特殊性、非传统性并非中小企业市场营销成功的必要条件，但是他们只是拒绝接受根本性的、激进的、非连续性的营销创新的必要性，而认为渐进性、连续性的创新（或许我们可以称之为"微创新"）也是值得肯定的⑨。第二，中小企业的营销定位特征。Helen Reijonen（2010）的问卷调查发现，中小企业一般将营销作为一种向客户告知企业产品和服务的手段，营销人员也有兴趣创造和维护客户关系，他们将创造销售作为营销的主要目标；而中小企业一般不会将营销看作一种战略，更不会将它提升到经营哲学的高度，甚至连营销的市场信息搜集功能都不太重视。其中，关于营销作为提高企业及其产品的知名度的手段的发现得到前期研究的广泛支持。如 Marcati et al.（2008）发现意大利中小企业往往将营销等同于销售或广告，亦即在这些中小企业看来，营销就是让客户了解企业及其产品⑩。Hill（2001b）和 Hogarth - Scott et al.（1996）指出中小企业往往是以销售为核心的，因为

① Jacinta Moreira, et al.. "Drivers of marketing innovation in Portuguese firms". *Amfiteatru Economic*. 2012, 14 (31): 195 ~ 206.

② Coviello, N. E., Brodie, R. J. and Munro, H. J.. "An investigation of marketing practice by firm size". *Journal of Business Venturing*. 2000, 15 (Nos 5 - 6): 523 ~ 545.

③ Gilmore, A., Carson, D. and Grant, K.. "SME marketing in practice". *Marketing Intelligence & Planning*. 2001, 19 (1): 6 ~ 11.

④ Hill, J.. "A multidimensional of the key determinants of effective SME marketing activity: Part 1". *International Journal of Entrepreneurial Behaviour & Research*. 2001, 7 (5): 171 ~ 204.

⑤ Fillis, I.. "Small firm marketing theory and practice: insights from the outside". *Journal of Research in Marketing & Entrepreneurship*. 2002, 4 (2): 134 ~ 157.

⑥ Carson, D. and Cromie, S. "Marketing planning in small enterprises: a model and some empirical evidence". *Journal of Marketing Management*. 1989, (5): 33 ~ 49.

⑦ Helen Reijonen. "Do all SMEs practise same kind of marketing?". *Journal of Small Business and Enterprise Development*. 2010, 17 (2): 279 ~ 293.

⑧ Knight, G., Omura, G. S., Hills, G. E. and Muzyka, D. F.. "Research in marketing and entrepreneurship: an empirical analysis and comparison with historic trends". *Research at the Marketing/Entrepreneurship Interface*. Conference Proceedings, University of Illinois, Chicago, IL. 1995: 1 ~ 22.

⑨ O' Dwyer, M., Gilmore, A. and Carson, D. "Innovative marketing in SMEs - does it exist?", *European Journal of Marketing*. 2009, 43 (Nos 1/2): 46 ~ 61.

⑩ Marcati, A., Guido, G. and Peluso, A.. "What is marketing for SME entrepreneurs? The need to market the marketing approach". paper presented at International Congress. *Marketing Trends*. Venice, Italy. January 2008: 17 ~ 19.

企业的生存往往依赖于销售①②。

同时，在中小企业可以实施的营销模式或营销模式创新方面，已有的研究也提出了很多不同的方式。如，Cummins et al.（2000）指出了中小企业营销创新的一种重要形式：将营销活动整合进企业的所有部门，使得企业中的非营销人员也开展营销活动。这种形式是中小企业最大化资源利用的关键要素③。Singh，Preeti（2010）的研究认为，公众对健康、环保的关注削弱了传统营销模式的效果，促进了营销创新，特别是使得绿色营销开始流行④。O' yer et al.（2011）的研究显示，战略联盟可以克服资源匮乏问题，是中小企业营销创新的一种方式⑤。Li Tian and Ju Hailong（2014）揭示了我国企业市场营销方面存在的问题，介绍了两种新式营销模式——体验营销和视频营销，并分析了营销模式创新应该遵循的原则⑥。

另外，很多研究也发现，中小企业所处的宏观经济环境对企业的创新也具有重要的影响。例如，Cooper（2010）以国际金融危机为背景，以B2集团2010年所做的调查为基础，通过对国际金融危机时期网络广告、搜索引擎、电子邮件、公共关系营销、会议与展销、直邮、电话目录、纸媒广告等营销模式的使用率及变化趋势进行跟踪调查得出，全球中小企业在基于网络的营销模式使用率已经很高的同时，传统的营销方式在危机时期则再度得到重视，使用率反倒显著提升，成为中小企业独辟蹊径的重要手段。另外，该调查还发现，中小企业在面对宏观经济危机时更多地投资于市场营销⑦。针对经济转型背景下的市场营销模式创新，王晓征（2010）认为为了应对经济转型，企业可以采取品牌营销、深度营销、服务营销，或者进行营销创新⑧。姜文芹（2010）分析了经济转型对企业营销构成的挑战，并提出了企业需要采取的营销模式转换策略，包括集约化营销、低碳营销、社会责任营销、品牌营销和科技营销⑨。

从以上文献综述中可以看到，虽然理论界关于相关议题的认识并非全无分歧，但是共识广泛存在，而且分歧并不是特别严重。因此，这些既有的发现可以为本章提供扎实的理论基础。

---

① Hill, J.. "A multidimensional study of the key determinants of effective SME marketing activity: Part 2". *International Journal of Entrepreneurial Behaviour & Research.* 2001b, 7 (6): 211～235.

② Hogarth－Scott, S.. Watson, K. and Wilson, N.. "Do small businesses have to practice marketing to survive and grow?". *Marketing Intelligence& Planning.* 1996, 14 (1): 6～18.

③ Cummins, D., Gilmore, A., Carson, D. and O' Donnell, A.. "What is innovative marketing in SMEs? Towards a conceptual and descriptive framework", AMA Conference Proceedings, July 2000, Stirling University, Stirling.

④ Singh Preeti. "Green Marketing: Opportunity for Innovation and Sustainable Development". SSRN Working Paper Series. 2010.

⑤ O' Dwyer. et al. "Strategic alliances as an element of innovative marketing in SMEs". *Journal of Strategic Marketing.* 2011, 19 (1): 91.

⑥ Li, Tian; Ju, Hailong. "The Innovation of Marketing Model". *International Journal of Business and Social Science.* 2014, 5 (5): 271～275.

⑦ Cooper, Lou. "SMEs: Small business digs deep into marketing mix". *Marketing Week.* 2010, (Jul 8): 26～28.

⑧ 王晓征："经济转型背景下的营销模式"，《中小企业管理与科技（下旬刊）》，2010年第12期。

⑨ 姜文芹："经济转型与企业营销战略模式转变"，《经济与管理》，2010年第11期。

12.2　经济转型与企业市场营销模式创新

企业市场营销是企业经营活动的一部分，而企业经营活动的选择和绩效是外部环境和内在能力共同作用的结果。现在，经济转型不仅已经成为我国政府经济工作的重要目标，而且转型升级也是很多企业在市场、技术和制度冲击下的自我选择。这意味着当前的经济转型势必要对我国中小企业的市场营销模式产生直接或间接的影响。我国当前经济转型实际上可以通过多种多样的机制影响企业市场营销模式。

第一，经济转型过程中对技术创新的重视将强化营销创新的必要性。我国经济转型的一个重要组成部分是实现由创新驱动的发展模式。刘迎秋（2014）在分析推进转型升级实现创新发展的主要措施时也指出，目前我国经济发展已经到了竞争能力需要内生的阶段。“要学会用改革就是否定无效率的理念以引领经济转型，用创新就是把不可能变为现实的理念引领包括产品工艺改造在内的产业升级。”① 企业技术创新和产品创新都需要营销创新与之配合，企业才能从技术和产品创新中充分地获利。而营销模式创新则是营销创新的内在组成部分。实际上，即便营销创新与技术和产品创新没有这种关联，一个愿意承担技术或产品创新风险的企业，也往往愿意承担营销创新的风险，尝试新的营销模式。

第二，经济转型过程中企业实施品牌战略也会直接提升企业营销模式创新的需求。我国宏观上粗放型的经济增长模式以及微观上企业利润微薄的局面在一定程度上与我国企业缺乏品牌实力有关。刘迎秋（2014）指出，我国经济发展已经到品牌需要自主的阶段。一个企业要成为常青藤，就一定要善于在自主品牌的创造上花大本钱、付大代价②。正因为如此，实施品牌战略可以说也是我国经济转型的一项内容。而品牌战略的实施不仅要求企业提升技术水平和产品质量，更直接地需要企业扩大营销投入，提高营销能力和绩效，从而对企业营销模式创新能力构成挑战。

第三，经济转型过程中经历的从高能耗、高污染型经济向低能耗、环保型经济的转型将会削弱传统营销模式的效果，提升绿色营销等新型营销方式的地位。如前所述，政府和民众对环境保护的要求的不断提升，削弱了某些传统营销模式的效果，召唤绿色营销的出现。实际上，“绿色营销”的思想早在20世纪80年代就已经出现，但是就实践情况来看，根据Peattie and Crane（2005）的说法，尚未从根本上改变产品和市场。这并不是因为绿色

---

①② 刘迎秋：“从五个方面推进转型升级实现创新发展”，《中国经济时报》，2014年1月22日第6版。

营销本身存在问题，而是作为一种新生事物，人们对它的认知不足①。随着我国在经济转型中将更加重视资源节约环境保护，也将会催生营销模式的转变，势必会提升与当前经济转型相适应的绿色营销等新型营销方式的地位。

第四，经济转型过程中以内需拉动为目标的外向型经济的内向化转型将会增加营销需求，需要营销模式的转变。在国际经济环境不确定性增加的背景下，外向型经济的内向化成为我国经济转型，实现可持续发展的一项内容。内向化转型需要企业重新开拓国内市场，这意味着广大企业需要在国内市场上大力开展营销。遵循中小企业必须出奇制胜的逻辑，营销需求的扩大一般地意味着营销模式创新的要求增加，因此势必会加速营销模式创新的步伐。

第五，伴随经济转型过程中出现的放松政府管制、强化市场地位也必将促进营销模式创新。刘迎秋（2013）指出，政府放松管制、不断提升市场的作用，既是我国改革开放以来取得成功的重要经验，也是在新的历史条件下推进我国中小企业转型升级的重要举措②。十八届三中全会进一步提升了市场的地位，强调要发挥市场在资源配置中的决定性作用。因此，处理好政府与市场之间的关系，虽然并不直接作为我国经济转型的内容，却作为重要支撑条件进入到了经济转型工作中。刘迎秋（2014）对此指出，“产业升级、经济转型必须有政府改革的进一步深化和外部环境的进一步优化做支撑，包括政府提供优质公共服务和推进产业集群以及区域经济专业化等”③。长期以来，我国政府干预市场的现象可谓司空见惯。在极端情况下，企业甚至无须顾及客户的偏好，只要政府给予支持，企业就能占领一方市场。这种机制使营销变得无关紧要。然而，确立市场的决定性作用的经济转型，将从根本上改变这一局面。市场地位的提升，显然将显著提升营销的重要性。而正如前文所述的，由于中小企业不同于大型企业的特点，中小企业想要取得营销上的成功，不可避免地要进行创新，特别是营销模式上的创新，唯有创新才能出奇制胜。

12.3 市场营销模式创新与中小企业发展

第一，市场营销创新对中小企业发展具有重要的推动作用。一是市场营销模式创新是

① Peattie and Crane. “Green marketing: legend, myth, farce or prophesy?”. *Qualitative Market Research*. 2005, 8 (4): 357～370.

② 刘迎秋：“中小企业转型升级是个大问题”，《经济参考报》，2013年8月2日第8版。

③ 刘迎秋：“从五个方面推进转型升级实现创新发展”，《中国经济时报》，2014年1月22日第6版。

中小企业最大化收益的必要条件。通过市场营销模式的转变，充分利用网络直销等更加低成本、灵活的营销方式，减少了人力、物力的直接投入，可以有效降低企业传统营销所需的成本，扩大企业的利润空间，最大化企业的收益；也可以为中小企业在激烈的市场竞争中赢得更多降价空间，从而能够使中小企业在竞争中处于有利的地位。二是市场营销模式创新是中小企业建立品牌优势的必要措施和主要手段。中小企业要想在面对众多竞争对手的竞争中脱颖而出，建立品牌优势是竞争的一大利器，而打造企业品牌不仅需要升级技术和提高产品质量，更直接地需要庞大的营销投入或独辟蹊径的低成本、高收益的营销模式。面临资源约束的中小企业必须控制营销成本，这使它们通常只能依靠营销模式创新来实现扩大知名度和美誉度的目标。通过利用新型的营销模式，建立现代化的营销方式，充分利用现代网络媒体的巨大的传播力量，可以快速提升企业的品牌知名度，帮助企业快速建立起品牌优势。三是市场营销模式创新可以更好地为中小企业技术或产品创新提供更明确、精准的指引。传统上大多数中小企业只是将市场营销视为推介企业及产品的活动，忽视市场调查的作用，或者由于高昂的成本，使得调查往往难以执行，从而缺乏对市场需求的把握，不利于企业准确把握技术或创新的方向。在现代的市场营销模式下，通过充分利用现代手段，使得市场调查成为一种低成本的操作，可以有效利用这一优势，准确把握市场的需求，掌握顾客准确的需求信息，更好地指导企业的技术或产品创新。

第二，技术进步和新技术应用形式的出现，使得建立在此基础上的营销模式创新成为推动中小企业发展的重要利器。虽然市场营销的核心主题并未随着时代而改变，仍然是找准市场定位，在深刻理解目标客户的基础上，设计产品或服务信息并将信息精准送达客户，在与客户或单向或双向的作用过程中促成购买行为，但是时代的变迁带来了技术的进步和新的技术应用形式的出现，从而对传统营销构成冲击。近年来，新的技术和技术应用方式一个接一个快速出现。其中对社会影响最大、最深刻的要属互联网。如今网络作为平台承载了大量的重要创新。围绕市场营销的主题，有人总结了互联网的十多种应用方式，但仍然未能穷尽所有。近年来成为热门话题的即时通信营销、社交网站营销、大数据营销、O2O营销、病毒营销等等，也只是其中一小部分。实际上，如今营销模式的推陈出新是如此之快，以至于“还没等我们分析透彻一个所谓的‘新模式’，它可能已经‘老’了”①。在这种背景下，营销模式创新不仅成为可能，而且更重要的是，它还成为必要。毕竟当采用新模式对所有企业都成为可能时，即便某些企业对新模式置之不理，其竞争对手也会探索新模式的可行性。一旦某些尝新者获得成功，对新生事物迟钝的企业就要付出代价。实际上，只要意识到这种可能的前景，即便新生事物对行业版图还未产生实质性的影响，企业也会体会到对其保持敏感的必要性和紧迫性。尤其是对中小企业而言，新事物、新模式既是挑战，更是其进一步发展，最终实现逆袭的机会。

第三，中小企业自身实力的局限，驱使中小企业为发展而追求营销模式创新。众所周

① 石晶，李玉杰：“你脑子里的O2O到底是不是O2O?”，《中国经营报》，2014年6月9日第42版。

知，比之于大型企业，中小企业可资利用的资源更少，资金实力更为薄弱。在这种情况下，如果中小企业仍然采取传统的营销模式与大企业进行直接的正规战，那么它们就很难在竞争中取得胜利。这意味着，中小企业要想在竞争中取得有利地位，基本上唯有“出奇制胜”——以成本低但奇特的营销模式取得巨大的营销效果——这一条出路。进一步来看，在关系营销还行得通的时代，中小企业或许可以通过独特的关系来扭转局势。但是当关系营销式微时，中小企业就需要通过真正的创新来实现营销的新奇化，进而扩大市场。

另外，值得注意的是，我国政治生态环境的变化也对企业营销提出了新的要求，从而使得中小企业必须加快营销模式创新。多年以来我国大量企业（不仅仅是中小企业）将权力营销作为拓展市场的重要手段，政府及其附属机构作为它们的一个重要客户，或者是因为掌握着控制市场格局的权力而决定着它们的市场空间，成为它们市场拓展所要“攻克”的重要对象。然而，最近随着政府高度重视廉洁能力建设，推进“把权力关进制度的笼子里”；与此同时，以调整政府和市场之间的关系为目标，政府大力实施简政放权，力促行政透明。这些显著变化，正在而且还将继续使得我国企业久已习惯的权力营销风险越来越高，越来越不受欢迎，进而施展空间越来越小，此时进行营销模式创新势在必行。

12.4 经济转型条件下传统营销模式与中小企业发展

本章将出现时间较早的营销模式归为传统营销模式。传统营销模式虽然比较“老套”，但是在经济转型背景下，它们仍然可能再次受到重视，甚至可能发挥重要作用。

12.4.1 中小企业品牌营销

从课题组的问卷调查数据来看，目前我国中小企业完全生产自有品牌产品的企业占到63.3%（见表12.1），如果加上同时生产自有品牌产品和贴牌产品，以及同时实行连锁加盟和自有品牌产品生产的中小企业，那么我国中小企业自有品牌拥有率达到87.8%。另一方面，完全贴牌生产的中小企业只占到4.1%。这一局面表明，我国中小企业已经在相当大范围内摆脱了为外国企业生产贴牌产品的阶段。

拥有独立品牌不等于重视品牌建设，在此我们只是将是否拥有品牌作为企业是否重视营销品牌的一个指标值。近年来，我国中小企业面临各种各样的成本上升的困扰，用工成本、土地成本等均显著提高；人民币汇率连续多年保持上升态势，不断削弱着我国中小企业的价格竞争力；2008年以来的国际金融危机和国内日益严苛的经济和环保政策则使中小企业的生存处境雪上加霜。这样的生存环境总体上有利于拥有自有品牌的企业，而不利于贴牌生产的企业。在这个优胜劣汰的过程中，拥有自有品牌的企业所占比重自然要相对提高，而贴牌生产的企业所占比重则相应下滑。

表 12.1　中小企业品牌建设情况

品牌类型	企业数量（家）	所占比例（%）
自有品牌	547	65
贴牌生产	35	4.2
自有品牌 + 贴牌生产	91	10.8
连锁加盟	36	4.3
自有品牌 + 连锁加盟	101	12
其他	31	3.7

注：本次调查收回问卷1077份，针对品牌建设问题，排除无效问卷，得到841有效问卷。

资料来源：根据中国社会科学院民营经济研究中心调查数据整理而成。

12.4.2　中小企业权力营销

"权力营销"这个概念是西方学者菲利普·科特勒（Philip Kotler）在经济全球化背景下提出大市场营销概念时作为一个子概念引入的。科特勒本意是想借它表达企业的市场营销应该将处理其自身与东道国政府之间的关系包含在内的思想，而无意将它运用于企业的国内市场营销。

由于我国国情具有特殊性，政府在经济生活中长期占据重要地位，而且经济的法治化水平有所不足，人情社会的特征也比较突出，如前所述，长期以来我国大量企业（包括很多中小企业）将权力营销作为拓展市场的重要手段，政府及其附属机构作为它们的一个重要客户，或者是因为掌握着控制市场格局的权力而决定着它们的市场空间，成为企业市场拓展所要"攻克"的重要对象。在这个背景下，不仅科特勒的跨国企业针对东道国政府的权力营销演变成了企业针对本国政府的营销，甚至他提出的公共关系营销也被曲解为针对公共部门（即政府机构）的营销。甚至有人提出所谓的"公共关系是第一生产力"、"权力是第一生产力"的观点①。

一段时期内，重视和实施权力营销的一些企业确实取得了一定的成功。然而，减少政府对经济的干预、还权于社会，发挥市场在资源配置中的决定性作用已经成为我国当前经济转型的一项重要内容；权力运行的透明化、制度化近年来也在不断推进；习近平总书记还提出了建设法治中国的新目标。这些变化已经而且还将继续使得我国企业久已习惯的权力营销风险猛然增大，施展空间越来越小。

① 吴金明："新经济时代的'4V'营销组合"，《中国工业经济》，2001年第6期。

12.4.3 中小企业网络营销

网络的传统营销应用主要是建立企业网站、发送电子邮件、网络广告等。网络营销通常被认为属于新生事物，但是我们认为，由于网络已经存在数十年，基于网络的某些营销方式在我国也已经存在20年左右。例如，我国第一个商业性网络广告诞生于1997年3月。因此，将这些网络营销模式作为传统营销模式来对待是具有合理性的。

课题组的调查数据显示，目前我国75.5%的中小企业拥有企业网站（见表12.2）。结合中国互联网信息中心（CNNIC）调查所获得的数据，截至2012年12月底，受访中小企业中，49.9%建立了独立的企业网站或者在电子商务平台上建立了网店，可以看到，2013年我国中小企业的网站建设进展显著。

表12.2 企业网站建设与维护情况

企业网站使用情况	企业数量（家）	所占比例（%）
没有自主企业网站	206	24.5
拥有独立的企业网站，但很少更新网站信息	228	27.1
拥有独立的企业网站，网上信息经常更新	192	22.8
拥有独立的企业网站，网上信息经常更新；设置了客户网上反馈意见的渠道，但该渠道只是摆设，客户网上意见得不到重视	40	4.8
拥有独立的企业网站，网上信息经常更新；设置了客户网上反馈意见的渠道，明确了安排收集、整理和上报客户网上反馈意见的人员	175	20.8

资料来源：根据中国社会科学院民营经济研究中心调查数据整理而成。

与其他网络营销方式相比，独立网站营销的独特之处在于其自主程度和营销成本，一般而言，创建公司网站，是自主程度最高、成本也比较高的网络营销形式。但是自主网站的营销绩效并不高，根据国际营销方案提供商Ascend2于2014年5月发布的一份以中小企业为主要受访对象的全球调查结果，只有8%的受访企业表示网站营销非常成功，20%的企业表示不成功，72%的企业表示有一点成功①。

关于电子邮件营销，根据中国互联网络信息中心的调查，其使用率由2012年的44.5%下降到2013年的39.5%②。关于电子邮件营销的效果，Ascend2于2014年2月份所做的一份以中小企业为主的全球调查显示，70%受访者认为本企业的电子邮件营销活动在实现重要的目标上“有些成功”，只有17%的受访者表示，他们的电子邮件营销计划“非常成功”。但是，电子邮件营销有效性提升的企业所占比例要远远高于有效性下降的企业比例，分别为46%和8%。为了提高电子邮件营销的针对性，企业采取了各种趋向于点对

① Ascend2. “*Website Marketing Optimization Benchmark Summary Report*”. May, 2014: 6.

② CNNIC：“2012年下半年中国中小企业互联网应用状况调查报告、2013年下半年中国企业互联网络应用状况调查报告”，CNNIC网站。

点的措施，被采用最多的三种措施是提高内容的相关性、邮件的个性化和对收件对象进行分组，其中提供相关性强、吸引人的邮件内容被51%的企业视为最有效的措施，但同时在难度排名上这一措施也名列榜首。为此，46%的企业将电子邮件营销全部或者部分外包给专业机构来执行①。

关于网络广告，我们的调查显示，我国中小企业目前的使用率为28.5%。相比之下，它并不是最受欢迎和重视的网络营销方式。实际上，由于我国网络广告可信度低、受众群局限性大、监管机制及法律规范不健全②，网络广告的效果相比其他国家要低。根据统计和分析，比之于其他网络营销渠道，即便是最为可靠的网络广告形式，即门户网站广告和垂直行业网站广告，其受欢迎程度都要低得多。如图12.1所示，这两种广告不仅在整体网络营销市场规模中占比很低，而且增长率也显著低于整体网络营销市场规模。

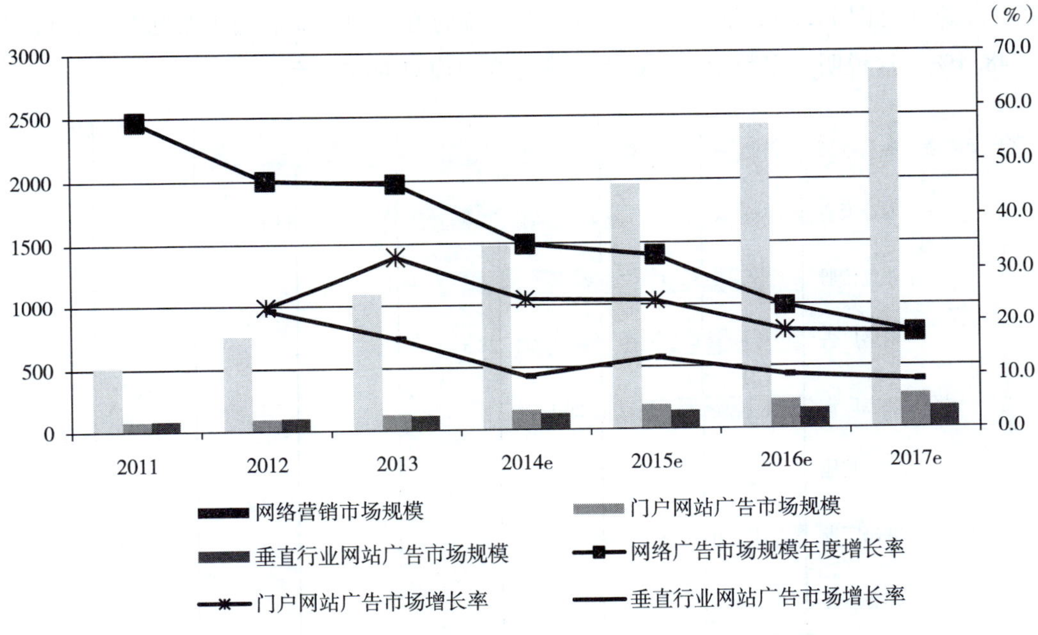

图12.1　三种网络营销市场规模及增长率统计与预测

资料来源：根据艾瑞咨询集团的《2014年中国网络广告行业年度监测报告简版》提供的数据整理而成。

12.4.4　中小企业电视营销

一般地讲，电视是一种重要的传统营销渠道。综合多份调查数据，我国民众日均看电视时间在2~4小时，相比其他很多国家，我国民众耗在看电视上的时间算是比较短的。但是，我们的调查显示，电视广告的使用率仅为5.5%。其中原因是多方面的，首先，电视广告的费用变化幅度比较大，广受欢迎的娱乐节目中插播的广告或冠名权与午夜电视直

① Ascend2. "*Email Marketing Benchmark Summary Report*". February, 2014: 6~13.

② 周菁，李昊："我国网络广告市场分析"，《中国产经新闻报》，2013年11月14日第E04版。

销、电视购物之间的收费有天壤之别。其次，电视广告的效果也千差万别，尽管还有大量电视直销节目存在，但是在很多国人心目中，与这种过于夸张、庸俗的推广形式相联系，产品就容易被怀疑是假冒伪劣，相应的电视购物则有坑蒙拐骗的嫌疑。这两项因素极大地限制了电视广告对中小企业的吸引力。简而言之，对中小企业而言，效果好的电视时段或节目费用高到难以企及，而承担得起的电视广告又效果不彰甚至适得其反。所以，最终中小企业对电视广告的使用率很低。

12.4.5　中小企业营销模式与渠道归宿

我们对中小企业所采用的营销模式的综合性调查显示，客户交流会与客户拜访、专业展会是我国中小企业使用最多的两种营销模式，调查中 59.5% 的中小企业使用客户交流会和客户拜访（见图 12.2），而同样作为面对面交流的方式的专业展会则紧随其后，使用率高达 48.4%。这说明大多数中小企业都重视与客户面对面的交流。

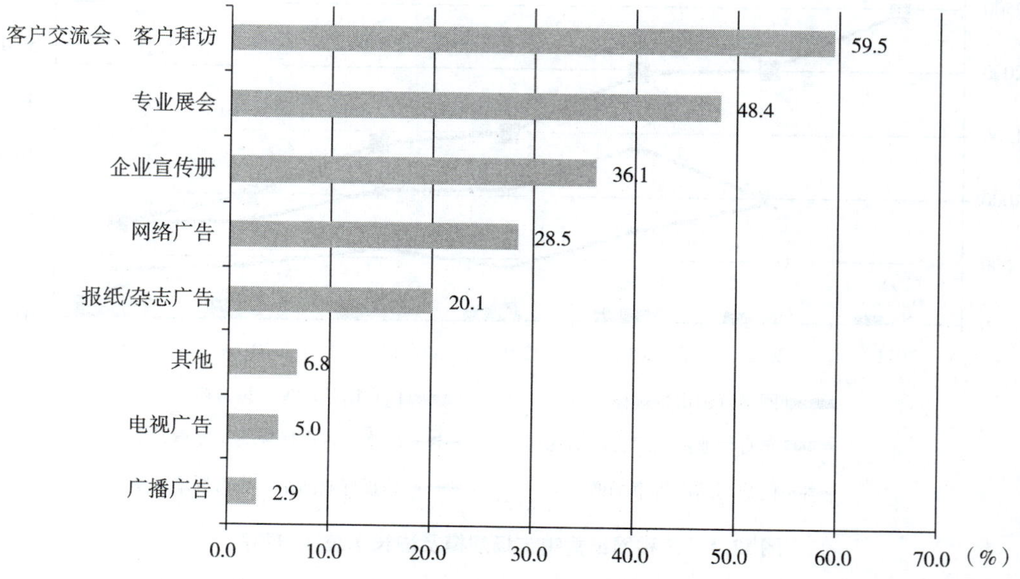

图 12.2　各种推广渠道的使用率

资料来源：根据中国社会科学院民营经济研究中心调查数据整理而成。

这一格局很符合中小企业客户集中的特点，也符合国外研究的结论。如图 12.3 所示，以前三大客户贡献的营业收入占比定义的客户集中度①各区间内的我国中小企业分布呈倒 U 形曲线。客户集中度位于 60% ~80% 区间的中小企业数量最多，占到全部调查企业的 22%；而位于两端的中小企业数量最少，其中，客户集中度达到 100% 的企业只占 1.8%，而低于 10% 的中小企业占到 6.4%；另外，客户集中度超过 60% 的中小企业所占比例达到 33.6%，超过 40% 的则达到 54%。而从全部受访企业的平均水平来看，客户集中度

① 客户集中度 = 来源于前三大客户的营业收入/企业全部营业收入 ×100%。

达到 46.5%。通常情况下，除非是生产消费品或服务的企业，而且客户以最终消费者而非经销商来统计，否则中小企业客户集中度应该高于大型企业，多数情况下可能只有少数几家客户。

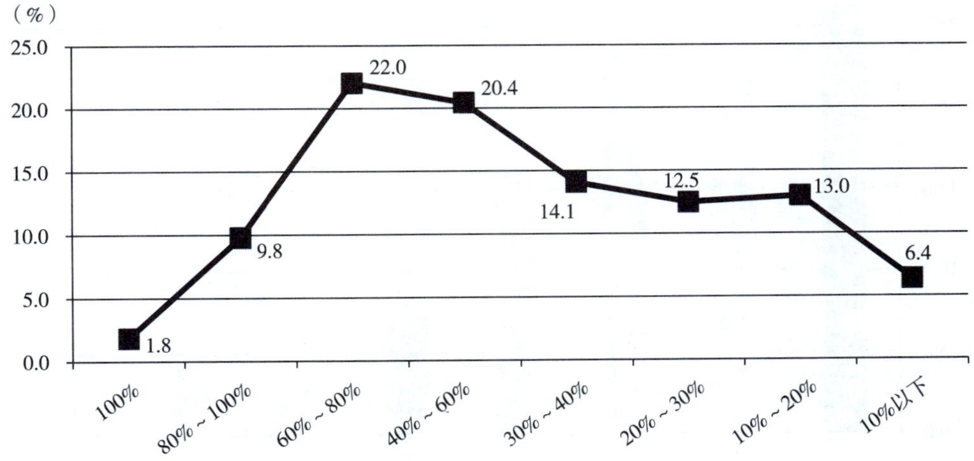

图 12.3　客户集中度各区间内的中小企业比例

资料来源：根据中国社会科学院民营经济研究中心调查数据整理而成。

较高的客户集中度有助于提高面对面推广活动的成效，从而增强了这种营销方式的可行性；而且由于中小企业大都面临资金紧张的问题，这一问题使它们较之大企业更重视营销效率，更需要精准营销，而客户交流会、客户拜访和专业展会这些高度定向的交流在这方面显然是最合格的选项。当然，这些交流方式从某种意义上也可能反映了企业的保守倾向或资金紧张情况下不得已的选择：将交流限制在现成客户的范围内显然是一种扩张性最低的方式，除了维护和深耕既有客户群的主要作用之外，它只能寄望于业界口碑来拓展市场；专业展会的扩张性效能虽然强一些，但其局限性可能是程度不一的，而且也可能花费不菲。

顺便要提到的是，企业宣传册的使用率虽然也比较高，达到 36.1%，但是它实际上并不能单独发挥作用。虽然它能够使推广活动延伸到面对面之外的时间，但是通常情况下，它依附于其他面对面的营销方式，是一种面对面推广的补充手段。所以，即便其使用率较高，我们也不能将它视为一种独立的推广方式来看待。这意味着使用率居于第三位的推广形式实际上是网络广告。

另外，还有一项重要的指标是企业采用的营销渠道的数量。如图 12.4 所示。调查反映出：不同种数的推广方式的使用率表现出近似严格的递减趋势，仅有的例外是采用三种营销渠道的企业数量略微超过采用两种营销渠道的企业数量，即使用越多推广手段的中小企业大体上越少；仅使用一种营销渠道的企业只占 26.4%，但只采用 1~3 种营销渠道的企业占 71.9%。

多种营销渠道的同时采用，为整合营销以实现协同效应奠定了基础。整合营销使企业能够发挥不同营销工具的相对优势，将统一的资讯传达给受众，形成强大的、令人印象深刻的冲击力，从而降低企业的营销成本，迅速、有效地建立起品牌资产。

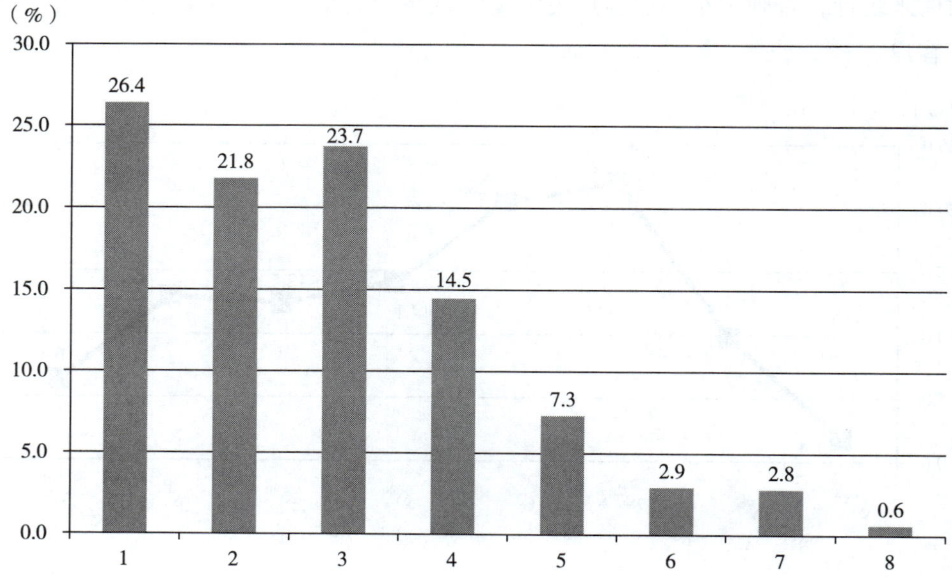

图 12.4 推广途径多元化程度分布

注：图中横轴表示推广形式的种类数，如“3”表示采取 3 种推广方式；纵轴表示采取一定种类数推广形式的企业所占的比重。

资料来源：根据中国社会科学院民营经济研究中心调查数据整理而成。

12.5 经济转型条件下中小企业营销模式创新与中小企业发展

12.5.1 中小企业营销模式创新意愿

课题组的调查显示（见图 12.5），具有营销模式创新意愿的企业占全部调查企业的 58.9%。这一数据显示，多数中小企业都认识到了创新营销模式的意义。但是，在这部分企业中，正在进行创新的只占 29.7%（17.5% ÷58.9% ×100%），大部分企业因为对新的、更有效的营销模式尚缺乏足够的了解与思考，而暂时未启动创新。

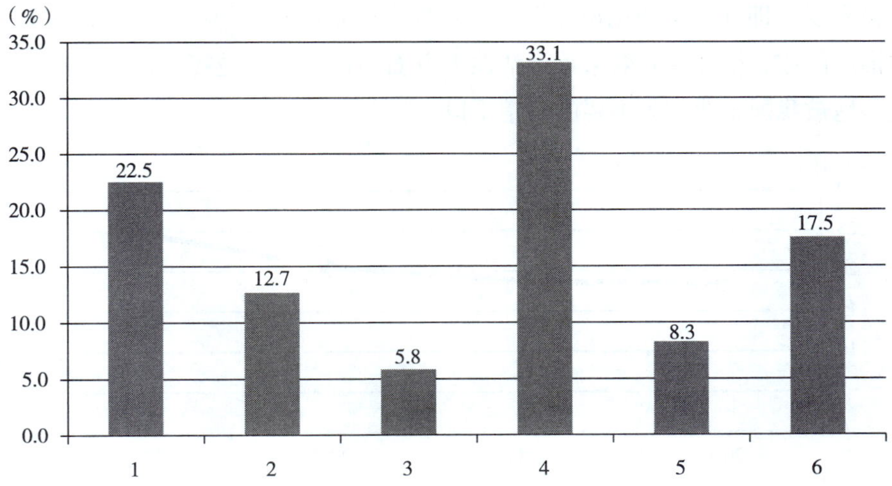

图 12.5　中小企业创新意愿分布

注：数字1代表对目前的营销模式非常满意，未考虑改变；数字2代表对目前营销模式虽不是非常满意，但愿意将就，即便认为营销模式对经营非常重要；数字3表示对目前营销模式虽不是非常满意，但因为觉得营销对本企业不重要，而愿意将就；数字4代表虽然认为目前的营销模式对企业做出了重大贡献，但是由于认识到随着技术的进步，可以更有效地开展营销，所以有意对营销模式做出调整，只是因为对新的、更有效的营销模式尚缺乏足够的了解与思考，所以暂时尚未启动营销模式创新；数字5代表虽然对目前的营销模式非常不满意，但是因为对新的、更有效的营销模式尚缺乏足够的了解与思考，所以暂时尚未启动营销模式创新；数字6代表正在着手营销模式创新。

资料来源：根据中国社会科学院民营经济研究中心调查数据整理而成。

12.5.2　各种网络工具的创新性营销应用

原则上，营销模式创新并不止于网络营销的开展，而且借助网络开展营销也未必就属于营销模式创新，正如前面我们把在自有网站上开展的营销认定为一种传统营销，因为这种模式已经存在了近20年，但是目前，互联网在我们的日常工作和生活中变得如此普遍、如此重要，以至于我们很难找到一种营销模式创新是离开互联网进行的。实际上，其中的原因也不难解释：如果某种营销模式创新不依赖于互联网，那就很难具有时代性，将它贴上“创新”的标签就令人难以理解。例如，近年来很多人视之为创新的所谓服务营销，实际上大都建立在互联网基础之上。被作为服务营销的一个案例的南航服务创新，就是以微信公众号为依托的。而后面将要论述的体验营销，很多时候也与互联网应用结合在一起。所以，网络营销模式创新将是本章关于我国中小企业的营销模式创新问题的主要论域。

截至2014年3月底，中国网民数量达到6.32亿，互联网普及率为46.7%①；而截至2014年4月底，我国移动互联网用户总数达到8.48亿户②。在网络使用率方面，我国网民平均每周上网时间从2010年的18.3小时提高到2013年年底的25小时（见图12.6）。随着互联网的不断普及，网络媒体覆盖人数快速增长，以及我国人民群众在工作和生活上对互

① CNNIC：“33次中国互联网络发展状况统计报告”，CNNIC网站，2014年1月。

② 工业和信息化部运行监测协调局：2014年4月通信业主要指标完成情况（二）[EB/OL]，http://www.miit.gov.cn/n11293472/n11293832/n11294132/n12858447/16005241.html，2014年5月22日。

联网的依赖程度（即互联网的用户黏性）不断提高，互联网营销在多元化的展现形式、相对较低的推广门槛、精准度和效果可评估性等方面的优势越来越得到凸显，从而使得互联网越来越多地被我国企业作为主要的营销手段。

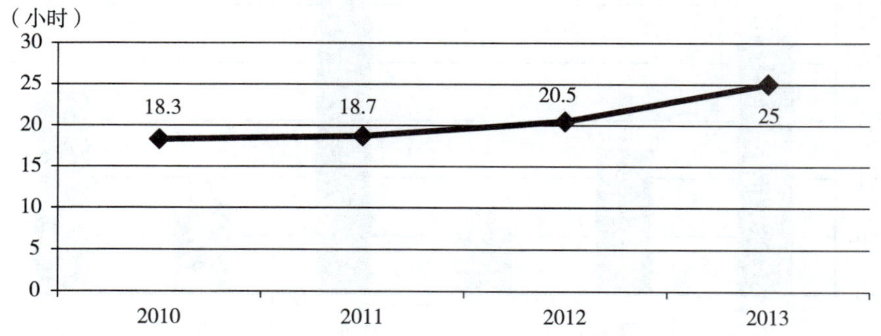

图 12.6　我国网民平均每周上网时长

资料来源：中国互联网络信息中心，第33次中国互联网络发展状况统计报告。

网络营销从1996年部分企业开始注册自己的域名起步，先后经历了花费数万元制作企业网站、购买门户网站的各种广告、购买不同网站的关键词广告、参与竞价排名、电子邮件营销、在各种社交论坛上发帖、加盟成为B2B或B2C网站会员、博客营销、网络视频营销、微博营销、微信营销等诸多阶段和形态。根据艾瑞咨询提供的数据，2013年国内网络广告[①]市场规模达到1100亿元，同比增长46.1%；2014年第一季度我国网络广告市场规模达到295.3亿元，同比增长53.1%；一直到2017年，预计我国网络广告市场规模仍然快速增长（见图12.7）。

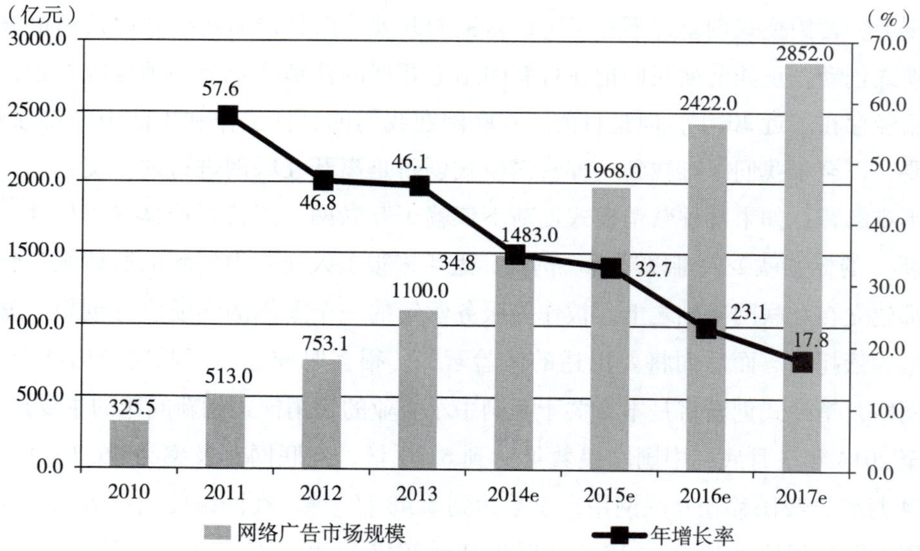

图 12.7　我国网络广告市场规模与预测

资料来源：艾瑞咨询集团，《2014年中国网络广告行业年度监测报告简版》，第9页。

① 该机构所使用的"网络广告"是一个宽口径的概念，包括了搜索引擎广告、垂直搜索广告、品牌图形广告、视频广告、富媒体广告、独立分类广告、固定文字链广告、电子邮件广告和其他形式的广告。

就网络营销渠道的使用率分布来看，根据中国互联网络信息中心 2013 年下半年互联网行业发展状况调查的结果，我国中小企业网络营销方式集中趋势凸显（见图 12. 8）。实际上，从近两年趋势来看，即时聊天工具、搜索引擎、电子商务平台在中小企业网络营销中都保持在使用率前三位。接下来分别对其中几种重要的网络营销模式展开论述。

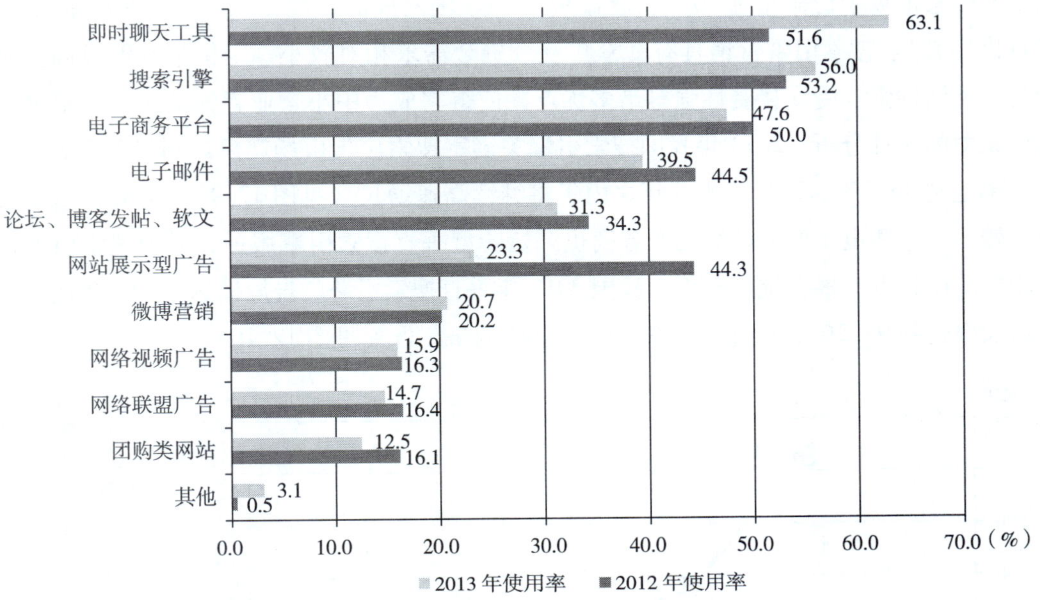

图 12. 8　各种网络营销渠道的使用率

资料来源：CNNIC，2012 年下半年中国中小企业互联网应用状况调查报告；CNNIC，2013 年下半年中国企业互联网络应用状况调查报告。

（1）即时聊天工具营销

利用即时聊天工具开展营销，是网络经济时代企业营销模式的一种创新。在我国，以 QQ、微信、旺信等为代表的即时聊天工具，在 2013 年取代搜索引擎，成为中小企业开展互联网营销时使用率最高的渠道，达到 63. 1%。即时通信工具用户基数庞大、用户黏性较强、管理工具丰富和经济、便捷、互动性强的特点，使其在网络营销方面发挥了重要的作用。据统计，截至 2013 年 11 月注册用户量已经突破 6 亿；同时，微信月活跃用户数于 2013 年第四季度达到 3. 55 亿①②。

2013 年 12 月，微信 5. 0 发布以后，各企业的微信公众号被限制群发信息。虽然微信产品方曾提醒企业不要将微信当成营销渠道，而应当作服务渠道，但这是针对一种狭义的营销，即把营销视为将企业及其产品信息告知潜在客户的观点。如果我们认为服务也是一种营销模式，那么作为服务渠道的微信仍然可以作为一种营销工具。实际上，作为信息群发的即时通信工具，其营销效果是比较差的，很容易引起信息接收方的反感，如果不加约束，微信的命运可能也要受到威胁。这也正是微信限制群发信息的主要原因。而微信的新

① 余建斌："互联网，从数量向质量切换"，《人民日报》，2014 年 6 月 20 日第 20 版。
② 腾讯控股有限公司：腾讯控股有限公司 2013 年年报，腾讯公司网站，第 7 页。

举措只是转变了企业公众号的营销模式，如果企业能顺应这种转变，发挥微信的服务营销功能，对企业也未必不是一件好事。

（2）搜索引擎营销

近两年来，搜索引擎营销受到中小企业的高度青睐，使用率高居前列。实际上，对于在中文搜索市场中份额超过80%、覆盖95%的中国网民的百度，总收入的80%以上来源于竞价排名①。搜索引擎营销具有受众广泛、资金需求相对较小、定位精准度较高、便于计价、灵活性强、受众接受性强等诸多优点，使得它成为中小企业青睐的选择。根据艾瑞咨询集团的统计分析，2013年我国搜索引擎关键字搜索广告市场规模达到291.5亿元，年增长率达到36.3%，而且未来几年之内仍将继续高速增长（见图12.9）。另外，由于市场前景较好，一些电子商务领域的服务商也开始转型垂直搜索引擎服务，成为搜索引擎营销市场新的增长点。根据统计分析，我国2013年垂直搜索引擎广告规模达到317.9亿元，年度增长率达到98.2%，增速连续多年快于总体网络广告（见图12.10）。

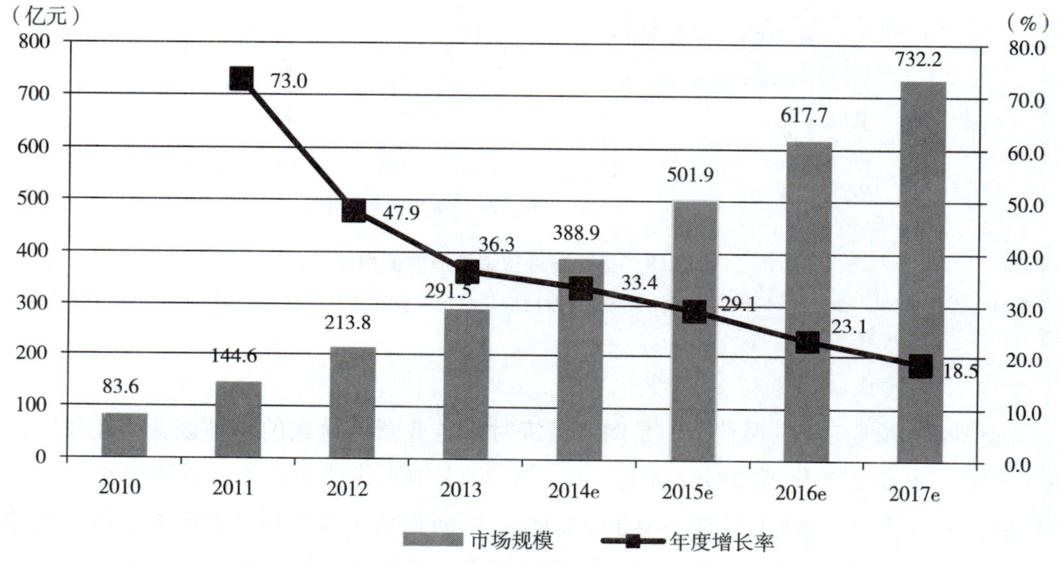

图12.9　我国搜索引擎关键字搜索营销市场规模与预测

资料来源：根据艾瑞咨询集团《2014年中国网络广告行业年度监测报告简版》所提供数据整理。

不过，一般来说，搜索引擎营销作为网站推广的常用方法，在企业没有建立网站（包括电商平台商的推广网上商店、企业黄页等）的情况下很少被采用。也就是说，搜索引擎营销需要以企业网站为基础，企业网站设计的专业性对网络营销的效果又产生直接影响。这也是我国中小企业建立自主网站的一个重要原因。

（3）社交媒体营销

社交媒体包括各种社交网站。各种社交网站的用户规模和使用率在2013年都有所下

① 数据来源：http：//e. baidu. com。

降①。就社交媒体营销的有效性来看，根据 2014 年的一份以中小企业为主要对象的全球性社交媒体营销调查，即便是在发达国家，也只有 43% 的营销人员认为自己在社交媒体上的工作有效，21% 的人认为无效，37% 的营销人员认为不确定②。实际上，觉得社交媒体营销有效并不意味着能衡量这种营销活动的投资回报率。根据这份报告，只有 37% 的营销人士自信算得出自己社交媒体营销的投资回报率③。

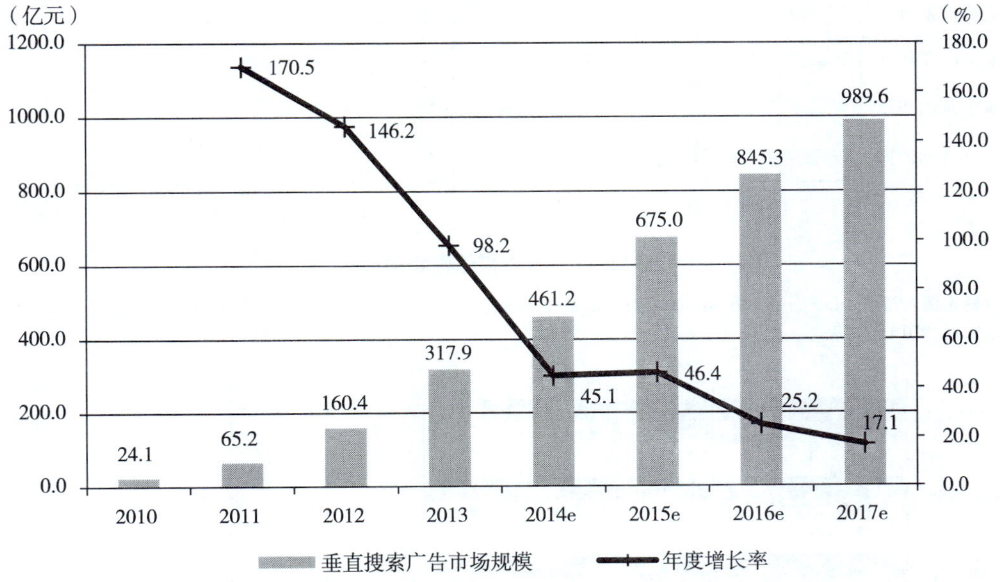

图 12.10　我国垂直搜索引擎营销市场规模与预测

资料来源：根据艾瑞咨询集团《2014 年中国网络广告行业年度监测报告简版》所提供数据整理。

就社交媒体营销的收益来看，根据国际调查，前三项最普遍的收益分别是提高企业的曝光度、提高访问量和增加忠实粉丝；而促进销售则排在最末尾，亦即普遍性最低，但是仍然达到了 50%，只是能提高多少收益是个未知数（见图 12.11）。

就社交媒体营销取得增加销售和减少营销费用的条件来看，调查显示，社交媒体营销是否能增加销售、减少营销费用，与营销人员使用社交媒体营销的时间长短有关。一般地，使用社交媒体营销的时间越长，则越可能增加销售和降低营销费用（见图 12.12）。

就社交媒体营销取得效果的重要因素来看，58% 的营销人士认为，原创文字内容是最重要的内容，19% 的营销人士则认为原创性图片是最具重要性的内容，这两种内容的认可度排在最前列④。而认可度间的巨大差距反映出原创性文字内容显著的重要性。

---

① CNNIC：第 33 次中国互联网络发展状况统计报告，CNNIC 网站，2014 年 1 月。

② Michaela Stelzner. 2014 *Social Media Marketing Report*: *How Marketers Are Using Social Media to Grow Their Businesses*. May，2014：11.

③ Ibid，p. 9.

④ Ibid，p. 42.

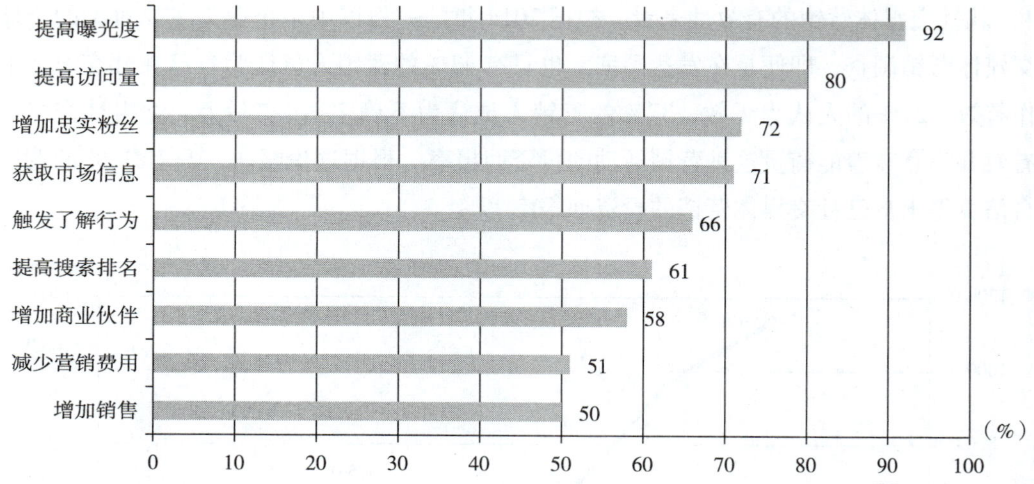

图 12.11 社交媒体营销的收益

资料来源：Michaela Stelzner. 2014 *Social Media Marketing Report*：*How Marketers Are Using Social Media to Grow Their Businesses*. May，2014. p. 17。

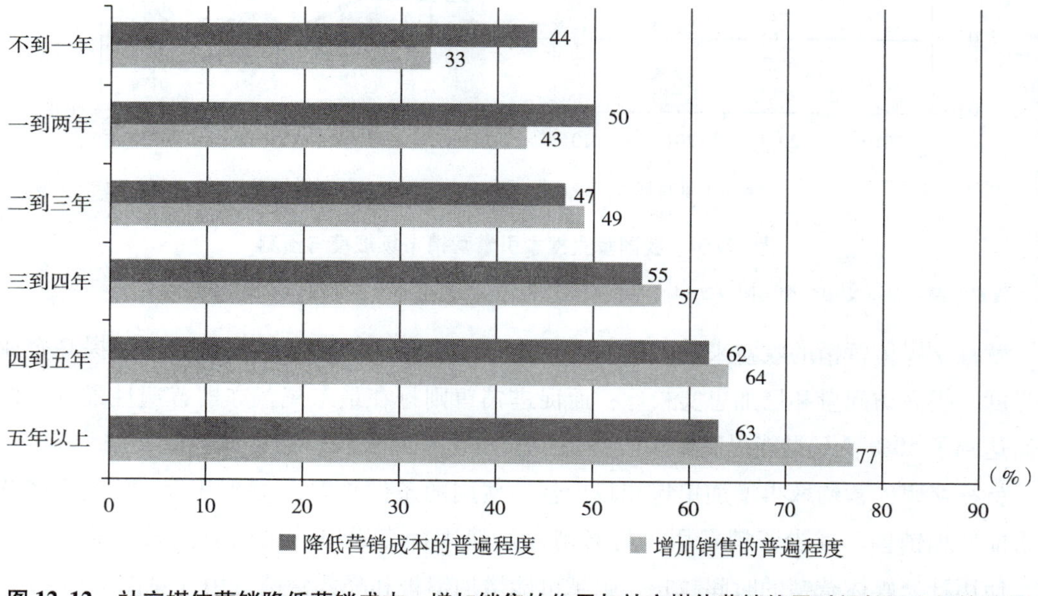

图 12.12 社交媒体营销降低营销成本、增加销售的作用与社交媒体营销使用时间长短之间的关系

资料来源：Michaela Stelzner. 2014 *Social Media Marketing Report*：*How Marketers Are Using Social Media to Grow Their Businesses*. May，2014：17。

（4）微博营销

由于微博营销的关注度较高，虽然它只是社交媒体营销的其中一种方式，本章还是将它单独列出来予以分析。

2010 年，随着新浪、腾讯、网易、搜狐四大门户网站推出微博服务并不断吸引用户，微博成为用户最活跃的社交媒体平台。洞察微博营销先机的淘宝商城、1 号店、中粮我买网、趣玩网等 B2C 商城都纷纷入驻微博，并建立了自己的粉丝群（或关注者群、听众群体）。然而，受替代应用不断出现、部分网民新鲜感下降以及广告增加、用户体验变差的影响，经过三年的爆炸式发展之后，2013 年，我国微博发展发生转折，用户规模和使用率均出现显著下降。用户规模上，2013 年较 2012 年减少 2783 万，降至 2.81 亿，下降幅度达 9.0%。微博使用率上，2013 年较 2012 年降低 9.2 个百分点，达到 45.5%[①]。尽管如此，微博营销的使用率并未在 2013 年出现转折。图 12.8 显示，2013 年微博营销使用率相比 2012 年略微提高了 0.5 个百分点，达到 20.7%。微博用户规模、使用率的下降与微博营销的稳定之间看似矛盾，实际上有着因果关联。以新浪微博为例，这两年来，尤其是在 2013 年第二季度接受阿里巴巴的投资后，新浪微博已经变成了一个广告平台，各种虚虚实实的营销信息充斥其间。这也可以从新浪微博的 2014 年一季度的财务报表中得到印证。根据微博公司（即新浪微博）的统计，2014 年第一季度，广告营销为该微博贡献了 5190 万美元的收入，较上年同期增长了 176%，占其净收入的 77%。在这份财务报告中，微博公司明确将广告营销收入的暴增归功于与阿里巴巴的战略联盟[②]。而这正是微博吸引力下降的原因之一。营销信息令人不厌其烦，营销功能的增强侵害了微博的社交属性，而社交才是人们使用微博的动因。

不过，一方面，随着微博受欢迎程度的下降，其营销价值也会随之下降，微博营销迟早将迎来拐点；另一方面，微博又有着强大的生命力，正如人们近年来所体会到的，一件又一件重大社会事件在微博中暴露，从而一次又一次推升微博的受关注和欢迎程度。因此，微博的营销价值可能在未来的年月中呈现出波动形态。这或许意味着，跟随重大网络事件爆发的节奏来开展微博营销，会是未来微博营销的一个重要特点。

就目前的情况来看，不少企业投入大量精力、资金到微博营销中去，却未收到预期回报，其原因突出表现在以下几个方面：一是未意识到先发优势的存在，以为无论何时，只要投入了微博营销就能快速地获得经济回报。微博营销刚刚发展的前期，关于通过微博营销快速获取经济回报的案例数不胜数，这些企业能取得如此成绩的一个重要原因就在于占据了先机。随着微博用户规模、使用率的不断下降，微博营销的效果也会跟着减弱。二是未能意识到微博营销带来一项重大转变，即受众的主动权得到空前提高。有些企业以为微博营销就是在微博上发广告，而未解决潜在客户是否愿意关注、转发微博的问题。实际上，很少有人喜欢这种广告型微博。也有些企业不关注微博粉丝的反馈，粉丝意见得不到反馈，就会降低粉丝对企业微博的兴趣和关注。三是忽视内容建设，过于重视外在形式。企业微博是否受关注，很大程度上取决于微博内容。中小企业即便安排专门人员负责微博营销，按时按点地大量发布微博信息，甚至为了提高转发量而实施有奖转发活动，或者通过购买僵尸粉丝、伪造评价和转发的办法来营造虚假人气，但如果内容缺乏创意，也还是很难对真实粉丝产生吸引力。

（5）O2O 营销

O2O（Online to Offline）主要是指在线完成商品或服务的购买，然后到实体店消费。

---

① CNNIC：第 33 次中国互联网络发展状况统计报告，CNNIC 网站，2014 年 1 月，第 6、第 35 页。

② Weibo Corporation. “*Weibo Reports First Quarter* 2014 *Financial Results*”. http://ir.weibo.com/phoenix.zhtml?c=253076&p=irol-newsArticle&ID=1933340&highlight=. May 21, 2014.

与其他网络营销模式相比，O2O 的关键特征是在线预付。O2O 在 2013 年进入高速发展阶段，如今它已经成为一个热门词汇，是一个不容回避的主题。根据中国互联网络信息中心的调查，我国团购用户数从 2012 年的 0.8 亿人增长到 2013 年的 1.4 亿人，团购使用率则从 2012 年的 14.8% 增长到 2013 年的 22.8%①。然而，在我们的调查中，实行 O2O 营销的企业很少。团购是国内发展最迅速的 O2O 营销模式，但是图 12.8 显示，2013 年实行团购式营销的中小企业比例只有 12.5%，相比 2012 年还有所下降。实际上，O2O 主要适应于消费领域。O2O 在餐饮业、酒店业等多个领域都有着突出的影响，现在虽然已经扩展到定制或预订服装、家居、餐饮、食品、运动健身、文化休闲等领域，但仍然存在行业局限性，从而使得中小企业对它的使用率比较低。

12.5.3 体验营销

自从苹果公司开设体验店以来，越来越多的企业开始使用体验营销来促进产品销售。体验营销适用于家电、计算机、通信、消费类电子产品、服装、食品饮料、汽车甚至家居行业。三星 2012 年在我国 35 个城市展开的三星泡泡净洗衣机“30 天不满意就退货”活动取得成功，产品销量持续攀升，使这种全新的消费方式赢得了消费者的一致好评②。

现代行为经济学研究表明，给予消费者免费试用权之后，消费者购买意愿会增强。这是因为此种模式刺激了消费者的试购行为，他们可以而且可能确实计划着免费使用产品一段时期之后将产品退回给企业；其次则由于产品试用会创造一种消费者事先预料不到的黏性，使消费者最终背弃自己的初衷而买下商品。这也符合消费理论中的棘轮效应。

体验营销对于我国中小企业有着特殊重要性。因为我国社会诚信问题比较严重，企业想要拓展国内市场，需要花更大的力气和代价才能取得潜在客户的信任。体验营销给予潜在客户直接检验企业产品或服务质量的机会，因此即便不能完全消除潜在客户的疑虑和担忧，也能够显著提高他们对企业及其产品的信任度。所以，较之发达国家的企业，我国中小企业应该将体验营销放在更重要的位置。实际上，对于诚信经营的企业，体验营销正是一种将本企业与依靠偷工减料、假冒伪劣来赚钱的企业区别开来的重要信号和渠道：敢于实施体验营销，就是在向潜在客户彰显自信。所以从信号意义上来看，甚至无须真正承受体验营销的成本，企业就能获得更多的信任。而体验营销的切实施行，不仅能发送自信信号，而且还能培养潜在客户的产品或服务黏性，刺激他们的购买欲。所以，体验营销具有双重重要意义。

12.5.4 参与式营销

参与式营销（participation marketing，or engagement marketing）既可以归为体验营销的

① CNNIC：“第 33 次中国互联网络发展状况统计报告”，CNNIC 网站，2014 年 1 月，第 7 页。
② 郭雪红，陈江锋：“三星洗衣机再推‘30 天不满意就退货’”，《杭州日报》，2013 年 3 月 22 日第 13 版。

一种，是体验营销的最高级形态，也可以视为一种全新的营销模式。鉴于目前流行的体验营销概念是狭义的体验营销，本章将参与式营销视为一种不同于体验营销的模式。参与式营销不再将客户视为营销信息、品牌和产品的被动接受者，而是鼓励、邀请客户参与到品牌演化过程之中，或者说使客户积极投入到产品、品牌的生产和创造过程中，从而强化客户与品牌之间的纽带。正是客户对产品开发和品牌创造的积极参与和影响，将参与式营销与一般意义上的体验营销区别开来：在一般的体验营销中，客户仍然是产品和品牌的被动接受者，对特定产品、品牌的态度只是在产品、品牌生产出来以后才得以呈现，而参与式营销则使他们的态度在相应的产品、品牌被生产出来之前就直接融入这种产品与品牌的设计之中。

参与式营销是非常新颖甚至前卫的。从我们调查的中小企业样本来看，还没有企业实行这种营销模式。实际上，由于中小企业客户集中度高，参与式营销是特别值得中小企业考虑和实施的。对于大企业来说，实行参与式营销可能由于参与的客户缺乏代表性而使营销效果适得其反，使产品和市场偏离主要市场的需求。这种风险的存在使得大企业的参与式营销高度依赖于新媒体技术来减少客户参与的成本。而客户集中度更高的中小企业只要将主要客户邀请到产品和品牌的设计与生产之中，就不用担心出现偏离市场需求的风险。这种局面使得中小企业的参与式营销对新媒体技术的依赖性相对较小。

另外，参与式营销也在减少市场调查、研发和促销费用方面发挥显著的作用，而中小企业往往因为资金不足而营销不足、疏于研发。参与产品和品牌设计的客户可以在一定程度上发挥研发功能、替代市场调查，甚至可以免费帮助企业做推广。替代市场调查可以帮助根本就不开展市场调查的企业降低市场风险。而因为参与行为会提高客户自身对企业产品和品牌忠诚度，使他们更加希望产品和品牌取得成功，而这种希望将为他们提供动力，使他们主动宣传企业产品和品牌。

12.6 经济转型与中小企业市场营销模式创新的对策建议

12.6.1 坚持适度营销，注意广告与实力的匹配

营销的成功不能代替企业其他方面的能力储备。如果企业在开展营销时不顾自身在研发、产能、产品质量保障、管理等方面的实力限制，紧随营销成功而来的就很可能是一场灾难。以央视“广告标王”为例，一些企业的产品借助央视“广告标王”的光环迅速成为

全国知名品牌，销量急剧上升。但因为产能、质量保障、资金、管理等方面跟不上，以及盲目扩张等原因，给企业造成了极为严重的后果乃至倒闭①。彼得·圣吉在《第五项修炼》中就指出了此类问题②，如果不自量力地片面追求营销效果，那么遭遇成长的极限都还算幸运，更糟糕而且不无可能的是最终退出市场。

当进入信息时代（尤其是社交媒体高度发达的时代）时，营销与企业能力的匹配问题更显重要。因为产品质量下降的信息会通过信息网络迅速传播，从而造成销量的雪崩式下滑。信息时代的到来对那些心浮气躁，不愿沉下去发展能力的企业打击更大。所以，在开展营销活动之前，企业需要认真掂量自己可靠的潜在供应能力限度，注意不要让营销所要达到的市场规模超出这一限度太多。其实，不仅营销超出企业内在能力会出现问题，营销落后于企业能力也同样会产生不良后果。没有营销提供方向指引和扩展市场空间，研发和生产就可能与市场需求产生重大偏差，造成资源的极大浪费，甚至导致企业破产。所以，市场营销既不能超前，也不能落后于企业能力。中小企业必须追求尽可能地匹配营销与企业能力。

12.6.2 加强直面营销，弱化权力营销

在面向政府官员的权力营销、关系营销模式下，中小企业只要能得到政府及其所属机构的支持，依靠政府之手来排挤竞争对手、维护自己的市场份额，甚至对不满意企业产品的真正使用者不予理睬也可以生存和发展。在权力营销逐步减弱的态势下，企业必须改变营销模式，否则很可能要被市场无情淘汰。企业与最终客户之间的权力关系发生变化，放低姿态成为企业的必然选择。这些企业必须加快转变，直面广大客户。进一步来看，新形势要求企业调查、预测数量众多的客户的需求并把握其共同点，而不是围绕着个别官员转，这是营销范式上的改变。在这种情况下，营销范式的转型需要企业对内部人员结构进行调整，招募真正善于市场营销的人才，将他们放在重要岗位，并发挥其才能。

12.6.3 关注新社交媒体，力争先发优势

如前所述，以社交媒体为载体的营销存在先发优势：率先使用新出现的社交媒体的企业，通常能够取得明显好的营销效果；而随着人们对某种社交媒体的新鲜感的下降，以及社交媒体本身逐渐商业化，其用户规模和使用率均将走下坡路，而其营销价值也迟早会随之弱化。在这种情况下，效仿那些因为占据先机而取得成功的企业去运用社交媒体开展营销，结果很可能事倍功半。所以，企业要对新信息平台的出现保持警惕，力争抓住下一次新信息平台的先机。

---

① 刘根："中小企业营销忌拔苗助长"，《价值工程》，2013年第19期。

② ［美］彼得·圣吉：《第五项修炼》，郭进隆译，上海三联书店1998年版。

12.6.4　警惕媒体事件，积极利用和发动事件营销

社交媒体作为一种重要的现代媒体，经常成为社会新闻的源头。各种各样的社会事件在社交媒体上发酵，这使得社交媒体的营销价值持续存在。所以，企业可以对媒体事件保持警惕，借助随时可能爆发的事件展开营销。社会事件虽然不能完全准确地预知，也就是说很少有人能预先知道社会事件发生的准确时间、地点、原委和牵涉其中的具体的事件主体，但是一般而言，人们还是可以在相当程度上预知什么类型的社会事件在某段时期内发生频率较高、事件相关主体的主要类型是什么，等等。这为企业预先为事件营销做准备奠定了一定的基础。

12.6.5　改进营销内容，着力开发植入式广告营销

网络营销的低成本虽然为中小企业进入网络营销提供了条件，但是很多中小企业却滥用这种营销机会，四处发布毫无吸引力、令人不厌其烦的推广信息。实际上，网络营销面临不同以往的环境，受众的选择权得到空前的提高，不再被动接受信息轰炸。所以现在的网络营销非常强调让人产生兴趣。发展植入型广告，寓企业、产品、品牌广告于富有趣味性的信息之中，是重要的方式之一。当然，如果植入广告过于频繁、手段过于低级，也同样容易引起反感。所以植入广告的娱乐化，其精髓在于植入的巧妙。好的推广信息，甚至能产生病毒营销的效果，让观众因其强烈的娱乐性或知识性而主动帮助企业传播信息。所以，一条好的推广信息，完全能够抵得上千万条粗制滥造的信息；与其四处散布令人反感的信息，还不如潜心编制几条充满趣味性的信息。

12.6.6　充分运用体验营销

由于体验营销发送品质信号以及提升客户黏性的双重意义，使其成为我国中小企业的一种很有价值的营销模式。但是体验营销的成本控制是其可操作性的一个重要前提。在具体操作中，一些中小企业可能觉得这种营销模式成本过高而不可行，但成本高企很可能是因为操作不当，尤其是客户识别不够细致。客户识别是控制营销成本的重要手段，它分为两个层次。其一是潜力分析，即对具体对象成为客户的可能性进行评估和分类，在此基础上对不同类型的对象提供不同方式、不同水平的体验；其二是对潜在客户的主要关注点的识别，据此决定在营销过程中重点展示哪些部分。有些企业可能正是因为在客户识别上没有投入资源，对所有对象都提供统一的、全套的体验服务，以至于营销费用超出承受能力而宣告失败。

12.6.7　开展参与式营销

由于参与式营销非常新颖，现在很少有中小企业实行这种模式。但是，建议中小企业

使用这种营销模式，并非源于其新颖性或前卫性，而是源于其相关性。中小企业由于客户集中度较高，实行参与式营销的成本和风险也就相对更低；中小企业往往因为资金实力的限制而营销不足、放弃研发，营销不足将使它们面临更大的市场风险，而参与式营销正好可以在减少市场调查、研发和促销费用方面发挥显著作用，有助于降低市场风险。所以，实践参与式营销并不以时代的进一步发展为前提，值得我国中小企业尝试。

12.6.8 加强营销整合

营销整合是指企业通过综合协调地使用各种传播形式塑造统一的目标和形象，向客户传递一致的产品信息，从而实现与消费者的有效沟通，迅速建立与消费者长期密切的关系的目的的策略和行动。由于营销整合将所有营销活动组织成一个统一的体系，使得各种营销活动塑造的企业和品牌形象统一化，同时保持了渠道形式、活动内容的多样化。而统一化与多样化的结合使营销活动得以产生协同效应，在短期内取得显著的营销效果。所以，对于常常困扰于资金不足的中小企业而言，整合包括广告、直接营销、销售促进、人员推销、包装、事件营销、赞助和客户服务等在内的各种营销活动，可以有效发挥集中资源的优势，对促进中小企业的发展是非常有益的。

执笔：张亮（国务院发展研究中心资源与环境政策研究所副研究员，经济学博士）
江庆勇（浙江财经大学讲师，经济学博士）

参考文献

[1] Kim, W. and Mauborgne R. "Value innovation: The strategic logic of high growth". *Harvard Business Review*. 1997, 75 (1): 102～112.

[2] OECD. *Manual de Oslo. Guia para la recogida e interpretacion de datos sobre innovacion*. OECD y Eurostat, Tercera Edicion, Traduccion espanola. 2006: 194.

[3] Douglas, S. P.. "Patterns and parallels of marketing structures in several countries". MSU Business Topics, 1971: 44～48.

[4] Mallen, Bruce. "Marketing channels and economic development: a literature overview". International*Journal of Physical Distribution & Logistics Management*. 1996, 26 (5): 42～48.

[5] Litvak, I. A. and Banting, P. M., "A conceptual framework for international business arrangements". in King, R. L. (Ed.). *Marketing and the New Science of Planning*. American Marketing Association, Chicago, IL. 1968: 460～467.

[6] Slater, C. C.. "Contractual interdependence in marketing process of developing Latin American communities". in Thompson, D. N. (Ed.). *Contractual Marketing Systems*. D. C. Heath, Lexington. MA. 1971: 211～244.

[7] Slater, C. C.. "Market channel co－ordinating and economic development". in Bucklin, L. P. (Ed.). *Vertical Marketing Systems*. Scott, Foresman, Glenview, IL. 1970: 135～157.

[8] Levitt, T. "Growth and Profits Through Planned Marketing Innovation". *Journal of Marketing*. 1960, 24 (4): 1～8.

[9] Ronald Cotterman et al. "Aligning marketing and technology to drive innovation". *Research－Technology Management*. 2009, 52 (5): 14～20 (7).

[10] Bozic Ljiljana. "Marketing innovation in Croatia". *Trziste = Market*. 2011, 23 (1): 63～72.

[11] Cristian Geldes, Christian Felzensztein. "Marketing innovations in the agribusiness sector". *Academia.* 2013, 26 (1): 108 ~ 138.

[12] Jacinta Moreira, et al.. "Drivers of marketing innovation in Portuguese firms". *Amfiteatru Economic.* 2012, 14 (31): 195 – 206.

[13] Coviello, N. E., Brodie, R. J. and Munro, H. J.. "An investigation of marketing practice by firm size". *Journal of Business Venturing.* 2000, 15 (Nos 5 – 6): 523 ~ 545.

[14] Gilmore, A., Carson, D. and Grant, K.. "SME marketing in practice". *Marketing Intelligence & Planning.* 2001, 19 (1): 6 ~ 11.

[15] Hill, J.. "A multidimensional of the key determinants of effective SME marketing activity: Part 1". *International Journal of Entrepreneurial Behaviour & Research.* 2001, 7 (5): 171 ~ 204.

[16] Fillis, I.. "Small firm marketing theory and practice: insights from the outside". *Journal of Research in Marketing & Entrepreneurship.* 2002, 4 (2): 134 ~ 157.

[17] Carson, D. and Cromie, S. "Marketing planning in small enterprises: a model and some empirical evidence". *Journal of Marketing Management.* 1989, (5): 33 ~ 49.

[18] Helen Reijonen. "Do all SMEs practise same kind of marketing?". *Journal of Small Business and Enterprise Development.* 2010, 17 (2): 279 ~ 293.

[19] Knight, G., Omura, G. S., Hills, G. E. and Muzyka, D. F.. "Research in marketing and entrepreneurship: an empirical analysis and comparison with historic trends". Research at the Marketing/Entrepreneurship Interface. Conference Proceedings, University of Illinois, Chicago, IL. 1995: 1 ~ 22.

[20] O' Dwyer, M., Gilmore, A. and Carson, D. "Innovative marketing in SMEs – does it exist?". *European Journal of Marketing.* 2009, 43 (Nos 1/2): 46 ~ 61.

[21] Marcati, A., Guido, G. and Peluso, A.. "What is marketing for SME entrepreneurs? The need to market the marketing approach". paper presented at International Congress. Marketing Trends. Venice, Italy. January 2008: 17 ~ 19.

[22] Hill, J.. "A multidimensional study of the key determinants of effective SME marketing activity: Part 2". *International Journal of Entrepreneurial Behaviour & Research.* 2001b, 7 (6): 211 ~ 235.

[23] Hogarth – Scott, S.. Watson, K. and Wilson, N.. "Do small businesses have to practice marketing to survive and grow?". *Marketing Intelligence& Planning.* 1996, 14 (1): 6 ~ 18.

[24] Cummins, D., Gilmore, A., Carson, D. and O' Donnell, A.. "What is innovative marketing in SMEs? Towards a conceptual and descriptive framework". AMA Conference Proceedings, July 2000, Stirling University, Stirling.

[25] Singh Preeti. "Green Marketing: Opportunity for Innovation and Sustainable Development". SSRN Working Paper Series. 2010.

[26] O' Dwyer. et al. "Strategic alliances as an element of innovative marketing in SMEs". *Journal of Strategic Marketing.* 2011, 19 (1): 91.

[27] Li, Tian; Ju, Hailong. "The Innovation of Marketing Model". *International Journal of Business and Social Science.* 2014, 5 (5): 271 ~ 275.

[28] Cooper, Lou. "SMEs: Small business digs deep into marketing mix". *Marketing Week.* 2010, (Jul 8): 26 ~ 28.

[29] Peattie and Crane. "Green marketing: legend, myth, farce or prophesy?". *Qualitative Market Research.* 2005, 8 (4): 357 ~ 370.

[30] Ascend2. "*Email Marketing Benchmark Summary Report*". February, 2014.

[31] Ascend2. "*Website Marketing Optimization Benchmark Summary Report*". May, 2014.

[32] Michaela Stelzner. 2014 *Social Media Marketing Report: How Marketers Are Using Social Media to Grow Their Businesses*. May, 2014.

[33] Weibo Corporation (2014). *Weibo Reports First Quarter* 2014 *Financial Results*. May 21, 2014.

[34] 工业和信息化部运行监测协调局:《2014 年 4 月通信业主要指标完成情况（二）》[EB/OL]. http://www.miit.gov.cn/n11293472/n11293832/n11294132/n12858447/16005241.html, 2014 年 5 月 22 日

[35] CNNIC. 第 33 次中国互联网络发展状况统计报告. CNNIC 网站, 2014 年 1 月

[36] CNNIC. 2012 年下半年中国中小企业互联网应用状况调查报告. CNNIC 网站

[37] CNNIC. 2013 年下半年中国企业互联网络应用状况调查报告. CNNIC 网站

[38] 刘迎秋. 从五个方面推进转型升级实现创新发展. 中国经济时报, 2014-1-22

[39] 刘迎秋. 中小企业转型升级是个大问题. 经济参考报, 2013-8-2

[40] 王晓征. 经济转型背景下的营销模式. 中小企业管理与科技（下旬刊）, 2010 (12)

[41] 姜文芹. 经济转型与企业营销战略模式转变. 经济与管理, 2010 (11)

[42] 石晶, 李玉杰. 你脑子里的 O2O 到底是不是 O2O?. 中国经营报, 2014-6-9

[43] 吴金明. 新经济时代的“4V”营销组合. 中国工业经济, 2001 (6)

[44] 周菁, 李昊. 我国网络广告市场分析. 中国产经新闻报, 2013-11-14

[45] 余建斌. 互联网, 从数量向质量切换. 人民日报, 2014-6-20

[46] 腾讯控股有限公司. 腾讯控股有限公司 2013 年年报. 腾讯公司网站

[47] 郭雪红, 陈江锋. 三星洗衣机再推“30 天不满意就退货”. 杭州日报, 2013-3-22

[48] 刘根. 中小企业营销忌拔苗助长. 价值工程, 2013 (19)

[49] [美] 彼得·圣吉. 第五项修炼. 郭进隆译, 上海: 上海三联书店, 1998

第 13 章

经济转型："走出去"与中小企业国际化发展

- 引言
- 经济转型升级与中小企业"走出去"
- 中小企业"走出去"的内在动因分析
- 我国中小企业"走出去"的历史过程及现状
- 我国中小企业"走出去"的影响因素实证分析
- 在转型升级过程中促进中小企业"走出去"的政策建议

“走出去”是中小企业发展的重要途径。通过调查发现，我国中小企业尚处于“走出去”的初级阶段，存在较多问题。企业层面，国际化战略目标不明确，部分企业是在严峻的融资和劳动力环境下的被动“走出去”；中小企业规模小、主营业务市场占有率低，“走出去”后竞争力和抵御风险能力弱。政府层面，金融市场建设滞后，扶持政策不到位，导致中小企业普遍存在融资难、融资成本高问题，迫使一些企业被动“走出去”以缓解资金困难；尚未形成系统的扶持政策体系，帮助劳动密集型中小企业转型升级和“走出去”；市场准入歧视和低效的服务效率仍然阻碍中小企业转型升级和国际化发展。通过对中小企业“走出去”因素的量化研究，进一步佐证了上述问题的存在性。最后，根据实证研究结果并借鉴国际经验，从企业和政府两个层面提出了通过经济转型促进小企业成功国际化发展的对策建议。

13.1 引言

我国中小企业“走出去”起步于20世纪80年代后期，以为外贸公司供货的方式间接参与国际出口贸易，经过近30年的发展，中小企业已经成为对外贸易的主力军。据国家统计局统计，2012年我国进出口总额为244160.21亿元（人民币），其中60%是由近500万家出口型中小企业创造的①。

进入21世纪，随着加入WTO和“走出去”战略的提出，我国企业对外投资取得了长足发展。自2003年中国发布年度数据以来，对外投资流量连续10年增长，2002~2012年平均增速高达41.6%。即使在金融危机不断蔓延、世界经济不确定性增加、全球直接投资流量下降的背景下，我国的对外直接投资仍然实现了逆势增长。2012年，我国企业对外直接投资流量实现17.6%的增长，创下了878亿美元的历史记录，成为仅次于美国和日本的世界第三大对外投资国。与此同时，中小企业对外投资活动日益活跃，影响不断增加。2012年我国对外投资企业达1.6万家，其中，国有企业和股份有限公司分别占9.1%和7.4%，有限责任公司、私营企业、股份合作企业、个体经营和集体企业分别占62.5%、

① 一达通中小企业外贸研究中心：一达通中小企业外贸指数月报，2012年3月。

8.3%、3.4%、1.6%、0.8%①。

虽然我国中小企业国际化取得了较快的发展，然而，在"走出去"过程中仍面临着比国有企业和大型企业更大的困难。目前，人民币升值、原材料价格和用工成本的不断攀升、金融危机导致的出口不景气以及严峻的资金短缺使中小进出口型企业生存更是艰辛。在对外投资中，中小企业虽然数量众多，但投资额较小，在对外投资中的份额与在国内经济中的份额很不相称。《2012年度中国对外投资公报》显示，2012年国有企业和股份有限公司分别占对外投资总额的59.9%和6.6%，有限责任公司、股份合作企业、私营企业和集体企业占当年外投资资产存量的比重分别为26.2%、2.9%、2.2%和0.2%②。当前，在我国中小企业多数是有限责任、股份合作、私营企业和集体企业，而大中型企业往往是国有企业和股份有限公司。据此可以看出，中小企业投资额占比仍然较低。

转型升级和海外拓展是推动中小企业发展壮大的重要途径，通过"走出去"不仅有利于实现中小企业自身的发展，而且可以带动产业和产品结构的升级，通过转型升级提升国际竞争力有利于中小企业成功"走出去"。更重要的是，我国的中小企业基本都是民营企业，大量中小民营企业通过"走出去"发展壮大，有利于我国市场经济体制的发展和完善，有利于实现经济的成功转型。然而在上述对比中可以看出，我国在实施"走出去"战略中并没有将中小企业应有的潜能发挥出来，尤其是对外投资。

国际经验表明，企业自身的特质和战略目标是"走出去"决策以及"走出去"后能否成功的关键，但中小企业天然抗风险能力弱，因此，各国政府都对中小企业"走出去"提供政策上的扶持。因此，深入研究中小企业国际化内在动因和外在政策需求，对进一步推进我国中小企业"走出去"并带动国民经济的转型具有极强的实践意义，也有深刻的理论意义。

13.2　经济转型升级与中小企业"走出去"

改革开放以来我国先后经历过几次转型升级，抓住机遇，因势利导，是成功实现转型升级的基本经验。在全球化时代，对外经济交流与合作在经济转型升级中的作用更加明显。2000年以前，"引进来"战略的实施推动了我国经济转型升级，并成为世界工厂。加入WTO后，政府加快实施"走出去"战略，目标是通过利用国内外两种资源和两个市场

①② 中华人民共和国商务部，中华人民共和国国家统计局，国家外汇管理局编：《2012年度中国对外投资公报》，中国统计出版社2013年版。

促进经济发展和再次转型升级。转型是生产方式、组织方式的变革，升级是一个企业、一个部门、一个国家的经验的技术基础的变化，转型的内容和升级的内容两者之间是有联系的，它们是互相推动的，互为前提的①。

中小企业在各国经济中都占有重要地位，在生产方式、组织方式和技术创新中更是发挥着重要重用。中小企业通过“走出去”发展壮大是一个国家经济转型升级的关键。但由于资金、人才、信息等方面的限制，中小企业在国际化的过程中往往会遇到比大型企业更多的困难和风险，因此，在政策和服务上扶持中小企业发展和“走出去”是各国的通行做法。

在德国，中小企业素有“隐形冠军”的称号，这与上至国家立法、战略规划、机构设置，下至融资、税收、信贷、培训、信息等各个方面对中小企业给予了全方位支持是分不开的。2011年德国成功的中小企业平均每家拥有9.6个国外分支机构。在国外市场上建立自己的分支机构（一般是销售和服务机构）是德国中小企业的特色。德国成功的中小企业中，90%以上在美国市场上有自己的分支机构，一半以上在日本建立了自己的全国性服务网络②。日本政府也全力扶助中小企业发展。一是建立了一批自上而下的官助民办、官办民营或官民协办的遍及全国的管理机构网络，即由中小企业厅、中小企业厅派生机构、中小企业审议会、社会团体与企业联合会构成的管理组织体系。与此体系并行的是遍及全国的中小企业情报网络，它们收集国内外与中小企业有关的各种经济、技术资讯，并通过中小企业地区情报中心和各地的中小企业局，将资讯提供给中小企业。二是政府提供显性或隐性担保，帮助中小企业解决融资问题③。在新加坡，一是通过《中小企业21世纪行动计划》等扶持政策推动中小企业向海外发展，突破了国内市场限制，二是通过凯利板上市为中小企业快速融资创造便利条件，增强其国际化发展的能力，三是通过实施当地企业工业技术援助计划、产品开发援助计划和信息化计划，对中小企业减免企业所得税，给予采购经理薪金津贴等举措鼓励跨国企业向本地供应商采购承包和订购中小企业的零部件产品，并设立技能发展基金以资助和提供各类职工教育与培训费用，鼓励本国中小企业技术升级④。

虽然由于我国中小企业“走出去”历史较短，“走出去”的企业比例仍然较低，形式尚处于较低层次。目前对中小企业走出去与经济转型升级的关系做量化实证研究很少，但国际经验已经证明，中小企业“走出去”能力培育离不开政府扶持，“走出去”后也需要政府在资金、技术、人才、信息等方面的政策支持，而通过扶持中小企业成功“走出去”，既可以实现企业自身的不断转型升级，也有助于国家实现经济整体的转型升级，提高经济国际竞争力。

---

① 刘迎秋在第七届中国中小企业节上的讲话，见 http：//finance. sina. com. cn/hy/20131014/144816983741. shtml。

② http：//brand. baike. com/article－24490. html.

③ http：//www. qstheory. cn/zs/rdjj/201401/t20140116_ 313311. htm.

④ 黄兴华：“东南亚金融危机以来新加坡华人中小企业变化发展分析”，《东南亚研究》，2013年第3期。

13.3　中小企业"走出去"的内在动因分析

关于企业国际化的研究源于对战后美国企业的投资行为，特别是对西欧的投资。由于这些国家的经济发展已经进入了对外投资阶段，对外贸易一般不被当作企业"走出去"形式。"走出去"战略是我国决策者和学术界对跨国经营战略的通俗说法。狭义的跨国经营主要指国际直接投资，广义的跨国经营还包括货物与服务的出口、劳务输出、国际经济合作与交流等，是指企业跨越国界全方位全球产品、技术、要素市场的竞争与合作。我国的"走出去"战略指广义的跨国经营。

13.3.1　企业为何"走出去"

Vernon（1966）的产品生命周期理论是最早关注广义企业跨国经营理论。该理论按照技术变化的特点，将产品发展分为初始期、成长期和成熟期。企业在其产品生命周期的早期阶段应利用技术垄断优势在国内生产、销售并对外出口；而随着时间的推移难免会遭遇接踵而至的国内模仿或技术跟进，这时就应通过FDI逐步将生产转移到国外从事跨国生产，从而以空间换取时间并转而在国内投入新产品①。Buckley和Casson（1976）指出企业拥有的特殊优势可以通过出口和对外投资两种途径实现，具体采取何种途径取决于中间品外部市场和内部市场交易成本比较。当中间产品市场的不完全导致许多交易无法通过外部市场完成或交易成本很高时，企业对外投资使实际管理权与控制权的跨国扩张，以内部交易取代外部市场交易，反之采取进口中间品或者出口制成品的方式，实现企业的特殊优势②。Kojima（1982）提出的"边际产业"解释产业资本国际转移的原因。该理论一定程度上也解释了企业"走出去"过程中的途径选择。他认为，传统产业的企业在母国生产成本较低时选择国内生产，出口产品占有国际市场，当母国生产成本和劳动力成本上升，产业结构升级、货币升值，使传统产业丧失了继续留在当地发展的优势时，企业就会通过对外投资寻找新的具有比较生产优势的国家和地区"安家落户"③。Dunning（1996）指出只有当这

① Vernon R，International investment and international trade in the product cycle，*Quarterly Journal of Economics*，1966（80）.

② Buckley P J，Casson M C，The future of the multinational enterprise，London：Macmillan1976.

③ Kojima K，Macroeconomic versus International Business Approach to Foreign Direct Investment，*Hitosubashi Journal of Economics*，1982，（23）.

个国家的人均 GNP 水平达到一定水平，才会出现对外投资。根据他的研究，当一国的人均 GNP 水平达到 2000～4750 美元时，开始出现对外投资的快速增长；而当人均 GNP 超过 4750 美元时，对外投资进入增长阶段①。Helpman，Melitz 和 Yeaple（2004）采用异质企业模型（即 HMY 模型）解释企业的出口和对外投资决策，该理论认为低生产率企业仅在国内生产和销售，中等生产率企业以出口服务国际市场，只有生产率最高的企业才会进行对外直接投资②。

13.3.2 发展中国家企业为何“走出去”

要素禀赋理论、比较优势理论等可以较好地解释发展中国家企业通过国际贸易“走出去”现象，但传统对外投资理论认为企业要成功“走出去”，必须具有相对于目标地区或东道国同类企业的更大优势（Dunning，1966）。然而，传统对外投资理论无法解释 20 世纪 70 年代以来大量出现的发展中国家企业对外直接投资行为。Lecraw（1977）最早对发展中国家企业对外投资现象进行研究。通过对 20 家泰国对外投资企业的研究，提出发展中国家对外投资的动因是利用劳动密集技术（labor－intensive technology）满足国内外两个市场③。Lecraw 实际上将劳动密集技术也看作 OLI 理论④中的一种所有权优势，这可以解释先行发展中国家向同样劳动力资源丰富的后进发展中国家的直接投资。Wells（1983）进一步指出发展中国家企业对外投资也是所有权优势向国外扩展，只不过发达国家的所有权优势是先进技术和管理模式，而发展中国家则是更适合东道国的需求⑤。

面对发展中国家对外投资的大量出现，一些学者尝试在 OLI 理论框架外进行解释。第一，投资阶段论。该理论认为一国对外投资与经济发展阶段相关，发展中国家起初通过大量吸引外国直接投资促进经济和收入增长，当发展到一定程度后就需要对外投资以便在当地获取技术、资产和某些能力（Cantwell，1989）⑥。第二，逆技术溢出论，该理论认为发展中国家企业对外投资目标是接近研发中心，方便获取最新技术，动态强化母公司和母国的比较优势。这在一定程度上解释了大量发展中国家企业向美欧等发达国家投资的现象（Wesson，1993）⑦。

---

① John. H. Dunning & Rajneesh Narula，The Investment Development Path Revisited Some Emerging Issues in John. H. Dunning & Rajneesh Narula（eds），Foreign Direct Investment and Governments：Catalysts for Economic Restructuring，Chapter I，London & New York：Routledge 1996.

② Helpman E，Melitz M. and Yeaple S. R，Export Versus FDI with Heterogeneous Firms，*American Economic Review*，2004（94）.

③ Lecraw，D.. Direct investment by firms from less developed countries. *Oxford Economic Papers*，1977 29（3）.

④ OLI 理论即英国经济学家邓宁提出的“国际生产折衷”的简称，其中，“O”是所有权优势（Ownership advantages），“L”是区位优势（Location advantages），“I”是国际化优势（Internalization advantages）。

⑤ Wells，L. T. Third world multinationals：The rise of foreign direct investment from developing countries. Cambridge，MA：MIT Press，1983.

⑥ Cantwell J.，Technological Innovation and Multinational Corporations，Basil Blackwell，Oxford，1989.

⑦ Wesson，T. J.. *An alternative motivation for foreign direct investment.* Unpublished Doctoral Dissertation，Harvard University，1993.

13.3.3　发展中国家中小企业为何"走出去"

上述关于企业国际化化发展的理论对解释发展中国家中小企业国际化发展存在两个方面的不足。首先，为什么实力相对较弱的发展中国家中小企业要"走出去"？第二，对经济转型和政府驱动特征关注不足。

Wells（1983）提出小规模技术理论提供了部分解释，该理论认为发展中国家能够对外投资的竞争优势体现在三方面：一是具有满足小规模市场劳动密集型小规模生产的技术而获得的规模优势；二是具有满足国外同种族需求的优势；三是相对于发达国家企业具有成本优势①。Lall（1983）提出技术地方化理论，弥补了小规模技术理论无法解释发展中国家中小企业向发达国家投资的缺陷。该理论认为尽管发展中国家企业技术、管理水平较低，但依然可以通过对东道国投资更加便利地吸收、消化和改造其先进技术，更好地满足当地市场的需求，通过这一过程的不断创新形成自身的竞争优势，这种创新活动中产生的技术在小规模生产条件下具有更高的经济效益②。

13.3.4　我国中小企业为何"走出去"

中小企业"走出去"可以从产业结构优化和完善市场经济体制等方面推动我国经济的转型。改革开放以来，出口导向型中小企业的间接"走出去"在促成我国成为"世界工厂"中发挥了有目共睹的作用。在这一过程中，部分中小企业成长为具有国际竞争力的大型企业，更为关键的是推动了市场经济体制的建立。

当前面临的产能过剩、劳动力价格上升以及经营环境限制等多方面因素的影响，使中小企业通过"走出去"寻求市场、更新廉价劳动力、技术和逃逸国内不合理的制度约束的需求更加强烈，同时国家在政策上也开始扶持中小企业以多种方式"走出去"。市场和廉价劳动力寻求型中小企业"走出去"，既可以延长产品的生命周期，也可以为母公司"腾笼换鸟"赢得时间和资金支持；技术寻求型中小企业"走出去"则直接为母公司产业或产品升级提供支持；制度逃逸型中小企业"走出去"则可能克服国内不合理政策的制约发展壮大，从而对政策改革产生倒逼作用。总之，无论何种动因，"走出去"都是中小企业产业或产品升级、发展壮大的重要途径。

我国学者更多地结合我国经济转型和政府驱动特征研究中小企业国际化发展的动因和特点。经济转型不完全是制约中小企业国内发展的因素，但却是促使其国际化经营的动因。汤敏（2006）认为，由于我国市场转型尚未完成，以中小企业为主的民营企业在融资、市场准入等多方面仍受限制，但走向国际市场不仅可以克服国内所处的劣势，而且可

① Wells, L. T, Third World Multinationals: The Rise of Foreign Direct Investment from Developing Countries, Cambridge, Mass: MIT Press, 1983.

② Lall S. (Ed)., *The new multinationals: The spread of third world enterprises*. New York: John Wiley & Sons, 1983.

以发挥其特有的优势。第一，体制优势，我国的绝大部分中小企业都是民营企业，它们在国内复杂的市场环境中成长起来，具有较强的生存能力，因而民营企业的机制比较适合国际市场；第二，中小企业拥有适应发展中国家需要的技术①。张瑾华（2014）的研究证明，中小企业通过国际化战略降低对国内不合理商业生态环境的依赖，因此是对经济转型不完全的被动应对②。

刘迎秋、徐志祥（2008）的研究显示，政府和行业协会的支持和服务是中小企业“走出去”的重要驱动力量。他们的调研数据表明，尽管我国政府和行业协会在民营企业“走出去”中提供的支持和服务存在不足，但43%的被调查企业认为，需要政府和行业协会帮助应对“走出去”风险，63.86%企业曾获得行业协会和社会中介机构提供过相关服务；回答可以容易或比较容易获得“中央中小企业国际市场开拓资金”和“中央外贸发展基金”企业分别为28%和20%，回答难度一般的企业两项基金都是25%③。宗芳宇等（2012）实证研究了政府双边投资协定对非国有企业到签约国投资有着显著的积极作用，也说明政府是中小企业“走出去”中的重要驱动力量④。

13.4 我国中小企业“走出去”的历史过程及现状

13.4.1 中小企业“走出去”的历史过程

我国中小企业“走出去”受政府对国际市场的认识、对以中小企业为主的民营经济的政策变动影响很大。根据政策变化轨迹，大体可以将中小企业“走出去”历程划分为三个阶段。

“走出去”萌芽阶段（1987~1998年）。1987年党的十三大明确“私营经济是社会主义公有制经济的必要和有益补充”，这主要为民营经济的中小企业“走出去”提供了基本的制度基础。但政策上并没有给予民营企业进出口权，外汇管理制度也限制中小企业对外投资，而且，当时的中小企业十分弱小，实际上也不具备直接走出去的能力。尽管如此，

---

① 纪元，张燕：“对中国企业实施‘走出去’战略主要观点的评析”，《中国劳动关系学院学报》，2006年第2期。

② 张瑾华，李新春，何轩：“我国中小型民营企业的被迫国际化”，《财经研究》，2014年第1期。

③ 刘迎秋，徐志祥：《中国民营企业竞争力报告No.5》，社会科学文献出版社2008年版。刘迎秋等人的研究是对民营企业进行问卷调查的，但其样本主要是中小企业。

④ 宗芳宇，路江涌，武常岐：“双边投资协定制度环境和企业对外直接投资区位选择”，《经济研究》，2012年第5期。

部分中小企业已经开始以接受外贸公司订单生产的方式间接参与国际市场。1992 年以后，部分发达省份的中小企业开始发展壮大，对国际市场信息了解增多，各地通过一些变通手段开始直接参与国际市场竞争。这一阶段，多数中小企业连自主进出口经营权都没有，通过外贸企业的间接出口只是"走出去"的萌芽或准备阶段。

"走出去"自发发展阶段（1998～2000 年）。1998 年我国政府在政策上给予私营企业进出口经营权，并开始扶持私营企业外向型发展。在出口导向经济政策引导下，一些有实力的中小企业开始通过海外绿地投资或与国内大型企业结成战略联盟开始对外直接投资，一些中小企业开始快速成长，并发展为大型企业。这一阶段虽然有出口退税等政策激励，但国家并没有明确提出鼓励中小企业国际化发展的政策，多数中小企业主要是出于利用自身优势、规避贸易壁垒、获取出口退税等原因自发国际化发展。

"走出去"政府促进阶段（2001 年至今）。2001 年，我国正式加入 WTO，这一方面为我国企业"走出去"提供了机遇，另一方面也给包括中小企业在内的我国企业带来巨大压力。考虑到加入 WTO 后的机遇与挑战，我国在 2000 年开始实施"走出去"战略，主动参与国家经济竞争，国家在审批制度、外汇管理、财税金融、公共服务等方面支持我国企业通过对外贸易、对外直接投资、对外工程承包和劳务派遣等形式开展跨国经营。除一般性支持政策外，针对中小企业和民营企业还出台了多项专门支持政策措施。例如：中央中小企业国际市场开拓资金、支持个体私营等非公有制企业开拓国际市场的出口信用保险专项优惠措施等。这一阶段政府在支持中小企业"走出去"上虽然存在一定的不足，但几乎取消了所有显性政策歧视并给予了一些专门扶持政策，成为中小企业走出去的重要驱动力量。

13. 4. 2　中小企业"走出去"的发展现状

2000 年以后，我国企业"走出去"的数量逐年增加，但在此背景下，中小企业"走出去"情况仍缺乏权威的数据发布。2014 年初，中国社会科学院民营经济研究中心对北京、辽宁、山东、江苏、浙江、河北、河南、湖北、湖南、安徽、重庆、内蒙古、宁夏、新疆等省市区的中小企业所做的问卷调查，共收回问卷 1077 份。通过对调查结果分析发现当前中小企业"走出去"表现出以下四个特征。

表 13. 1　　2009～2013 年中小企业"走出去"方式

	企业数	占比（%）
有出口业务	314	30. 88
建立海外子公司	4	0. 39
拥有海外生产基地	2	0. 20
拥有海外研发机构	4	0. 39
拥有海外专利	14	1. 38

资料来源：根据中国社会科学院民营经济研究中心调查数据整理而成。

第一，中小企业已经开始大量"走出去"，但以出口为主，走出层次仍然较低。调查数据显示2013年，采取产品出口方式走出去的中小企业314家，约占30.88%。2009～2013年间，建立海外子公司和海外拥有研发机构的企业各仅有4家，占比不到0.4%；拥有海外生产基地的企业占比为0.2%；拥有海外专利的稍高一些，但占比也仅为1.38%。

第二，有出口业务的中小企业出口依存度较高。调研数据中，2009～2013年共80家企业完整填写了其出口和销售额数据。五年间，这80家企业平均销售额25753万元，平均出口额7851万元，出口依存度平均为33%，其中最高达84%。在有出口业务的企业中，资产规模越大，出口依存度也越大。在表13.2中表现为中值小于均值。80个样本的出口额和销售额相关分析也得出同样的结论，两个指标相关系数为0.513（$P<0.01$）。

表13.2　2009～2013年中小企业出口情况

	出口额（万元人民币）	销售额（万元人民币）	出口依存度（%）
均值	7851.55	25753.04	33.15
中值	3555.44	15644.50	26.62
最大值	27.33	1819.40	1.07
最小值	30743.45	172467.20	84.34

注：出口额用当年平均汇率换算为人民币。

资料来源：根据中国社会科学院民营经济研究中心调查数据整理。

第三，中小企业出口自主品牌产品水平较高。调查数据中，在“回答企业自主品牌占本企业出口总额的比重”时，36%的企业回答在一半以上，9.3%的企业回答在31%～50%之间，13.8%的企业回答在21%～30%之间①。这表明中小企业已经不仅仅满足于加工贸易和贴牌生产，开始意识到企业声誉或品牌声誉提升在国际市场竞争中的作用。

第四，对外直接投资意愿较高，但实际在国外投资设立分支机构的中小企业凤毛麟角。在问卷中我们要求企业按照对五个海外投资的战略目标选择从不重要到非常重要5分制打分，我们将企业对国外市场五个战略目标的均分作为其对国外市场的投资意愿。对该问题做出完整回答的90家企业对发展中国家和发达国家市场投资的平均意愿得分分别为3.37和3.57。这表明在出口受阻和国内不利经济环境下，很多中小企业认可对外直接投资是发展壮大的重要途径，但由于种种原因付诸行动的企业很少。

表13.3　中小企业对直接外投资意愿

	发展中国家	发达国家
样本数（家）	90	90
均值	3.3696	3.5654
中值	3.3333	3.6667
最小值	2.22	2.11
最大值	5.00	5.00

资料来源：根据中国社会科学院民营经济研究中心调查数据整理而成。

① 中国社会科学院民营经济研究中心调查数据。

总体看，当前我国中小企业"走出去"，实际上还处于起步阶段。"走出去"的主要形式仍然是开展出口业务，"走出去"竞争力较强的企业仍处于价值链的低端，而且直接投资规模很小，但"走出去"的需求和意愿较高。与已经发展壮大的大型企业不同，中小企业一般遵循渐进国际化发展的模式。我国将"走出去"提升到战略层面，目标是促进企业跨国经营跨越发展，这需要提供更多的政策支持和公共服务，帮助企业扩大"走出去"的规模，提升"走出去"的层次。

13.5 我国中小企业"走出去"的影响因素实证分析

本部分用统计和计量方法分析我国中小企业"走出去"战略的影响因素。企业国际化发展既受企业本身特征和发展战略的影响，也受国内外经济环境和政策的影响。与大型企业相比，国内外经济环境和政策对中小企业是否"走出去"影响更大。

13.5.1 变量选取和模型设定

在调查问卷中我们设置了进口、出口、海外设立分公司、海外设立研发机构、持有国外专利五类"走出去"相关问题。我国中小企业"走出去"目前以对外进出口为主，其他形式较少，为保证样本容量和估计结果的可靠性，我们不考虑"走出去"的形式，采用广义的跨国经营定义。用TN来表示企业是否已经"走出去"，如果企业至少有一种上述五类"走出去"业务，TN=1，反之，TN=0。

由于我们考察的因变量是二值变量，若采取"线性概率"（LPM）会导致预测值出现大于1或小于0，为此，我们构建二元离散选择Probit模型进行估计：

$$P(TN_i = 1 \mid X_i) = \Phi(\beta_0 + \beta_1 x_{1i} + \beta_2 x_{2i} + \cdots + \beta_n x_{ni})$$

其中，x_{1i}，x_{2i}，…，x_{ni}表示影响是否"走出去"的自变量，Φ（.）表示标准正态分布函数。

13.5.2 数据来源与变量描述

(1) 数据来源与变量定义

本章采用的数据来源于中国社会科学院民营经济研究中心的问卷调查。根据实证模型的要求从1077份问卷中筛选出689家有效样本，覆盖调查的16个省市区，其中东部地区386家，中西部地区303家，具有较高的代表性。

依据发展中国家中小企业“走出去”的相关理论，结合我国中小企业国际化发展的特征，本章对影响“走出去”决策行为选择的因素分析如下。

首先，内因自变量。主要指影响企业“走出去”决策的企业内部特征和市场竞争情况，包括企业规模、市场竞争情况、公司治理结构、国际化战略目标程度等因素。这些因素是决定是否“走出去”的内因。企业规模可以用资产规模和销售规模反映，由于我国“走出去”中小企业大多是市场寻求型，销售额反映企业的议价能力，本章选择销售收入衡量。市场竞争情况选择国内市场占有率反映。大多数中小企业并没有建立健全的公司治理结构，而且很多企业仍是家族控制，因此选择家族持股比例代表。通过计算样本企业对发达国家和发展中国家两个市场，获取先进技术、获得优质品牌、获取原材料或零部件、占领当地市场、提高全球市场份额、获取人才资源、获得短期利润、回避国内市场竞争、享受东道国政策优惠等九个战略目标评价得分的均值反映其国际化战略目标程度。

其次，环境自变量。国内市场经营环境和政策环境是影响中小企业是否“走出去”的外在驱动或制约因素。我们用融资成本和劳动力成本反映国内市场经营环境，用企业对政府审批难度和对政府中小企业支持主观评价反映。

第三，控制变量。企业所处行业、类型和地区对企业“走出去”决策影响也很大，但这不是本章关注的重点，我们用虚拟变量加以控制。

此外，东道国经济、政策和基础设施情况是企业“走出去”时重点考虑的因素，但本章认为东道国因素主要影响企业“走出去”的地理分布，而不影响是否“走出去”决策本身，因此不将其纳入实证分析模型。

根据上述对企业“走出去”的影响因素和中国社会科学院民营经济研究中心调查问卷的分析，对实证模型变量做如下定义（表13.4）。

表13.4 变量定义

		符号	定义
因变量		TN	“走出去”为1，反之为0
内因自变量	销售收入	Income	参照中小企业划行标准，销售收入大于1亿为1，反之为0
	市场占有率	mshare	1%以下为1，1%～5%为2，6%～10%为3，11%～30%为4，31%以上为5
	家族持股比例	fshare	低于10%为1，11%～30%为2，31%～50%为3，51%以上为4
	国际化战略目标	fmarket	非常不重要（1分）→非常重要（5分）
环境自变量	融资成本	finance	名义利息加上其他所有融资费用，10%以下为1，11%～15%为2，16%～20%为3，21%～30%为4，31%以上为5
	劳动力成本	labor	0～20%为1，21%～40%为2，41%～60%为3，61%以上为4

续表

		符号	定义
环境自变量	市场准入限制	malimit	受到不公平待遇为1，反之为0
	政策优惠和服务	policy	相关服务多，且很便利获得（4分）；相关服务多，但不方便获得（3分）；相关服务很少，但容易获得（2分）；服务很少甚至没有，且不容易获得（1分）
控制变量	所处地区和企业行业类型	D	东部为1，中西部为0； 企业类型分为：科技类、生产加工类、贸易类、服务类、工程施工类和综合类，是为1，否为0

（2）描述统计分析和自变量相关性检验

①样本企业总体情况。我们首先分析样本企业对调查问卷部分问题回答的频数情况，以期大致勾勒出中小企业的基本特征和经营环境现状（表13.5）。首先，我国中小企业已经开始走向国际化发展道路，但仍有较大的提高空间，在689家样本中"走出去"的企业145家，占样本企业的21%。第二，销售收入和市场占有率较低，只有56.3%的企业年销售收入突破1亿元，70%以上的市场占有率不到10%。从国际经验看，在一个专业的产品或服务市场上占有高市场份额，做到"小而强，小而精"是中小企业成功走出去的普遍特征。第三，目前家族控制在中小企业中很普遍，家族持股在51%以上的企业占53%，家族持股低于10%只占23%。股权结构反映企业治理和决策特征，这是影响"走出去"决策的重要因素，但具体是促进还是抑制并不明确，需要进一步回归实证。第四，从影响"走出去"决策的环境自变量看，虽然近年来劳动力成本有所上升，但多数企业劳动力成本占

表13.5　问卷样本频数分析（样本数：689）

问题		比例（%）	问题		比例（%）
走出去	TN = 1	21	家族持股比例	10%	23.4
	TN = 0	79		11% ~30%	12.3
销售收入	大于1亿	43.7		31% ~50%	11.3
	小于等于1亿	56.3		51%以上	53
市场占有率	1%以下	32.9	劳动力成本/总成本	0 ~20%	38.4
	1% ~5%	20.5		21% ~40%	38.1
	6% ~10%	17.9		41% ~60%	21
	11% ~30%	14.2		61%以上	2.6
	31%以上	14.5	政策优惠和服务	服务很少甚至没有，且不容易获得	12.6
融资成本/总成本	10%以下	62.8		相关服务很少，但容易获得	8.4
	11% ~15%	26.7		相关服务多，但不方便获得	29.8
	16% ~20%	4.9		相关服务多，且很便利获得	49.2
	21% ~30%	5.4	市场准入限制	有	20.6
	31%以上	0.1		无	79.4

总成本比例都在40%以下；62%的企业融资成本占总成本比重在10%以下，融资成本占总成本超过20%的企业仅占调查样本的5.5%；两成以上的中小企业回答受到过不公平的市场准入限制；在对政府提供的优惠政策和服务上近一半中小企业回答“相关服务多，且很便利获得”，但12.6%中小企业回答“服务很少甚至没有，且不容易获得”。需要指出的是环境自变量中“市场准入限制”和“政策优惠和服务”两个问题反映的是企业的主观评价，并不一定是政府服务和管理的实际情况，但主观评价恰恰是决策的关键变量。

②“走出去”和“非走出去”自变量均值差异检验。前面对全体样本的描述统计分析无法回答一个关键问题：“走出去”和非“走出去”中小企业的特征、经营情况和运营环境上是否不同，即表13.4中两类企业的影响“走出去”自变量是否存在显著差异。

通过独立样本t检验（表13.6和表13.7），可以看出：小企业一般在达到一定规模并在市场上有较高的占有率才倾向“走出去”，“走出去”的企业在销售规模、市场占有率和对国外市场重视程度指标上均比没有“走出去”的企业高，两者差异在1%水平上显著；家族持股较高的企业比股权分散的企业更倾向于走出去，这反映出在公司治理尚不规范的中小企业中企业家的特质对“走出去”有很大的影响，而家族持股较多或控股有利于依据个人偏好做出决策。在影响企业“走出去”决策的环境自变量中，“走出去”的企业在劳动力和融资成本上显著高于非“走出去”企业，原因是企业走出去后既可以利用东道国优惠政策降低劳动力和融资成本，也可更容易获得国内的政策优惠；尽管差异不显著，但“走出去”企业受到国内市场准入限制指标高于非“走出去”企业，而对政策优惠和政府服务评价低于非“走出去”企业，表明许多中小企业可能是出于逃避国内不合理规制和不平等政策而被动走出去。

表13.6 “走出去”（TN=1）和非“走出去”（TN=0）企业自变量均值

自变量	TN	均值	标准差	均值的标准误	自变量	TN	均值	标准差	均值标准误
income	0	.40	.490	.021	finance	0	1.56	.854	.037
	1	.59	.494	.041		1	1.43	.725	.060
mshare	0	2.45	1.392	.060	labor	0	1.83	.899	.039
	1	3.02	1.511	.126		1	1.58	.822	.068
fshare	0	2.87	1.263	.054	malimit	0	.21	.416	.018
	1	3.19	1.219	.101		1	.26	.472	.039
fmarket	0	.25	.906	.039	policy	0	3.16	1.024	.044
	1	.45	1.114	.093		1	3.13	1.049	.087

③自变量相关性和多重共线性检验。在估计Probit回归模型的参数时，要求样本数据必须来自随机样本，即各观测值相互独立，因为自变量之间的多重共线性会导致标准误差的膨胀。表13.8是对回归模型自变量的spearman偏相关检验结果，总体看各变量之间不存在明显的线性相关。

表 13.7　"走出去"和非"走出去"企业自变量均值独立样本 T 检验

		方差方程的 Levene 检验		均值方程 t 检验				
		F	Sig.	t	df	Sig.（双侧）	均值差值	标准误差值
income	假设方差相等	.480	.489	-4.125	687	.000	-.189	.046
	假设方差不相等			-4.103	225.153	.000	-.189	.046
mshare	假设方差相等	4.593	.032	-4.317	687	.000	-.572	.133
	假设方差不相等			-4.117	213.610	.000	-.572	.139
fshare	假设方差相等	1.968	.161	-2.671	687	.008	-.313	.117
	假设方差不相等			-2.727	233.145	.007	-.313	.115
fmarket	假设方差相等	16.564	.000	-2.284	687	.023	-.204	.089
	假设方差不相等			-2.028	197.572	.044	-.204	.100
finance	假设方差相等	6.612	.010	1.606	687	.109	.124	.077
	假设方差不相等			1.765	260.882	.079	.124	.070
labor	假设方差相等	.269	.604	3.048	687	.002	.252	.083
	假设方差不相等			3.209	243.742	.002	.252	.078
malimit	假设方差相等	6.786	.009	-1.311	687	.190	-.053	.040
	假设方差不相等			-1.220	207.627	.224	-.053	.043
policy	假设方差相等	.031	.860	.319	687	.750	.031	.096
	假设方差不相等			.315	222.659	.753	.031	.098

表 13.8　自变量偏相关系数

		Income	mshare	fshare	fmarket	finance	labor	malimit	policy
Income	相关性	1							
	显著性（双侧）								
mshare	相关性	0.088	1						
	显著性（双侧）	0.022							
fshare	相关性	0.016	0.034	1					
	显著性（双侧）	0.67	0.368						
fmarket	相关性	0.074	0.163	0.017	1				
	显著性（双侧）	0.052	0	0.658					
financing	相关性	-0.02	0.138	-0.025	0.041	1			
	显著性（双侧）	0.6	0	0.52	0.28				
labor	相关性	-0.181	-0.034	-0.076	-0.049	0.179	1		
	显著性（双侧）	0	0.377	0.046	0.204	0			
malimit	相关性	0.055	-0.144	-0.012	0	-0.022	-0.066	1	
	显著性（双侧）	0.153	0	0.756	0.983	0.562	0.082		
policy	相关性	0.121	0.118	0.088	0.05	0.009	-0.135	-0.05	1
	显著性（双侧）	0.001	0.002	0.021	0.195	0.81	0	0.191	

13.5.3　回归结果分析

表13.9报告了Probit模型估计结果。模型1是对所有变量进行估计，模型2是删除不显著变量后的估计结果①。从回归结果看，企业的销售收入、市场份额、家族持股比例和市场准入限制指标回归结果均为正，且分别在1%、1%、5%和10%的水平上显著，说明这些指标提高会带来企业走出去概率的相应提高；融资成本、劳动力成本和对政府政策和服务满意度指标回归系数为负值，且分别在5%、10%、10%水平上显著，说明这些指标提高会带来企业“走出去”概率的相应降低。

由于Probit模型为0-1型变量，只能判断自变量因变量的影响方向，不能给出自变量的边际效应，因此还需要进一步求出各变量的边际效应。模型3和模型4分别是对所有变量和删除不显著变量后的边际效应回归结果。从模型4回归结果可以看出，内因自变量中，销售收入指标每提高1%，将带来走出去概率增加11.3%，说明销售规模越大，越能承受国际市场上的各种风险和不确定性；国内市场占有率指标每提高1%，企业“走出去”概率增加3.9%，说明在国内市场份额达到一定程度后，中小企业更倾向于将国内市场的优势推向国际市场，而在国内市场份额较低时，一般不会“走出去”；需要指出的是，边际效应回归结果显示，家族控股份额指标增加1%，企业“走出去”概率增加3.9%，说明家族控制并不是企业“走出去”的障碍而是促进因素。环境类自变量中，融资成本和劳动力成本指标每提高1%，企业“走出去”概率分别降低4.2%和3.5%，这进一步印证了成本上升对企业“走出去”的能力的削弱效应大于成本上升引起的“走出去”的压力效应的结论；对政府政策和服务满意度指标每提高1%，企业“走出去”概率下降2.6%，即对政府政策和服务满意度越高，越倾向在国内市场发展而不是走出去，说明中小企业越冒更大的风险“走出去”可能是对国内不合理政策和低效政府服务效率的规避；市场准入限制指标边际效应回归系数为0.0591，即受到不公正准入限制指标提高1%，企业“走出去”规避市场准入审批限制的概率提高5.9%。

此外，国际化战略目标指标回归系数为正，但不显著，这反映出我国中小企业“走出去”的主要原因可能是市场和经营环境压力下的被动选择，而不是实现企业战略目标的主动选择。地区虚拟变量回归符号为正且显著，即东部地区中小企业更倾向于“走出去”，说明在中小企业“走出去”中存在较强的集聚效应和示范效应。

---

① 由于本章对调查问卷结果进行了重新定义和赋值，而不是运用原始值，边际效应结果的解读必须根据表13.4的定义进行解释，为此，行文中我们用“自变量指标”加以表述。例如“国内市场占有率指标”，我们按照“1%以下为1，1%~5%为2，6%~10%为3，11%~30%为4，31%以上为5”进行重新定义，与一般市场占有率是有区别的。

表 13.9　　模型估计结果

	模型 1	模型 2	模型 3	模型 4
	Probit 回归系数	Probit 回归系数	边际效应（dF/dx）	边际效应（dF/dx）
income	0.414***	0.406***	0.112***	0.113***
	(0.118)	(0.115)	(0.0322)	(0.0324)
mshare	0.112***	0.143***	0.0297***	0.0391***
	(0.0429)	(0.0400)	(0.0113)	(0.0109)
fshare	0.123**	0.121**	0.0324**	0.0331**
	(0.0483)	(0.0476)	(0.0127)	(0.0129)
fmarket	0.0545		0.0144	
	(0.0576)		(0.0152)	
finance	−0.163**	−0.156**	−0.0431**	−0.0424**
	(0.0775)	(0.0742)	(0.0204)	(0.0202)
labor	−0.0792	−0.129*	−0.0209	−0.0351*
	(0.0719)	(0.0676)	(0.0190)	(0.0184)
policy	−0.0846	−0.0942*	−0.0223	−0.0257*
	(0.0574)	(0.0553)	(0.0151)	(0.0150)
malimit	0.213	0.217*	0.0563	0.0591*
	(0.133)	(0.130)	(0.0350)	(0.0354)
地区	0.233**	0.205*	0.0607**	0.0552*
	(0.119)	(0.116)	(0.0305)	(0.0309)
行业类型	控制	不控制	控制	不控制
Constant	−1.212***	−1.172***		
	(0.361)	(0.280)		
样本数	689	689	689	689
LR chi2 (8)	71.69	54.69	71.69	54.69
Prob > chi2	0.0000	0.0000	0.0000	0.0000
Pseudo R2	0.1011	0.0771	0.1011	0.0771

注：边际效应（dF/ dx），表示自变量一个单位的变化，或者相对于参照类而言发生比的变化 括号内为 Z 值，*** $p<0.01$，** $p<0.05$，* $p<0.1$。

13.6 在转型升级过程中促进中小企业“走出去”的政策建议

根据前面模型的实证结果，结合国内中小企业“走出去”的现实状况，借鉴其他国家的成功经验，本章从中小企业自身和政府政策两个层面提出如下对策建议。

13.6.1 中小企业层面

首先，中小企业要将国际化发展纳入企业发展战略。从实证结果看，国际化战略指标（走出去的战略目标）回归系数不显著，显示我国中小企业“走出去”的被动特征。中小企业国际市场风险和机遇都高于国内市场，只有战略目标明确，才能通过“走出去”主动利用国内外两种资源提高生产效率，主动满足国内外两个市场需求成功的国际化。德国经验表明，成功的中小企业的国际化水平往往都很高。政府在中小企业发展中提供扶持和优惠是必要的，但内因仍是企业主动的国际化发展战略。

第二，中小企业积极培育“走出去”的能力。实证结果显示，销售规模、市场占有率越高，“走出去”的概率越大。背后的原因是中小企业国际化发展是一个过程，一般情况下只有在国内市场上发展到一定阶段，才能积累出较强的抗风险基础和能力。因此“走出去”之前必须强化“内功”，才能有效抵御国际市场风险。基于中小企业本身资产规模小，本章认为中小企业应该借鉴德国经验在主打产品和主要业务上强化国际化发展能力，走专、精、特、新、好的纵向国际化道路，避免盲目多元化。

第三，不要盲目排斥家族控股。实现企业治理和经营管理的现代化对企业发展至关重要，但这与股权分散没有必然联系。实证结果显示，家族持股比例越高，“走出去”的概率越高，原因可能是中小企业一般没有健全的法人治理结构，股权集中有利于做出“走出去”这样的高风险、高收益决策。

13.6.2 政府层面

首先，明确“走出去”本质上是一个企业微观决策行为。政府既需要通过出口退税、中小企业国际市场开拓资金、中央外贸发展基金等激励企业“走出去”，但更需要建立全面的中小企业扶持政策体系，支持中小企业做大做强，依靠市场的力量引导有能力和条件的企业适时自主“走出去”。

第二，提供有利于中小企业发展的融资环境。融资渠道少和成本高是中小企业发展和升级转型的瓶颈。实证结果显示，融资成本显著降低了中小企业"走出去"的概率，而相当多的中小企业"走出去"的目的就是利用出口退税、中央扶持资金解决资金不足问题。从国际经验看，政府及社会组织既要为中小企业提供融资上的政策优惠降低融资成本，又要创新融资渠道使中小企业能够获得资金支持。应该借鉴国外经验，既要向中小企业提供融资上的优惠，又要鼓励、扶持建立面向中小企业的中小金融机构，同时还要从融资上为中小企业"走出去"提供专门金融支持和担保以应对国际市场上更大的风险和不确定性。

第三，扶持劳动密集型中小企业转型升级和"走出去"。从实证结果看，劳动力成本占总成本比重越高，企业"走出去"的概率越低。2008 年以来，我国的用工成本不断升高，劳动密集型企业向成本更低的国家转移的意愿应该更高，但没有政府在资金、人才和技术上的支持，意愿很难转化为行动。战后日本产业转移和升级的经验表明，推动国内市场上过剩和失去竞争力的企业向相对落后的国外市场转移，不仅可以延长产品的生命周期，而且可以腾出空间，积累资金支持企业在国内的转型升级。

第四，简化行政审批手续，减少准入限制。从实证结果看，政府的准入限制提高了中小企业走出去的概率。但准入限制只能制造被动"走出去"，这违反了中小企业国际化的一般规律，降低了成功的可能。国际通行的做法是扶持中小企业发展，使其在市场引导下主动国际化，只有如此才能实现"走出去"和经济转型升级的双重目标。

第五，加强中小企业"走出去"的配套服务体系和服务能力建设。加强对中小企业技术创新，制度创新的支持；加强网络建设，积极开拓中小企业国际交流渠道，扩大信息交流，人员往来，实现优势互补、资源共享，为我国中小企业国际化经营创造良好的市场氛围；加强渠道建设，要充分利用长期积累的资源，积极搭建国际交流平台，通过举办各种会展为中小企业提供国际合作商机，开展多种形式的中小企业国际双边、多边合作，并针对中小企业的实际需求，开展民间商务交流合作；要积极搭建各种服务平台，为中小企业提供信息、资源、维权、市场开拓等多方面的服务。

执笔：张亮（国务院发展研究中心资源与环境政策研究所副研究员，经济学博士）
李亚军（山东工商学院讲师，经济学博士）

参考文献

[1] Buckley P J, Casson M C, The future of the multinational enterprise, London: Macmillan, 1976.

[2] Cantwell J. Technological Innovation and Multinational Corporations, Basil Blackwell, Oxford, 1989.

[3] Helpman E, Melitz M. and Yeaple S. R, Export Versus FDI with Heterogeneous Firms, American Economic Review, 2004 (94).

[4] John. H. Dunning & Rajneesh Narula, The Investment Development Path Revisited Some Emerging Issues in John. H. Dunning & Rajneesh Narula (eds), Foreign Direct Investment and Governments: Catalysts for Economic Restructuring, Chapter I, London & New York: Routledge, 1996.

[5] Kojima K, Macroeconomic versus International Business Approach to Foreign Direct Investment, Hitosubashi Journal of Economics, 1982 (23).
[6] Lall S. (Ed). *The new multinationals: The spread of third world enterprises.* New York: John Wiley & Sons, 1983.
[7] Vernon R, International investment and international trade in the product cycle, Quarterly Journal of Economics, 1966 (80).
[8] Wells, L. T. Third world multinationals: The rise of foreign direct investment from developing countries. Cambridge, MA: MIT Press, 1983.
[9] Wesson, T. J. An alternative motivation for foreign direct investment. Unpublished Doctoral Dissertation, Harvard University, 1993.
[10] 黄兴华. 东南亚金融危机以来新加坡华人中小企业变化发展分析. 东南亚研究, 2013 (3)
[11] 纪元, 张燕. 对中国企业实施“走出去”战略主要观点的评析. 中国劳动关系学院学报, 2006 (2)
[12] 刘迎秋, 徐志祥. 中国民营企业竞争力报告No.5. 北京: 社会科学文献出版社, 2008
[13] 宗芳宇, 路江涌, 武常岐. 双边投资协定制度环境和企业对外直接投资区位选择. 经济研究, 2012 (5)
[14] 张瑾华, 李新春, 何轩. 我国中小型民营企业的被迫国际化. 财经研究, 2014 (1)
[15] 中华人民共和国商务部, 中华人民共和国国家统计局, 国家外汇管理局. 2012年度中国对外投资公报. 北京: 中国统计出版社, 2013
[16] 一达通中小企业外贸研究中心. 一达通中小企业外贸指数月报, 2012 (3)

第 14 章

中小企业的历史使命与政府政策支持

- 引言与文献综述
- 转型升级与中小企业使命
- 中小企业转型升级使命的实现与政府作用（含问题）
- 充分发挥政府在促进中小企业转型升级中的积极作用的政策建设

中小企业在转型升级中承担着新的历史使命，而政府政策支持对促进中小企业转型升级具有极其重要的战略意义。本章通过对企业调查问卷的分析，反映了政府对中小企业政策支持的现状及存在的问题；在此基础上，提出了充分发挥政府在促进中小企业转型升级中的积极作用的政策建议。

14.1 引言与文献综述

改革开放以来，特别是近年来，我国中小企业迅猛发展，对经济社会发展贡献巨大。中小企业创造了全国60%的国内生产总值，贡献了全国50%以上的税收，提供了80%的城镇就业岗位，全国65%的发明专利、75%以上的企业技术创新和80%以上的新产品开发都是中小企业完成的。中小企业在国民经济发展中发挥着举足轻重的重要作用。但基于中小企业自身的规模小、实力弱、抗风险能力差的特点，及2008年以后国内外形势新变化给中小企业发展带来的新挑战新机遇，政府如何给予更强有力、具有实效的政策支持，对于促进中小企业转型升级具有极其重要的战略意义。

国内许多学者对中小企业转型升级与政府政策支持的关系进行了研究。这些研究主要是围绕影响中小企业发展的问题与因素及政府财政、金融、法律、产业支持、国际化经营、信息咨询、技术服务等支持政策的着力点、政府支持政策的效果及政策支持的路径、中小企业发展支持体系的国际比较等内容展开。张继彤、封思贤、蒋伏心等[①]认为中小企业发展状况是其生存环境的函数，通过对江苏、浙江等中小企业发达地区的商业生态系统、市场环境等方面开展调研、分析、评价的基础上，提出了从时间、空间和产业三个维度建立有利于中小企业成长创新的政策体系的设想。刘丽娜[②]分析了影响中小企业生存发展的客观因素分为四个方面：行业或市场准入（包括自然准入和政策准入）、要素供给角度、产品需求角度、利益无偿流出角度，支持政策就应当分别从这四个方面发挥积极影响。如行业准入政策方面的行业进入和企业登记政策，要素供给政策方面的劳动力、技术和信息的供给，产品需求政策方面的政府采购，减少企业利益无偿流出的降低税收政策

① 张继彤、封思贤、蒋伏心等：成长与创新——《基于成长环境的中小企业政策研究》，社会科学文献出版社2012年版。

② 刘丽娜：“中小企业支持政策的作用路径分析”，《特区经济》，2014年第2期。

等。此外，在主观因素方面主要是考虑出台一些鼓励企业创新的政策。刘斌[①]强调政策的引导功能，认为政府应该充分利用产业政策引导中小企业发展，应提高某些规模效益明显的行业的进入门槛，引导中小企业在更能发挥其比较优势的行业发展，应加快中小企业创业资金的退出机制建设，降低中小企业的创业经营风险，从而扩大中小企业的融资渠道。欧阳峣[②]认为政策扶持应重点关注企业自身素质和能力建设、应从整体上把握支持体系、政策执行过程中因政出多门造成的扶持政策的耗散和寻租现象，应构建整体的支持体系。袁红林、陈小锋[③]在对中小企业较为发达的浙江温州、台州两地 384 家中小企业进行问卷调查和实地调查的基础上，通过实证分析的方法，认为中小企业的政策环境差异化现象较为突出，政策落实不理想，整体效果一般，政府需要在管理机构、法律、融资体系、社会化服务体系等方面加强建设。国务院发展研究中心课题组[④]认为国外中小企业政策支持体系强调中小企业政策与其他经济社会政策的协调配合、十分重视实施效果、重视立法手段、动态调整政策目标。

综观文献研究，从理论和实践上均说明了政府政策对中小企业发展起着至关重要的作用。但这些研究大多为定性研究，定量研究多局限于对个别地区的政府支持中小企业政策效果的分析，基于此，本章聚焦中小企业转型升级，基于对大范围样本的实证分析，评估支持中小企业转型升级的政策在多大程度上发挥作用，并据此提出政府政策支持的作用路径及重点。

14.2　转型升级与中小企业使命

14.2.1　国际经济环境的调整与变革迫切需要中小企业加快转型升级的步伐

从中小企业面临的国际环境看，国际金融危机后，世界经济进入了一个增速放缓、结构调整、竞争加剧的时期。全球经济会长时间停留在低速增长区，导致国际市场需求不

① 刘斌：《政府扶持与中小企业发展》，郑州大学 2007 年硕士学位论文。

② 欧阳峣等：《中国支持中小企业发展的政策和服务体系研究》，中国社会科学出版社 2009 年版。

③ 袁红林、陈小锋："我国中小企业政策与中小企业成长环境的相关性——基于 384 家中小企业的实证"，《企业经济》，2012 年第 2 期。

④ 国务院发展研究中心课题组：《中小企业发展新环境、新问题、新对策》，中国发展出版社 2011 年版。

足。与此同时，为尽快摆脱危机影响、重塑和发展具有比较优势的产业、抢占国际分工的制高点，各国均在调整发展模式，如，美欧等发达国家和地区提出“再工业化”和扩大出口；发展中国家加快工业化进程；资源富裕国家谋求产业链延伸。这必须导致全球各领域的全方位竞争日益激烈，各种形式的贸易保护主义愈演愈烈。从贸易到投资、就业，从具体产品到行业标准、制度等。以发达国家主导的国际经贸规则的重塑对中国将产生较大影响。美国和欧盟的双边、区域及跨区域谈判，更重视推行较高标准的国际经贸规则，规则覆盖到行业管制、企业扶持、劳工权益、环境保护和知识产权保护及限制政府采购对本国产品和服务的支持等国内相关领域。许多标准设置很高，不少要求很苛刻，中国目前的企业很难达到，特别是依靠劳动力低成本优势的外向型中小企业发展带来了极大的挑战。

与此同时，国际经济环境也为中小企业发展提供了一些新机遇和有利条件。以信息技术为前导并由此带动的新能源、生物技术、海洋技术等新科技革命已初露端倪，虽然发达国家在综合创新能力方面仍然拥有比较明显的优势，但是中小企业作为创新的关键力量，如果能够抓住这个有利契机，利用在部分领域接近或达到技术前沿的条件，在某些领域可以形成新的竞争优势，从而促进自身实现跨越式发展。

14.2.2 国内经济转方式调结构迫切需要中小企业加快转型升级步伐

从中小企业面临的国内环境看，中国经济进入了加快转变经济发展方式，促进提质增效升级的新阶段。一是我国经济由高速增长阶段进入了中高速增长阶段的换挡期。潜力经济增长率将由金融危机前的年均10%左右的增长调整为金融危机后年均7.5%左右的增长，这将成为中国经济的新常态。经济增长速度的下降，一定程度上会影响企业的经济效益。二是支撑我国经济增长的一些基本面因素发生了重要改变。要素成本在快速上升。维持了30年较低的人工成本已经发生变化，呈现快速上升态势。近两年各省最低工资标准大概提高了50%。在此问卷调查中，有80%的抽样的中小企业成本支出中劳动力成本呈上升态势。同时，近几年能源、原材料、农产品、土地等成本都在上升，中小企业以往的微利运营的基础已被大大削弱或已消失。由此直接导致以往靠成本取得优势的企业和产业的竞争力下降，加之生产能力过剩引发的过度竞争，产品价格在下降，企业很难再通过产品价格的上升把生产成本转移出去，这些变化是企业必须接受的客观现实，也是企业根本无法阻挡的。面对硬性挑战，中小企业发展的核心问题是转型升级问题。三是高投入、高消耗、高排放的粗放式发展方式难以为继。过去30年我国经济高速增长，创造了世界发展史上的奇迹。但我们为此也付出了很大的代价，经济结构不合理，质量效益不高、发展不平衡、不协调、不可持续性日益显现，特别是资源环境约束明显加大，改变高投入、高消耗、高污染、低效益的粗放发展已迫在眉睫。中小企业大多生产工艺落后、能耗高、排污量大，随着中小企业在国民经济中地位的上升，其污染排放越来越成为重要的工业污染源。中小企业发展与环境治理的矛盾更为突出，正如李克强讲道：“如果不加快转方式、调结构，不仅难以实现长期持续发展，就是眼前也过不去。”

14.2.3 中小企业基于自身的生存与发展需要加快转型升级的步伐

目前我国多数中小企业产业层次低，以劳动密集型产业为主，资本密集型产业、高新技术产业所占比重非常低；生产技术水平低、技术创新能力较低。此次问卷调查中，从企业产品技术含量的变化态势看，有34%的企业产品一直是劳动密集型产品，有47%的企业产品处于由劳动密集型向资本密集型或技术密集型的转变进程中。从企业产品的创新形式看，有58%的产品为改进产品（在原有产品基础上进行某种改进），仅有14%的产品属于"原始创新型"的全新产品，中小企业发展总体处于低水平状态。面对国内外严峻的经济形势带来的压力，中小企业如果转型升级实现突破，就会进入新的市场，获得新的发展空间；反之，如果未能实现有效突破，停留在现有的产业层次上原地不动，就会饱受煎熬，或因竞争力不足而遭遇危机甚至倒闭。

14.2.4 中小企业的转型升级离不开政府政策的扶持

经济学理论认为，市场与政府是资源配置的两大主体。在资源配置的过程中，首先要发挥市场配置资源的作用，同时又发挥政府配置资源的功能以弥补、改善"市场失灵"。党的十八届三中全会也明确提出，要使市场在资源配置中起决定性作用和更好地发挥政府作用，市场决定资源配置是市场经济的一般规律，政府的职责和作用主要是保持宏观经济稳定，加强和优化公共服务。保障公平竞争，加强市场监管，维护市场秩序，推动可持续发展，促进共同富裕，弥补失灵。从已有政府政策支持与中小企业的关系的文献综述中可见，在中小企业的发展中，政府具有不可或缺的作用。我国的中小企业在发展过程中，存在着发展质量低、成活率低、抗风险能力差等弱点，处于不平等的市场竞争条件下；中小企业难以获得及时有效的技术与市场等资讯；中小企业信用低，企业发展面临融资瓶颈；特别是中小企业自身能力有限，在技术上采取引进和模仿的方式，结果只能是跟随先进企业；而采取自主研发则具有不确定性和长期性，成本较高，且科技创新存在着较强的外部性，中小企业面临重大挑战。上述这些诸多问题的存在，既有中小企业自身的问题，也有政府功能与作用发挥不完善的问题。基于此，中小企业的转型发展必须有政府这只"看得见"的手提供有力支撑与保障。

通过上述分析可知，新阶段、新环境给中小企业提出了新要求、新挑战、新任务。世界经济严峻复杂，中国经济发展进入了一个经济发展方式的转型突破期，这个时期是一个发展"上台阶"不太容易的阶段。以前企业靠成本优势就可实现发展的时期已经一去不复返，成本优势被削弱后，如何把成本优势转换成技术与品牌优势，重构中国企业的竞争力基础，对于国家来说是一个关键性的挑战。如果转得好，我国会顺利进入发达国家行列；如果转不好，中国经济增长会停滞，从而会进入所谓的"中等收入陷阱"。

党的十八大明确提出，要适应国内外经济形势的变化，加快形成新的经济发展方式，把推动发展的立足点转到提高质量和效益上来，着力激发各类市场主体发展新活力，着力增强创新驱动发展新动力，着力构建现代产业发展新生体系，着力培育开放型经济发展新优势，使经济更多依靠科技进步、劳动者素质提高和管理创新驱动，更多依靠节能资源和循环经济推动。这就要求作为国民经济重要组成部分的中小企业必须顺应形势变化，紧密配合国家经济社会发展规划，加快转方式调结构促升级，切实提高发展质量和效益，从主要依靠要素投入向更多依靠创新驱动转变，从数量型增长向质量型增长转型，从外延式增长向内涵式增长转型，这是中小企业实现自身发展的内在需求，也是中小企业理所应当承担起的重要历史使命。而在这个转换进程中，政府责无旁贷必须发挥应有的支撑与保证作用。

基于此，本章以国家和企业转型升级为背景，在对中小企业问卷调查进行分析的基础上，客观评价政府对中小企业成长扶持政策的实施效果，总结归纳中小企业政策在哪些方面还需进一步完善，并据此提出进一步完善中小企业政策的建议与措施。

14.3 中小企业转型升级使命的实现与政府作用（含问题）

通过上述分析可知，中小企业的转型升级离不开政府的政策支持。而转型升级原动力在于创新，围绕着中小企业转型升级，特别是创新这个中心，本节基于对企业的调查问卷来反映政府对中小企业政策支持的现状。

14.3.1 政府对中小企业的服务支持体系

在调查问卷中，通过“在日常经营过程中，贵企业获得专业性的、贴近企业需要的政府服务（如最新法律法规、市场动态、技能培训等）情况如何”来评价政府对中小企业服务支持情况。在调查的有效样本中，有26%的企业选择了“相关服务多，且很便利获得”，有30%的企业选择了“相关服务多，但不方便获得”，有16%的企业选择了“服务很少甚至没有，且不容易获得”，有28%的企业选择了“相关服务很少，但容易获得”。

表14.1 政府对中小企业的服务支持体系

政府服务的情况	占比（%）
相关服务多，且很便利获得	26
相关服务多，但不方便获得	30
相关服务很少，但容易获得	16
服务很少甚至没有，且不容易获得	28
合计	100

资料来源：中国中小企业协会，《2014年经济转型与中小企业发展问卷调查》。

调查问卷反映出以下特点：一是政府对中小企业的服务支持体系布局不均衡，存在着区域性差异。通常经济越发达的地区，对中小企业的服务支持力度越大，中小企业越容易获得支持。二是政府对中小企业的服务支持存在着有效供给不足的问题。选择“相关服务多，但不方便获得”的企业占比最大，排在第二位的选择是“相关服务少，且不容易获得”，说明政府提供的服务方式“不好用”，服务的灵活性、适用性、针对性和有效性有待提高，且服务内容少、覆盖率低，目前还很难满足中小企业多样化的服务需求。

14.3.2　政府为中小企业创造公平竞争的市场环境情况

在调查问卷中，通过“企业发展过程中是否遇到过政府行政审批手续过多的烦恼”、“当前企业投资在行业准入方面是否受到不公平待遇”等问题，来评价政府的市场准入政策、创造的投资环境情况。在调查的有效样本中，有 69% 的企业遇到过政府行政审批过多的烦恼，有 31% 的企业选择了未遇到政府行政审批过多的烦恼；有 36% 的企业选择了在行业准入方面受到不公平待遇，有 64% 的中小企业选择了在行业准入方面未受到过不公平的待遇。

表 14.2　　政府为中小企业创造的公平竞争的市场环境情况

问题	选择情况	占比（%）
企业发展过程中是否遇到过政府行政审批手续过多的烦恼	是	71
	否	29
企业投资在行业准入方面是否受到过不公平待遇	是	36
	否	64

资料来源：中国中小企业协会，《2014 年经济转型与中小企业发展问卷调查》。

调查问卷反映出以下特点：一是从宏观层面看，政府对中小企业的市场准入障碍已有较大改善。自 2002 年第九届全国人民代表大会常务委员会第二十八次会议通过《中华人民共和国中小企业促进法》（以下简称《中小企业促进法》），到 2000 年，国务院发布《关于鼓励支持和引导个体私营等非公有制经济发展的若干意见》，2010 年颁布《关于鼓励和引导民间投资健康发展的若干意见》，直至党的十八大提出“保证各种所有制经济依法平等使用生产要素、公平参与市场竞争、同等受到法律保护”，所有这一切说明，在宏观层面妨碍中小企业市场准入的障碍已大幅改善，“非禁即可”的市场准入“大门”已经敞开。

二是从微观层面看，“非禁即可”的市场准入原则实际执行还远未落实到位。政府几经简政放权，2013 年，中央政府分批取消和下放了 416 项行政审批事项，修订政府核准的投资项目目录，推动工商登记制度改革。各地也大幅减少行政审批事项。扩大“营改增”试点，取消和免征行政事业性收费 348 项，减轻企业负担 1500 多亿元，由此极大地激发了市场活力、发展动力和社会创造力①。但到目前为止，政府对中小企业的市场准入还存在

① 李克强作政府工作报告回顾 2013 年工作（全文），http：//www. chinanews. com/gn/2014/03 -05/5912684. shtml。

行政审批繁琐繁杂、环节过多与过细、办事效率低下等问题。样本企业中，有 71% 的企业遇到过政府行政审批手续过多的问题，这说明，看似敞开的“铁门”、“弹簧门”，中小企业真正要进入，还需绕许多“小门”，走许多的“转弯”，导致中小企业的运行成本较高，这也是我国中小企业难于实现转型升级的一个重要阻碍因素。

14.3.3 政府对中小企业创新的财政支持情况

技术创新的重要特征是其不确定性和高风险性，需要政府从财政税收等方面给予支持。在调查问卷中，通过“政府为企业提供的财政税收政策，对贵企业自主创新作用最大的是什么”的问题，来评价政府的财政税收政策对中小企业自主创新支持的作用与效果。

表 14.3 政府对中小企业创新的财政支持情况

财税政策支持类型	占比（%）
科技发展资金资助企业科研开发	37
设立高新技术产业专项补助资金	18
设立专利申请资助专项经费	12
为企业的创新投入提供信用担保	12
实施科技产业引导性投资	4
帮助中小企业增加在政府采购合同中所占比重	8
对自主创新型企业减税或返还	14
特许权使用费实行免征或减征	3
合计	100

资料来源：中国中小企业协会，《2014 年经济转型与中小企业发展问卷调查》。

在调查的有效样本中，按照财政税收政策中发挥作用大小的顺序排列，有 37% 的企业选择了科技发展资金资助企业科研开发，有 18% 的企业选择了设立高新技术产业专项资金，有 14% 的企业选择了对自主创新型企业减税或返还，有 12% 的企业选择了设立专利申请资助专项经费和对企业的创新投入提供信用担保。参与问卷调查的样本企业很少选择企业实施科技产业引导性投资、帮助中小企业增加在政府采购合同中所占比重及特许权使用费实行免征或减征等。

调查问卷反映出以下特点：一是政府的财政税收政策总体呈现散、弱、小的特征。企业对财税政策的作用评价，对中小企业自主创新作用最大的科技发展资金资助的选择主体也仅占总样本的 37%，这说明财政支持的着力点分散，财税支持政策的普惠性差，政策效果不强，还未能有效满足我国中小企业发展的实际需要。二是财税政策综合协调性不足，方式单一。基于政府对中小企业的管理还未形成一个从中央到地方的统一的、规范有效的管理体制，存在多头管理、政出多门、互相分割的问题。这种管理体制导致中小企业的一项经济活动可能涉及多个管理部门。在财政、税收等方面享受的政策缺乏系统性，缺少集中作用的合力。如在政府的财政政策支持方式上，我国目前财政政策主要是资金直接支持，如财政预算安排中小企业的发展基金、科技专项基金等，但对使用政府采购、产业引导性投资等财政政策工具等不够明显。税收政策也局限于所得税、增值税等，通常采用免征或减征两种措施，采用国际通行的加速折旧、投资抵减、延期纳税等优惠方式较少，不利于企业加大研发投入。税收优惠政策支持的多是已运行盈利的企业，而特别需要扶持的创业企业、成长企业则难以得到支持，“锦上添花”的多，“雪中送炭”的少；且缺乏对自主创新人才的激励机制，缺少产学研相结合的税收激励政策，削弱了科技人员对自主创新的积极性和企业自主创新的主动性。

14.3.4 政府对中小企业的融资创新支持情况

中小企业的融资能力在中小企业创新中发挥着关键的作用，直接关系到中小企业能否进行技术研究。在评价政府的融资政策对中小企业自主创新的作用效果时，有 46% 的企业选择了“为技术创新项目提供低息贷款或贷款贴息”，有 13% 的企业选择了“为企业自主创新贷款提供担保”。选择引进外资、设立科技发展银行、建立开放式创业风险投资基金等的很少。

表 14.4　政府对中小企业创新的融资支持情况

融资政策支持类型	占比（%）
为技术创新项目提供低息贷款或贷款贴息	46
为企业自主创新贷款提供担保	13
支持引进外资	4
种子期项目科技发展资金匹配投入	3
设立科技发展银行，为自主创新企业提供贷款	4
设立非盈利科技企业资信评估机构，降低科技贷款风险	2
建立开放式创新（创业）风险投资基金	3
建立再担保体系	4
建立企业信用担保机构风险补偿机制	6
试行知识产权、无形资产和个人信誉担保抵押贷款	10
设立风险投资公司	0
其他	5
合计	100

资料来源：中国中小企业协会，《2014 年经济转型与中小企业发展问卷调查》。

调查问卷的结果反映，政府对中小企业的融资创新支持存在着力度不足，渠道单一的问题。一是中小企业所能得到的创新资金支持主要来自于低息贷款或贷款贴息。事实上，银行出于贷款安全的成本的需要，往往不愿意将信贷资源投向高风险的中小企业，因而中小企业难以获得及时足够的融资支持。加之中国目前的“创业板”市场容量小，也满足不了大量中小企业的融资要求，直接融资渠道的狭窄，使得中小企业对银行贷款的依赖性进一步加强。二是缺少专门服务于中小企业创新的融资机构。目前我国缺少专门服务于中小企业科技创新的政策性银行。三是面向中小企业的信用担保业发展滞后。政府尚未建立起完善的中小企业融资担保机制。政府出资建立的多家担保机构存在着数量少、担保能力有限、偏重于大型企业等问题。四是基于中小企业抵押物难、可提供的抵押物少，知识产权、无形资产和个人信誉等难以作为担保等，使得企业技术创新融资更难。五是我国创业投资、风险投资等处于刚刚起步阶段，还未建立起一个健全、完善的投资机制。

14.3.5 政府的自主创新公共技术服务平台支持政策情况

基于节约成本和规模经济的考虑，以共性技术平台为载体提高中小企业技术创新能力是许多发达国家的通行做法和成功经验。自 2006 年起，我国中央财政在创新基金中安排专门资金，实施中小企业公共技术服务补助资金项目，支持中小企业公共服务机构为科技型中小企业提供创新资源共享服务、专业化技术服务和技术转移服务，促进创新资源向企业集聚，优化科技型中小企业创新创业环境。

在此次问卷调查中，通过“您企业认为在完善自主创新公共服务平台的政策中，对企业自主创新的作用最大的是什么”的问题，评价政府自主创新公共平台政策对中小企业自主创新的作用与效果。在调查的有效样本中，有 29% 的企业认为作用最大的是“实施科技产业引导性投资”，有 22% 的企业认为是加快发展与自主创新相关的知识型服务业，有 12% 的企业认为是推动研发环节的多技术集成，有 9% 的企业认为是加大对创新产品的采购特别是中小企业创新产品的采购，有 8% 的企业认为是推动制造环节的技术整合。对于强化科技孵化体系、建立产业与工程技术研究中心、建立科技企业创新成长研究中心、加大企业研制标准等支持力度等选项，选择的企业寥寥无几。

表 14.5　政府自主创新公共技术服务平台支持政策情况

自主创新公共服务平台政策类型	占比（%）
实施科技产业引导性投资	29
推动研发环节的多技术集成	12
推动制造环节的技术整合	8
加快发展与自主创新相关的知识型服务业	22
强化科技孵化体系	6
加大企业研制国际标准等支持力度	4
加大对创新产品的采购特别中小企业创新产品的采购	9
建立产业和技术工程研究中心	6
建立科技企业创新成长研究中心	4
合计	100

资料来源：中国中小企业协会，《2014 年经济转型与中小企业发展问卷调查》。

调查问卷说明政府自主创新公共平台自主创新公共技术服务平台建设尚处于初级阶

段，政策支持作用发挥有限。对中小企业技术创新支持各环节不均衡，偏重于科技产业的引导与扶持以及与科技产业相关的服务业发展，事关企业前期研发、科技成果转化的孵化器体系、产业和技术工程研究中心、科技创新成长研究中心等的作用还未显现。

14.3.6　政府对中小企业的发展支持体系的总体评价情况

从企业对政府行为的评价来看，由表 14.6 可见，满意程度分为 1 ~7，其中：1 为“很差”，2 为“较差”，3 为“差”，4 为“一般”，5 为“好”，6 为“较好”，7 为“很好”。以选择 5 ~7 的占比和与 1 ~3 的占比和相比较，除去政府在缓解融资难方面的作用外，企业在对政府解决用地等方面的作用好、较好和很好的评价占比和超过很差、较差和差的评价占比和。

从分项看，评价最高的是政策出台的系列扶持政策，有 54% 的企业对政府的评价较高；其次是政府在引导低碳环保节能产业发展和发展战略性新兴产业方面及政府在解决用地方面的作用，约有 50% 的企业认为政府对企业的帮助较大；排在第三位的是政府在培养重点、先进企业及骨干企业方面、鼓励企业自主创新方面、市场环境改善方面和税收优惠政策方面的作用，平均约 48% 的企业认为对其的帮助较大；排在第四位的是政府在财政资金支持和支持企业转型升级方面的作用，有 44% 的企业认为政府的作用较大；最后一位是政府在缓解融资难方面的作用，有 35% 的企业认为政府的帮助较大。

表 14.6　企业对政府行为的评价情况（%）

政府行为类型	没有帮助→帮助很大						
	1	2	3	4	5	6	7
政府在缓解融资难方面的作用	15	15	17	18	11	11	13
政府在解决用地方面的作用	10	13	16	13	15	15	20
政府在财政资金方面的作用	9	15	13	19	16	12	16
政府在税收优惠政策方面的作用	9	12	15	17	17	12	18
政府在培养重点、先进企业及骨干企业方面的作用	7	11	16	17	17	15	17
政府在鼓励企业自主科技创新方面的作用	5	15	14	18	15	14	19
政府在支持企业转型升级方面的作用	9	14	18	18	15	11	18
政府引导低碳环保节能产业发展和发展战略性新兴产业方面的作用	6	14	10	17	15	17	19
政府在市场环境改善方面的作用	8	11	15	19	17	14	18
政府出台的系列扶持政策	8	11	13	15	19	14	21

资料来源：中国中小企业协会，《2014 年经济转型与中小企业发展问卷调查》。

调查问卷结果反映出，虽然政府的服务体系建设取得了一定成效，改善和优化了中小企业的生存与发展环境。但总体看，政府支持中小企业发展的作用发挥有限，中小企业还没有真正感受到政府对其发展的有效支持作用。在引导企业产业发展、鼓励企业自主创新、解决用地、财政支持、转型升级，特别是缓解融资难这个老大难问题方面的服务能力与水平有待进一步提高。

14.4 充分发挥政府在促进中小企业转型升级中的积极作用的政策建设

14.4.1 协调处理好政府和市场的关系，加强政府的服务与引导功能

党的十八届三中全会明确提出，“经济体制改革是全面深化改革的重点，核心问题是处理好政府和市场的关系，使市场在资源配置中起决定性作用和更好发挥政府作用。市场决定资源配置是市场经济的一般规律，健全社会主义市场经济体制必须遵循这条规律，着力解决市场体系不完善、政府干预过多和监管不到位问题。”政府支持中小企业发展要遵循这一原则。要厘清中小企业存在的问题，进一步梳理和区分市场与政府的权力边界和范围，通过政府权利的“正面清单”和企业权利的“负面清单”，放开市场这只“看不见的手”，把本应由市场解决的问题，真正交给市场解决；用好政府这只“看得见的手”，把本应由政府该管和必须管的事真正管起来，管到位、管好。

①政府支持中小企业发展要以充分发挥市场的基础性作用为前提，发挥引导功能。政府对中小企业的支持不是直接的政府干预，不是保护落后，对一些经营管理不善的中小企业进行扶弱救贫，应主要体现在政策导向性。通过结构性、差别化的支持与引导，培育中小企业可持续发展的核心竞争力，发挥中小企业在增强经济发展活力、科技进步和产业结构优化升级等方面的作用，以促进国民经济内涵式的战略转型。即通过政府的分类政策导向，推进符合国民经济发展目标、产业政策发展方向、有市场和发展前景、高科技的中小企业得到扶持、加速成长，对于不符合产业发展方向的传统型、低技术、低层次、高耗能的中小企业进行限制、调整或淘汰。

②政府的工作着力点放在改善和优化中小企业发展环境上来。政府要继续深入推进行政体制改革。认真清理市场准入，进一步依法放宽市场准入。遵循“非禁即可”的原则，采取负面清单管理方式，满足中小企业自主进入的选择要求。在行政体制改革中，一定要狠抓政策落实。正如美国学者艾利森所说：“在达到政府目标的过程中，方案确定的功能只占10%，而其余90%取决于有效的执行”。[①] 政府要建立相应的政策报告跟踪考核机制，

① 袁红林，陈小锋：“我国中小企业政策与中小企业成长环境的相关性——基于384家中小企业的实证”，《企业经济》，2012年第2期。

加大政策执行和反馈的监督力度等，确保政策落地做实，让中小企业切实享受到政策，感受到政策的效力，并通过建立相应的政策报告跟踪考核机制，加大政策执行和反馈的监督力度等，切实为中小企业发展营造公平竞争和无障碍的市场环境。

14.4.2　进一步发挥政府在完善和促进中小企业组织和治理结构创新功能和作用

产权制度是企业组织和治理结构的基础。为建立有效的产权明晰、归属清晰、权责明确、保护严格、流转顺畅的现代产权制度，保证不同资本的同股同权同酬，政府应健全完善有关产权安排、产权保护、产权流动等相关制度安排；完善管理层、员工持股等相关配套政策、操作细则和实施办法等激励与约束机制，形成一套相对完善的产权实施机制，以保证股东、经理人员及职工在明晰产权、相互制衡的关系中经济利益得以实现。大力发展和完善资本市场、健全职业经理人市场，加强对董事、职业经理人的培训和监管体系等。

14.4.3　进一步发挥政府在完善中小企业产品和技术创新功能与作用

①政府要组织制定中小企业的技术进步与转型升级规划。发达国家把制定中小企业技术创新与开发计划作为政府提供财政资助、专项补贴的前提。如美国为了促进中小企业创新，于 1982 年制定了《小企业创新发展法》，并根据该法设立了小企业创新研究计划。特别是对小企业技术创新的不同阶段，政府补贴的数额、政府工作的着力点给予了明确、详细的规定，在技术产品创新的起步阶段（一般为 6 个月），最多可获得 10 万美元的资助，重点是确定创新技术的价值和可行性；在起步阶段审核通过进入第二阶段后，其获得的资助金额最高可达 75 万美元，时间最长为 2 年，重点是研发并对新技术的商品化潜力进行评估。这些创新计划对于吸引中小企业从事技术研发、创新新技术，特别是转化成产品都有特别的推进作用。我国在中小企业创新方面也出台了鼓励措施，但总体还只是比较笼统的在法律上给予表述，在实践中还少有相关的计划。为此，下一步政府应该围绕国家转型升级的产业方向，形成专门的中小企业战略规划，以此引导中小企业走“专、精、特、新”的发展道路。

②着力布局和建设一批重大技术创新平台和载体。政府要加大对基础性、前沿性技术和重大关键性共性技术研究平台建设的投入，使平台运行得到稳定的经费支持，并强化对平台的监督评价，以此提高平台的运作效率。大力发展技术评估、技术咨询、技术服务、技术转移等各类科技中介机构，加大对科技企业孵化器、研发中心、生产力促进中心、成果转化服务中心等科技中介机构的培育和扶持力度，减少企业技术开发中间阶段的风险。同时，通过公立的科研机构技术指导、技术顾问指导、技术小组现场指导等多种多样的技术指导方式。对中小企业进行切实的技术帮助，解决技术难题，开展技术诊断。

③积极推进与深化合作创新。一是加强政府、高校、研究机构和大学合作、共建与交流，促进产学研之间的知识流动和技术转移。特别是对于有重大意义领域内的创新，单个

企业不能完成的，政府要牵头组织企业与研究所共同研究，共享成果。政府可对那些能够为中小企业服务且确实做出企业可以接受的科研成果的科研机构，对那些愿意承担风险使用新技术的中小企业给予国家资助。二是鼓励我国本土中小企业与外资企业的合作，政府可采取在华设立研发中心等鼓励外资企业向中国转移先进与关键技术，推进中小企业以股权投资、联合创新、人才培养、技术合作等形式，与外资企业分享创新经验，加速中小企业自身技术升级。

14.4.4 进一步深化政府的财税扶持体系创新，促进中小企业创新发展

①实现科技创新基金的集约化使用，形成创新支持的合力。对现有的科技创新基金进行集约化管理，以强力更大的财政资金规模支持中小企业转型升级项目，扶植科技含量高、发展前景好、具有明显带动作用和示范作用的重大项目和符合国家产业发展政策的重点行业和重要企业及其转型升级与发展。

增强财政政策工具的针对性和有效性。科技型中小企业创业引导基金应以科技企业孵化品和种子期的中小企业为重点，向初创期科技型中小企业提供扶持资金，解决科技型中小企业创业时期的融资难题。专项资金要以市场化为手段，通过引入创新投资机构、担保机构等，支持和鼓励科技型中小企业研究开发具有良好市场前景的前沿核心关键技术，符合国家转型升级方向的资源与环境、新能源与高效节能、新材料、生物医药、现代农业及高技术服务等产业，重点资助那些处于“高、精、特、新”领域的成长性好的企业，使其加速成长为龙头企业。可建立以项目成果为导向的创新支持计划、创新奖励计划等，降低企业创新成本。同时，要针对企业不同发展阶段的特点，采取不同的财政支持方式。如在企业初创期特别是高科技企业的初创期，风险较大，应建立中小企业创业基金或重要技术研发费用补助金制度，对符合条件的中小企业给予专项研发补贴，以降低成本和风险。

②有效发挥政府采购对中小企业自主创新的扶持和引导作用。要进一步完善政府采购扶持中小企业的制度体系与机制，明确对中小企业的重视，确定政府采购中小企业自主创新产品的目录，降低中小企业参与采购的准入条件和门槛，给予中小企业价格优惠；政府的采购政策和评价体系要充分反映国家科技创新和产业结构优化升级的内容，对于符合采购政策制定的标准的产品，特别是中小企业创新的高新技术产品、拥有自主知识产权的产品，政府应优先购买，以此保护中小企业的创新成果，加快创新成果产业化及产品的市场化，促进科技型中小企业成长，实现引导和促进中小企业技术创新活动的规模与方向的目标。

③完善中小企业的税收政策。首先，转变对中小企业的税收优惠方式，鉴于目前的所有优惠政策是针对科技成果的收入给予的事后减免税优惠，对中小企业的研究开发活动本身和研究开发过程中的税收支持不够。为此，税收优惠政策由以往的直接优惠为主转变为向间接优惠为主过渡，侧重税前对中小企业的税收优惠，调动中小企业从事科研和科技开发的积极性。如英国政府对于尚未盈利的中小企业投资研发，可预先申请税收减免，获得

相当于研发投资 24% 的资金返还。这一政策受到英国企业界的普遍欢迎。对中小企业加大研发税收优惠政策。促进企业研发经费加计扣除政策落地，使更多符合条件的企业受益。包括“科研减税”政策、加速折旧政策和抵扣资本购进项目所含增值税政策等，引导和鼓励更多民营企业参与技术创新、实现转型升级。允许科技型中小企业按照营业收入的一定比例提取风险准备金，并在税前予以扣除；对于中小企业购买的环保设备。给予税收优惠、减免、免税等，对于中小企业按一定标准改进技术和工艺，改善环境所发生的费用，不仅可以让其在所得税税前扣除，而且可以在应纳税所属额中按一定比例予以扣除。我国政府应借鉴学习这些好的经验做法，在对重点培养企业的研发能力、企业创新潜力和成长性等进行综合评估的基础上，通过减免税、加速折旧、延迟纳税等方式降低企业的税收负担，增强税收的针对性和有效性。其次，基于人力资源对中小企业技术创新的重要能动作用，要通过对中小企业就业的各类专业技术人员和中高级管理人员的减征个人所得税、奖励税前列支等方式，支持中小企业人力资源开发。

14.4.5　进一步深化政府的金融调节体制机制创新，促进中小企业创新发展

①大力发展中小银行。通过引导民间资本参股、投资金融机构及融资中介服务机构等方式，推进由民间资本、社会出资等发起设立中小银行。中小企业协会会长李子彬提出，全国 2000 多个县，将近 4 万个村镇、社区，平均一个县一家中小银行，五个村镇社区一家中小银行，就有 1 万家中小银行服务中小企业[①]。

②加快发展中小企业直接融资工具。2014 年 5 月 8 日，国务院发布了《关于进一步促进资本市场健康发展的若干意见》（国发〔2014〕17 号），明确提出要加快多层次股权市场建设；壮大主板、中小企业板市场，创新交易机制，丰富交易品种；加快创业板市场改革，健全适合创新型、成长型企业发展的制度安排；增加证券交易所市场内部层次，加快完善全国中小企业股份转让系统，建立小额、便捷、灵活、多元的投融资机制；规范发展债券市场，丰富适合中小微企业的债券品种；完善扶持创业投资发展的政策体系，鼓励和引导创业投资基金支持中小微企业。研究制定保险资金投资创业投资基金的相关政策。完善围绕创新链需要的科技金融服务体系，创新科技金融产品和服务，促进战略性新兴产业发展。这对于促进中小企业转型升级具有很强的针对性，关键是政府要抓紧贯彻落实。

③继续完善中小企业信用担保体系建设。对中小企业信用担保机构通过税收减免、税收优惠等，推进信用担保机构的发展。优化财政支持中小企业信用担保机构的方式，集中财政资金支持若干家重点信用担保机构。积极探索信用担保机构市场化运作的有效机制。设立政府出资、企业联合组建的中小企业信用担保机构，鼓励民间资本或境外资本投资设立中小企业信用担保机构，建立和完善中小企业信用担保机构风险补偿机制。

---

① 孙春艳，李子彬：“破解中小企业融资难”，《中外管理》，2014 年第 2 期。

④探索设立中小企业政策性银行。政府应考虑设立政策性银行，重点支持为初创期的、孵化期、成长期的新科技型中小企业；成长前期、有着发展前途的重点产业中的中小企业。

⑤鼓励大中型金融机构加大对中小微企业的信贷支持。鼓励和引导各类商业银行创新贷款机制，完善中小企业授信制度，提高贷款审批效率，扩大贷款抵押物范围，提供更多融资便利支持，满足他们的企业融资及其便利需求。开发适合中小企业技术创新融资需求特点的金融产品，培育和扶持一批具有良好发展前景的中小企业。

14.4.6 进一步深化政府管理体制机制创新，促进中小企业创新发展

做好中小企业工作，需进一步加强和完善中小企业管理体制。国外中小企业的管理机构，通常有两种方式，一种是综合管理型，设立专门的机构对中小企业进行统一、综合管理。二是分散型的管理机构，对中小企业的管理分属于不同的部门。但无论采取模式，对中小企业的管理均强调高效协作。

针对目前我国对中小企业的管理体制缺乏统一性、协调性、顺畅性，存在着管理重叠与管理缺失并存的问题，应建立自国家、省、市、县上下统一、协调一致、运转高效的中小企业管理体系，对中小企业进行统一、系统性管理，以降低管理成本，提高管理效率。

14.4.7 进一步深化拓展政府服务体系和内容创新，促进中小企业创新发展

①支持专门从事中小企业服务机构的创设和发展。鉴于对中小企业的支持工作涉及大量具体的服务工作，仅靠政府很难建立系统有效的服务体系。因此，需要政府运用法律、经济、行政手段加强对中小服务中心、各类行业协会与商会等中介服务组织的培育，由其提供形式多样、针对性的服务。

政府可通过增加对中小企业服务体系建设专项资金规模，将地方中小企业服务体系建设纳入当地预算，建立完善财政补贴机制和奖励机制等多种措施，调动和引导中小企业服务机构的建立。同时，完善对中小企业服务机构的监督与评估机制，通过“优胜劣汰”，推进各类中介机构、协会、商会服务能力与水平的提升，增强服务机构对中小企业的服务效果。

②深入实施中小企业信息化推进工程。通过运用云计算、大数据、移动互联等技术，完善中小企业信息化平台。政府可设立专门为中小企业服务的信息机构，向中小企业提供咨询、诊断及海外投资，技术合作，新技术、新工艺、新产品的信息。组织一批各行业的专家和技术人员召开信息沟通与评价会，中小企业可以随时或定期向专家提出咨询或交流情报信息，助力中小企业的市场开拓，特别是对于高成长性、高科技企业，可设立专门的咨询专家对其进行帮助，减少企业进行技术开发活动的不确定性与信息不对称性。

③完善中小企业教育服务体系。技术创新的关键在于人才。科技人员的知识结构和智

能水平决定着科技人员的创新能力，从而决定着企业的创新成果与创新水平的高低。为此，政府要有针对性地开展对高端人才、科技领军人才的培训与培养，通过对中小企业人才培训机构实行追踪考核，对优秀的培训机构予以奖励，对不合格者的培训机构予以清除等措施，规范人才培训市场，增强培训效果，真正帮助中小企业科技人员提高技术素质和知识水平。

执笔：张从丽（中国冶金科工股份有限公司办公厅政研室副主任，经济学博士）

参考文献

[1] 国务院发展研究中心课题组．中小企业发展新环境、新问题、新对策．北京：中国发展出版社，2011

[2] 孙春艳．李子彬破解中小企业融资难．中外管理，2014（2）

[3] 李子彬．中国中小企业 2012 蓝皮书——扶持中小企业发展财税金融政策的中外比较和借鉴．北京：中国发展出版社，2012

[4] 刘迎秋．中国民营企业竞争力报告 No. 6（2012）转型升级与竞争力指数．北京：社会科学文献出版社，2013

[5] 刘迎秋．中小企业转型升级还未进入"现在进行时"，http：//theory. people. com. cn/n/2013/0802/c40531 - 22420255 - 2. html

[6] 欧阳峣等．中国支持中小企业发展的政策和服务体系研究．北京：中国社会科学出版社，2009

[7] 张继彤，封思贤，蒋伏心等．成长与创新——基于成长环境的中小企业政策研究．北京：社会科学文献出版社，2012

[8] 袁红林，陈小锋．我国中小企业政策与中小企业成长环境的相关性—基于 384 家中小企业的实证．企业经济，2012，（2）

[9] 庄佳林．支持我国中小企业发展的财政政策研究．财政部财政科学研究院博士学位论文，2011

[10] 唐昉．后危机时代中小企业技术创新战略的演化博弈分析．海峡科学，2011（11）

[11] 林洲钰，林汉川．产业环境、自主创新与中小企业成长的政策工具．产业经济，2012（9）

[12] 贺荣兰．中小企业自主创新的公共服务体系及其法制保障．生产力研究，2012（12）

[13] 财政部财政科学研究所课题组．财税支持中小企业自主创新的问题及对策．中国财政，2011（3）

[14] 张佩，冯璐．中小企业自主创新障碍及对策研究．学术论坛，2013（11）

[15] 刘斌．政府扶持与中小企业发展．郑州大学硕士学位论文，2007

[16] 刘丽娜．中小企业支持政策的作用路径分析．特区经济，2014（2）

2013年大事记

1月

9日　工业和信息化部总工程师朱宏任在柏林与德国联邦经济和技术部国务秘书恩司特·伯格巴哈共同主持了第四次中德中小企业政策磋商。会后，双方签署了关于继续开展中小企业经营管理人员培训合作备忘录。

9日　中国中小企业协会各部门主任进行2012年度工作述职，并进行了工作互评。

14日　工业和信息化部总工程师朱宏任在韩国大田市与韩国中小企业厅厅长宋宗镐共同主持了中韩中小企业政策交流委员会第一次会议，就两国中小企业创业兴业政策及发展合作等议题交换了意见。

21日　黑龙江省工信委在哈尔滨市友谊宫举行了黑龙江省中小企业公共服务平台网络启动仪式。启动仪式得到了国家、省政府及省直有关部门的高度重视，工业和信息化部中小企业司郑昕司长、黑龙江省工信委孙珅主任以及省内新闻媒体等共计300余人出席了启动仪式。

23日　中国中小企业协会召开全体员工大会，总结2012年各部门绩效考评结果及优秀员工奖励，布置2013年协会与各部门签订目标责任书有关事项。

23日　中国中小企业协会2013年新春联欢会暨2012优秀员工表彰大会在中国科技会堂一层多功能厅举行。李子彬会长、金德本秘书长及协会全体员工参加了此次联欢会。

28日　中国中小企业协会正式对外发布2012年四季度中国中小企业发展指数。

30日　日本商工会议所国际部经济担任部长冈山英弘一行前来中国中小企业协会访问，双方分别介绍了两国中小企业的发展情况，就涉及中小企业的多个领域进行了探讨，并初步达成促进两国中小企业合作的共识。

2月

5日　全国中小企业工作电视电话会议在北京召开。工业和信息化部部长苗圩出席会议并讲话。会议由工业和信息化部党组成员、总工程师朱宏任主持。

18日　宁夏回族自治区党委、政府在宁夏人民会堂召开全区发展非公有制经济大会。大会由自治区党委副书记崔波主持。

25日　工业和信息化部党组成员、总工程师、国务院促进中小企业发展工作领导小组成员兼办公室主任朱宏任主持召开国务院促进中小企业发展工作领导小组办公室扩大会议，发展改革委、科技部等28个部门有关司局负责同志参加了会议。

26日　中国国际中小企业博览会改革创新研讨会在广州召开。由中博会组委会秘书处组织的本次会议主要任务是研究中博会改革创新方案，探讨如何积极稳妥推进中博会向国际化、市场化、专业化的方向发展，同时也为第十届中博会组织工作提前预热。

28日 “2013中国中小企业发展高峰论坛新闻发布会”在北京大学英杰交流中心举办，出席本次发布会的嘉宾包括中国中小企业发展促进中心主任秦志辉、北大青鸟集团总裁初育国等。

3月

1日 安徽省委、省政府在合肥隆重召开全省发展民营经济大会。省委书记张宝顺发表重要讲话。

5日 中国中小企业协会金德本秘书长应邀出席了陕西省中小企业协会换届大会暨第二次理事会第一次会议。陕西省中小企业促进局局长丁义安、省发改委副主任李春临、省财政厅副巡视员刘红春、省工信厅副厅长赵东等领导以及企业家代表百余人出席会议。

13日 中国中小企业协会李子彬会长会见了信安国际律师事务所合伙Michael Froy律师一行三人。李会长向对方介绍了协会在企业管理、技术创新、投融资方面为国内中小企业提供帮助的成功经验。

21日 工业和信息化部在天津市召开全国中小企业发展专项资金管理工作座谈会，旨在完善和加强专项资金管理，更好地发挥资金引导促进中小企业，特别是小微企业发展的作用。工业和信息化部中小企业司副司长许科敏出席会议并讲话，天津市中小企业局副局长薄云致辞。18个省、自治区、直辖市及计划单列市中小企业主管部门负责同志参加会议。

21日 中国中小企业协会张竞强副会长受邀做客新华08网、中国金融信息网视频演播室，就中国中小企业发展现状和融资现状进行了介绍。

28日 中国中小企业协会举办的“2013中国中小企业投融资交易会”新闻发布会在北京举行。张竞强常务副会长主持了本次新闻发布会。工业和信息化部总工程师朱宏任、中国中小企业协会李子彬会长、国家发展和改革委员会财经司司长田锦尘、工业和信息化部中小企业司巡视员狄娜、中国人民银行金融市场司司长谢多等出席了此次活动。

30～31日 由中国中小企业发展促进中心、北大青鸟集团联合主办、被誉为“中小企业决策者思想盛宴”的“2013中国中小企业发展高峰论坛”在北京成功举办。工业和信息化部中小企业司司长郑昕出席论坛并做主题演讲，中国中小企业发展促进中心主任秦志辉、北京大学校长助理黄桂田分别在开幕仪式上致辞，来自政府、商界和学术界的近200名嘉宾应邀出席。

31日 由中国企业联合会、国资委企业改革局、工业和信息化部产业政策司和中小企业司共同主办的2013年全国企业管理创新大会在北京召开。工业和信息化部党组成员、总工程师朱宏任出席会议并讲话。

4月

8日 中国中小企业协会张竞强常务副会长会见了汇丰集团金融政策全球主管Charles Haswell先生、政策监管全球主管James Chew先生，汇丰银行（中国）有限公司北京总部对外事务总监王海宏女士一行6人。汇丰集团此行的目的是介绍英国商业发展基（Business Growth Fund）的运营模式，并探讨加强对中国中小企业金融支持等合作事宜。

11日 2013年中国中小企业信息网工作座谈会在京召开。工业和信息化部中小企业司、中小企业网总网以及来自全国各一级分网的有关负责人等出席了会议。

12日 中国中小企业协会发布2013年第一季度中国中小企业发展指数。

15日 2013年第一期全国（第七期）赛飞创业辅导师培训班在安徽省池州市青阳县如期开班。来自全国各地中小企业主管部门的负责人及由工业和信息化部认定的国家中小企业公共服务示范平台具有创业服务功能单位的工作人员、创业（园区）基地的有关工作人员共计41人参加了开班仪式。

16日 工业和信息化部党组成员、总工程师朱宏任会见全国工商联党组成员、副主席庄聪生，就进一步加强两部门合作，共同推进中小企业和非公有制经济发展工作进行了座谈。

18～19日 工业和信息化部中小企业司许科敏副司长等一行四人赴上海调研。18日上午在上海市促进中小企业发展协调办公室召开了座谈会，上海市中小企业办领导作了全面汇报。

18日 湖南省中小企业座谈会在长沙九所宾馆武陵厅举行。工业和信息化部中小企业司郑昕司长出席会议并作重要讲话。会议由中小企业司党蓁副司长主持。

22日 工业和信息化部在北京举办了“2013中小企业信息化服务信息发布会暨中小企业信息化培训启动会”，总结2012年中小企业信息化推进工作并部署2013年工作任务。本次会议由工业和信息化部党组成员、总工程师朱宏任出席并致辞。工业和信息化部中小企业司司长郑昕主持会议。

25～27日 工业和信息化部部长苗圩到贵州省考察调研。期间，苗圩与贵州省委书记赵克志，省长陈敏尔等进行了工作会谈，应邀为贵州省委中心组（扩大）学习作了专题报告，召开了贵州省工业和信息化系统经济形势座谈会。苗圩强调，要高度重视信息技术发展和信息网络基础设施建设，加快推进工业转型升级。

5月

9日 工业和信息化部党组成员、总工程师朱宏任出席“2013厦门市中小企业服务博览会”的开幕式并致辞。他指出，当前我国中小企业发展仍然处于大有作为的重要战略机遇期。面对量大面广的中小企业，要切实营造有利于中小企业发展的环境，加快中小企业服务体系建设，不断创新服务机制，提升服务能力是促进中小企业持续健康发展的重要抓手。

9日 2013厦门市中小企业服务博览会重磅活动——2013中小企业成长论坛在会展中心举行。国务院参事室特约研究员姚景源、工业和信息化部中小企业司司长郑昕、厦门市经发局副局长邓建华、中国建设银行股份有限公司小企业业务部副总经理李从军、香港贸易发展局福建代表罗焕昭、台湾东海大学创新育成中心执行长唐明顺、新加坡中小企业协会会长曾宗敏、厦门弘信创业董事长李强等“重量级”嘉宾齐聚一堂，共同探讨当前形势下如何构建中小企业服务体系，更好地为中小企业服务，助力中小企业成长壮大。

9日 第七届全国中小企业协会联席会议在南昌召开。中国中小企业协会会长李子彬、工业和信息化部中小企业司巡视员狄娜、江西省中小企业局局长吴治云出席会议，中国中小企业协会秘书长金德本主持会议。来自全国28个省市区中小企业主管部门和商协会的100多名代表参加会议。

21日 中国中小企业协会李子彬会长会见了澳大利亚前能源、资源、旅游部长马丁·弗格森先生（Mr. Martin Ferguson），澳大利亚董事长协会主席迈克尔·史密斯先生（Mr. Michael Smith），以及澳中俱乐部有关高层等组成的代表团一行8人。通过会谈，双方达成初步合作意向。

6月

3日 中共中央政治局委员、国务院副总理马凯一行来到协会副会长单位上海众人网络安全技术有限公司上海总部进行考察，听取了众人科技董事长谈剑峰对创业历程、企业现状、远景规划等方面的介绍。

4～5 日　工业和信息化部党组成员、总工程师朱宏任同志赴上海市调研中小企业“专精特新”发展情况。调研期间，朱宏任总工程师召开了部分省市中小企业“专精特新”工作座谈会，听取了天津、辽宁、上海等省市中小企业“专精特新”工作汇报。

10 日　中国中小企业协会金德本秘书长赴青海省西宁市出席“2013 中国·青海绿色发展投资贸易洽谈会”开幕式。期间，参加了由工业和信息化部组织召开的支持青海中小企业加快发展座谈会并作重点发言。工业和信息化部中小企业司司长郑昕主持会议。

10 日　支持青海中小企业加快发展座谈会在西宁召开，会议签署支持青海中小企业发展战略合作协议。工业和信息化部党组成员、总工程师朱宏任，青海省委常委、常务副省长骆玉林，青海省政协副主席马长庆等有关领导出席座谈会。

20～24 日　甘肃省承接产业转移系列对接活动在兰州举行。该活动是第十九届兰州投资贸易洽谈会暨民企垄上行活动的重要活动之一，由工业和信息化部与甘肃省人民政府共同主办，甘肃省工业和信息化委员会等单位和部门承办。工业和信息化部总工程师朱宏任和甘肃省副省长郝远出席签约仪式并分别致辞。

25 日　由工业和信息化部中小企业司主办的“云计算服务中小企业培训班”在北京举办。工业和信息化部中小企业司司长郑昕参加并致辞。

26 日　第四届中国—西亚北非中小企业合作论坛在江苏省常州市举行。本次论坛是由中共中央对外联络部与江苏省人民政府共同主办，旨在深化中国与西亚北非地区国家政党及政要交流，就新形势下中小企业合作的措施和前景进行讨论，为各国中小企业务实合作搭建平台。工业和信息化部中小企业司副司长许科敏出席论坛并发言。

27 日　由中国工业和信息化部、国家发展和改革委员会、财政部、国家工商行政管理总局、国家质量监督检验检疫总局、中国银行业监督管理委员会、广东省人民政府和印度尼西亚中小企业与合作社国务部、联合国南南合作办公室联合主办的第十届中国国际中小企业博览会新闻发布会在京举行。工业和信息化部党组成员、总工程师朱宏任出席并致辞。

7 月

3 日　工业和信息化部党组成员、总工程师朱宏任参加“中国—中东欧国家地方领导人会议”。期间，出席由工业和信息化部、重庆市人民政府和中国—中东欧国家合作秘书处共同主办的“中国—中东欧中小企业合作论坛”并致辞。论坛由工业和信息化部中小企业司司长郑昕主持。

13 日　2013 中国中小企业投融资交易会于 7 月 13 日在京召开。十届全国人大常委会副委员长顾秀莲出席了开幕式。本届投融会是由国家发展改革委、工业和信息化部、中国人民银行、中国银行业监督管理委员会、中国证券监督管理委员会正式批复作为指导单位，由中国中小企业协会、中国银行业协会、中国股权投资基金协会和中国高新技术产业开发区协会共同主办的。

14 日　中国中小企业协会李子彬会长出席中国中小企业协会第二届常务理事会第二次会议上作重要讲话。

14 日　中国中小企业协会李子彬会长前往天津滨海新区会见天津市副市长、滨海新区区长宗国英。天津市中小企业发展促进局局长尉永久出席。本次全国中小企业天津滨海新区行活动为期三天，协会邀请到了来自浙江、湖北、辽宁、江西、河南、山东等省的近 200 位企业家和各省市中小企业职能部门及协会负责人参加。

18日　中国中小企业协会李子彬会长出席由中国中小企业协会和中国钢铁工业协会共同主办的“钢铁行业磨辊间第三方托管研讨会”并发言。李会长分析了钢铁行业目前身处困境的主要原因，对信泰得利华自动化技术有限公司的创新模式给予了充分肯定，并着重指出创新对中小企业发展的重要意义。

8月

10日　中国中小企业协会金德本秘书长出席由哈尔滨市精神文明建设办公室、哈尔滨市总工会、哈尔滨市工业和信息化委员会、哈尔滨市中小企业协会联合举办的哈尔滨市中小企业文化建设经验推广交流会并讲话。

15～16日　在国家发展改革委教育实践活动第六督导组指导下，按照中国中小企业协会党的群众路线教育实践活动领导小组的安排，协会党支部组织全体党员和积极分子于15日至16日赴河北丰宁县开展群众路线教育实践活动。

29日　吉林省中小企业公共服务平台网络开通仪式在长春举行，工业和信息化部中小企业司吴义国副司长到会并做出重要讲话。

9月

7日　第20次APEC中小企业部长会议在印度尼西亚巴厘岛召开。会议通过了第20次APEC中小企业部长会议联合声明。工业和信息化部党组成员、总工程师朱宏任出席会议并作题为“加强合作 优化环境 促进中小企业提升国际市场开拓能力”的发言。

11～12日　工业和信息化部中小企业司在北京举办了中小企业管理咨询培训班，来自全国各省、自治区、直辖市及计划单列市、新疆生产建设兵团的中小企业管理部门和中小企业服务机构及管理咨询机构的200多人参加了培训。工业和信息化部中小企业司司长郑昕出席开班式并讲话，中国企业联合会副理事长李建明出席并致辞。

14日　中德政府合作培训项目指导委员会第五次工作会在北京召开。会议听取了项目执行机构中国中小企业发展促进中心和德国国际合作机构关于项目实施情况报告，中德双方对培训项目进行了评估和总结，并就进一步加强合作交换了意见。会议由工业和信息化部中小企业司副司长田川与德国联邦经济和技术部司长卡尔文德凌共同主持。

15日　工业和信息化部党组成员、总工程师朱宏任出席2013中国—阿拉伯国家博览会开幕式。期间，出席由工业和信息化部、宁夏回族自治区人民政府和阿拉伯工业发展和矿业组织共同主办的“中国—阿拉伯国家中小企业合作论坛”并致辞。论坛由部中小企业司司长郑昕主持。

17日　中国中小企业协会与西安市人民政府在西安举行新闻发布会，宣布第七届中国中小企业节将于2013年10月14日至15日在西安市举办，李子彬会长出席并发表讲话。中国中小企业节由中国中小企业协会和地方政府共同主办。自2007年12月11日首届中小企业节举办以来，已先后在北京、天津、上海、大连、成都、义乌成功举办了六届。

17日　由工业和信息化部中小企业司、北京市经济和信息化委员会指导，中国中小企业信息网，中国联合网络通信集团有限公司主办的以“扶助小微企业，促进转型成长”为主题的2013“创新中国行”中小企业信息化培训首场活动在北京举办。工业和信息化部中小企业司司长郑昕、北京市经济和信息化委员会副主任姜贵平出席活动并致辞。

25日　第十届中国国际中小企业博览会（以下简称“第十届中博会”）在广州国际会议展览中心隆重开幕。中共中央政治局委员、广东省委书记胡春华到会参观中外展馆。第十届中博会组委会副主任、工业和信息化部党组成员、总工程师朱宏任，印度尼西亚中小企业与合作社国务部部长沙里夫·哈桑、联合国南南合作办公室局长周一平、广东省副省长刘志庚、中博会主办单位的有关负责同志及省（区、市）、新疆生产建设兵团有关领导等中外嘉宾参观了展会。

25日　第十届中博会中国中小企业高峰论坛在广州花园酒店举行。联合国大会主席约翰·阿什发来视频贺词。中博会组委会副主任兼执行主任、副省长刘志庚，中博会组委会副主任、工业和信息化部总工程师朱宏任出席论坛并致辞。联合主办方印度尼西亚中小企业与合作社国务部部长高级顾问哈桑·加哈里，联合国南南合作办公室局长周一平分别率团出席论坛并致辞。墨西哥企业家局局长恩里克·雅各布·罗察以及中方各主办单位领导、各国驻穗总领事馆代表出席论坛。

25日　中国中小企业协会与南通市签订战略合作框架协议，共同推动南通市未来中小企业创新发展和转型升级。根据协议，中国中小企业协会将在南通市设立分支机构，支持南通市建设中国中小企业总部基地，推动形成中小企业研发、制造、服务、文化等专业化产业园区，通过招商引资、金融服务、政策扶持、人才培训等方式，支持南通市中小企业做大做强。中国中小企业协会张竞强常务副会长、南通市黄爱军副市长出席合作签字仪式并讲话。

10月

9日　民政部副部长顾朝曦到中国中小企业协会调研。顾朝曦走进协会会员部、培训部、国际交流部、人力资源部、地方合作部等办公室，与工作人员亲切交谈，并与协会负责人和有关同志座谈。中国中小企业协会李子彬会长介绍了协会的工作情况，有关同志结合自身实际谈了在协会工作的认识和感受，并提出了意见建议。顾朝曦对中国中小企业协会的工作给予了肯定。民政部民间组织管理局局长王建军等陪同调研。

14日　第七届中国中小企业节在陕西省西安市隆重开幕。全国人大常委会原副委员长顾秀莲，中国中小企业协会会长李子彬，工业和信息化部总工程师朱宏任，陕西省人大常委会副主任李晓东，西安市委副书记、市长董军，西安市委常委、常务副市长岳华峰等，以及国家有关部委、西安市有关部门的领导和嘉宾出席开幕式。

15日　中国中小企业协会第二届理事会第三次会议在西安召开。会议由中国中小企业协会秘书长金德本主持。李子彬会长在此次会议上做工作报告。回顾了2013年协会工作，并对2014年协会工作任务进行了说明。

15日　2013“创新中国行”信息化应用培训在山东省章丘市举办了本年度的第7场活动。来自工业和信息化部中小企业司、山东省中小企业局、济南市经信委、章丘市委市政府的相关领导以及中国联通等信息化服务商和章丘市200余家中小企业代表参加此次活动。

29日　由澳门中小型企业联合总会会长周锦辉先生率领，中央政府驻澳门特区联络办经济部徐俊处长陪同的澳门中小型企业联合总商会一行18人拜会了中国中小企业协会，金德本秘书长会见了澳门客人。

29~31日　由中国中小企业协会企业文化建设工作委员会、中国商业联合会珠宝首饰委员会、中华社会文化保护基金会缂丝公益管理委员会共同主办，北京冉东国际拍卖有限公司承办的2013北京首届大型艺术品拍卖会在北京伯豪瑞廷酒店隆重举行。中国中小企业协会会长李子彬、常务副会长张竞强，中国商业联合会珠宝首饰委员会副会长刘建民、秘书长李洪冰及北京冉东国际拍卖有限公司总裁张之松参加了拍卖会的剪彩。

11月

5日　由中国民主建国会中央委员会、工业和信息化部、贵州省人民政府共同主办的2013’中国（贵州）非公有制经济发展论坛在贵州省毕节市隆重开幕。全国人大常委会副委员长、民建中央主席陈昌智出席论坛并做主旨演讲。工业和信息化部党组成员、总工程师朱宏任出席开幕式并发表演讲。贵州省政协主席王富玉、省人大常委会副主任张群山、副省长陈鸣明等同志出席论坛并致辞。来自30多个省（自治区、直辖市）的民建会员和企业代表共300余人参加了论坛。

6日　工业和信息化部中小企业司司长郑昕在泉州调研期间，赴德化察看泉州市陶瓷产业集群窗口服务平台建设情况，了解平台的服务企业、服务资源组织情况，并对福建省中小企业公共服务平台网络建设予以指导。考察期间，郑昕司长还与当地中小企业及中小企业主管部门进行座谈。

7日　由河南省南阳市工业和信息化局、中国中小企业信息网、中国联合网络通信有限公司南阳分公司主办的以“扶助小微企业，促进转型成长”为主题的2013“创新中国行”中小企业信息化培训活动在南阳举办。南阳市副市长贺国营、工业和信息化局局长陈华等出席活动并致辞，中国联通展示了创新的中小企业信息化培训模式，来自政府有关部门、行业协会、信息化服务商、中小企业和新闻媒体的代表近300人参加活动。

11日　中小企业公共服务平台网络服务能力提升培训班在成都开班，培训班由工业和信息化部中小企业司创新服务处处长叶定达主持，培训会主要围绕云计算服务中小企业，专精特新中小企业电子商务运用，四川省平台网络建设情况介绍，平台网络建设信息报送工作问题解答等展开。

11日　工业和信息化部在四川省成都市召开部分省市中小企业公共服务平台网络建设工作座谈会。工业和信息化部党组成员、总工程师朱宏任出席并作了“大力推进平台网络建设促进中小企业健康发展”的重要讲话。

12日　“创新中国行—中小企业信息化应用巡展活动”在西安启动，此次活动由工业和信息化部中小企业司和陕西省中小企业促进局指导，中国中小企业信息网和中国联通主办，西安市中小企业促进局和中国中小企业陕西网共同承办，来自西安各区县相关部门、工业园区、中小企业代表等150多人参加了本次活动。

19日　根据第五轮中美战略与经济对话成果清单和《中美中小企业合作与发展谅解备忘录》，第一次中美中小企业政策对话会议在北京召开。会议由工业和信息化部中小企业司司长郑昕和美国商务部副助理部长艾伦共同主持。

19日　由工业和信息化部中小企业司和陕西省中小企业促进局指导，中国中小企业信息网和中国联通主办，渭南市中小企业促进局和中国中小企业陕西网共同承办的“创新中国行—中小企业信息化应用巡展活动”在渭南启动。

21日　创新中国行—中小企业信息化应用巡展活动和咸阳市中小企业服务中心运营活动在咸阳启动，本次活动由咸阳市人民政府、中国中小企业陕西网、中国联通咸阳分公司共同承办，省中小企业促进局局长丁义安、咸阳市政府副市长刘印生、中国联通陕西公司副总经理李武等出席活动。

21～22日　在工业和信息化部中小企业司指导下，由中国中小企业信息网、山西省中小企业局主办的以“扶助小微企业，促进转型成长”为主题的2013“创新中国行”中小企业信息化培训活动分别在晋中和太原举办。

22日“创新中国行”中小企业信息化应用推广活动苏州站活动在园区万怡酒店成功举办。本次活动在苏州市经信委的指导下，由中国联通苏州市分公司主办，旨在进一步加快实施企业信息化推进工程，提升企业信息化水平，强化企业服务资源整合，推动企业健康发展。

25日　在泰州市美丽华大酒店会议中心举办了2013“创新中国行”泰州站活动。此次活动在泰州市经信委指导下，由中国联通泰州市分公司主办。旨在通过2013“创新中国行”泰州站活动的开展，进一步加快推进泰州市中小企业信息化进程，提升企业的综合管理能力、销售服务能力和核心竞争能力。

26日“创新中国行”商丘站活动在河南商丘隆重举行。活动以中小企业信息化公共平台为依托，旨在帮助中小企业客户提高管理水平，提升营销服务能力。

27日　“创新中国行”中小企业信息化应用推广活动徐州站活动在徐州海天酒店成功举办。本次活动在江苏省中小企业局的指导下，由中国联通江苏省分公司主办，旨在进一步加快实施企业信息化推进工程，提升企业信息化水平，强化企业服务资源整合，推动企业健康发展。

27~28日　工业和信息化部中小企业司副司长吴义国一行到河南省检查企业减负工作情况。河南省工业和信息化厅运行监测协调局、中小企业服务局分别汇报了当前河南省工业经济运行和企业减负工作开展情况、落实扶助小微企业专项行动的工作开展情况。

28日　工业和信息化部党组成员、总工程师朱宏任同志一行在安徽省调研中小企业工作，就贯彻落实十八届三中全会精神，做好促进中小企业和非公有制经济发展工作与杨振超副省长、安徽省经信委负责同志进行了座谈。

29日　工业和信息化部中小企业司在郑州召开了中小企业发展工作座谈会。工业和信息化部中小企业司郑昕司长、吴义国副司长等一行8人出席座谈会，河南省工业和信息化厅中小企业服务局局长沈超出席并主持会议。

30日　工业和信息化部党组成员、总工程师朱宏任同志一行到深圳市调研中小企业公共服务平台网络建设工作，就深圳市中小企业公共服务平台网络建设情况，与深圳市经贸信息委（市中小企业服务中心）、部分平台网络建设单位负责同志进行了座谈，并实地考察了枢纽平台和工业设计产业窗口平台。

12月

2日　工业和信息化部中小企业司副巡视员韦向群一行来渝调研中小企业发展情况，考察了重庆市中小企业局，并与重庆中小企业代表座谈，了解中小企业发展情况和当前面临的困难问题。重庆市中小企业局局长马发骧及相关处室负责人陪同调研。

6日　天津市民营经济发展工作会议在天津礼堂召开。天津市委书记孙春兰出席并讲话。她强调，要深入贯彻党的十八大和十八届三中全会精神，进一步解放思想、改革创新，认真落实《关于进一步加快民营经济发展的意见》，推动民营经济跨越式发展，真正使本市民营经济“万木丛生”，成长为“参天大树”，为全市经济社会发展注入新的更大活力。中央统战部副部长、全国工商联党组书记、常务副主席全哲洙，天津市委副书记、市长黄兴国讲话。

6日　由工业和信息化部中小企业司指导，郑州市工业和信息化委员会、郑州市企业服务活动办公室与中国联合网络通信有限公司郑州市分公司联合举办的“创新中国行郑州站活动暨郑州企业服务信息化论坛”启动仪式在郑州举行。郑州市工业和信息化委员会副主任刑冬原出席活动，来自政府有关部门、行业协会、信息化服务商、中小企业和新闻媒体的代表近200人参加活动。

9日 中国中小企业协会李子彬会长在协会常务副会长张竞强、副秘书长马彬等一行陪同下，视察了协会副会长单位北京沃德文化硅谷资产运营有限公司，并听取了该单位负责人韦俊康先生就成立协会下辖的诚信建设服务中心及打造中国中小企业文化大厦等方面工作进展的汇报。

9日 工业和信息化部在北京召开中小企业信息化工作交流座谈会。部党组成员、总工程师朱宏任，中小企业司司长郑昕，副司长许科敏、吴义国出席座谈会。座谈会由郑昕司长主持。来自天津、浙江、山东、湖北、贵州、陕西等6省市中小企业管理部门相关负责同志，以及12家中小企业信息化服务商代表参加座谈会。

12日 由许昌市工业和信息化局与中国联通许昌市公司共同举办的“创新中国行”中小企业信息化推广活动·许昌站启动。包括许昌市委领导、许昌市工信局领导、中国联通许昌市分公司领导在内及新天地药业公司等120余位中小企业代表参与了现场培训和体验。

13日 由洛阳市工业和信息化局与中国联通洛阳市分公司共同举办的“创新中国行”中小企业信息化推广活动·洛阳站启动。洛阳市工信局领导、中国联通洛阳市分公司领导及现场130余位中小企业代表参与了现场活动。

17日 由焦作市工业和信息化局与中国联通焦作市分公司共同举办的“创新中国行”中小企业信息化推广活动·焦作站启动。100多家中小企业代表，近200人参加了启动仪式。

20日 “创新中国行”中小企业信息化应用推广活动海口站活动在新南国酒店成功举办。本次活动在海口市工信局主办，中国联通海南省分公司协办，旨在进一步加快实施企业信息化推进工程，提升企业信息化水平，强化企业服务资源整合，推动企业健康发展。

26日 中小企业电子商务与协同服务工作交流座谈会在京召开，来自北京、山东、陕西、河南、四川等地的部分中小企业主管部门、中小企业网及分网、信息化服务商、金融机构、中小企业家的40多位代表参加了交流座谈。

30日 第八届APEC中小企业技术交流暨展览会（以下简称“第八届APEC技展会”）第一次筹备工作会议在浙江省义乌市召开。工业和信息化部中小企业司司长郑昕，浙江省经济和信息化委员会副主任岳阳，工业和信息化部中小企业发展促进中心主任秦志辉、副主任陈新，义乌市市委副书记葛国庆、副市长洪建文等出席会议。

后　记

党的十八大报告指出："以经济建设为中心是兴国之要，发展仍是解决我国所有问题的关键。"作为国民经济微观主体和社会发展基础性细胞的企业及其发展，直接关系着我国经济社会的持续健康发展和人民生活水平的不断提升。支持、引导企业转型升级，促进企业开拓进取和科学发展，既是深度激发我国经济增长内生动力、进一步扩大社会就业、大幅度增加国民收入、大力推进社会和谐稳定和国民经济持续健康发展的重要基础，更是持续推进我国产业技术升级、促进我国经济结构深度转型、深化现代科学和信息技术与我国传统产业有机融合、实现我国经济发展方式在一个新型技术平台上的大转型、进一步促进我国经济长期持续健康较快发展的重要保证。

在我国市场经济不断发展、国民经济日益国际化的背景下，我国广大企业特别是中小企业能不能继续保持持续健康较快增长与发展的势头，能不能抓住我国仍然处于可以大有作为的重要战略机遇期，深刻认识和积极化解经济转型、产业升级过程中产生的各种矛盾和问题，应对我国经济市场化过程中国民经济中高速增长和中高端发展以及经济发展新常态形成过程中带来的各种挑战，积极促进中小企业发展，再次摆在广大理论工作者和实际工作者面前，迫切需要做出符合客观经济规律、自然规律和社会发展规律的科学回答。

为深入研究调整产业结构与促进中小企业发展的关系，进一步鼓励、支持、引导中小企业持续健康发展，提升我国中小企业的内生成长力和国内外市场竞争与发展能力，中国中小企业协会商请中国社会科学院民营经济研究中心承担了"2014 年中国中小企业蓝皮书"的调查研究任务。"2014 年中国中小企业蓝皮书"以"经济转型与中小企业发展"为主题，以实证分析为基础，以推进中国经济中高速增长和中高端发展为主线，以规范分析与实证分析相结合、逻辑与历史相统一的方法，在调查问卷和实地考察基础上进行分析和阐述。

中国中小企业协会会长李子彬和我共同担任本书主编。在李子彬会长的指导下，首先选定了调研组组织框架并由我担任调研组组长，由中国中小企业协会副秘书长李鲁阳、政策研究部主任董涛和中国社会科学院经济研究所副研究员、经济学博士刘剑雄担任副组长。调研组组成后，我首先提出了供集体讨论的研究思路、研究主线和展开分析与阐述的基本架构。在此基础上，调研组多次召开专题会议进行研究讨论，统一认识，并在此基础上形成各自研究大纲，最后由我修改确定，经李子彬会长同意后执行。根据本项研究指导思想和研究主线，在调研组成员分别提出需要调查了解的主要问题基础上，由调研组副组长刘剑雄牵头负责设计“2014年经济转型与中小企业发展调查问卷”。调查问卷由中小企业协会副秘书长李鲁阳和政策研究部牵头，会员工作部、地方合作部、网商分会、培训部、创新成长服务中心配合问卷的发放和回收。中国中小企业协会会长李子彬对调查问卷的发放与回收工作给予了大力支持和指导。调查问卷采取调查采取非正态分布随机抽样方式在北京、上海、重庆、安徽、福建、甘肃、广东、海南、河北、河南、黑龙江、湖北、湖南、吉林、江苏、江西、辽宁、山东、山西、陕西、四川、新疆、云南、浙江等24个省市进行。经过近两个月的精心组织，最终回收调查问卷1149份，其中，基本有效问卷914份。经数据录入，形成“2014年经济转型与中小企业发展调查问卷库”。这个数据库以及调研组实地调研与考察所取得的调研资料，构成本报告的主要实证基础。

《中国中小企业2014蓝皮书》由一篇绪论和十四个专论组成。绪论由我执笔完成，专论分别由承担人在集体讨论基础上分头执笔完成。第1章和第2章由中国中小企业协会政策研究部主任董涛执笔；第3章和第6章由国务院发展研究中心宏观部第三研究室主任、研究员、经济学博士张俊伟执笔，其中中央党校政治经济学专业硕士熊瑞杰参与了第6章写作；第4章和第5章由华夏幸福基业股份有限公司经济发展研究院总监、副教授、经济学博士赵三英执笔；第7章和第14章由中国冶金科工股份有限公司办公厅政研室副主任、经济学博士张从丽执笔；第8章和第9章由中信银行总行资产负债部高级经理、高级经济师、经济学博士薛白执笔；第10章和第11章由中国社会科学院财经战略研究院助理研究员、经济学博士吕风勇执笔；第12章和第13章由国务院发展研究中心资源与环境政策研究所副研究员、经济学博士张亮执笔，其中浙江财经大学讲师、经济学博士江庆勇和山东工商学院讲师、经济学博士李亚军分别参与了第12章和第13章写作。调研组副组长刘剑雄负责对全书进行审阅、统编和技术处理。调研组副组长李鲁阳、董涛审阅了书稿。李子彬会长不仅审阅了全部书稿，还亲笔为本书写了序言，使本书大为增色。

调研组学术秘书、中国社会科学院研究生院政府政策与公共管理系博士生彭杉承担了调研组成员联络、协调与组织统稿和最后技术处理等工作，并与北京交通大学学生王明月、郑健、梁冰、官长林等共同承担了调查问卷的数据录入、整理以及构建“2014年经济转型与中小企业发展调查问卷库”等工作。

《中国中小企业2014蓝皮书》的调研与写作工作得到了发展改革委、工业和信息化部和中国社会科学院等单位有关领导和部门的大力支持和帮助。中国社科院工经所副所长、研究员、博士生导师黄速建，中国社科院经济所室副主任、研究员、博士生导师剧锦文，中国社科院经济所室主任、研究员、博士生导师刘霞辉，中国社科院工经所室主任、研究员、博士生导师王钦，北师大经济与管理学院原副院长、教授、博士导师高明华审阅了本书研究大纲和初稿，提出了很多重要修改意见。调研组根据他们的意见对书稿做了认真修改，从而使本书的学术水平和质量得到进一步提升。

经过近一年的调查研究与写作、研读和修改统编，本书终于最后定稿。在本书即将付梓出版之际，我代表调研组全体成员向以上所提及的所有部门和专家学者表示衷心感谢，向对本次问卷调查给予热情指导和帮助的中央和地方有关部门和机构、有关领导和人士表示衷心感谢，向理解和支持我们开展这次问卷调查和实地考察的广大民营企业表示诚挚谢意，向支持这项研究成果公开出版的中国发展出版社表示衷心感谢！

最后需要说明的是，虽然在调查研究与写作过程中，调研组全体成员多次就一些重大理论和实践问题展开讨论，并认真听取和吸收来自各个方面的意见和建议，但由于水平、能力和时间等诸因素限制，本书仍难免存在这样或者那样的缺点、不足甚至错误。在此，我们诚恳地希望海内外各界朋友与同仁给予批评指正。

祝我国中小企业在中国经济发展新常态下获得更好更大发展！

2014年9月10日于北京小倦游斋

你为什么要创业？
不忘初心 挺你向前
我需要一个机会
去改变自己
走出内心真正
想要的路
炒房不要
投机不要
踏踏实实
做实业
活得慢一些，久一点……
走遍世界
才承认
我可能不会
成为超级富豪
但我要成为
一个受尊敬的人
华夏互挺会
菁英训练营
创业戈壁行
公益大讲堂
华夏银行
HUAXIA BANK
“华夏之星”寻找有远见、有潜力、有情怀、有坚守的中国新生代小企业家，助力他们破浪向前。五年来，“华夏之星”也像一个创业者，不忘初心，始终秉持对小企业家的承诺——挺你向前！
联合主办：
华夏银行
HUAXIA BANK
CASME 中国中小企业协会
China Association of Small and Medium Enterprises
小企业成长公益平台
扫二维码关注官方微信
www.huaxiazhixing.cn
华夏之星
挺 你 向 前
股票代码：600015
客服电话：95577
www.hxb.com.cn

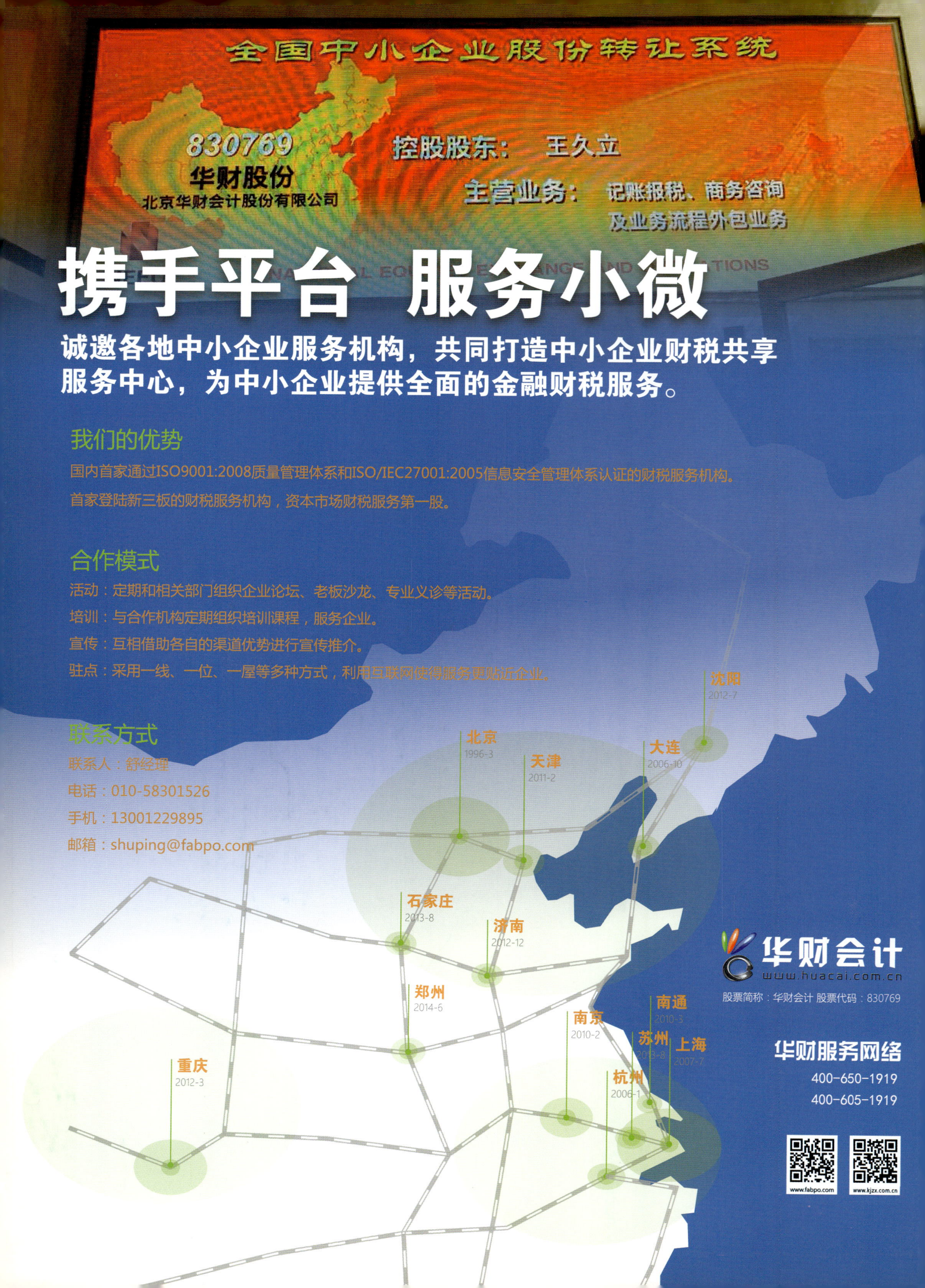
全国中小企业股份转让系统
830769
华财股份
北京华财会计股份有限公司
控股股东： 王久立
主营业务： 记账报税、商务咨询
及业务流程外包业务
携手平台 服务小微
诚邀各地中小企业服务机构，共同打造中小企业财税共享服务中心，为中小企业提供全面的金融财税服务。
我们的优势
国内首家通过ISO9001:2008质量管理体系和ISO/IEC27001:2005信息安全管理体系认证的财税服务机构。
首家登陆新三板的财税服务机构，资本市场财税服务第一股。
合作模式
活动：定期和相关部门组织企业论坛、老板沙龙、专业义诊等活动。
培训：与合作机构定期组织培训课程，服务企业。
宣传：互相借助各自的渠道优势进行宣传推介。
驻点：采用一线、一位、一屋等多种方式，利用互联网使得服务更贴近企业。
联系方式
联系人：舒经理
电话：010-58301526
手机：13001229895
邮箱：shuping@fabpo.com
沈阳 2012-7
北京 1996-3
天津 2011-2
大连 2006-10
石家庄 2013-8
济南 2012-12
郑州 2014-6
南通 2010-3
南京 2010-2
苏州 2013-8
上海 2007-7
杭州 2006-1
重庆 2012-3
华财会计
www.huacai.com.cn
股票简称：华财会计 股票代码：830769
华财服务网络
400-650-1919
400-605-1919
www.fabpo.com
www.kjzx.com.cn